Xiandai
Qiye Jingying
Yu Guanli

省级精品教材
21世纪高等职业教育精品教材·工商管理类

U0805569

现代企业经营与管理

(第六版)

◎ 季辉 编著

东北财经大学出版社
Dongbei University of Finance & Economics Press
大连

图书在版编目（CIP）数据

现代企业经营与管理 / 季辉编著．—6版．—大连：东北财经大学出版社，2023.6

（21世纪高等职业教育精品教材·工商管理类）

ISBN 978-7-5654-4847-8

Ⅰ．现…　Ⅱ．季…　Ⅲ．企业经营管理-高等职业教育-教材　Ⅳ．F272.3

中国国家版本馆CIP数据核字（2023）第090577号

东北财经大学出版社出版

（大连市黑石礁尖山街217号　邮政编码　116025）

网　址：http：//www.dufep.cn

读者信箱：dufep@dufe.edu.cn

大连日升彩色印刷有限公司印刷　　东北财经大学出版社发行

幅面尺寸：185mm×260mm　　字数：400千字　　印张：16.75

2023年6月第6版　　2023年6月第1次印刷

责任编辑：郭海雷　张爱华　　责任校对：包利华

封面设计：原　皓　　版式设计：原　皓

定价：42.00元

教学支持　售后服务　联系电话：（0411）84710309

如有印装质量问题，请联系营销部：（0411）84710711

第六版前言

企业是推动社会经济发展的重要力量，是国民经济的细胞。党的二十大报告提出“完善中国特色现代企业制度，弘扬企业家精神，加快建设世界一流企业”，而其中最重要的是需要提高我国企业的经营与管理水平，需要立足中国企业管理实践，探索企业经营与管理理论的创新。企业的生产和经营决定着一个国家社会经济活动的生机与活力，企业是社会生产和流通的直接承担者，企业经济效益的增长与国家经济实力的增长、与满足人民对美好生活向往息息相关。当今世界，以经济和科技实力为基础的综合国力的竞争，集中体现为各国企业之间的竞争；企业之间的竞争，首先体现在企业经营管理人才尤其是企业家能力素质的竞争。企业发展的两翼：一是科学技术；二是先进的管理。因此，加强企业管理显得尤为重要。这就需要加强企业管理理论与知识的学习，培养造就一大批高素质的企业经营与管理人才，在企业经营与管理的实践中发现根植于中国土壤的管理元素，揭示中国企业管理实践背后的规律与机制，围绕中国企业如何实现创新发展等问题展开深入研究，挖掘中国企业创新发展中的独特情境变量，提升企业核心竞争力，助力我国经济高质量发展，实现中国式企业管理的现代化。

“现代企业经营与管理”是高等职业教育工商管理类专业的核心课程之一，教材作为该课程教学的重要载体必须及时反映管理理论和管理实践尤其中国企业经营与管理实践日新月异的变化。为此，编者依照教育部关于全国高职高专教学评估和精品课程建设的有关精神，以教育部提出的“以综合素质培养为基础，以能力培养为主线”为指导思想，结合高等职业教育的教学培养目标修订完成了《现代企业经营与管理》(第六版)。

本教材在2009年入选四川省首届高职高专院校精品教材建设项目。修订后的第六版教材分为现代企业设立、现代企业制度与企业文化、现代企业经营环境与战略管理、现代企业经营决策与经营计划、现代企业生产管理、现代企业产品市场开拓与营销、现代企业资源管理、现代企业质量管理、现代企业经营成果控制与分析，共9章。

第六版教材具有如下特点：

1.在编写理念上，努力突出高职高专的教材特色，坚持“立德树人”“以就业为导向”“以专业技能体系为主”，以必需、够用为度，突出高职高专的职业教育特色和应用特色，突出学生经营与管理理念的培养，体现管理能力的训练和综合职业素质的培养。

2.在教材设计上，打破了传统教材编写体例，以企业真实案例导入各章内容，让学生在埋实一体化的情境下探索学习、激发兴趣；正文设置了管理格言、案例导入、拓展阅读、互动课堂、课程思政等栏目，重点讲好中国企业的故事，章后设置了本章小结、知识掌握、综合应用、课外拓展栏目，便于学生在课外练习、测试内容掌握程度，也有利于教师检查学生对课堂知识的掌握情况。

3.为方便教学，本教材配有教师讲课用的教学课件和章后习题参考答案，使用本教材的任课教师可登录东北财经大学出版社网站（http：//www.dufep.cn）下载使用。

本教材由成都工业学院季辉教授编著。在编写中，编著者参考了大量科研成果以充实教材的内容，本学院的王黎老师对教材修订提出了宝贵意见，在此对相关作者表示感谢。由于自身能力有限，加之企业管理学科的不断发展，书中错漏之处在所难免，敬请读者批评指正。

编著者

2023年4月

Contents

目录

第1章 现代企业设立

管理格言：

成本是第一竞争力；技术是第一生产力；人才是第一资源力；机制是第一原动力。

——上海汽车工业（集团）总公司董事长胡茂元

[学习目标]

通过本章学习，你应该达到以下目标：

知识目标：

1.掌握企业的概念、企业的特征、企业经营与管理的概念、管理基础工作的内容、企业创新的内容、企业管理各阶段的管理思想、企业管理的方法；

2.能够理解管理的性质与现代管理的发展趋势；

3.了解企业设立的过程和企业生产经营的过程。

技能目标：

1.掌握泰勒科学管理原理在企业中的应用；

2.懂得股份有限公司的设立程序与章程设计。

素养目标：

1.具有刻苦学习管理知识与努力提升管理能力的紧迫感，具有家国情怀，具有搞好中国式管理现代化的担当精神与责任心；

2.具有善于发现问题、勇于创新的能力，能从管理理论发展历史脉络结合中国企业管理经验总结管理规律，明确应该怎么继承与发扬前人管理，实现管理创新。

[内容架构]

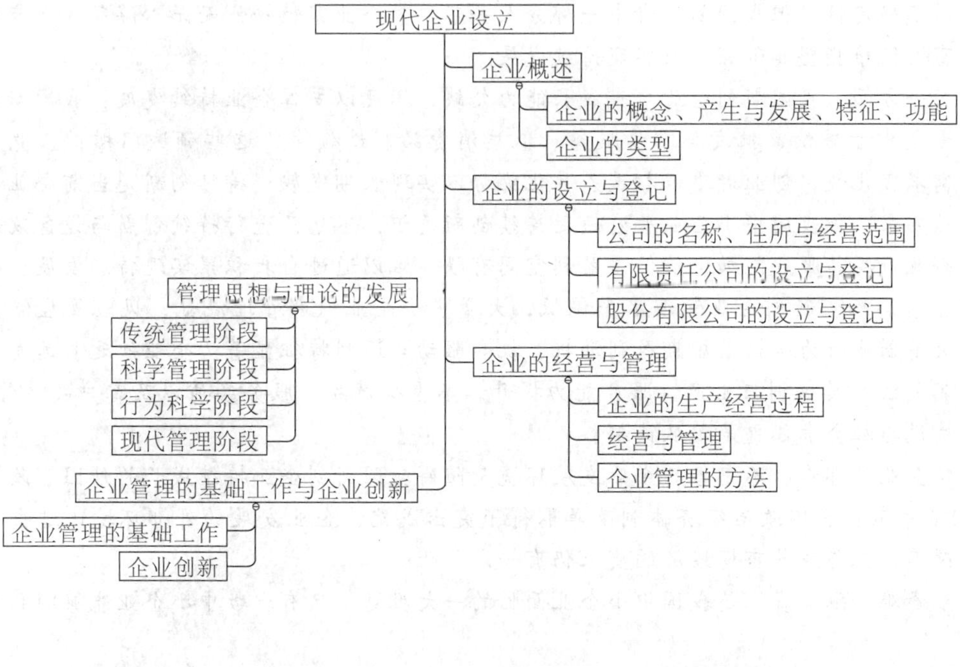

案例导入

中国企业平均寿命为什么短？民营企业仅3.7年

在百年老店方面，中国的企业数量远远落后于发达国家。搞清楚企业生命周期背后的原因，总结企业发展经验教训，才能更好引导当前创新创业、提升创新创业绩效、推动宏观经济企稳回升。

与英美等发达国家相比，中国企业的平均寿命要短得多。有抽样调查显示，中国民营企业平均寿命仅为3.7年，中小企业平均寿命更是只有2.5年；而在美国与日本，中小企业的平均寿命分别为8.2年、12.5年。中国大企业的平均寿命是7～9年，英美等大企业的平均寿命长达40年，日本大企业的平均寿命达58年。2018年统计数据显示，注册为私营企业的单位数是3 143万户，就业人数是2.2亿人，个体工商户是7 300万户，就业人数是1.6亿人。由此可以看出，中小企业吸纳了大量的就业人员，加强中小企业管理，提高中小企业可持续发展能力，成为企业管理急需研究的课题。受新冠肺炎疫情和市场环境的影响，仅2020年1—7月，国内共有200多万家企业注销倒闭，其中大部分是因为资金链断裂，流动资金成为压垮企业的“最后一根稻草”。除了客观环境因素外，归根结底造成此状况的原因是企业内部管理存在问题。

从企业内部看，来自企业和创业者层面的主观性因素，决定了我国企业难以跨越成长瓶颈，实现持续发展。

一方面，与英美等发达国家相比，我国创业者存在先天的劣势与不足：英美等发达国家高等教育普及程度明显高于我国，创业者文化素质总体上高于我国，而且英美等发达国家创业教育体系发达，大学普遍开设创业教育课程，而我国近年来才开始重视创业教育；英美等发达国家应用型大学占比高达80%，致力于培养具有实践能力的技术型人才，而我国大学教育普遍盲目追求学术型人才培养，多数大学毕业生既不精通学术也不善于应用，难以有效将所学知识与创业实践相结合；企业家应该是一群风险爱好者，能通过不断创新来应对不确定性，但我国创业者中一部分人并不尊崇企业家精神，而是心浮气躁，妄图一夜暴富，很难指望其带领企业实现持续发展。

另一方面，我国新创企业自我成长能力欠缺，不足以支撑企业持续发展：我国新创企业大量集中于餐饮、批发与零售服务、低端消费品制造领域，这些领域门槛低、竞争激烈、需求变化快，创业者难以打造差异化优势以实现长期发展；持续创新是当前企业竞争的必然要求，但我国中小企业普遍缺乏持续创新意识，不愿意进行持续创新与设备改造投入，企业产品与服务附加价值低，盈利空间有限，难以通过自我积累实现持续发展；受创业者素质影响，新创企业管理水平偏低，大量中小企业内部管理混乱，风险管控能力缺乏；大量创业行为是出于短期盈利动机，机会驱动与逐利特征显著，企业缺乏长远发展谋划，不关注人员培训与生产、服务能力提升，不重视产品、服务品质以及客户关系管理，品牌建设与社会责任更是无从谈起。

从企业外部看，不完善的企业发展环境是阻碍我国新创企业持续成长的外因。改革开放40多年来，我国政治经济体制改革取得了突出成就，企业发展的外部环境比过去有了较大改善，但与成熟市场经济的要求仍有一定差距。

融资难、融资贵，是我国中小企业面临的一大难题，只有少数中小企业能够顺利从银行获得信贷支持，而且融资成本明显高于银行基准利率，部分小微企业的综合融资成本甚至在20%以上。有一大批中小企业不是死于惨烈的竞争，而是死于高融资成本的拖累，“过桥”成本与互联互保风险的爆发，更进一步推高了中小企业的死亡率。一些快速扩张的新创企业，由于不能及时得到融资支持，因资金链断裂而意外死亡的事件也时有发生。

近些年，我国规范市场秩序的法律体系逐步完善，不规范竞争行为大幅减少，但受执法不严与违法成本偏低等因素影响，市场秩序仍待进一步改善。激烈无序的竞争诱使企业谋求通过不正当手段取胜，而不是致力于管理提升与创新；极少数企业通过不公平竞争手段实现了快速发展，但更多新创企业倒在了不公平竞争环境之中，这一状况亟待改变。

目前我们正面临百年未有之大变局，国际贸易形势及新冠肺炎疫情反复导致了企业经营不确定因素增加，企业只有加强经营与管理，夯实企业发展基础，才能实现可持续发展。

资料来源 刘兴国. 中国企业平均寿命为什么短？民营企业仅3.7年［N］. 经济日报，2016-06-01. 并根据新浪网部分资料改编。

启示：中国企业为何如此“短命”，有专家学者分析：一是缺乏环境适应力；二是管理落后，缺乏管理人才；三是技术落后，缺乏创新。有鉴于此，我们必须学好管理理论，加强企业经营与管理人才培养，不断实现技术创新，这样才能实现企业的持续发展。

1.1 企业概述

1.1.1 企业的概念、产生与发展、特征、功能

1）企业的概念

企业是指以营利为目的，运用各种生产要素（土地、劳动力、资本、技术、信息和企业家才能等），向市场提供商品或服务，实行自主经营、自负盈亏、独立核算的经济组织。企业是社会经济活动的基本单位。从法律的角度看，凡是经合法登记注册、拥有固定地址且相对稳定的经营组织，都属于企业。

企业的概念可以从以下几个方面来理解：

（1）企业以营利作为其经营活动的主要目的。企业经营的主要目的就是获取利润，以自身的盈利来保证企业的生存和发展。强调企业以营利为主要目的，并不否认企业作为一个社会组织应当承担的责任和义务；相反，企业只有获取稳定的利润，不断发展壮大，才能更好地承担社会职责和义务。

（2）企业以自己的产品和服务服务于社会。企业和任何其他社会组织一样，是社会需要的产物。生产性企业为社会提供所需的商品，非生产性企业为社会提供所需的服务。尽管不同的企业提供的产品差异很大，但共同的特点是企业以自己的产品和服务服务于社会，使企业获得生存和发展的保证。

（3）自主经营、自负盈亏、独立核算是企业的基本特征。自主经营是指企业按客观规律和市场需求，对企业的生产经营活动依法自主决策。企业应当有明确的产权关系和健全的经营机制，能够根据自身的利益和内外条件进行自主经营。自负盈亏是指企业能独立承

担自主经营而引起的全部经济责任，对自己的行为和经营后果负责。独立核算是对本单位的生产经营活动或预算执行过程及其结果进行全面的、系统的会计核算。自主经营、自负盈亏、独立核算体现了企业权利与义务的有机统一。

企业基本上属于一个经济概念，而不是法律概念。企业概念本身并没有反映参与企业活动当事人之间的某种法律关系。企业与公司不是同一概念，公司与企业是从属关系，凡公司均为企业，但企业未必都是公司。公司只是企业的一种组织形态。

2）企业的产生与发展

企业是一个历史的概念，是社会生产力发展到一定水平的产物，是随着人类社会的进步、生产力的发展、科学技术水平的提高不断发展和进步的。企业是一个历史范畴，是劳动分工和商品生产发展的产物。在奴隶社会和封建社会，自给自足的自然经济占统治地位，社会生产和消费主要是以家庭为经济单位，或是以手工劳动为基础的作坊，它们都不是企业。企业是作为取代家庭经济单位和作坊而出现的一种更高生产效率的经济单位，是商品经济的产物。随着生产力的提高和商品经济的发展，到了资本主义社会，企业成了社会的基本经济单位。其特征是由资本所有者雇用许多工人，使用一定的生产手段，共同协作，从事生产劳动，从而极大地提高了生产效率。

从理论上分析，即从资源配置的方式来看，企业是作为替代市场的一种更低交易费用的资源配置方式而出现的。根据现代市场经济理论，交易费用是运用市场价格机制的成本，包括发现价格、获取市场信息的成本，进行交易谈判的成本以及履行合同的成本等。在商品经济发展初期，无论是原始的物物交换，还是以货币为媒介的商品交换，由于市场狭小，交易费用几乎不存在。这时的商品生产一般以家庭为单位。但是随着商品经济的发展、市场规模的扩大，生产者在了解有关价格信息、市场谈判、签订合同等方面的成本显著增大。这时，生产者采用把生产要素集合在一个经济单位中的生产方式，用内部管理来取代部分市场交易，以降低交易费用。这种经济单位就是企业。市场和企业可以看作两种不同的组织生产分工的方法：前者是协议买卖方式；后者是内部管理方式。两种方式都存在一定的费用，企业有组织费用，市场有交易费用。企业之所以出现正是由于其组织费用低于市场的交易费用。

企业的发展经过了以下几个时期：

（1）手工业生产时期。16世纪到17世纪，随着一些欧洲国家的社会制度由封建制度向资本主义制度转变，资本主义原始积累加快，出现了海外殖民扩张、大规模剥夺农民土地等现象，家庭手工业急剧瓦解，资本主义工场手工业出现。此时，工场手工业实际上已具有企业的雏形。

工场手工业有如下特点：

①规模逐步扩大，到17世纪，美国有的工场雇用几百名工人，成为大型工场。

②产业结构发生变化，在采矿、冶金、金属加工、制盐、造纸等行业，普遍建起了工业工场。

③工场内部形成分工，一般按某一产品生产要求分解为若干作业阶段。

④手工业工场开始采用机器，如1736年英国一家大型呢绒工场拥有600台织布机。

（2）工厂生产时期 。随着资本主义制度的发展，西方各国相继进入工业革命，工场手工业逐步发展到建立工厂制度，真正意义上的企业产生了。

在工业革命中，一系列新技术相继出现，大机器被普遍采用，特别是动力机器的使用为工厂制度的建立奠定了基础。1717年英国人阿克莱特在克隆福特创立了第一家棉纱工厂，从此集中生产的工厂在英国迅速增加。到19世纪30年代，机器棉纺织代替手工棉纺织的过程在英国基本完成，工厂制度在英国普遍建立。18世纪德国手工业有了初步的发展，到19世纪30—40年代，建立了工厂制度。到19世纪50—60年代，由于资产阶级革命的完成，各国出现了工业化的高潮，工厂大工业迅速发展，工厂制度在采掘、煤炭、机器制造、运输、冶金等行业相继建立。工厂制度的建立是工场手工业发展质的飞跃，标志着企业的真正形成。

工厂生产时期有如下特点：

①工厂资本雄厚，小型生产者很难与之竞争。

②机器生产，节省人力，生产效率显著提高。

③形成了一批掌握生产技术和生产工艺的产业队伍。

④工厂内部分工深化，生产走向社会化。

（3）企业生产时期。在资本主义经济发展过程中，工厂制度的建立顺应了商品经济发展的潮流，促进了生产力的大发展。特别是在19世纪末至20世纪初期，随着自由资本主义向垄断资本主义的过渡，工厂的发展十分迅猛，并产生了一系列变化，作为基本经济单位的企业最终得以确立和形成。

企业生产时期的主要特点如下：

①生产规模空前扩大，产生了垄断企业组织，如托拉斯、辛迪加等。

②不断采用新技术、新设备，不断进行技术革命，使生产技术有了迅速提高。

③建立了一系列科学管理制度，并产生了一系列科学管理理论。1911年美国工程师泰勒的代表作《科学管理原理》一书的出版，标志着企业从传统经验型管理进入科学管理阶段。

④管理权与所有权分离，企业形成了一支专门的工程技术队伍和管理队伍。

⑤企业之间的竞争日益激烈，加速了企业之间的兼并。同时，企业向国外发展，跨国公司开始出现并快速发展。

（4）现代企业阶段。现代企业是市场经济活动的主要参与者，代表企业组织的最先进形式和未来发展主流趋势，具有4个显著特征：

①所有者与经营者相分离。公司制是现代企业的重要组织形式。公司要以特有的方式吸引投资者，使得公司所有权出现了多元化和分散化，同时因公司规模的大型化和管理的复杂化，那种所有权和经营权集于一身的传统管理体制再也不能适应生产经营的需要，因此出现了所有权与经营权相分离的现代企业管理体制。

②拥有现代技术。技术作为生产要素，在企业中发挥着越来越重要的作用。传统企业中生产要素的集合方式和现代企业中生产要素的集合方式可用如下关系来概括：

传统企业生产要素的集合=场地+劳动力+资本+技术　　(1.1)

现代企业生产要素的集合=（场地+劳动力+资本）×技术　　(1.2)

在现代企业中，场地、劳动力和资本都要受到技术的影响与制约，主要表现为：现代技术的采用可以开发出更多的可用资源，并可寻找替代资源来解决资源紧缺的问题；具有较高技术水平和熟练程度的劳动者，以及使用较多高新技术的机器设备，可以使劳动生产率获得极大的提高。因此，现代企业一般都拥有先进的现代技术。目前以智能制造为主的第四次工业革命，将传统制造技术与互联网技术结合，实现信息化与自动化高度融合，形成智能化的生产制造。“中国制造2025”战略是我国迈向制造强国的强劲驱动力。

思考与讨论1-1

请同学们收集有关第四次工业革命的相关资料，思考与讨论技术变革对企业的影响。

③实施现代化的管理。现代企业的生产社会化程度空前提高，需要更加细致的劳动分工、更加严密的劳动协作、更加严格的计划控制，形成严密的科学管理。现代企业必须实施现代化管理，以适应现代生产力发展的客观需要，创造最佳的经济效益。党的二十大报告提出要实现中国式现代化。这就要求在企业管理中努力实现具有中国国情、企业实情的现代化管理。

④企业规模呈扩张化趋势。现代企业的成长过程主要是企业规模不断扩大、扩张的过程。实现规模扩张的方式主要有3种：一是垂直或纵向型扩张，即收购或合并在生产或销售上有业务联系的上下游企业，打造稳定的供应链一体化企业集团；二是水平型或横向型扩张，即收购或合并生产同一产品的其他企业，比如吉利汽车近些年收购了沃尔沃、宝腾、路特斯、伦敦电动汽车等车企，产品涉及燃油车、电动车、卡车、超跑等，极大地扩充了自身的产品阵容，丰富了产品层次；三是混合型扩张，即收购或合并在业务上彼此无联系的企业，比如五粮液收购了奇瑞汽车的子品牌凯翼汽车，开启了酒企造车之路。

思考与讨论1-2

结合企业规模扩张的3种方式，请同学们思考与讨论企业规模扩张对企业的发展有哪些好处？

3）企业的特征

不同类型的企业都有反映其各自特殊性的某些特征；但凡企业，也具有反映其共性的一般特征。

（1）经济性。企业是经济组织，在社会中所从事的是经济活动，以谋求利润为目的。企业是市场中的经营主体，将生产的产品或提供的服务通过交换来满足社会需要，并从中获得利润。企业的经济性是它区别于从事非经济活动的政府机关、政治组织、事业单位、群众组织和学术团体等非经济组织的最本质的特征。

（2）组织性。企业是一种有名称、组织机构、规章制度的正式组织，是由企业所有者和员工主要通过契约关系自由地（至少在形式上）组合而成的一种开放的社会组织。

（3）社会性。企业是一个社会组织。从商品生产的角度看，企业所从事的生产经营活动是社会化大生产的一个组成部分，企业是社会经济系统中的一个子系统，与其他子系统发生着广泛的经济联系，受外界环境的影响很大。企业在社会上生存，必须承担一定的社会责任。

（4）独立自主性。企业是独立自主从事生产经营活动的经济组织，在国家法律、政策允许的范围内，企业的生产经营活动不受其他主体的干预。法人企业的独立自主性在法律上表现为财产独立、核算独立、经营自主，并以自己独立的财产享有民事权利和承担民事责任。它与其他自然人、法人在法律地位上完全平等，没有行政级别、行政隶属关系。

（5）营利性。企业作为商品经济组织，以赢取利润为直接、基本目的，利用生产、经营某种商品的手段，通过资本运营，追求资本增值和利润最大化。

4）企业的功能

企业的特征决定着企业的功能，在市场经济条件下，企业是推动社会经济发展的重要力量，具有经济和社会两方面功能。

企业的经济功能主要是：企业作为生产力的直接组织者和承担者，使潜在的生产力转化为现实的生产力，通过资源的投入，生产出社会所需要的产品以提供给社会，不断创造更多的社会财富，推动社会生产规模的不断扩大，实现利润；企业也为技术进步创造了有利条件，市场竞争促使企业采用先进的科技成果，使用新工艺和新材料，改进技术装备，提高劳动生产率，从而推动社会生产力的发展；企业通过生产实践和各种形式的培训，能够提高企业员工的技术素质，培养专业技术人才，促进社会生产的发展（如图1-1所示）。

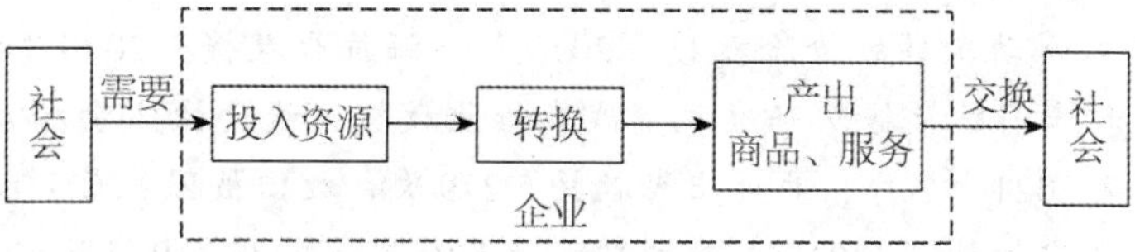

图1-1 企业的功能

与此同时，市场经济下的企业承担着重要的社会职能，即必须承担一定的社会责任。企业社会责任（corporate social responsibility，CSR）的正式定义虽经国内外学者多次讨论，却仍莫衷一是。目前，国际上普遍认同的CSR理念是：企业在创造利润、对股东利益负责的同时，要承担对员工、社会和环境的责任，包括遵守商业道德、注重生产安全和职业健康、保护劳动者的合法权益、节约资源等。

企业的社会责任要求现代企业关注以下3个方面的事情：任何企业的经营活动对其所处的社会都将产生很大的影响，而社会发展同样会影响企业追求自身成功的能力；作为响应，企业积极管理其范围内的经营活动，在经济、社会、环境和人权方面的影响，不仅可以为企业的业务运作和声誉带来好处，还可以造福于企业所在地区的社会团体；企业通过与地方团体、社会和政府部门、其他群体和组织进行密切的合作，来实现这些利益。

企业社会责任的演变经历了20世纪50—70年代的盈利至上、20世纪80—90年代的关注环境、20世纪90年代至今的社会责任运动兴起，许多西方大企业在劳工与人权组织等非政府组织和消费者的压力下，都相继建立了自己的生产守则，之后演变为“企业生产守则运动”，又称“企业行动规范运动”或“工厂守则运动”。企业生产守则运动的直接目的是促使企业履行自己的社会责任。企业生产守则运动由跨国公司“自我约束（self-regulation）”的“内部生产守则”逐步转变为“社会约束（social regulation）”的“外部生产守则”。1997年，美国一家非政府组织社会责任国际咨询委员会以国际劳工组织（简称ILO）和联合国的13个公约为依据，起草了一份社会责任标准，即SA 8000，以此为评价依据开展认证活动。社会责任标准的宗旨是确保生产商及供应商所提供的产品符合社会责任的要求，其主要内容包括人权、劳工权益和环境3个方面，其中，劳工权益是核心。社会责任标准即SA 8000，是1997年公布的全球第一个有关企业道德规范的自愿性国际标准。近年来，越来越多的跨国公司在订单中加入社会责任条款，要求企业必须接受并通过社会责任审核才能进入电子订单系统。有些跨国公司明确提出，供应商必须通过社会责任标准认证才能获得订单。因此，我国企业要未雨绸缪，认真分析社会责任标准对我国的影响，借鉴SA 8000的合理因素，制定国内的相关标准，从而提高企业履行社会责任的自觉性和能力，规范企业行为，努力为其与国际标准接轨、提升在国际市场上的竞争力创造条件，以保证我国企业经营活动的国际化。

拓展阅读1-1

企业办起消防队

李立兴有双重身份，他既是杭州萧山金利浦制衣有限责任公司董事长兼总经理，也是金利浦消防队的总领导。说起萧山金利浦制衣有限责任公司，知道的人不多，但一说起金利浦消防队，那可是鼎鼎有名的。因为，萧山发生的各种火灾、车祸等突发事件的救援现场，大都能看到这支队伍的身影，而这支队伍领军人物李立兴可以说是一个“救火狂人”，比如，只要听到警报声，哪怕手头有合同在签他都可以扔掉。2008年汶川大地震抢险救援、2011年温州动车事故抢险救援、2019年临海抗台救援、2020年温岭油罐车爆炸事故救援……金利浦消防救援队一次次奋战在抢险救援一线，救民于水火，助民于危难，予民以力量。截至2021年3月，共计出警救援5 279次，救出被困人员1 160人，成为群众眼中当之无愧的“守护神”。2018年李立兴被评为公安部首届119消防奖先进个人。现在金利浦消防队改为杭州萧山金利浦应急救援中心。

金利浦消防队办起来后，公司的成衣出口额增加了近30%。每当参加国际服装交易会时，公司的展位前都有外商观看消防车图片，随后而来便是服装订单。外商之所以愿意与该公司做生意，原来是外商非常看重企业的社会义务，尤其是消防队在欧洲国家有很高的声誉。金利浦应急救援中心成了企业的金字招牌，为企业带来了滚滚财源。

资料来源　作者根据相关资料整理。

互动课堂1-1

继腾讯2021年4月、8月先后两次宣布分别投入500亿元，推进“可持续社会价值创新”项目和启动“共同富裕专项计划”项目后，阿里巴巴于9月宣布计划投入1 000亿元助力“共同富裕”。请同学们网上收集有关社会责任的相关资料，讨论企业为什么要重视社会责任？

1.1.2　企业的类型

任何一个企业开办者都要对所设立企业的类型做出选择。企业类型的选择可以从两个方面来分析：一是企业自然属性的选择；二是企业法律形式的选择。

1）按照企业的自然属性进行选择

按照企业的自然属性进行选择，是指按照所从事经济活动的类型不同、占用资源的集约程度不同及企业的规模不同等标准进行的选择。

（1）企业按经营方向和技术基础划分，可主要分为：

①工业企业。它是指从事工业产品生产、经营和劳务活动的企业，包括采掘工业企业、加工工业企业和技术服务工业企业。

②农业企业。它是指从事农、林、牧、渔、采集等生产活动的企业。

③运输企业。它是指从事运输生产或直接为运输生产服务的企业，包括铁路、公路、水路、民用航空和联合运输企业等。

④建筑安装企业。它是指从事土木建筑和设备安装工程施工的企业。

⑤邮电企业。它是指从事邮政、电信、传递信息业务和办理通信业务的企业。

⑥商业企业。它是指在社会再生产过程中从事商品交换活动的企业。它通过购销活动，把商品从生产领域转到消费领域。

⑦旅游企业。它是指以旅游资源、设施为条件，通过组织旅行游览活动向游客出售劳务的服务性企业。

⑧金融企业。它是指专门经营货币和信用业务的企业。它所经营的各种金融业务包括吸收存款，发放贷款，发行有价证券，从事保险、投资信托业务，发行信用流通工具（如支票），办理货币支付、转账结算、国内外汇兑业务，经营黄金、白银、外汇交易，提供咨询服务及其他金融服务等。

（2）企业按某种资源密集程度划分，可分为：

①劳动密集型企业。它是指技术装备程度较低、用人多、产品成本中活劳动消耗比重大的企业。它包括：a.按企业投入的技术装备等固定资产与劳动力配合比例来划分，即单位劳动力使用技术装备等固定资产量少的企业；b.按生产经营成本来划分，即成本中活劳动消耗所占比重较大的企业；c.按资本有机构成高低来划分，即有机构成低的企业，如服装、日用小五金等企业。

②资金密集型企业。它是指单位产品所需投资较多、技术装备程度较高、用人少的企业。通常把钢铁工业、重型机械制造、汽车制造、石油化工等企业划归为资金密集型企业。这类企业一般具有劳动生产率高、物资消耗少、单位产品成本低、竞争能力强等优点，但是它需要大量的资金，技术装备复杂，还要有能掌握现代技术的各类人才和相应的配套服务设施；否则，难以取得应有的经济效益。

③技术密集型企业。它是指自动化水平高、手工操作人数较少的企业。飞机制造、精密机械和光学仪器等企业均属于技术密集型企业。

④知识密集型企业。它是指综合运用先进的现代化科学技术成果的企业。航天、计算机、生物工程、激光技术等企业均属于知识密集型企业。

⑤能源密集型企业。它是指对能源依赖性较强的企业。钢铁、铝等冶金行业和化肥等化工行业就是对能源有较大需求的行业。俄乌冲突导致欧洲能源供应紧张、价格暴涨，直接导致能源密集型企业经营陷入了困境。因此，对于能源密集型企业必须保证能源供应的安全。

思考与讨论1-3

请同学们思考与讨论，不同类型的资源密集型企业在运行管理中要注意什么？

除按上述标准划分企业以外，还有其他划分企业类型的方法：a.按企业的规模划分，企业可分为大型企业和中小型企业；b.按企业运用的主体技术划分，企业可分为传统技术企业和高新技术企业；c.按生产方法划分，企业可分为合成型企业、分解型企业、调制型企业、提取型企业等；d.按生产的连续程度划分，企业可分为连续生产企业和间断生产企业；e.按安排生产任务的方式划分，企业可分为存货生产企业和订货生产企业等。

2）按照企业的法律形式进行选择

按照财产的组织形式和所承担的法律责任不同，企业的法律形式有3种选择：独资企业、合伙企业和公司制企业。

（1）独资企业。独资企业又称个人业主制企业，是指由个人出资兴办、完全归个人所有、单独承担无限责任的企业。该种法律形式主要适用于零售业、服务业、手工业、家庭农场等小型企业。

独资企业的主要优点是：建立与歇业手续简单，利润独享；经营灵活，决策迅速；保密性好。独资企业的主要缺点是：由于受个人出资的限制，企业规模往往较小；承担无限责任，经营风险较大；企业经营水平受到企业主素质的制约，企业的连续性往往较差。

（2）合伙企业。合伙企业是指由两个或者两个以上当事人，按照协议共同出资、合伙经营、利润共享、共同承担无限责任的企业。合伙企业在一定程度上弥补了独资企业业主在资本、知识、能力等方面的缺陷，合伙企业的产生有其必然性。

与独资企业相比，合伙企业的优点主要表现在：扩大了资金来源，提高了竞争能力，拓展了经营领域。合伙企业的缺点主要表现在：决策要经合伙人一致同意，对企业的直辖管理难度增大，要承担较大的债务风险，企业规模和业务范围仍然受到限制等。

（3）公司制企业。公司制企业又称公司，是依照要求较严格的法定程序成立、由数人出资兴办、以营利为目的的企业法人。

公司制企业不同于前两种形式的企业，公司制企业与独资企业、合伙企业的主要区别是：公司制企业是法人企业，出资者对债务承担有限责任；独资企业和合伙企业的出资者对债务承担无限责任。

①公司制企业的产生。

公司是一定历史发展阶段的产物。随着生产力的发展而产生的独资业主制和合伙制，具有较浓的家族色彩，被称为传统的企业制度。公司制被称为现代企业制度，可以说，铁路公司是在美国出现得最早的现代企业，是现代企业制度的典型形式。

在传统的企业里，老板就是经理，他一个人无法管理庞大的运输系统，即使是采用合伙的方法，也无法解决修建铁路所需要的大量资金问题。也就是说，传统企业的主要缺点集中在3个方面，即资金问题、风险问题和管理问题，而公司制企业在这些方面有了较大的突破。

因此，铁路公司进行了创新。首先，为了解决修建铁路所需要的资金问题，铁路公司开始发行股票，采用了股份制的组织形式；其次，铁路公司的组织结构有了创新，它雇用了许多经理，实行专家管理，并分为高、中、低3个管理层次；最后，为了降低风险，铁路公司实行了有限责任制。由于这几个方面的创新，传统企业制度发展为现代企业制度。

②公司制企业的优缺点。

公司制企业有许多优点，主要包括：

a.降低了经营风险，承担有限责任。股东以其出资额为限对公司承担责任，公司以其全部资产为限对公司债务承担责任。

b.可以发行股票，有利于募集资本，扩大生产经营规模。

c.有利于法人资本的稳定（出资人一经出资便不能抽回，只能转让股份和出售股票，从而使公司有数量比较稳定的法人财产）和优化资本组合。

d.使所有权与经营权分离，实行专家管理，提高了效率，企业寿命得以延长。

公司制企业也有一些缺点，主要包括：

a.组建困难，组建费用较高，政府有较多的限制（审批、注册资本、产业政策等）。

b.税负较重，往往需要缴纳双重所得税。

c.需要定期公布财务信息，保密性较差。

③公司制企业的特征。

公司制企业的特征如下：

a.公司是企业法人。公司作为企业法人，有独立的民事行为能力，对债务承担有限责任。

b.公司是营利性组织。公司是企业的一种法律形式，以营利为目的，不同于事业法人、社团法人、公益性法人等。

c.公司是依法设立的。公司的设立在发起人资格、最低资本额、公司章程和公司的组织机构等方面均有一定的要求。如果不具备以上条件，就不能称为公司。

④公司的分类。

公司的种类繁多，依据不同的标准，可以有不同的分类。公司按照股东所承担的责任不同，可分为无限责任公司、有限责任公司、股份有限公司和两合公司。在一些西方国家，仍然保留以上4种公司形式，而我国颁布的《中华人民共和国公司法》（以下简称《公司法》）所指的公司仅指有限责任公司和股份有限公司。

a.有限责任公司。它是指由法律规定的一定数量的股东所组成的，股东以其认缴的出资额为限对公司承担责任，公司以其全部资产为限对公司债务承担责任的企业法人。这种公司本质上是一种资合公司，但同股份有限公司相比，也有人合因素。

b.股份有限公司。它是指将全部资本划分为若干等份，可以向社会公开发行股票，股东以其认购的股份为限对公司承担责任，公司以其全部资产为限对公司债务承担责任的企业法人。股份有限公司是典型的资合公司，各国公司法都承认其法人地位。

在股份有限公司中，任何愿意出资的人都可以成为公司的股东，股东的权利体现在股票上，并随着股票所有权的转移而转移。

公司制企业的出现，是企业财产组织形式的一个重大进步，是企业发展史上的一次飞跃，也是现代企业制度建立的重要标志。

1.2　企业的设立与登记

企业的设立要按照《公司法》《中华人民共和国合伙企业法》《中华人民共和国个人独资企业法》等法律法规以及国家统计局和国家工商行政管理总局（现国家市场监督管理总局）联合发布的《关于划分企业登记注册类型的规定》进行登记，个人独资企业和合伙企业只能领取"企业营业执照"，不能领取"企业法人营业执照"。本书主要讲述公司制企业的设立与登记。

1.2.1 公司的名称、住所与经营范围

1）公司的名称

公司的名称是公司人格特定化的标志，公司以自身的名称区别于其他经济主体。公司的名称具有唯一性（即一个公司只能有一个名称）和排他性（即在一定范围内只有一个公司能使用指定的、已经注册的名称）。

按照法律规定，公司的名称一般由4部分构成：一是公司注册机关的行政区域名称；二是公司的行业经营特点，即公司的名称应显示出公司的主要业务和行业性质；三是商号，它是公司名称的核心内容，也是唯一可以由当事人自主选择的内容，应由两个或两个以上的汉字或少数民族文字组成；四是公司的法律性质，即凡依法设立的有限责任公司，必须在公司名称中标明有限责任公司或者有限公司字样，依法设立的股份有限公司，必须在公司名称中标明股份有限公司或者股份公司字样，比如上海大众汽车股份有限公司。

2）公司的住所

公司以其主要办事机构所在地为其住所，主要办事机构在公司登记时确定。例如，公司有多个办事机构，一般以公司总部所在地为公司的住所。申请办理公司登记时，对于公司的住所，必须提交能够证明其拥有使用权的文件，如房屋的产权证或者房屋的租赁合同。

确定公司住所有两方面的含义：一是确定诉讼管辖地。按照法律规定，如果出现合同纠纷、侵权行为等，一般由被告所在地的人民法院管辖。二是确定公司送达文件的法定地址。

3）公司的经营范围

任何一个公司成立前都必须明确经营范围。为了维护股东、债权人的权益和经济秩序，《公司法》对公司的经营范围做出了规定：

（1）公司的经营范围由公司章程做出规定。

（2）公司的经营范围要依法登记。

（3）经营范围中属于法律法规规定的项目，必须经过有关部门的批准，如经营金银业务必须经过中国人民银行批准；经营烟草业务必须经过烟草专卖局批准等。

（4）公司修改章程并经过登记机关办理变更登记的，可以变更经营范围。

1.2.2 有限责任公司的设立与登记

1）有限责任公司设立的条件

有限责任公司设立的条件如下：

（1）设立有限责任公司，股东必须符合法定的人数。有限责任公司由50人以下的股东出资设立。

（2）有符合公司章程规定的全体股东认缴的出资额。

（3）有股东共同制定的公司章程。

（4）有合法的公司名称，建立符合有限责任公司要求的组织机构。

（5）有公司住所。

2）有限责任公司章程的制定

全体股东必须依照《公司法》的要求，共同制定公司章程，并在公司章程上签名、盖

章。公司章程要载明以下事项：

（1）公司的名称和住所。比如，成都万春商贸有限责任公司，地址在成都市金牛区花牌坊街8号。

（2）公司的经营范围，如主要经营百货、食品等业务。

（3）公司的注册资本，如150万元。

（4）股东的姓名或者名称。姓名是指自然人股东，名称是指法人股东（如成都大地工业品贸易有限责任公司）。

（5）股东的出资方式、出资额和出资时间。股东可以用货币方式出资，也可以用实物、知识产权、土地使用权等方式出资。不同股东的出资金额通过协商确定。

（6）公司的机构及其产生办法、职权、议事规则。比如，公司将设立股东会、董事会、监事会、财务室、办公室等机构。

（7）公司的法定代表人，通常为公司董事长。

（8）股东会会议认为需要规定的其他事项。

3）有限责任公司股东的出资方式及要求

股东可以用货币出资，也可以用实物、知识产权、土地使用权等可以用货币估价并可以依法转让的非货币财产作价出资；但是，法律、行政法规规定不得作为出资的财产除外。对作为出资的非货币财产应当评估作价，核实财产，不得高估或者低估作价。法律、行政法规对评估作价有规定的，从其规定。

股东应当按期足额缴纳公司章程中规定的各自所认缴的出资额。股东以货币出资的，应当将货币出资足额存入有限责任公司在银行开设的账户；以非货币财产出资的，应当依法办理其财产权的转移手续。股东不按照上述规定缴纳出资的，除应当向公司足额缴纳外，还应当向已按期足额缴纳出资的股东承担违约责任。

4）有限责任公司的设立登记

股东认足公司章程规定的出资后，由全体股东指定的代表或者共同委托的代理人向公司登记机关报送公司登记申请书、公司章程等文件，申请设立登记。

公司登记机关对符合《公司法》规定条件的，准予登记，颁发公司营业执照。公司营业执照签发之日，就是有限责任公司成立的日期。

设立有限责任公司的同时设立分公司的，应当向公司登记机关申请登记，领取分公司的营业执照。

1.2.3　股份有限公司的设立与登记

股份有限公司的设立比较复杂，必须依照法定的程序进行。

1）股份有限公司设立的条件

（1）设立股份有限公司，发起人必须符合法定人数。设立股份有限公司，发起人应当在2人以上200人以下，其中须有半数以上的发起人在中国境内有住所。

（2）有符合公司章程规定的全体发起人认购的股本总额或者募集的实收股本总额。

（3）股份发行、筹办事项符合法律规定。

（4）发起人制定公司章程，采用募集方式设立的经创立大会通过。

（5）有公司名称，建立符合股份有限公司要求的组织机构。

（6）有公司住所。

2）股份有限公司章程的制定

公司章程由发起人制定，经公司发起人一致同意并签署后即产生法律效力。如果要对公司章程进行修改，必须经过法定程序。公司章程是公司组织和活动的基本规范。

《公司法》第八十一条对股份有限公司的章程做出了规定。公司章程的内容同有限责任公司章程的内容大同小异。其主要内容包括：公司名称和住所；公司经营范围；公司设立方式；公司股份总数、每股金额和注册资本；发起人的姓名或者名称、认购的股份数、出资方式和出资时间；董事会的组成、职权和议事规则；公司法定代表人；监事会的组成、职权和议事规则；公司利润分配办法；公司的解散事由与清算办法；公司的通知和公告办法；股东大会会议认为需要规定的其他事项。

3）股份有限公司的设立方式

股份有限公司的设立，可以采取发起设立或者募集设立的方式。

（1）发起设立。它是指由发起人认购公司应发行的全部股份而设立公司。发起设立不必向社会公众募集股份。以发起设立方式设立股份有限公司的，发起人应当书面认足公司章程规定其认购的股份，并按照公司章程规定缴纳出资。以非货币财产出资的，应当依法办理其财产权的转移手续。发起人不依照规定缴纳出资的，应当按照发起人协议承担违约责任。

（2）募集设立。它是指由发起人认购公司应当发行股份的一部分，其余股份向社会公开募集或者向特定对象募集而设立公司。《公司法》规定，以募集方式设立股份有限公司的，发起人认购的股份不得少于公司股份总数的35%，但是法律、行政法规另有规定的，从其规定。规定发起人认领股份的数额，目的是防止不具备经济能力的发起人依靠别人的资本开办公司。募集设立的步骤是：

①获得证券管理部门的批准。按照《公司法》的规定，在公开募集前，必须向国务院证券管理部门提出申请，并得到批准。需要报送的主要文件有地方政府或者中央企业主管部门批准发行申请的文件、批准设立股份有限公司的文件、发行授权文件、公司章程、招股说明书等。

②公开招募股份。经过批准后，公司要公告招股说明书，并制作认股书，以募集股份。

③认股人认领股份。认股人在认领股份的时候，要填写认股书，在认股书上填写认购股数、金额及住所，并要签名、盖章。填写认股书后，认股人有按照要求缴纳股款的义务，但发行人逾期没有募足股份总额时，认股人有权撤回所认购的股份。

④履行出资义务。它包括3个环节：发起人缴纳股款；发起人向认股人催缴股款；认股人到指定的银行缴纳股款。

⑤召开创立大会，设置机构。发行股份的股款缴足后，必须经依法设立的验资机构验资并出具证明。发起人应当自股款缴足之日起30日内主持召开公司创立大会。创立大会由发起人、认股人参加。发起人应当在创立大会召开15日前将会议日期通知各认股人或者予以公告。创立大会应有代表股份总数过半数的发起人、认股人出席，方可举行。创立大会要选举产生董事会和监事会成员、通过公司章程，并对设立公司的费用进行审核等。

⑥注册登记。董事会应当于创立大会结束30日内，向公司登记机关报送文件，申请

登记。需要报送的主要文件有公司登记申请书，创立大会会议记录，公司章程，法定代表人、董事、监事的任职文件及其身份证明，发起人的法人资格证明或者自然人身份证明，公司住所证明等。

以募集方式设立股份有限公司公开发行股票的，还应当向公司登记机关报送国务院证券监督管理机构的核准文件。

符合条件的，应核准登记，颁发营业执照，公司正式成立，认股人成为公司的正式股东。营业执照的签发日期，就是公司的成立日期。至此，公司法人正式成立，它可以以公司法人的名义开展各项经营活动。

4）有限责任公司与股份有限公司的比较

有限责任公司与股份有限公司既有共同点，又有不同点。

有限责任公司与股份有限公司的共同点是：

（1）股东都对公司承担有限责任。无论在有限责任公司中，还是在股份有限公司中，股东都对公司承担有限责任。“有限责任”的范围就是以股东投资到公司的投资额为限。

（2）股东的财产与公司的财产是分离的。股东将财产投资到公司后，该财产即构成公司的财产，股东不再直接控制和支配这部分财产。同时，公司以其财产、股东以其投资到公司的投资额为限承担有限责任，不再承担其他责任。

（3）有限责任公司和股份有限公司对外都是以公司的全部资产承担责任。也就是说，公司对外也是只承担有限的责任。“有限责任”的范围就是公司的全部资产，除此之外，公司不再承担其他的财产责任。

有限责任公司与股份有限公司的不同点见表1-1。

表1-1　**有限责任公司与股份有限公司的不同点**

项目 类型	成立条件	募集资金	股份转让	股权证明形式	财务状况	股东会、董事会权限
有限责任公司	总体比较宽松，股东人数有最高要求	只能由发起人集资，不能向社会公开募集资金	股东转让自己的股份有严格的要求，受到的限制较多，比较困难	股东的股权证明是出资证明书，出资证明书不能转让、流通	可以不经过注册会计师的审计，可以不公告，只要按照规定期限送交各股东即可	股东人数有上限，较少，召开股东会方便。股东会的权限较大，董事经常是由股东自己兼任的。在所有权和经营权的分离上，程度较低
股份有限公司	总体比较严格，发起人数有最低和最高要求	可以向社会公开募集资金	股东转让自己的股份比较自由，不像有限责任公司那样困难	股东的股权证明是股票，即股东所持有的股份是以股票的形式来体现的，股票可以转让、流通	必须经过注册会计师的审计并出具报告，还要存档，以便股东查阅	股东人数没有上限，较多且分散，召开股东会比较困难，议事程序比较复杂。股东会的权限有所限制，董事会的权限较大。在所有权和经营权的分离上，程度较高

1.3 企业的经营与管理

1.3.1 企业的生产经营过程

企业的生产经营总是从分析外部环境和内部条件开始的。通过外部环境分析发现企业经营的机会与威胁，通过内部条件分析确定企业的经营优势与劣势，在此基础上确定企业的经营目标，制订企业的经营计划。在制订企业经营计划时要实现外部环境、企业内部条件与经营目标三者的动态匹配。为了实现企业的经营计划，企业要做好生产的准备工作，筹措企业生产过程所需的资源，通过对企业生产过程的组织与控制，按计划保质保量生产出市场所需要的产品，再通过企业的营销活动将产品销售给目标顾客，一方面回笼资金，另一方面搞好销售服务，赢得顾客。企业完成一次生产经营过程后，要根据上一年度的生产经营情况及外部环境和企业内部条件的变化，不断调整企业的经营目标，开始新的一轮生产经营过程（如图1-2所示）。

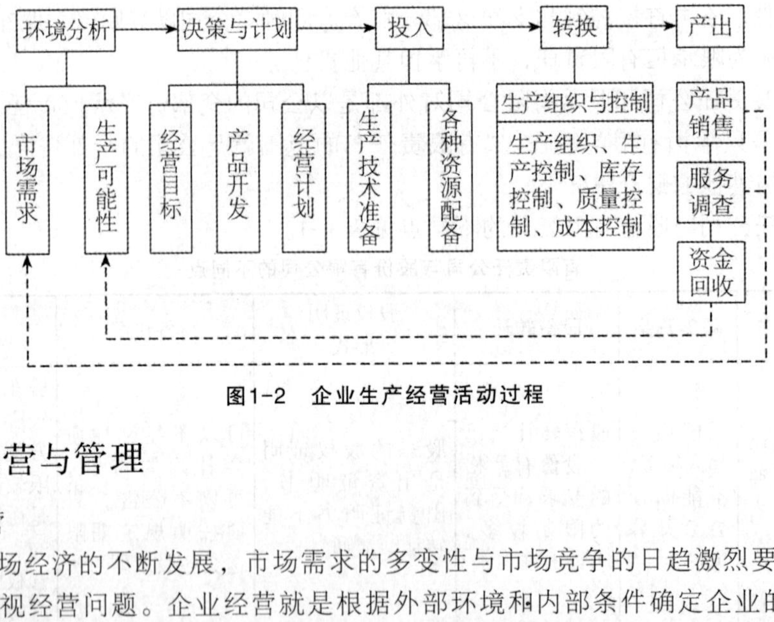

图1-2 企业生产经营活动过程

1.3.2 经营与管理

1）经营

随着市场经济的不断发展，市场需求的多变性与市场竞争的日趋激烈要求现代企业必须高度重视经营问题。企业经营就是根据外部环境和内部条件确定企业的生产方向、经营目标以及实现这一目标的经济活动过程。经营主要侧重产前、产后的供应，销售活动的组织，处理企业与外部的关系问题，进行经营预测、决策和计划。经营主要解决企业的经营目标、生产方向等根本问题以及对企业所拥有的人力、财力、物力和自然资源等生产要素进行合理分配与组合，确定合理的生产结构和规模等。经营的重点是讲求经济效果。

2）管理

（1）管理与企业管理的概念。

管理自古有之，源远流长，作为一种社会行为，可以说它与人类群体共生，有着与人类文明一样悠久的历史。但时至今日，人们对管理的概念还很难达成一个普遍而统一的认识。这不仅是因为管理的渊源太久，很大程度上还是因为管理的内涵太丰富、涉及面太广。人们通常总是倾向于按自己某种实践的需要，从某种特定的角度或特定的学科领域谈管理。从管理的要素和管理的程序来研究，可以得出管理的概念：所谓管理，就是管理者在特定的环境下对其所辖范围内的组织资源有目的地进行计划、组织、领导、控制等职能活动，协调组织资源与组织活动，以高效率地实现组织目标的社会活动。这一概念包含以下含义：①管理依赖于特定的环境；②管理的主体是管理者；③管理的目的是高效率地实现组织目标；④管理由计划、组织、领导、控制等一系列职能构成；⑤管理的本质是协调；⑥管理的对象是组织资源与组织活动。

企业管理是管理的一个分支。所谓企业管理，是指在提高经济效益的前提下，企业人员根据企业内部条件和外部环境，确定企业经营方针和目标，并对人、财、物各要素以及供、产、销各环节进行计划、组织、领导、控制、创新等，以实现经营目标的全部活动。

（2）管理的地位与作用。

20世纪以来，尤其是第二次世界大战以后，全世界掀起了管理发展的热潮。当今管理已成为一门科学，管理队伍已成为一支大军。国际上公认管理、科学和技术是现代社会的三大支柱。有人说："19世纪是工业世纪，20世纪则作为管理世纪被载入史册。"美国在第二次世界大战后一举成为世界第一经济强国的秘诀是三分靠技术，七分靠管理。日本也不甘落后，20世纪50年代末期其在总结经验的基础上，结合本国的国情，在国内迅速掀起了学习科学管理的热潮，到了20世纪60年代，终于靠科学技术和管理两个车轮，经济开始腾飞。他们自己总结说："管理与设备，管理更重要。管理出效率，管理出质量，管理可以提高经济效益，管理为采用更先进的技术准备条件。"

管埋同劳动力、劳动工具、劳动对象、科学技术一样是生产力要素，故现在人们赋予生产力一个新的定义：

$$生产力=（劳动力+劳动工具+劳动对象+科学技术）\times 管理 \tag{1.3}$$

这个公式表明管理在其中起着乘数的作用，能放大或缩小管理系统的整体功能。

伴随着科学技术的迅速发展、市场环境的多变和企业规模的日益扩大，管理的作用更加重要，主要体现在以下几方面：

①管理可以使潜在生产力变为现实生产力。这是因为不相干的生产要素不会形成真实的生产力，只有通过管理，使之结合在一起，才会形成现实的生产力系统，而且人类分工协作的共同劳动，通过管理会产生巨大的结构组合效益。

②管理是当代人类社会加速进步的杠杆。管理会使集体劳动能力总和大于单个劳动能力之和，起到放大生产力的作用。

③管理会使科学技术这个最先进的生产力得到最充分的发挥，两者相得益彰，所以才有管理与科学技术是现代社会进步的两大车轮之喻。

④管理制约着生产力总体能力的发挥。这是由于劳动力、劳动工具、劳动对象、科学技术和管理这5个生产力要素并非简单地相加，它们是以劳动力为主体，通过管理把诸要素有机地组合在一起，形成一个动态系统来运行的。管理水平的高低会产生不同的生产力总体能力。所以有的专家认为："各国在现有的技术和设备条件下，倘若切实改进管理，均可提高生产力水平1/3以上。"

拓展阅读1-2

任正非：企业之间的竞争，就是管理的竞争

任正非认为支撑华为发展的法宝有两个：一是管理架构、流程与信息技术支撑的管理体系；二是对人的管理和激励机制。华为相信，资金、技术、人才等生产要素只有靠管理将其整合在一起，才能发挥整体效应。以下内容为任正非的演讲摘录：

从某种意义上来说，一些公司不比华为差，它们之所以没有发展起来，是因为没有融入管理。华为拥有一大批高学历、高层次人才，目的就是要理解、接受、消化先进的管理理念和管理方式。要抓好管理，需要先理解管理。华为公司打翻身仗就是要靠管理，现在我们的管理效率太低，人员浪费太大，重复劳动太多。

规模是优势，规模优势的基础是管理。大规模不可能自动地带来低成本，低成本是管理产生的，盲目的规模化是不正确的，规模化以后没有良好的管理，同样不能实现低成本。华为曾经是一个“英雄”创造历史的小公司，逐渐演变为一个职业化管理的具有一定规模的公司。

华为与爱立信等大公司比什么？比效率，比成本，比谁能坚持得更长久。互联网不断地向新的领域发展，带来了技术的透明、管理的进步，加快了各公司之间差距缩小的速度。因此，未来的竞争是管理的竞争，我们要在管理上与竞争对手拉开差距。在互联网时代，技术进步比较容易，而管理进步比较困难，难就难在管理的变革，因为它触及的都是人的利益。因此企业间的竞争，说穿了就是管理上的竞争。如果对方在管理上持续不断进步，而我们不改进的话，就必定会衰亡。我们要想在竞争中保持活力，就要在管理上改进，去除不必要的重复劳动；在监控有效的情况下，缩短流程，减少审批环节；要严格地确定流程责任制，也要让中下层员工承担责任，使其在职权范围内正确执行决策；把不能承担责任、不敢承担责任的干部调整到操作岗位上去，把明哲保身或技能不足的干部从管理岗位上换下来；不能论资排辈，要把责任心、能力、品德以及人际沟通能力、团队组织协调能力等作为选拔干部的标准。

单靠技术壁垒取胜的时代很快就要转变为靠管理取胜的时代。如果我们在领先的时间内占据了非常大的市场，从而将成本摊薄，并持续地控制成本，那么就有可能继续在市场中占据优势地位。我们所说的成本并非单指产品技术成本。如果我们控制不住市场规模，别人取得技术突破后也可以很快追上来。公司要真正地走向科学管理，需要很长时间，我们需要扎扎实实建设好一个大平台。大家是否知道，2002年在华为快崩溃的时候，我们的主题还是抓管理，对此外界都嘲笑我们。现在有些人也说华为在这个时代必死无疑，因为华为没有创新了，华为的危险就是抓管理。但我认为，无论经济发展得多么好，不管高铁多么快，如果没有管理，那都是很危险的。

未来华为战胜对手的关键因素不是技术、资金、人才，而是管理和服务。由此可以看出，华为之所以能有今天的成就，靠的就是科学管理。

2018年任正非在华为干部管理研讨会上的讲话指出，未来几年，整个大形势应该没有想象中那么乐观，要有过苦日子的准备，为此需要针对未来发展在管理上进行适当调整。2018年年底任正非在个人绩效管理优化工作汇报会上的讲话指出，华为的人力资源体系要以“多产粮食”和“增加土地肥力”为目标，人力资源的战略重心是解决绩效管理的合理性和规则性……

资料来源 油田提质增效研究院. 深度解读任正非的管理思想：企业之间的竞争，说到底是管理竞争［EB/OL］.［2021-08-25］. https：//www.jianshu.com/p/931e3ba9b790.并根据有关资料改编。

（3）企业管理的职能。

管理的职能是指管理所具有的管理本质的外在根本属性及其所应发挥的基本功效。管理具有两种基本的职能，即合理组织生产力的一般职能和维护生产关系的特殊职能。因为社会生产过程原本就是生产力和生产关系的统一体，所以在管理实践中，这两种基本职能是结合在一起发生作用的。当它们结合起来作用于社会生产过程时，就表现为管理的具体职能。企业管理的性质是通过管理职能体现出来的，企业管理的基本职能是通过一些具体职能来实现的。

①计划。计划就是对未来的经济活动和结果所做的事先预计与安排。它主要包括预测、决策和计划的制订以及拟订实现计划的措施、方法等。

古人讲："凡事预则立，不预则废。"无论管理任何组织，事先都得有个计划，并按计划办事，才能增强管理活动的目的性、预见性和主动性，减少盲目性。计划是管理的首要职能。广义的计划包括了决策，但随着市场竞争加剧及外部环境不确定性日益明显，企业决策日益重要，所以有学者把决策从计划中独立出来成为一个专门职能。

②组织。组织就是根据整分合的原则，对各方面的人和事进行有效的组合，使员工都能为完成总体目标而努力。

组织是实现总体目标和计划的保证。因为总体目标和计划是要依靠广大员工共同完成的，如果员工是一盘散沙，将一事无成。所以管理工作者要对所完成的总体任务进行了解和分析，进而将总体任务分解为一个个基本环节或要素，并明确分工落实到基层或个人，然后促使他们在分工的基础上密切合作，有效地进行工作。

组织职能的内容十分广泛，总的来说，包括管理职能的设置、各部门职权的划分、人员的安排、责任的分工等，具体还包括内部核算单位的责任制的建立和健全，人员的调配、培训、考核和奖惩等。

③领导。领导就是指领导者利用组织所赋予的职权和个人所具有的影响力，指挥、带领和影响下属为完成组织目标而努力工作的过程。领导的作用主要体现在指挥、激励、协调和沟通四个方面。

领导是管理者的基本职能，是同管理的全局性、整体性相关联的。不进行领导，则无法使众多分散的下属人员步调一致地从事实现共同目标的活动。要领导就得靠下命令、发指示等措施来统一人们的行动，所以需要有权威。而权威除在形式上来自上级的委派、授权，基层的推荐、选举外，最重要的还是要管理者自身德才兼备，才能使下属心悦诚服地听从领导。为了有效领导，保证管理系统政令畅通，必须贯彻统一领导的原则，同时配备精干的管理人员。

④控制。控制就是管理者为保证实际工作与计划目标一致而采取的一切活动。控制是包括制定标准、衡量成效与纠正偏差的动态过程。管理者在管理活动中，总希望管理对象的经济活动过程产生合乎目标的变化，为此需要采取必要的手段对管理对象进行动态监控。控制职能的着眼点在于纠正偏差。

⑤创新。创新是人类根据需要，运用自己的体力与脑力创造出新的物质产品和精神产

品的过程。管理大师彼得·德鲁克说过“创新就是创造一种资源”。组织活动是面向环境、面向未来的活动，组织的外部环境、内部的资源条件及管理者对环境及资源的认知等在不断的改变，这就要求组织活动的技术与方法不断变革，组织活动的方向、内容与形式选择也需要不断优化和调整。这些变革、优化和调整是通过管理的创新来实现的。创新职能的着眼点在于管理的各项工作变革与优化。

管理的五大职能是相互联系、相互制约的，其中计划是管理的首要职能，是组织、领导和控制职能的依据；组织、领导和控制职能是有效管理的重要环节和必要手段，是计划及其目标得以实现的保障。无论在计划、组织、领导、控制活动中都必须实现创新。只有统一协调管理的职能，使之形成前后关联、连续一致闭环的管理活动整体过程，才能保证管理工作的顺利进行和组织目标的实现，达到管理效率与效益的提高。

思考与讨论1-4

请同学们思考与讨论，若管理职能不能形成前后关联、连续一致、闭环的管理活动整体过程会产生什么问题？有计划、没控制会怎么样？

3）经营与管理的关系

经营与管理是两个既有区别又有联系的不同概念，但是人们统称经营管理。这是因为经营与管理密不可分，两者相互渗透，是各有侧重的统一体。两者的区别主要表现在以下几个方面：

（1）概念不同。经营是筹划、谋略的意思。企业经营是指企业根据外部环境和内部条件，确定生产方向、经营目标，以及实现这一目标的经济活动过程。管理是指对系统的处理、保管、治理和管辖。企业管理是指为了有效地实现经营总目标而对企业各要素及其组成的系统进行计划、组织、领导、控制和创新的综合性活动。

（2）来源不同。经营是由市场经济的产生和发展而引起的一种调节与适应社会的职能，并随着市场经济的发展而发展；管理则是由人们共同劳动所引起的一种组织、协调的职能，随着社会化大生产、人们的共同劳动和分工协作的发展而发展。

（3）性质不同。经营主要解决企业的生产方向、方针和一些重大问题，一般属于战略性和决策性的活动；管理主要解决如何组织企业各要素实现战略目标，属于战术性和执行性的活动。

（4）范围不同。经营要将企业作为一个整体来看待，用系统的观点分析、处理企业管理问题，追求企业的综合、系统效果；管理侧重内部各要素、各环节的合理组合使用，以促进其有序、高效地完成生产经营任务。

（5）对象不同。经营主要是针对企业的方向、目标的，解决企业内部条件与外部环境相适应的问题；而管理则主要通过计划、组织、领导和控制等职能体现出来，如财务管理、销售管理、物资管理、生产管理、质量管理、劳动管理和目标管理等。

（6）目的不同。经营关系到企业生产经营的方向、出发点、市场等，解决如何在市场竞争中取胜的战略性问题，追求的是企业的经济效益；而管理是为了实现经营目标，解决如何充分合理地组织企业内部的人、财、物等要素，更好地进行供、产、销活动，从而提高工作效率的问题。

经营和管理是辩证统一体，从它们的联系看，两者是密不可分的，表现为经营促进管理，管理保证经营。它们的关系可用下列公式表示：

经营管理效果=目标方向×工作效率　　(1.4)

这个关系式说明两个问题：只讲经营，不讲管理，企业经营管理效果就成了空中楼阁；只讲管理，不讲经营，管理就成了无的放矢。也就是说，上式右边任何一项不能为零或负，目标方向是企业经营要解决的问题，工作效率是管理追求的目标。经营是企业经济活动的中心，是管理效果产生和发展的基础；管理从经营中产生并发展后，又成为控制、调节经营过程，决定经营命运的重要手段。

经营与管理之间是目标与手段的关系，管理因适应经营的需要而产生，企业有了经营才会有管理；经营借助管理而实现，离开了管理，经营活动就会发生紊乱甚至中断。一个企业只有在良好经营的前提下，加上科学的管理，才能取得良好的效果。经营不善，或决策失误，管理再好也无济于事。因此，经营与管理综合在一起，才能发挥更大的作用。

互动课堂1-2

有学者认为，经营决定管理，管理服务经营。

清晰的管理观应该是只对绩效负责，注重分配，始终为经营服务。

管理没有标准答案。你面对的资源和环境等，决定了你应该采取什么样的管理手段和思路。最好不要刻意设计，否则会导致你不能审时度势，错失机遇。

管理是动态的，今天有效的，明天不一定有用；别人管用的，你不一定适用。所以，在时间和空间上都要注意权变。

请同学们阅读《经营决定管理，管理服务经营！当管理水平超过经营水平时，企业离亏损就不远了》一文，加深对经营与管理关系的理解。

思考与讨论1-5

请同学们思考与讨论，如何处理好经营与管理的关系？

互动课堂1-3

搜集经营与管理的相关资料，讨论经营与管理有何区别与联系，并写一篇课后小论文。

1.3.3　企业管理的方法

1）管理方法的概念

要搞好企业管理，必须采取一定的方法。所谓管理方法，是在管理活动中为实现管理目标、保证管理活动顺利进行，在管理过程中管理主体对管理客体采取的方式、手段、办法、措施、途径的总称，是管理者对管理对象的行为施加影响的方法体系。

管理必须通过管理方法才能在管理实践中发挥作用。管理实践的发展促进了管理方法的深化。在吸收和运用多种学科知识的基础上，管理方法已逐渐形成一个相对独立、自成体系的研究领域。

2）管理方法的类型

管理的任务、对象、内容、环境是复杂多变的，因此在管理活动中运用的管理方法也是多种多样的。在企业管理中，常用的管理方法主要有：

（1）行政方法。行政方法是指在一定的组织内部，以组织的行政权力为依据，运用行政手段（如命令、指示、规定等），按照行政隶属关系来执行管理职能、实施管理的一种方法。

行政方法具有一定的强制性，是管理的一种基本方法。行政方法的实质是通过行政组织中的职务和职位来进行管理。它特别强调职责、职权、职位，而并非个人的能力或特权。任何部门、单位都要建立起若干行政机构来进行管理。它们都有着严格的职责和权限范围。由于在任何行政管理系统中，各个层次所掌握的信息绝对是也应当是不对称的，所以才有了行政的权威。上级指挥下级，完全是由高一级的职位所决定的。下级服从上级，是对上级所拥有的管理权限的服从。行政方法要发挥作用需要做到：

①建立精简高效的行政体系，提高行政管理的效率，降低运行成本。

②明确管理就是服务，为下属创造良好的工作环境。

③选用高素质的领导，提高管理者的管理水平与艺术，树立管理权威，令行禁止。

④优化行政办事的流程，通过流程再造提高办事效率。

思政园地1-1

新冠肺炎疫情席卷而来，党中央及各级政府迅速周密部署抗疫行动，利用制度优势，举全国之力，对疫区采取封闭隔离、交通停运、核酸检测等防控措施，迅速动员全国医疗队伍驰援疫区前线，调动一切力量组织防疫物资生产，确保医疗物资供应，控制了疫情，让社会经济生活尽快恢复常态。

结合行政方法的相关知识，在网上查找相关资料，比较中外抗疫情况，分析为什么我国能很好地进行抗疫？

（2）经济方法。经济方法是指以人们对物质利益的需要为基础，按照客观经济规律的要求，运用各种经济手段来执行管理职能，实现管理目标的方法。这里所说的各种经济手段，主要包括价格、税收、信贷、工资、利润、奖金、罚款以及经济合同等。不同的经济手段在不同的领域中，可发挥各自不同的作用。

经济方法是现代管理中最主要的管理方法之一，因为即使是在经济发展到一个较高水平的国家里，物质利益仍然是人们的基本利益，对物质利益的追求是决定人们行为取向最基本的动力。

管理的经济方法的实质是围绕着物质利益，运用各种经济手段，正确处理好国家、集体与劳动者个人三者之间的经济关系，最大限度地调动各方面的积极性、主动性、创造性和责任感，促进经济的发展和社会的进步。

管理中采用经济方法要遵循以下几项基本原则：

①重视物质利益的调节作用，注重对经济手段的不断改进与完善。

②重视考核，贯彻按劳分配原则。

③按照客观经济规律办事。

④奖罚结合的原则。

（3）法律方法。法律方法是指通过制定和实施法律、法令、制度以进行管理的方法。法律方法也就是人们常说的“法治”。法律方法包括立法与司法两个方面。前者用于解决在管理中有法可依的问题，后者用以解决在管理中有法必依、违法必究的问题。

要使法律方法发挥作用应做到以下几点：

①建立完善的法律体系。法律方法要发挥作用，就要制定与完善法律体系，使人们的活动有法可依。在组织管理中除了国家的法律法规，还要健全组织的规章制度体系。

②普及法律知识。法律方法要发挥作用，就要增强人们的法律意识，用法律武器保护自身的合法权益，约束自身行为。

③严格执法。通过严格执法，做到有法必依，维护法律的严肃性。

拓展阅读1-3

商鞅变法，徙木为信

商鞅变法之初，恐民不信，便派人把一根三丈之木立于国都之南门，然后宣布将此木徙置北门者赐10金。搬动一根木头，何须如此重赏？人们自然不信。于是他又下令，将赏金加至50金。有人将信将疑把木头搬到北门，商鞅即赏其50金，以示不欺。于是商鞅在人们心目中树立了令出必信、法出必行的形象。

法律要得以推行，关键是要树立千金难买的威信，做到言必信、行必果。

（4）教育方法。教育方法是按照一定的目的、要求对受教育者从德、智、体等诸方面施加影响，使受教育者改变行为的一种有计划的活动。

教育的目的是提高人的素质，教育的内容也就涉及与人的素质完善有关的各个方面，如人生观及道德教育，爱国主义和集体主义教育，民主、法制、纪律教育，科学文化教育，组织文化建设等。其中，组织文化建设对企业的推动作用是有目共睹的，文化的优越性和内聚力已成为成功企业的优秀品质。所谓的组织文化，是指在组织系统中居主导地位的价值观体系、管理哲学、道德观念、科学文化水平，以及表现这些理念性事物的规章制度等。

管理的人本原理认为，管理活动中人的因素是第一位的，管理最重要的任务是提高人的素质，充分调动人的积极性、创造性。而人的素质是在社会实践和教育中逐步发展、成熟起来的。通过教育，不断提高人的政治思想素质、文化知识素质、专业水平素质等，是管理工作的主要任务。现代社会科学技术的迅猛发展使人的知识更新速度加快，因此全面提高人的素质，对组织成员不断进行培养教育，就必然成为管理者进行管理活动的一项重要内容。

拓展阅读1-4

分粥的故事

有7个人住在一起，每天共喝一桶粥，粥每天都不够。一开始，他们抓阄决定谁来分粥，每天轮一个。于是乎每周下来，他们只有一天是饱的，就是自己分粥的那一天。后来他们推选出一个道德高尚的人出来分粥。强权就会产生腐败，大家开始挖空心思去讨好他、贿赂他，搞得整个小团体乌烟瘴气。然后大家开始组成3人的分粥委员会及4人的评选委员会，互相攻击、扯皮下来，粥吃到嘴里全是凉的。最后想出来一个方法：轮流分粥，但分粥的人要等其他人都挑完后拿剩下的最后一碗。为了不让自己吃到最少的，每人都尽量分得平均，就算不平均，也只能认了。大家快快乐乐、和和气气，日子越过越好。

做任何一件事情用不同的方法会产生不同的结果。想完善一件工作就要不停地找方法，发现不足就要及时更正，总会找到一个好的方法去解决。

1.4 管理思想与理论的发展

管理理论以企业管理为基础，是以往企业管理经验的概括和总结。因此，了解管理思想的发展过程，对学好管理学是十分重要的，有助于对管理学的形成及演变有一个总体了解。管理思想的发展大致可以分为传统管理、科学管理、行为科学和现代管理4个阶段。

1.4.1 传统管理阶段

1）管理思想的特点

传统管理阶段从18世纪后期资本主义工厂制度的兴起到20世纪初期资本主义自由竞争的发展，其间100多年的历史。这一阶段的管理思想有以下几个特点：

（1）由资本家直接担任企业管理者。资本家凭借手中的资本，将劳动者、劳动资料和劳动对象集中到一起，在资本家的工厂进行产品生产，资本的所有权与经营权高度统一，产权单一。

（2）靠个人经验从事生产和管理。工人凭自己的经验来操作，没有统一的操作规程。产品也缺乏严格的规格、性能要求，生产出来的产品往往是各不相同，缺乏互换性。管理人员凭借自己的经验来管理，没有统一的管理方法，管理工作的成效取决于管理者个人的经验、个性、特点和作风。工人和管理人员的培养主要采取师傅带徒弟这种传授个人经验的办法。

（3）管理的重点是解决分工与协作问题。这一阶段的管理主要着眼于解决企业内部生产过程中如何分工、如何协作配合，以保证生产过程的顺利进行，以及如何减少资金消耗、如何提高工人的日产量，以赚取更多的利润。因此，管理的内容仅局限于生产管理、工资管理和成本管理。

2）主要代表人物及其观点

在此阶段有许多代表人物对管理理论的发展起到了推动作用，最主要的代表人物是英国著名的古典经济学的创始人亚当·斯密（Adam Smith）。他被后人称为“改变历史方向的人”，这是因为他对古典经济学说做出了主要贡献。他的主要观点包括：

（1）劳动是国民财富的源泉。他认为只有减少非生产性劳动，增加生产性劳动，同时提高劳动技能，才能增加国民财富。

（2）劳动分工观点。亚当·斯密对管理理论发展的一个贡献就是他的劳动分工观点。劳动分工，即将工作分解成一些单一的和重复性的作业。劳动分工之所以能提高效率，是因为它提高了每个工人的技巧和熟练程度，节约了由于变换工作而浪费的时间，以及有利于机器的发明和应用。亚当·斯密的劳动分工观点适应了当时社会对迅速扩大劳动分工以促进工业革命发展的要求，成为资本主义管理的一条基本原理。

（3）经济人观点。他认为，人们在经济行为中，追求的完全是私人利益。“人类几乎随时随地都需要同胞的协助，要想仅仅依赖他人的恩惠，那是一定不行的。他如果能够刺激他们的利己心，使有利于他，并告诉他们，给他做事，是对他们自己有利的，他要达到目的就容易得多了。不论是谁，如果他要与旁人做买卖，他首先就要这样提议：请给我以我所要的东西吧，同时，你可以获得你所要的东西。这句话是交易的通义。我们所需要的相互帮忙，大部分是依照这个方法取得的。”亚当·斯密的经济人观点对于资本主义管理的实践和理论都有着重要的影响。

1.4.2　科学管理阶段

1）管理思想的特点

自工业革命建立了工厂制度以后，人们对科学管理的探索就一直没有停止过。管理实践的这种不断积累，终于使人们对管理的认识在19世纪末、20世纪初由感性认识上升到理性认识。这一阶段的管理思想具有以下特点：

（1）资本所有者和企业管理者分离。随着资本主义生产水平的迅速发展，企业规模的扩大，企业生产技术、协作关系与内部管理日趋复杂，一些资本家越来越感到由自己来管理企业力所不及，于是聘请受过专门训练的经营管理专家代替自己，按照资本家的意志来经营管理企业，从而在社会上出现了一种经营管理基层，形成了所谓的经理制。

（2）用科学管理来代替单纯的经验管理。长期的管理实践使人们对过去的管理经验加以总结提高，使之系统化、理论化，用以更好地指导管理实践活动。

（3）强调了组织形式而忽视了人的社会性。科学管理阶段的管理学家们为管理科学的发展做出了重要的贡献，提出了许多有价值的见解，对管理实践工作产生了巨大的推动作用。但在该阶段，管理思想的缺点显现出来，表现在：把人看成单纯的“经济人”、会说话的机器，认为工人只能服从而没有主动性；组织结构上采用独裁式的管理，强调了组织形式而忽视了对人格的尊重；等级层次和规章制度过于僵硬，缺乏灵活性等。

2）主要代表人物及其理论

在科学管理阶段，一些经济学家在管理理论的形成过程中做出了开创性贡献，其中有影响的主要有3个人，他们是泰勒、法约尔和韦伯。泰勒提出的科学管理理论是从如何改进组织作业人员生产率的角度看待管理；法约尔的一般管理理论关注的焦点是如何使整个组织的管理有效；而韦伯的理想行政组织体系理论就是分析何种类型的组织结构形式更为有效。

（1）泰勒的科学管理理论。

弗雷德里克·温斯洛·泰勒（Frederick Winslow Taylor）（1856—1915）出生在美国费城一个富裕的律师家庭，他父亲一心指望他子承父业，成为一个有成就的律师。年轻的泰勒确实不负众望，考入哈佛大学法学院，但因患眼疾和神经性头痛而无法继续学习，中途辍学。1875年，他进入一家小型工厂当学徒，3年后转到米德维尔钢铁公司，先后当过技工、工长、总机械师、总绘图师，在28岁时被提升为总工程师。1898年，他自开公司，从事工厂管理咨询工作。他的代表作是1911年出版的《科学管理原理》。他的技术革新和发明创造先后有100多项获得专利，故此，他被宾夕法尼亚大学授予名誉科学博士学位。

19世纪末，提高劳动生产率是美国工业生产中一个突出的问题，当时作为机械工程师的泰勒始终对工人的低效率感到震惊。工人们采用各种不同的方法做同一件工作，他们倾向于“磨洋工”的工作方式。泰勒确信工人的劳动生产率只达到应有水平的1/3，于是他开始在车间里用科学方法来纠正这种状况。他花了20年的时间寻求从事每一项工作的最佳方法。

泰勒提出用建立科学管理制度的办法解决提高劳动生产率的问题。建立科学管理有两个绝对需要具备的要素：一是劳资双方要在思想上进行一次完全的革命，在观念上来一次重大转变，把注意力从原来的分配盈余转到盈余的增加上，从而使工人的工资和雇主的利润在分配比例不变的情况下，也能显著增加。这就是“经济大饼”原理。二是必须用科学知识代替个人经验，不管是工人还是管理者，沿用个人经验行事，劳动生产率自然很难提高。要想提高劳动生产率，必须用科学知识代替个人经验。泰勒的科学管理理论的主要内容包括以下几个方面：

①确定合理的工作标准。泰勒认为，提高劳动生产率的首要问题是合理安排每日工作量，以解决消极怠工现象，这样就必须进行动作和时间研究。方法是把工人的操作分解为基本动作，再对尽可能多的工人测定完成这些基本动作所需要的时间，同时，选择最适合的工具、机器，确定最适当的操作程序，消除错误的和不必要的动作，得出最有效的操作方法作为标准。然后，累计完成这些基本动作的时间，加上必要的休息时间和其他延误时间，就得出完成这些操作的标准时间，据此制定一个工人的“合理的日工作量”，这就是所谓的工作定额原理。通过选择合适的工人、使用正确的工具、执行严格的作业标准，以及提高日工资的激励手段达到管理的目标值。

②工作方法标准化。要使工人掌握标准化的操作方法，使用标准化的工具、机器和材料，并使作业环境标准化，这样才能使工人完成工作标准。这实质上同上面是一致的，工作标准的制定必定是方法的标准化，否则不会有一套科学的、统一的操作程序。

③合理配备工人。泰勒主张科学地选择工人，根据工人的具体能力安排恰当的工作，使其能胜任自己的工作。为了提高劳动生产率，必须为工作挑选第一流的工人。第一流的工人就是指他的能力最适合做这种工作且他愿意去做。要根据人的能力把他们分配到相应的工作岗位上，并进行培训，教会他们科学的学习方法，使他们成为一流的工人，鼓励他们努力工作。

④差别计件工资制。为了激励工人努力工作，完成定额，泰勒提出了这一工资制。泰勒认为，工人“磨洋工”的一个主要原因是报酬制度不合理。当时的计时工资不能体现劳动的数量。计件工资虽能体现劳动的数量，但工人担心劳动生产率的提高会导致雇主降低工资率，从而等同于劳动强度的加大。针对这种情况，泰勒提出了一种新的报酬制度——有差别的计件工资制，其内容包括3点：第一，对工时进行研究和分析，制定出一个定额或标准。第二，根据工人完成工作定额不同，采用不同的工资率，如工人完成定额的80%，则只按80%付酬；超定额完成了120%，则按120%付酬，这就是所谓的差别计件工资制。第三，工资支付的对象是工人而不是职位，即根据工人的实际表现而非工作类别来支付工资。泰勒认为，实行差别计件工资制会大大提高工人的积极性，从而大大提高劳动生产率，这不仅对工人有利，对工厂更有利。这就是泰勒提出的劳资双方进行“精神革命”，从而协调双方合作的基础。

⑤实行职能工长制。泰勒主张把计划职能从工长的职责中分离出来，设立专门的计划

部门。由计划部门制订计划，工长负责执行。工长之间按职能分工，一个工长只能承担一项管理职能，每个工长在其业务范围内有权监督和指导工人的工作。计划部门的具体工作包括：进行时间和动作研究；制定科学的工作定额和标准化的操作方法，选用标准化的工具；拟订计划，发布指示和命令；比较标准与实际的执行情况，进行有效的控制。工长负责计划的执行。泰勒设计出八个职能工长代替原来的一个工长，这样对一个管理人员花费的培训时间减少而且职能明确，有利于提高劳动生产率，但存在着各职能工长间的协调问题，出现了工人同时接受几个职能工长领导的情况。

⑥ 例外管理。泰勒认为，规模小的企业可采用上述职能管理，规模大的企业就不能只依据职能管理，还需运用例外管理。他认为，企业的高级管理人员应把例行的一般日常事务授权给下级管理人员去处理，自己只保留对例外事项的决定和监督权。泰勒认为：如果一个大企业的经理几乎被办公桌上的大量信件和报告淹没，而且每一种信件和报告都被认为要签字或盖章，这样的情景尽管是可悲的却并不罕见，有些经理觉得有这样大量的详细情节由他审核一下，他就能对整个事业保持密切接触。按照例外管理原理，“经理只接受那些经过压缩、总结了的，而且总是属于对照性的报告，但这些报告要包括管理上的一切要素在内。即使是总结性的资料，在送给经理之前，也要先经助手仔细看过，把与标准不相符的地方指出来，包括特别好的和特别坏的情况。这样，只要几分钟时间就可以使经理全面了解事态是前进还是后退，并腾出时间来考虑更为广泛的大政方针，以及研究手下重要人物的性格及其是否称职。”

拓展阅读1-5

泰勒的“铁锹试验”

铁锹试验是系统地研究各种材料能够达到标准负载的锹的形状、规格，以及各种原料装锹的最好方法的试验。泰勒通过对工人劳动过程的观察，以及使用秒表和量具来计算工人用铁锹铲煤的效率与铁锹尺寸的关系，发现每锹重量为21磅时效率最高，探索出实现铲煤最高效率的铁锹尺寸大小与铲煤动作的规范方式，并相应设计出12种规格的铁锹。工人每次劳动时要使用指定规格的铁锹，以提高效率。此外，泰勒还对每一套动作的精确时间做了研究，从而得出了一个“一流工人”每天应该完成的工作量。这一研究的结果是非常杰出的，使堆料场的劳动力从400～600人减少为140人，平均每人每天的操作量从16吨提高到了59吨，每个工人的日工资从1.15美元提高到了1.88美元。

在管理中要提高管理水平及效率就需要进行科学分析采取科学的管理方法。

（2）法约尔的一般管理理论。

亨利·法约尔（Henri Fayol）（1841—1925）出生于法国的一个小资产阶级家庭，1860年毕业于法国国立采矿学院。毕业后，他进入康门塔里-福尔香堡采矿冶金公司，成为一名采矿工程师，25岁时任矿井经理，40岁时晋升为公司总经理，任职30多年，77岁退休后继任董事长。当他被任命为公司总经理时，公司财政困难，濒临破产。法约尔运用他的管理才干挽救了公司。在他的管理下，该公司成为法国南部最大的采矿和冶金公司之一。法约尔博览群书，知识渊博。他的管理理论是以作为一个整体的大企业为研究对象的，还涉及工商企业、军队、机关、宗教、慈善团体等的管理问题。法约尔一生著述很多，其中较有影响的是《论管理的一般原则》（1908），代表作是《工业管理与一般管理》

(1916)。

法约尔与泰勒的不同之处在于他们所站的角度不同。法约尔是从一个高层管理者的角度出发的，所以他认为对一个高层管理者而言，重要的才能不再是技术而是管理的技能。这使人们认识到管理理论和管理教育普遍性的重要。其主要贡献在于首次提出管理职能，并确立了管理的基本原则。

①企业的基本活动和管理的5种职能。法约尔认为，任何企业都存在着6种基本的活动，而这些活动被称为经营。经营是指指导或引导一个组织趋向一个目标的活动。这6种经营活动是技术活动、商业活动、财务活动、安全活动、会计活动和管理活动。管理只是企业活动中的一种，它包含5种管理职能，即计划、组织、指挥、协调和控制。

法约尔对经营和管理的上述描述便于明确管理与经营的关系。法约尔在《工业管理与一般管理》一书中给经营下的定义是："经营就是努力确保6种固有活动的顺利运转，以便把企业拥有的资源变成最大的成果，从而使企业实现它的目标。"而管理只是6种活动中的一种。

②管理的14条原则。法约尔认为，管理正如宗教需要教规约束教徒的行为一样，也需要有"管理原则"作为管理者行动的指南。法约尔根据自己的管理经验总结了14条原则。这14条原则是分工、权责相等、纪律、统一指挥、统一领导、个人利益服从整体利益、报酬合理、集权与分权（集中化）、等级链、秩序、公平、人员稳定、首创精神、团结精神。

这14条原则在企业管理中有着非常重要的意义，但在管理工作中的运用不是绝对和死板的，还要掌握一个度的问题，关键在于了解其真正的本质，并能灵活地应用于实践，这是一门很难掌握的艺术。

（3）韦伯的理想行政组织体系理论。

马克斯·韦伯（Max Weber）（1864—1920）出生于德国一个有着广泛社会和政治关系的富裕家庭，从小受到良好的教育，对经济学、社会学、政治学、宗教学有着广泛的兴趣。他先后在柏林、弗赖堡、海德堡和慕尼黑等大学担任过教授。韦伯在管理思想上的主要贡献是提出了理想行政组织机构模式。其主要著作有《一般经济史》《社会和经济组织的理论》。韦伯理论的主要内容包括以下几个方面：

①行政组织机构的概念。行政组织机构的德文原文可译为"官僚政治""官僚主义"。韦伯所用的"官僚"这一概念，并非带有感情色彩的那种效率低下之意，而是指通过职务或职位而不是通过个人或世袭地位来管理，这样的行政组织机构对于任何组织形式都是"理想"的。在他看来，所谓理想的并不是最合乎需要的，而是指组织的"纯粹形态"。在实践中出现的可能是各种组织形态或其混合体，这个理想的行政组织机构只是便于进行理论分析的一种标准模式，便于说明从小规模企业过渡到大规模企业专业管理的转变过程。正如美籍日裔管理学者大内所说："官僚组织是使组织与个人分开，迫使人员专业化。"

②权力论。韦伯认为，任何社会组织的管理都必须以某种形式的权力为基础。在分析组织形式的过程中，韦伯分析了作为组织运行基础的权力，并将社会上所存在的权力分为3种类型：

合法合理的权力。这是由社会公认的、法律规定的权力。对这种权力的服从是绝对的，没有普通百姓和领袖官员之分。这种权力是由依照一定法律而建立的一套等级制度赋予的，对这种权力的服从就等于对确认的职务或职位的权力的服从。

传统的权力。这是由历史沿袭下来的惯例、习俗而规定的权力。对这种权力的服从是绝对地服从于统治者，因为他具有沿袭下来的神圣不可侵犯的权力地位（犹如帝王之位的权力一样）。

神授的权力（个人崇拜式的权力）。这种权力指的是以对某人特殊的、神圣的、英雄主义或模范品质的忠诚热爱与崇拜为依据而规定的权力。

总而言之，对各种权力的服从是由于追随者对领袖人物的权力的信仰和信任。根据对权力的分类，韦伯在描述其理想行政组织体系时使用的是合法合理的权力。

③理想行政组织体系。韦伯将理想行政组织体系的特征归纳为以下几个方面：

a.实行劳动分工。把为实现组织目标所需进行的全部活动分解成各种具体的任务，再把这些任务分配给组织的成员或各个职位，同时明确每个成员或每个职位的职责和权力，并使之合理化、合法化。

b.自上而下的等级系统。按照一定的权力等级使组织中的各种职务和职位形成责权分明、层层控制的指挥体系。在这个体系中，各级管理人员不仅要对上级负责，也要对自己的下级负责。下级接受上级的控制与监督，对上级的命令必须服从。

c.正式的选拔。通过正式考试或教育训练，公正地选拔组织成员，使之与相应职务相称。组织中的任免要有一定的程序。

d.除了按规定必须通过选举产生的公职外，官员是上级委任而不是选举的。

e.组织内部的管理人员不是所管理单位的所有者，而只是其中的工作人员。

f.组织中人员之间的关系是一种不受个人情感影响的关系，完全以理性准则为指导。这种公正不阿的态度，不仅存在于组织内部的人际关系方面，而且适用于组织同顾客之间的关系。

g.职业管理人员。实行管理人员专职化，按期领取固定薪金。组织内有明文规定的升迁制度，按照年资、工作成绩或两者综合考虑升迁，但最终升迁与否完全由上级决定，下级没有发言权，以免破坏指挥系统。

h.管理人员必须严格遵守组织中规定的规则和纪律。执行规则和纪律时不讲个人情感。

总而言之，韦伯认为，他所描述的这个理想行政组织结构和其他组织结构相比较效率最高，因为它的结构最符合理性原则，具有精确性、纪律性、稳定性和可靠性等特点。这一形式适用于任何种类的管理工作。韦伯设计的理想行政组织结构为后来组织结构理论的发展勾勒了基本的框架。韦伯的理论对泰勒及法约尔的理论是一种补充。通常把以上述3位学者为代表的理论称为古典管理理论。

1.4.3 行为科学阶段

1）行为科学的由来

科学发展到20世纪，学科愈分愈细，学科之间的联系也愈加广泛，因而相继出现了不少边缘学科。在此基础上，科学家们开始考虑利用有关的各种科学知识来研究人的行为。1949年，在美国芝加哥大学召开了一次由哲学家、精神病学家、心理学家、生物学家和社会学家等参加的跨学科的科学会议，讨论了应用现代科学知识来研究人类行为的一般理论。会议给这门综合性的学科定名为“行为科学”。1953年，芝加哥大学成立了行为科学研究所。

以泰勒为代表的科学管理理论的广泛流传和实际应用，大大提高了生产效率，但这些理论多着重对生产过程、组织控制方面的研究，较多地强调科学性、精密性、纪律性，而对人的因素注意较少，把工人当作机器的附属品，不是人在使用机器，而是机器在使用人，这就激起了工人的强烈不满。20世纪20年代前后，一方面是工人对工作的单调性及把其视为“活机器”表现出了不满的情绪；另一方面是经济的发展和经济危机的加剧，使得人们意识到再按传统的管理理论和方法已不可能有效地控制工人来达到提高生产效率的目的。于是，引发了诸如生物学、心理学、社会学等方面的专家对人的工作动机、情绪、行为与工作之间的关系，以及如何按照人的心理发展规律去激发人们的积极性和创造性的研究。这是继古典管理理论之后管理学发展的一个重要阶段。行为科学理论基本上可分为两大时期，前期叫作人际关系导论（或人群关系学），后期是在1949年美国芝加哥大学讨论会上正式定名为“行为科学”。这些管理理论的共同特点是：力图克服科学管理理论的弱点，从社会学、心理学、人类学的角度出发，强调人的需要、人的相互关系对生产经营活动的影响。

2）行为科学的早期理论——人际关系学说

行为科学的发展是从人际关系学说开始的，人际关系理论最主要的代表人物是乔治·埃尔顿·梅奥（George Elton Mayo）（1880—1949）。他是原籍澳大利亚的美国行为科学家。1922年，他移居美国，曾在宾夕法尼亚大学沃顿商学院任教，1926年进入哈佛大学从事工商管理问题的研究。他的主要著作有《工业文明的人类问题》（1933）、《工业文明的社会问题》（1945）。梅奥对人际关系的研究主要是来自霍桑试验。1924—1932年间，他在美国芝加哥郊外的西方电气公司所属的工厂——霍桑工厂进行了一系列试验。这个工厂是一家拥有2.5万名工人的大型企业，专营电话机和其他电器设备。在当时的人们看来，霍桑工厂具有较完善的娱乐设施、医疗制度和养老金制度，照理劳动生产率应该较高，但事实是工人们有强烈的不满情绪，致使劳动生产率很低。为了探究原因，美国国家研究委员会组织了一个由多方面专家组成的小组进驻工厂，开始试验。起初试验的目的是研究工作条件与劳动生产率之间是否存在直接的因果关系，这个试验的后期工作由梅奥负责。霍桑试验大体上分为4个阶段，通过4个阶段历时近8年的霍桑试验，梅奥等人认识到，人们的劳动生产率不仅要受到生理方面、物理方面等因素的影响，更重要的是会受到社会环境、社会心理等方面的影响。这个结论的获得是相当有意义的，这对“科学管理”只重视物质条件而忽视社会环境、社会心理对工人的影响来说，是一个重大修正。梅奥人际关系理论的主要内容包括以下几个方面：

（1）员工是“社会人”的假设。古典管理理论把人假设为“经济人”，即认为人都是追求最大经济利益的理性动物，工人工作是为了追求最高的工资收入。梅奥则把人假设为“社会人”，认为工人并非单纯追求金钱收入，还有社会心理方面的需求，如追求人与人之间的友情、安全感、归属感和受人尊重等。

（2）满足工人的社会欲望，提高工人的士气，是提高劳动生产率的关键。古典管理理论认为，良好的物质条件一定能够促进劳动生产率的提高。梅奥认为，劳动生产率提高的首要因素并不是包括经济刺激在内的物质条件的变化，而是工人的共同态度即士气的变化。士气是工人的满足度的函数。工人的满足度越高，士气越高，而士气越高，劳动生产率也越高。

（3）企业存在非正式组织。古典管理理论只承认正式组织，并把正式组织看作达到最高效率的唯一保证。梅奥认为，在企业中除正式组织外，还存在着非正式组织。非正式组织与正式组织有着重大的差别。在正式组织中以效率的逻辑为重要标准，而在非正式组织中则以感情的逻辑为重要标准。梅奥认为，非正式组织的存在并不是一件坏事，它同正式组织相互依存，对劳动生产率的提高有很大的影响。

梅奥的贡献在于推动了对工作场所中人的因素问题的研究，开辟了管理学发展的新领域。梅奥的人际关系学说虽然在纠正古典管理理论忽视人的因素方面有贡献，在管理实践中也取得了一定的成效，但它有偏颇之处，主要是在重视非正式组织的作用时忽视了正式组织，在强调感情和社会因素时忽视了理性和经济因素。实际上，构成社会的基本单位是正式组织而不是非正式组织。人的感情和社会因素虽然重要，但理性和经济因素是不可忽视的。

很明显，在古典管理理论和人际关系学说之间有一条鸿沟：古典管理理论只承认理性和经济因素，只承认正式组织，把正式组织看作达到最高效率的唯一保证；人际关系学说则强调感情和社会因素，偏重非正式组织。

3）行为科学的主要理论

行为科学是以梅奥的人际关系理论为基础发展起来的，通过研究人们在生产过程中的行为以及这些行为产生的原因，寻求有效的办法，以便创造一种和谐的人际关系，提高生产效率。它研究的主要内容包括：

（1）有关需求、动机和激励问题及人性的研究。行为科学认为，提高效率的关键在于提高士气。要提高士气和激励士气就要研究人的行为是由什么决定的，是什么推动人们采取某种行动的。研究认为，人的各种行为都出自一定的动机，而动机又产生于人们本身存在的各种需要。人们的需要或动机确定了人们行为的目标，人们的行为都是为了达到一定的目标。这种从人们内在需要出发，推动人们采取某种有目标的行为，最终达到需要的满足的过程，就是激励的过程。管理者若根据被管理者的需要和动机进行激励，就能促使其更好地完成任务。在这方面有代表性的理论主要有：马斯洛的需求层次论，他把人的需求分为生理、安全、社交、尊重和自我实现5个层次；赫茨伯格的双因素理论，他认为影响人们积极性的因素有两类，即保健因素和激励因素，前者只可以让员工觉得满意，后者才能对员工的积极性产生激励作用。除此之外，还有道格拉斯·麦格雷戈的“X-Y理论”、威廉·大内的“Z理论”、弗鲁姆的期望理论等。

（2）关于领导及领导行为的理论。领导是一种影响力，是一个动态地影响下属行为的行为过程。领导者通过实施领导行为引导和激励下属去努力实现组织目标。因此，领导者的个人品质、行为方式、领导方式对管理的成败有着重要的影响。有关领导方面的理论主要有坦南鲍姆和施米特的领导行为统一体理论、布莱克和莫顿的管理方格理论、费特勒和赫塞的权变领导方式理论等。

（3）关于企业群体行为的研究。在管理过程中，人与人之间的关系、群体行为及其对个人行为的影响也是研究的重要领域之一。在一个组织中，面对许多相互联系和作用的群体，领导者必须正确掌握和处理群体间的关系，充分发挥群体的作用。群体行为理论研究主要包括群体动力、信息交流和群体及成员的相互关系3个方面。

4）行为科学阶段的特点

（1）提出以人为中心来研究管理问题。科学管理阶段强调了组织形式而忽视了人，行为科学阶段则主张以人为中心来研究管理问题，这是管理科学思想的一个重大转变。行为科学阶段尽管有各种各样的学说，但其共同的特点是重视人在组织中的关键作用，认为人是组织中最重要的资源。管理者要善于领导和激励其他人，必须学会理解和处理人际关系。

（2）否定了“经济人”的观点，肯定了人的社会性和复杂性。行为科学注意吸取心理学、社会学、人类学、经济学等多学科的研究成果，对人的行为规律进行了多方面的剖析，认为人们工作不仅是为了物质利益，也不仅是为了建立社会关系，人的行为的动机和需要是复杂多变的，行为科学研究的重点就是人的动机、人的需求、人的行为的激励和领导方式等问题。行为科学重视发挥人的主动性、创造性，强调民主式、参与式的领导方式。

1.4.4 现代管理阶段

1）现代管理“丛林”的出现

自第二次世界大战后，现代科学技术的发展、生产和组织规模的扩大、生产力的迅速发展、生产社会化程度的日益提高，引起人们对管理理论的普遍重视，不仅从事管理和研究管理学的人，而且一些研究心理、社会、人类、经济、生物、哲学、数学等方面的科学家从各自不同的角度，用不同的方法对管理问题进行研究，从而出现了各种各样的学派。这一现象带来了管理理论的空前繁荣。

20世纪50年代以来，在已有的古典管理理论、科学管理理论和行为科学理论的基础上，出现了许多新的理论和学说，形成了许多学派，这些学派大大小小加起来不下100个，故美国著名管理学家哈罗德·孔茨（Harold Koontz）（1908—1984）把这一现象形象地描述为管理理论的“丛林”。由于这些学派都是从各自的背景出发，以不同的理论为依据来研究同一对象——管理过程，因此随之而来的是在管理的概念、原理和方法上的众说纷纭、莫衷一是的混乱局面。近年来，许多学者都力求将各派的观点兼容合并，为走出“丛林”，建立统一的管理理论寻求新的出路。

西方现代管理理论形成的标志是美国管理学家哈罗德·孔茨在1961年12月发表于美国《管理学杂志》上的文章，题为《管理理论的丛林》。与古典管理理论的“经济人”假设和行为科学理论的“社会人”假设的前提不同，西方现代管理理论是建立在“决策人”假设基础上的。这一假设认为人是决策的主体，但个人所掌握信息的局限性，限制了其进行正确决策的能力。在这一假设的基础上，各学派大都以决策作为管理的主题来研究。为了克服个人决策的局限性，现代管理理论主张用大量的数学模型来定量描述和评价管理活动，使用电子计算机作为管理的主要技术手段。

2）现代管理理论的主要学派及观点

1961年，哈罗德·孔茨把各种管理理论划分为六大主要学派：管理过程学派，以法约尔为代表；经验学派，以彼得·德鲁克为代表；人类行为学派，以梅奥为代表；社会系统学派，以巴纳德为代表；决策理论学派；数理学派。到1980年，哈罗德·孔茨认为管理学派已不是6个学派所能概括得了的，故又在原有6个学派的基础上增至11个学派，增加的5个学派分别是：组织行为学派、社会技术系统学派、权变理论学派、管理者工作学派、经营管理理论学派。

尽管管理学界还有其他划分方法，但纵观主要观点，国内外多数学者同意把诸家观点归纳为八大学派：管理过程学派、权变理论学派、经验主义学派、行为科学学派、系统管理学派、决策理论学派、管理科学学派、企业战略学派。学派的划分主要便于理论上的归纳和研究，并非意味着彼此独立、截然分开。它们在内容上相互影响，彼此交叉融合。主要管理学派的代表人物及理论观点见表1-2。

表1-2　**主要管理学派的代表人物及理论观点**

学派名称	代表人物及其代表作或突出贡献	学派的理论观点
管理过程学派	孔茨、奥唐奈，《管理学》	①管理是由相互关联的职能所构成的一种程序；②管理的职能与程序是有共性的；③对管理职能的分析可归纳出管理原则，它们可指导实践
权变理论学派	伍德沃德，《工业组织：理论和实践》；劳伦斯、洛希，《企业分类研究法》	①组织和成员的行为是复杂的、变化的，因此管理不可能存在着一种通用程序，它完全依环境、自身的变化而变化；②管理的规律性与方法应建立在调查、分类的基础上
经验主义学派	德鲁克，《管理的实践》《管理：任务、责任、实践》；戴尔，《伟大的组织者》；彼德斯等	①管理的理论知识解决不了现实问题，充其量是过时的经验；②管理的科学应建立在目前成功或失败的企业管理经验之上，对它们进行调查、概括、抽象，可以提供建议
行为科学学派	马斯洛，需求层次论；赫兹伯格，双因素理论；麦格雷戈，X-Y理论；布莱克、莫顿，管理方格理论	①管理之本在于人，要探索人类的行为规律，善于用人、善于激励人；②强调个人目标与组织目标的一致性，调动积极性要考虑人的需求；③企业中要恢复人的尊严，实行民主式、参与式管理，启发员工的创新、自主精神；④改进工作设计
系统管理学派	卡斯特，《系统理论和管理》；约翰逊、罗森茨韦克等	①企业是一个人造的开放系统，由多个职能子系统构成，并与环境保持协调；②企业组织是一个完整的系统，有结构与运行机制；③管理靠系统性实现
决策理论学派	西蒙，《管理决策新学科》；马奇等	①管理的关键在决策；②决策是一个复杂的过程；③决策分程序化决策与非程序化决策；④决策遵循满意行为准则；⑤管理是设计决策系统
管理科学学派	伯法，《现代生产管理》；布莱克特、丹齐克、丘奇曼等	①尽量减少决策中的个人艺术成分，尽量以数量方法客观描述；②决策依据尽量以经济效果为准；③尽量使用数理方法与计算机
企业战略学派	安索夫，《公司战略》；波特，《竞争战略》；欧迈，《制胜要素》	①企业经营之魂在于正确的战略，战略是一种指导思想与行为准则；②战略是一个协调环境与自身能力的全局性决策过程

3）现代管理思想的主要特点

纵观管理学各学派，虽各有所长，各有不同，但不难寻求其共性。管理学的共性实质上也可以说是现代管理学的特点，可概括如下：

（1）强调系统化。这就是运用系统思想和系统分析方法来指导管理的实践活动，解决和处理管理的实际问题。系统化就是要求人们要认识到一个组织就是一个系统，同时是另一个更大系统中的子系统。所以，应用系统分析的方法，就是从整体的角度来认识问题，以防止片面性和受局部的影响。

（2）重视人的因素。由于管理的主要内容是管人，而人是生活在客观环境中的，虽然他们也在一个组织或部门中工作，但是他们在思想、行为等诸方面，可能与组织不一致。重视人的因素，就是要注意人的社会性，对人的需要予以研究和探索，在一定的环境条件下，尽最大可能满足人们的需要，以保证组织中的全体成员齐心协力为完成组织目标而自觉做出贡献。

（3）重视“非正式组织”的作用，即注意“非正式组织”在正式组织中的作用。非正式组织是人们以感情为基础而结成的集体，这个集体有约定俗成的信念，人们彼此感情融洽。利用非正式组织，就是在不违背组织原则的前提下，发挥非正式群体在组织中的积极作用，从而有助于组织目标的实现。

（4）广泛地运用先进的管理理论和方法。随着社会的发展、科学技术水平的迅速提高，先进的科学技术和方法在管理中的应用愈来愈显得重要。所以，各级主管人员必须利用现代的科学技术与方法，促进管理水平的提高。

（5）加强信息工作。由于普遍强调通信设备和控制系统在管理中的作用，所以对信息的采集、分析、反馈等的要求愈来愈高，即强调及时和准确。管理人员必须利用现代技术，建立信息系统，以便有效、及时、准确地传递信息和使用信息，促进管理的现代化。

（6）把效率（efficiency）和效果（effectiveness）结合起来。作为一个组织，管理工作不仅是追求效率（当然也不是不讲效率），更重要的是要从整个组织的角度来考虑组织的整体效果以及对社会的贡献。因此，要把效率和效果有机地结合起来，从而使管理的目的体现在效率和效果之中，即通常所说的绩效（performance）。

（7）重视理论联系实际。管理学在理论上的研究和发展，要进行管理实践，并善于把实践归纳总结，找出规律性的东西，所有这些是每个管理人员应尽的责任。现代管理理论来自众多人的实践，并将不断发展，管理人员要乐于接受新思想、新技术，并运用于自己的管理实践，把诸如质量管理、目标管理、价值分析、项目管理等新成果应用于实践，并在实践中创造出新的方法，形成新的理论，促进管理学的发展。

（8）强调“预见”能力。现代管理理论强调要有很强的“预见”能力来进行管理活动。社会是迅速发展的，客观环境在不断变化，这就要求人们要用科学的方法进行预测，以“一开始就不出差错”为基点，进行前馈控制，从而保证管理活动的顺利进行。

（9）强调不断创新。要积极促变，不断创新。管理就意味着创新，就是在保证“惯性运行”的状态下，不满足于现状，利用一切可能的机会进行变革，从而使组织更加适应社会条件的变化。

（10）强调权力集中。要使组织中的权力趋向集中，以便进行有效的管理。电子计算机的应用和现代通信设备的使用，使组织的结构趋向平面化，即减少了层次。由于权力统一集中，最高管理人员担负的任务更加艰巨。因此，管理人员必须通过有效的集权，把组织管理统一化，以达到统一指挥、统一管理的目的。

拓展阅读 1-6

没有任何借口

对任何人来说，犯错误时都不要试图做过多解释。因为错误已经造成了，你需要的只是用最短的时间来改正和弥补它，其他解释只是多余。

许多优秀的老板都认同一个观点——我可以原谅各种错误，但决不允许找借口。在日常生活中，我们常会说："我以为……"但当你在说这句话的时候，其实你已经在为自己辩解了。

在日本企业里，找上司汇报错误时的第一句话是："老总，我犯了一个错误。"然后才会往下说。显然，这是一种文化的养成，是一种抱着解决问题而非推卸责任的态度来面对失误。如果你是一个副总经理，当总经理问你情况时，你却一个劲儿地说："这都是李经理的错……""这都是赵经理的错……"那么老总会反过来问你："那×经理，我白请你了！如果都是他们的错，你又在做什么？"这是不是很有道理呢？

生活中有两种人：一种人是永远在不停地表现；另一种人是永远在为自己辩解。在发生错误时，每个人都要想到——要负起责任。

无论是在上司面前，还是在部属面前，都要勇于承担起责任。每个人都要抱有"问题到这里结束"的态度，永远不把问题传递给别人。

美国公司的员工就很少去请教上司，他们追求给自己一些想象的空间。他们常说："Let me try（让我试一试）！"日本企业的员工也很少请教上司，因为他怕上司说他无能，只有不得已时才会去请教上司："非常抱歉，我出了一个问题，想破了头，也想不出来，想请教您一下，看看能不能给我点儿意见……"

中国的有些经理人却常常"痴迷"于被部属请教，觉得这样才有权威和被需要，甚至如果工作了一天都没有人来请教他，便会郁闷地想："自己怎么这么不重要呢？竟然都没有人想起我……"

经理人需要一种负起责任的信念。当有部属出现问题找你请教时，你可以先问他："你有没有负起你的责任？你解决到了什么地步？是否非进我的门不可？"如果答案是肯定的，那么就请他坐下，你们来谈谈这个问题。如果从高层到普通员工，每个人都能这样负起责任，企业又怎能不蒸蒸日上呢？

资料来源　佚名. 优秀店长的自我成长［EB/OL］.［2022-10-15］. http：//www.docin.com/p-1321558122.html.

1.5 企业管理的基础工作与企业创新

1.5.1 企业管理的基础工作

1）企业管理的基础工作的概念与作用

企业管理的基础工作是指企业在生产经营过程中各项专业管理的基础工作，是为实现企业的经营目标和职能提供资料依据、共同准则、基本手段、前提条件的不可缺少的工作。搞好企业管理必须重视企业管理的基础工作，正所谓“万丈高楼平地起”。

企业管理的基础工作在企业管理中起着很重要的作用，主要有以下几方面：

（1）它为决策、计划、组织、领导、控制等管理职能的实行提供资料、数据和其他信息，所以它是企业管理中必不可少的前提条件。没有这样一些资料、数据和信息，在执行管理职能过程中就会陷入盲目状态。

（2）它是建立正常的生产秩序、有效地组织生产经营活动的重要手段。因为在现代化企业里分工很细，各部门、各生产环节、各道工序之间协作，使人、机、物等之间密切、有效地配合，这样才能建立起正常的生产秩序，所以就需要有一套组织手段，就是以工作绩效考核为核心的规章制度及各种定额、标准等，把各方面工作组织起来，保证企业正常的生产和经营秩序。

（3）它是企业提高人员素质和改善环境条件的重要保证。例如，员工培训计划就是提高人的素质的一个很重要的方面。通过各种标准、规章制度，把它们用规定的形式固定下来，这对改善企业的环境条件有着重要的作用。

（4）它是贯彻按劳分配原则，提供计算、考核的依据。企业里实行的按劳分配有许多方式，如承包工资、浮动工资等，不管采用什么形式，都需要有基础工作，除了要有定额、标准外，还要有原始记录，这样才能进行计算、考核。

（5）它能使企业获得最佳经济效益。除政策性因素和不可抗力因素外，企业只有把各方面的基础工作做好，在各方面都发挥作用，才能取得经济效益。基础工作的完善程度直接关系到企业管理水平的高低和经济效益的好坏。要不断完善企业管理，必须首先建立和强化基础工作，摆脱过去那种凭经验办事的模式，不断提高企业管理水平。

2）企业管理的基础工作的内容

企业管理的基础工作主要包括标准化工作、定额工作、计量工作、信息工作、规章制度和岗位培训6项。

（1）标准化工作。标准化工作是制定、执行和管理达标的各项工作的总称。企业的标准化工作是企业管理的基础工作的关键和核心，主要包括技术标准、管理标准。技术标准是企业标准化的主体，是对生产对象、生产条件、生产方法以及包装、储运等应该达到的尺度所做的必须共同遵守的规定。管理标准是对企业各项管理工作的职责、程序等所做的规定。企业开展标准化工作，总的来讲，要按照系统分析的方法，把生产组织结构、科学管理、生产过程结合起来加以考虑，根据国家标准、部颁标准和行业标准，建立健全企业的标准体系。

拓展阅读 1-7

和尚撞钟

有一个小和尚担任撞钟一职，半年下来，觉得无聊至极，“做一天和尚撞一天钟”而已。有一天，住持宣布调他到后院劈柴挑水，原因是他不能胜任撞钟一职。小和尚很不服气地问：“我撞的钟难道不准时、不响亮？”老住持耐心地告诉他：“你撞的钟虽然很准时也很响亮，但钟声空泛、疲软，没有感召力。钟声是要唤醒沉迷的众生，因此撞出的钟声不仅要洪亮，而且要圆润、浑厚、深沉、悠远。”

小和尚之所以不服、“撞钟”做得不好是由于住持没有提前公布工作标准造成的。如果小和尚进入寺院的当天就明白撞钟的标准和重要性，就不会因怠工而被换岗。

互动课堂 1-4

彼得·德鲁克说：“管理就是原则。”因此有人认为，管理最为本源的东西，就是标准化、流程化、格式化。

请阅读《管理的本质：标准化、流程化、格式化》一文，想一想，管理为什么要标准化？

（2）定额工作。定额工作包括各类技术经济定额的制定、执行和管理等工作，是企业管理的基础。企业定额是企业在一定生产技术条件下，对人力、物力、财力的消耗、利用和占用所应达到的数量界限的规定，包括劳动定额、设备定额、物资定额、流动资金定额和管理费用定额等。提高定额管理水平是企业加强技术改造、挖掘潜力、扩大再生产的有效途径。定额管理工作不仅是计划编制和检查的依据，也是生产、技术、劳动、物资、财务等各项工作组织和管理的依据。

思考与讨论 1-6

请同学们思考与讨论，在管理中为什么要制定各种定额？

（3）计量工作。计量工作是指对各种理化性能进行测试、检验、分析工作的总称，主要包括数量计量和质量计量两方面。全面正确的管理核算，来源于真实的原始记录统计，而真实的原始记录统计又来源于准确的计量，因此计量可以说是管理基础的基础。计量工作的基本要求必须是真实、准确、可靠和统一。

（4）信息工作。信息工作主要指企业在制定生产经营决策和执行决策时所需要的资料数据的搜集、加工、传递、储存等管理工作。科学管理的信息系统由原始凭证、原始记录、统计分析、经济技术情报、科学技术档案等构成。信息系统的建立，使企业能够迅速从大量数据资料中获得许多信息，准确而及时的信息是企业进行正确决策的重要依据，信息的搜集、处理、传递等管理工作也就成为企业生产经营过程的有效控制工具和无形的资源。企业信息可分为内部和外部信息、固定和流动信息、一次和二次信息等。企业信息的要求是及时、准确、适用、经济、畅通、系统和手段先进化。在大数据时代，信息工作一项很重要的内容就是加强数据搜集、分析、利用，利用大数据进行精准管理和营销，提高管理效率。

思考与讨论1-7

请同学们思考与讨论，信息与数据是一样的吗？

（5）规章制度。规章制度是为了规定企业内部各级组织、各类人员的工作职责和权限而做的规定与要求。规章制度是企业法治化、程序化的基础。企业的规章制度是以责任制为中心的，是对企业生产经营管理工作的要求所做的规定，是企业全体员工应遵循的工作规范和准则，具有严肃性、权威性、强制性、稳定性的特点。它通过生产技术规程、管理工作制度、以岗位责任制为中心的经济责任制等形式落实到每个部门、每个工序、每个岗位，使人们的行为做到统一指挥、统一行动，事事有人管、人人有专责，办事有程序、工作有标准，真正做到各司其职、各尽其责。企业规章制度主要有领导制度、工作制度、岗位责任制度。

拓展阅读1-8

管理的飞轮效应

为了使静止的飞轮转动起来，一开始你必须用很大的力气，一圈圈反复地推，每转一圈都很费力，但是每一圈的努力都不会白费，飞轮会转动得越来越快。达到某一临界点后，飞轮的重量和冲力会成为推动力的一部分。这时，你无须再费大的力气，飞轮依旧会快速转动，而且会转动好久。

一个组织制定好了各种规章制度，做好日常管理工作，建立良好的管理运行机制，形成了好的工作习惯，就能持续有效运行。

互动课堂1-5

管理的飞轮效应给我们的管理与学习带来哪些启示？

（6）岗位培训。岗位培训亦为基础教育，是指对员工进行岗位思想、文化、科技知识、技能教育，目的是对员工进行智力开发，提高员工队伍的素质。企业要发展，技术要进步，人的素质要提高，生产关系要适应生产力发展的要求，这些都必须通过基础教育来完成。因此，基础教育在企业中有着不可忽视的作用。教育的主体是人，人是企业的载体，是企业的动力和活力的源泉。企业的成败关键在于人的作用的发挥。一个企业人员素质的高低也就代表了企业本身素质的高低，而企业人员素质又参差不齐，因此就必须建立有效的员工全员培训机制，通过多种渠道，分期、分批对全体员工进行集中轮流培训。培训要有针对性和方向性，除在员工中重点抓好对党的方针、政策的宣传，贯彻和执行法律、法规的培训，以及职业道德、厂风、厂纪的教育外，还要从员工需要出发，推行管理现代化的基础知识和技能的教育以及技术与业务的基本功训练，坚持干什么学什么、不会什么培训什么的原则，在集中培训的基础上，坚持岗位培训，高标准、严要求，让员工从实践中获得丰富的知识和经验，不断地完善和提高自己的业务水平。

互动课堂1-6

美国斯坦福大学心理学家菲利普·辛巴杜（Philip Zimbardo）于1969年进行了一项实验，他找来两辆一模一样的汽车，把其中的一辆停在加州帕洛阿尔托的中产阶级社区，而另一辆停在相对杂乱的纽约布朗克斯区。停在布朗克斯的那辆车，他把车牌摘掉，把顶棚打开，结果当天就被偷走了。而放在帕洛阿尔托的那辆车，一个星期也无人理睬。后来，辛巴杜用锤子把那辆车的玻璃敲了个大洞。结果呢，仅仅过了几个小时，它就不见了。

以这项实验为基础，政治学家威尔逊和犯罪学家凯琳提出了“破窗效应”理论，认为：如果有人打坏了一幢建筑物的窗户玻璃，而这扇窗户又得不到及时维修，别人就可能受到某些暗示性的纵容去打烂更多的窗户。久而久之，这些破窗户就给人造成一种无序的感觉。结果在这种公众麻木不仁的氛围中，犯罪就会滋生、增多。他们就把人的这种心理命名为“破窗效应”。

破窗效应提示在管理中必须及时矫正和补救正在发生的问题。

请讨论：怎样防止破窗效应的产生？

1.5.2 企业创新

随着市场竞争的加剧，能否创新已成为企业成败的关键。美国著名经济学家约瑟夫·阿洛伊斯·熊彼特（Joseph Alois Schumpeter）（1883—1950）认为，资本主义经济的最本质特征就是创新，资本主义不断突破自身的各种局限性和经常发生的经济危机，最主要的原因就是资本主义经济的自发创新机制。

许多企业之所以失败，就是因为它们做不到这一点。创新是企业的生命，也有人将创新比喻成带有氧气的新鲜血液。

企业创新就是企业根据一定的目的和任务，运用一切已知的条件，产生出新颖、有价值的成果（精神的、社会的、物质的）的认知和行为活动。

按照管理大师熊彼特的理论，创新是生产要素的重新组合，包括5个方面内容：引进一种新产品；采用新的生产方式；开发新的市场；开发和利用新的原材料；采用新的组织形式。

我们认为创新主要有5种：思维创新、产品（服务）创新、技术创新、组织与制度创新、管理创新。

（1）思维创新。这是一切创新的前提。任何人都不要封闭自己的思维。曾有人召开头脑风暴会，就某一问题提出解决办法，定的目标是1小时内想出100个。原来以为至多能想出50个，结果却是103个。若思维成定式，就会严重阻碍创新。有些政府部门或国有企业提出，不换脑筋就换人，就是这个道理。有的公司不断招募新的人才，重要原因之一就是期望其带来新观念、新思维，不断创新。国外近年来还出现了“思维空间站”，其目的就是进行思维创新训练。

（2）产品（服务）创新。它对于工业企业来说，就是不断开发新产品；对于金融服务而言，主要是不断开发新服务。手机在短时间内已经历模拟机→数字机→可视数字机→可以上网的手机等变化。手机的更新演变生动地告诉我们产品的创新是多么迅速而高级。

（3）技术创新。技术创新不仅指商业性地应用自主创新的技术，还可以是创新地应用合法取得的他方开发的新技术或已进入公有领域的技术创造市场优势。

拓展阅读1-9

对比联想创新——人工牛黄的诞生

天然牛黄是非常珍贵的药材，只能从屠宰场上碰巧获得。这样偶然得来的东西不可能很多，因此很难得到，也无法满足制药的需求。其实，牛黄这种东西，只不过是由于某种异物进入了牛的胆囊后，在异物的周围凝聚起许多胆囊分泌物而形成的一种胆结石。一家医药公司的员工们为了解决牛黄供应不足的问题，集思广益，终于联想到了“人工育珠”：既然河蚌经过人工将异物放入它的体内能培育出珍珠，那么通过人工把异物放入牛的胆囊内也能培育出牛黄来。他们设法找来了一些伤残的菜牛，把一些异物放入牛的胆囊里，一年后，果然从牛的胆囊里取出了和天然牛黄完全相同的人工牛黄。医药公司员工运用联想思维的对比联想创新思维，在了解到牛黄生成的机理后，对比人工育珠的过程，联想到通过人工将异物放入牛胆内形成牛黄，从而制成了人工牛黄。

资料来源　佚名. 创新思维的测试题_创新思维的6个例子［EB/OL］.［2022-08-26］. http: //www.genshuixue.com/jingyan/414410388.html. 节选。

（4）组织变革和创新。组织变革和创新的理论基础是系统理论、情景理论和行为理论。系统理论：组织是一个开放、有机和动态的系统，由3个子系统组成，即技术系统、管理和行政系统、文化系统，其特点是相互联系，一个改变，其他会跟着改变。典型的组织变革和创新是通过员工态度、价值观和其他信息交流，使他们认识和实现组织的变革与创新。情景理论：在企业中没有一个一成不变、普遍适用的最好的管理理论和方法。行为理论：企业中人的行为是组织与个人相互作用的结果。通过企业的组织变革和创新，可以改变人的行为风格、价值观念、熟练程度，同时能改变管理人员的认知方式。

组织变革和创新主要有3种：

①以组织结构为重点的变革和创新，如重新划分或合并部门、流程改造、改变岗位及岗位职责、调整管理幅度。

②以人为重点的变革和创新，即改变员工的观念和态度，进行知识的变革、态度的变革、个人行为乃至整个群体行为的变革。GE总裁韦尔奇执政后采取了一系列的措施来改革GE这部老机器。有一个部门主管工作很得力，所在部门连续几年盈利，但韦尔奇认为可以干得更好。这位主管不理解，韦尔奇建议其休假一个月，“放下一切，等你再回来时，变得就像刚接下这个职位，而不是已经做了4年。”休假之后，这位主管果然调整了心态，像换了个人似的。

③以任务与技术为重点的变革和创新，即对任务重新进行组合分配，并进行设备更新、技术创新，以达到组织变革和创新的目的。

（5）管理创新。世上没有一个一成不变、最好的管理理论和方法。管理创新就是创造一个新的、更有效的资源整合方式，以实现组织目标。它包括战略管理创新、营销创新、文化创新、组织结构创新等。

如何才能实现企业创新？

首先，树立全方位创新理念，建立创新激励机制。以上的5种创新，缺一不可，是企业发展壮大的强大动力，不可偏废。创新激励机制至关重要，任何工作岗位都需要创新，也存在创新的可能，不管该岗位是多么平凡。

其次，企业应具备鼓励创新的开放系统，倡导学习和提升个人工作技能，营造集思广益的氛围。中高层以上的管理人员善于采纳下属的意见，员工普遍习惯于采纳同事的意见。许多跨国公司都建立了合理化建议奖励制度。

再次，公司在资源配置上要倾斜。创造本身需要投入，产品创新和技术创新更需要大投入，国外公司的产品研发费用每年动辄数亿、数十亿美金。建立创新激励机制也需要投入，比如为训练员工创造力所花的费用。

最后，加强创新方面的训练，提升创新技能。创新能力并不是天生的，在很大程度上取决于后天的学习和训练，因此需要采取一些有效的创新工具和方法，来提高员工的创新能力。

互动课堂1-7

党第十九届五次全会提出，坚持创新在我国现代化建设全局中的核心地位，把科技自立自强作为国家发展的战略支撑，请同学们思考为什么要强调科技创新。

[本章小结]

•讲述了企业的概念、特征与类型以及企业如何设立与登记。

•介绍了企业经营与管理的概念与区别、管理的性质与职能。

•阐述了西方企业管理理论发展的演变过程、各阶段的特点、主要代表人物的思想观点。

[知识掌握]

1.名词解释

（1）企业　（2）劳动密集型企业　（3）资金密集型企业　（4）技术密集型企业　（5）知识密集型企业　（6）经营　（7）管理

2.单项选择题

（1）技术装备程度较低、用人多、产品成本中活劳动消耗比重大的企业，属（　　）企业。

A.技术密集型　　B.资本密集型　　C.劳动密集型　　D.知识密集型

（2）依照要求较严格的法定程序成立、由数人出资兴办、以营利为目的的企业法人，这种企业是（　　）。

A.独资企业　　B.公司制企业　　C.合伙企业　　D.集体企业

（3）（　　）是管理的首要职能。

A.组织　　B.计划　　C.领导　　D.考核

（4）（　　）的实质是围绕着物质利益，运用各种经济手段，正确处理好国家、集体与劳动者个人三者之间的经济关系，最大限度地调动各方面的积极性、主动性、创造性和责任感，促进经济的发展和社会的进步。

A.行政方法　　B.教育方法　　C.经济方法　　D.法律方法

（5）泰勒的科学管理原理主要是致力于（　　）的提高。

A.劳动生产率　　B.劳动技能　　C.心理素质　　D.劳动强度

（6）泰勒认为企业的高级管理人员应把例行的一般日常事务授权给下级管理人员去处理，自己只保留对例外事项的决定和监督权，这是管理的（　　）原理。

A.统一指挥　　B.标准化　　C.例外　　D.授权

（7）企业的（　　）是它区别于从事非经济活动的政府机关、政治组织、事业单位、群众组织和学术团体等非经济组织的最本质的特征。

A.社会性　　B.独立自主性　　C.经济性　　D.竞争性

（8）行为科学的发展是从人际关系学说开始的，人际关系理论最主要的代表人物是（　）。

A.埃尔顿·梅奥　　B.韦伯　　C.泰勒　　D.哈罗德·孔茨

（9）人际关系学说认为员工是（　）。

A.经济人　　B.社会人　　C.自我实现人　　D.复杂人

（10）韦伯的理想行政组织体系应该建立在（　）基础上。

A.神授的权力　　B.传统的权力　　C.合法合理的权力　　D.自由的权力

3.填空题

（1）企业是指以（　）为目的，运用各种生产要素（土地、劳动力、资本、技术、信息和企业家才能等），向市场提供商品或服务，实行自主经营、自负盈亏、独立核算的经济组织。

（2）单位产品所需投资较多，技术装备程度较高，用人少的企业属于（　）密集型的企业。

（3）企业经营就是根据（　）和（　）确定企业的生产方向、经营目标以及实现这一目标的经济活动过程。

（4）管理的二重性，是指管理的自然属性和社会属性，即一方面，它具有与生产力社会化大生产相联系的（　）；另一方面，它具有与生产关系、社会制度相联系的（　）。

（5）（　）职能的内容十分广泛，总的来说，包括管理职能的设置、各部门职权的划分、人员的安排、责任的分工等，具体还包括内部核算单位的责任制的建立和健全，人员的调配、培训、考核和奖惩等。

（6）行政方法是指在一定的组织内部，以组织的（　）为依据，运用（　）（如命令、指示、规定等），按照（　）关系来执行管理职能、实施管理的一种方法。

（7）传统管理阶段管理的重点是解决（　）问题。

（8）企业管理的基础工作主要包括（　）、（　）、（　）、（　）、（　）和岗位培训六项。

（9）法律方法包括（　）和（　）两个方面。

4.判断题

（1）企业的功能就是经济功能，就是要通过自身的经营活动谋取利润，实现利润最大化。（　）

（2）通常认为钢铁工业、重型机械制造、汽车制造、石油化工等企业属于知识密集型企业。（　）

（3）管理主要是解决如何处理企业与外部环境之间的关系问题，目的是确定企业的经营方向。（　）

（4）经济方法是具有一定强制性的，是通过利益调节来影响经济主体的行为的。（　）

5.思考题

（1）企业具有哪些特征？

（2）你认为企业应承担什么责任？

（3）公司制企业有何优点？

（4）泰勒的科学管理理论有哪些观点？

（5）梅奥的人际关系学说有哪些观点？

（6）现代管理的发展趋势是什么？

（7）企业创新有哪些内容？

［综合应用］

□案例分析

将脑袋打开1毫米

美国有一家生产牙膏的公司，产品优良，包装精美，深受广大消费者的喜爱，每年营业额蒸蒸日上。记录显示，前10年每年的营业额增长率为10%～20%，这令董事们很高兴。不过，进入第11年、第12年及第13年时，公司营业额停滞下来，每个月维持同样的数字。董事们对此3年之业绩表现感到不满，便召开全国经理级高层会议，以商讨对策。会议中，有名年轻经理站起来，对董事们说："我手中有张纸，纸上有个建议，若您要使用我的建议，必须另付我5万元！"总裁听了很生气，说："我每个月都支付你薪水，另有分红、奖励，现在叫你来开会讨论，你还另外要5万元，是否过分了？""总裁先生，请别误会。您支付的薪水，让我在平时卖力地为公司工作，但这是一个重大又有价值的建议，您应该支付我额外的薪水。若我的建议行不通，您可以将它丢弃，一毛钱也不必付，但是我看您损失的必定不只5万元。"年轻的经理解释说。"好！我就看看它为何值这么多钱！"总裁接过那张纸后，阅毕，马上签了一张5万元的支票给那位年轻经理。那张纸上只写了一句话："将现在的牙膏包装开口扩大1毫米。" 总裁马上下令更换新的包装。试想，每天早上，每个消费者多用粗1毫米的牙膏，每天牙膏的消费量将多出多少呢？这个决定使该公司第14年的营业额增加了32%。一个小小的改变往往会引起意料不到的效果。当我们面对新知识、新事物或新创意时，千万别将脑袋封闭，应该将脑袋打开1毫米，接受新知识、新事物。也许一个新的创见，能让我们从中获得不少启示，从而改进业绩，改善生活，你说对不对？

资料来源　佚名. 市场营销实训［EB/OL］.［2022-10-24］. http: //www.docin.com/p-941677832.html.节选。

分析：该案例说明了什么？

□实践训练

实训题目：模拟成立一家公司，制定股份有限公司章程

1.实训目的：通过本实训要求对公司法相关内容有所掌握。

2.实训组织形式：教师将本班学生4～6人分为一组，根据公司法和有关股份有限公司的规定，模拟成立一家股份有限公司，并拟订公司的章程。

［课外拓展］

关注新媒体平台，获取企业经营管理领域最新的观点、方法、技巧，了解企业经营管理实践的前沿资讯。

微信公众号"管理的常识"是一家专业的管理知识分享平台，提倡让知识触手可及，让工作与学习更高效。请在微信公众账号中搜索"Guanlidechangshi"，或扫描二维码关注。

第2章 现代企业制度与企业文化

管理格言：

科学、民主、法治——现代企业制度的根本。

[学习目标]

通过本章学习，你应该达到以下目标：

知识目标：

1.掌握现代企业制度的概念、特征与基本内容；

2.掌握企业组织设计应遵循的原则以及企业文化的作用；

3.理解企业组织结构的创新趋势；

4.了解企业文化的建设。

技能目标：

1.掌握企业组织机构的设计；

2.了解企业文化建设的过程。

素养目标：

1.要有分工与协作的意识与能力，具有优化设计组织结构能力；

2.要树立文化自信，善于从优秀企业文化发掘中国企业管理精神，提高企业文化比较与策划能力。

[内容架构]

- 现代企业制度与企业文化
  - 现代企业制度
    - 现代企业制度的概念和特征
    - 现代企业制度的基本内容
  - 企业管理组织
    - 企业管理组织的概念、构成
    - 建立现代企业组织机构应遵循的原则
    - 企业组织结构的类型
    - 企业组织结构的创新
  - 企业文化
    - 企业文化的含义与结构
    - 企业文化的作用
    - 企业文化建设的步骤

案例导入

真功夫的内讧

家族企业的短命是令人扼腕叹息的，用“各领风骚三五年”来形容毫不为过。据商务部有关统计资料，中国每年有15万家家族企业诞生，而每年宣告破产的家族企业有10万余家；60%的家族企业在5年内夭折，85%的家族企业在10年内破产。

作为一家典型的“家族企业”，真功夫在短短17年中，从一家由三四个人打理的路边甜品店，迅速成长为号称拥有近400家直营店的快餐连锁企业。然而，其创始人蔡达标因涉嫌侵占公司资产而面临囹圄之灾，更因此与另一创始人潘宇海以及自己青梅竹马的前妻“反目成仇”。是什么原因导致这个家族企业的激烈内斗？又是什么原因驱使公司的创始人变成“盗窃者”？

真功夫的败笔源自家族企业股权结构等方面的不规范。真功夫最初制定了《合作框架协议》，其中总经理人选与副总经理人选由蔡达标与潘宇海分别委派，这不符合现代公司组织制度。按照现代公司组织制度，总经理、副总经理的委派应由董事会任命。真功夫一案之所以长期得不到有效解决，根本问题在于股东之间所约定的《合作框架协议》与董事会章程产生冲突。如果严格按照《公司法》，《合作框架协议》是不符合程序的，但其本身具有法律效力。《合作框架协议》在最初制定时就为后面一系列矛盾的产生埋下了地雷。两人股份各占50%，一旦在公司决策上发生分歧，就会争执不下，相互不服。为了打破僵局，蔡达标通过风投公司，加快真功夫去家族化。但引入两家风投公司后，局面发生了改变。而风投公司背后的内幕疑云重重，最终内讧影响了公司的发展与上市。

民营企业如何才能完善现代企业股权结构，避免步真功夫的后尘，是民营企业现代企业制度设计需要探讨的问题。

资料来源　李明星. 真功夫内讧折射民企股权结构诟病（案例）[EB/OL]. [2022-11-26]. https://www.renrendoc.com/p-26976949.html. 有改动。

启示：家族企业在发展过程中为什么会遇到内讧现象？是因为缺乏对家族企业的现代企业制度的改造而造成的。家族企业只有结合现代企业制度建立现代企业文化，才能可持续发展。

2.1　现代企业制度

2.1.1　现代企业制度的概念和特征

1）现代企业制度的概念

所谓现代企业制度，是指以企业法人制度为基础，以企业产权制度为核心，适应社会主义市场经济要求的产权明晰、权责明确、政企分开、管理科学的一种新型企业制度。现代企业制度是最大限度发展和解放生产力的制度，以公司制为企业组织制度的主体形态。现代企业制度包括以下几层含义：

（1）现代企业制度是市场经济体制的基础。企业和消费者是市场经济的基本单位。市场机制在市场经济循环过程中真正能够发挥作用的前提是企业真正成为市场主体。如果企业不是真正意义上的市场主体，市场机制便会出现扭曲而无法引导企业，市场经济循环就不能顺利实现。另外，政府利用宏观调控体系干预经济是必不可少的。只有当企业成为自主经营、自负盈亏的市场主体，才会在利润目标的驱使下，及时对市场信号做出反应，调整其行为。

（2）公司制度是现代企业制度的主要形态。所谓公司制度，就是指适应社会化大生产和现代市场经济要求的公司法人制度，其典型形式是股份有限公司和有限责任公司。公司制度是市场经济发展和社会化大生产的产物，是适合企业集中巨额资本扩大社会经济生产规模的现代企业制度。公司制度为联合许多分散的个人资本成为一个集中的股份资本提供了有效的组织形式。

（3）产权制度是现代企业制度的核心。现代企业制度是以财产终极所有权与法人财产权的分离为前提的。现代企业产权制度就是企业法人财产权制度，在此制度下，终极所有权的实现形式主要是参与企业重大决策，获得收益；企业法人则享有财产的占有权、处置权等。

（4）企业法人制度是现代企业制度的基础。企业作为法人，有其独立的民事权利能力和民事行为能力，法人企业享有充分的经营自主权，并以其全部财产对其债务承担责任，而企业所有者在享有终极所有权的同时，以其出资额为限对企业法人的债务承担责任。正是在现代企业法人制度的基础上，才建立了有限责任制度。

2）现代企业制度的特征

（1）产权明晰。企业的设立必须有明确的出资者，必须有法定的资本金，由此就产生了企业的产权问题。企业中的国有资产所有权属于国家，企业拥有包括国有资产投资形成的全部法人财产权，享有民事权利，承担民事责任。产权明晰是指产权关系与责任的清晰。完整意义上的产权关系是多层次的，它表明财产最终归谁所有、由谁实际占有、谁来使用、谁享受收益、归谁处置等财产权中一系列的权利关系。财产的所有权及其增值部分都属于出资者，企业破产清算时，其剩余财产也属于出资者所有。无论是出资人还是企业法人，他们各自的权利、义务和责任，都由法律做出了界定，既有利于保证出资者财产的保值增值，又赋予企业独立的法人地位。

（2）权责明确。它主要表现在出资者与企业法人之间权利和责任的划分。出资者按投入企业的资本额享有所有者的权益（即资产收益）、重大决策和选择管理者等权利。企业破产时，出资者只以投入的资本额为限对企业债务负有限责任。出资者投资于企业，企业法人的财产权随之确定，对内，企业通过建立科学的法人治理结构，形成规范的企业领导体制和组织制度，界定股东大会、董事会、经理机构、监事会的权利和责任；对外，企业以其全部法人财产，按照市场需求组织生产经营，以提高生产效率和经济效益为目的，依法自主经营、自负盈亏、照章纳税，同时对出资者承担资产保值增值的责任。在国家与企业的关系上，要明确国家作为出资者与企业之间权利和责任的划分。

（3）政企分开。首先是政府的行政管理职能与经营性国有资产的所有者职能分开。政府的行政管理职能是属于政府的行政权力，由行政法来进行调整，而经营性国有资产的所有者职能是一种财产权，由民法来调整。其次是经营性国有资产的管理、监督职能与经营职能分开。政府作为经营性国有资产的所有者代表，对经营性国有资产负有管理、监督的权利和义务，但企业的经营权应交还给企业，政府不再直接干预企业的决策和生产经营活动。企业办社会的大部分职能由政府接过来，使企业将目标真正集中到追求经济效益上去。最后是政府的行政管理职能与企业的经营职能分开。政府与企业的关系体现为法律关系，政府依法通过宏观调控来影响和引导企业的生产经营活动，企业依法自主经营，不再依赖政府，而是根据市场需求来组织生产经营，以提高经济效益为目的。企业在市场竞争中优胜劣汰，长期亏损、资不抵债的企业应依法破产，政府不再为企业托底。

(4) 管理科学。第一，应建立科学的组织制度。所有者将资产投入企业，最关心的就是资产的保值增值问题，既要让经营者有充分的经营空间和经营权力，又要对这一权力进行适当的控制和制约。在公司制企业中，实行董事会领导下的经理负责制，所有者通过股东大会选出董事会、监事会，董事会再聘任总经理，使权力机构、监督机构、决策机构和执行机构之间职责分明、相互制约，形成一套完整的组织体制。第二，应建立科学的企业管理制度。它包括人力资源管理制度、财务管理制度、激励与约束制度、科学的领导制度、员工日常行为的规范制度等。第三，应建立科学的市场管理制度。企业的经营管理应以消费者为导向，随时把握市场信息，并有效地做出反应。第四，应注重企业的经营发展战略规划。第五，在注重有形资产管理的同时，要注重无形资产的管理，特别是企业形象的塑造。

2.1.2 现代企业制度的基本内容

1) 现代企业产权制度

产权制度是对财产权利在经济活动中表现出来的各种权能加以分解和规范的法律制度。产权制度的核心是通过对财产所有者和使用者的产权分割与权益界定，以实现资源的优化配置。产权制度的实质是所有者终极所有权与企业法人财产权的分离，企业法人享有独立的法人财产权。而落实企业产权制度的前提条件是企业拥有真正的法人地位，即完善的企业法人制度。

完善的企业法人制度是我国建立现代企业制度的首要基础。完善的企业法人制度实行出资者所有权与法人财产权的分离，这就理顺了国家与企业的产权关系。出资者所有权在一定条件下表现为股权，即以股东的身份依法享有的权利，但出资者不能对法人财产中属于自己的部分进行支配，只能运用股东权利影响企业行为，不能直接干预企业经营活动。法人财产权表现为企业依法享有法人财产的占有、使用、支配和处分权，以独立的财产对自己的经营活动负责。

2) 有限责任制度

有限责任是与无限责任相对立的概念。企业实行有限责任制度，既是对投资者的保护，又是对企业经营者积极性的释放。这种有限责任包含两方面内容：一是对投资者而言，他们以其出资额为限对公司的债务承担有限责任，投资者可以比较放心地把资金投给企业。公司出现经营亏损、资不抵债时，股东只以其投入额为限承担责任，即便该公司破产了，股东的损失也仅限于投资额的部分，不会连累到自己的其他财产，减轻和分散了投资风险。二是对公司法人而言，它以其全部财产为限对公司的债务承担责任，这有利于经营者放开手脚，独立负责，自主经营，推动公司的快速发展。美国的巴特勒曾经说："有限责任公司是近代最伟大的一个发明，甚至连蒸汽机和电的发明都不如有限责任公司来得重要。"有限责任制度的出现，是企业财产组织形式的一个重大进步，是企业发展史上的一次飞跃，也是现代企业制度的一个重要标志。

3）现代企业组织制度

现代企业组织制度建设必须做到两点：一是充分反映公司股东的整体意志和利益要求，股东能通过有效的渠道引导企业的经营决策和发展方向，保持对公司的最终控制权；二是公司作为企业法人应具有独立的权利能力和行为能力，并能以企业法人的名义独立开展经营活动。现代公司制作为现代企业制度的代表，最明显的特征是所有者、经营者、生产者之间，通过公司的权力结构、决策和管理机构、监督机构，形成各自独立、权责分明、相互制约的关系。这些关系是以法律和公司章程加以确立和保证的，便于建立既有科学分工又互相制约的能适应市场竞争需要的分工合作与制约机构。这种从企业内部建立起的激励和约束机制，既可以保障所有者的权益，又赋予经营者以充分的经营自主权。

根据《公司法》的规定，公司组织机构通常包括股东大会、董事会、监事会、总经理及其下属机构几个部分，并由此形成决策权、执行权和监督权3种权力形式。公司的组织机构如图2-1所示。

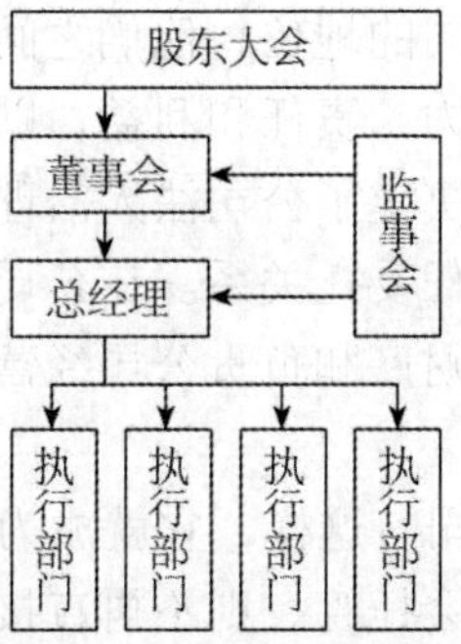

图2-1　公司的组织机构图

（1）决策机构。股东大会及其选出的董事会是公司的决策机构，股东大会是公司的最高权力机构，董事会是股东大会闭会期间的经营决策机构。股东大会由出资人或其代表组成。股东大会的职权为选举与罢免董事会和监事会成员，制定和修改公司章程，审议和批准公司的财务预决算、投资以及收益分配等重大事项。股东大会应当每年召开一次年会。股东大会是资产所有者的代表，以维护股东权益为宗旨，保持着对公司的最终控制权。股东的表决权以其出资额为标准，所持的每一股份有一表决权。股东大会从资产关系上对公司的董事会形成必要的制约，但无权直接干预公司的经营活动。

董事会是公司的经营决策机构。董事会对外代表公司，由公司董事组成。董事会对股东会负责，行使下列职权：召集股东会会议，并向股东会报告工作；执行股东会的决议；制订公司的经营计划和投资方案；制订公司的年度财务预算方案、决算方案；制订公司的利润分配方案和弥补亏损方案；制订公司增加或者减少注册资本以及发行公司债券的方案；制订公司合并、分立、解散或者变更公司形式的方案；决定公司内部管理机构的设置；决定聘任或者解聘公司经理及其报酬事项，并根据经理的提名决定聘任或者解聘公司副经理、财务负责人及其报酬事项；制定公司的基本管理制度；公司章程规定的其他职权。董事长和副董事长由董事会以全体董事的过半数选举产生，董事长一般为公司法定代表人。董事会实行集体决策，董事应对董事会的决议承担责任。董事会每年至少召开2次会议，董事会会议应有1/2以上的董事出席方可举行。

（2）执行机构。总经理及其下属机构是董事会领导下的公司管理和执行机构。公司的总经理负责：公司的日常管理，按董事会决议主持公司的生产经营管理工作；组织实施公司年度经营计划和投资方案；拟订公司内部的机构设置方案和管理制度及规章；提请任免公司的副经理、财务负责人，任免其他管理人员等。公司在研究决定生产经营的重大问题、制定重要的规章制度时，应当听取公司工会和员工的意见及建议。

（3）监督机构。监事会是由股东大会选举产生的、对董事会及经理人员活动进行监督检查的机构。监事会成员一般不得少于3人，由股东和员工代表按一定比例组成，对股东大会负责。监事会依法和依照公司章程对董事会与经理人员行使职权进行监督，防止违反法律法规或公司章程的行为出现。监事会有权审核公司的财务状况，保障公司利益及公司业务活动的合法性，维护员工的权益，监事会根据具体情况有权提议召开临时股东大会。为保证监督的独立性，公司的董事、高级管理人员不得兼任监事。

现代企业组织制度建立中最关键的是要形成合理的公司治理结构，要形成公司法人治理结构的制衡关系。现代公司法人治理结构的制衡关系主要体现在：股东大会、董事会、监事会、经理人员在公司中处于不同的地位，他们之间的关系也不相同。要完善公司治理结构，就要明确划分他们各自的权力、责任和利益，以便形成合理的制衡关系。所有权和管理权的分离是治理结构的核心，决定了公司法人治理结构的基本制衡关系。

①股东大会与董事会之间的信任委托关系。在公司的法人治理结构中，董事会受股东大会的信任委托，托管公司的法人财产和负责公司经营，成为公司的经营决策层。这种信任委托关系，主要表现在：

a.董事会受股东委托来经营公司。这样，它就成为公司的法定代表，其行为对全体股东负责。股东既然将公司交由董事会托管，则不再直接干预公司的管理事务，也不能以商业经营原因，如正常的经营失败，来解聘董事。但当董事会成员玩忽职守、滥用权力，未尽到受托责任时，股东就可以起诉董事，或不再推举其连任。不过选举不能由单个股东决定，而要取决于股东大会投票的结果。个别股东如对受托董事的治理绩效不满意，还可以“用脚投票”，即转让自己的股权脱离该公司。

b.受托经营的董事不同于受雇的经理人员。董事会只是全体股东的代表，为全体股东的利益行使公司的经营权利。在有限责任公司的情况下，由于股东人数较少，董事会成员大多具有股东身份，意味着大股东直接控制公司；在股份有限公司的情况下，由于股权的分散化，董事会主要由经营专家以及社会人士组成。

c.在法人股东占主导地位的情况下，大法人股东一般会派出自己的代表充当被持股公司的董事。

d.公司的董事不同于受雇的经理人员，若董事不兼任公司执行层的职务，一般不领取报酬。

②董事会与公司经理人员的委托代理关系。管理公司需要专门知识，需要懂经营、会管理，具有创新精神和风险意识的专门人才。以此为标准，董事会通过招聘，任命适合于本公司的经理人员。经理人员接受董事会的委托，便有了对公司事务的管理权和代理权。从法律角度来看，公司的高层管理人员在公司内部有管理事务的权限，对外有诉讼的商业代理权限。这种委托代理关系的特点在于：

a.经理人员只是董事会一定权限的代理人。其权限受董事会委托范围的限制，超过其权限的决策要报告董事会审定，如经营方向、经营策略、公司财产处置等方面的决策。这里所说的限制主要包括法定限制和意定限制两个方面。法定限制是指来自法律与公司章程方面的限制；意定限制是指由董事会的授权范围和决定所形成的限制。

b.董事会对经理人员是有偿的雇用。董事会有权对其经营情况进行监督，并据此对其做出奖惩决定。公司法人治理结构中的董事会和经理人员的这种委托代理关系表明，董事会的主要职能已从经营管理转为战略决策和对执行管理职能的经理人员的制约作用。加强对经理人员的约束和激励，是完善公司法人治理结构中制衡关系的重要一环。

在这种委托关系中，委托人和代理人各自追求的目标是不同的。作为委托人的董事会要求经理人员尽心尽力，完成职责，执行好经营管理的职能，为公司获取更多的可分配利润；而作为代理人的高层经理人员所追求的是其自身的人力资本（知识、才能、社会地位等）的增值和提供人力资本所取得的收入最大化。为实现各自的追求，董事会特别需要建立一套有效的约束与激励机制，并根据经理人员的工作绩效给予激励。

c.经理人员和公司的董事会之间存在双向选择关系。经理人员市场是董事会选择经理人员的场所，也是约束经理人员的外在机制，而职位、工资、奖金等则是经理人员决定是否应聘的因素。

③监事会对公司董事和经理人员的监督制衡关系。为防止公司董事和经理人员的违法乱纪行为，维护股东大会决议和公司章程，现代公司组织机构中要建立监事会制度。监事会的制衡作用是多重的，它与股东大会的关系在正常情况下是一种从属关系；它与董事会、经理人员的关系是监督关系。监事会不参与公司的经营管理，只依照法律法规和公司章程对公司的经营管理履行监督职责。监事会对股东大会负责，有权对董事和经理人员执行公司职务的情况进行监督。

拓展阅读2-1

华为公司的治理体系

华为拥有完善的内部治理架构，其特点是权责清晰、责任聚焦、分权制衡、循环更替。

华为是一家100%由员工持有的民营企业，股东为华为投资控股有限公司工会委员会和任正非，工会的出资比例为99.12%。

在华为，公司治理结构的核心是股东会、董事会和监事会。

股东会作为权力结构，可以对公司增资、利润分配、选举董事/监事等重大事项做出决策。

董事会是公司战略、经营管理和客户满意度的最高责任机构，承担带领公司前进的使命，行使公司战略与经营管理决策权，确保客户与股东的利益得到维护。董事会下设人力资源委员会、财经委员会、战略与发展委员会和审计委员会等，协助和支持董事会运作。

监事会是公司的最高监督机构，代表股东行使监督权，其基本职权包括领袖管理、业务审视和战略前瞻。

在日常运行管理时公司实行董事会领导下的轮值CEO制度，轮值CEO在轮值期间作为公司经营管理以及危机管理的最高责任人，对公司生存发展负责。轮值CEO负责召集和主持董事会常务委员会会议。在日常管理决策过程中，对履行职责的情况及时向董事会成员、监事会成员通报。轮值CEO由3名副董事长轮流担任，轮值期为6个月，依次循环。任期结束的轮值CEO会回到这个7人团队中参与集体决策。

具体到公司的管理平台，华为又分为16个职能部门和体系。在业务领域，又分为ICT基础设施业务管理委员会和消费者业务管理委员会。前者负责华为的老本行运营商业务、网络产品、企业和云计算等，后者是负责手机和智能汽车解决方案的部门。集团职能平台是聚焦业务的支撑、服务和监管的平台，向前方提供及时、准确、有效的服务，在充分向前方授权的同时，加强监管。

资料来源　佚名. 浅谈华为公司治理结构［EB/OL］.［2022-10-18］. https：//www.wenmi.com/article/pzjunq030puc.html.有改动。

4）现代企业管理制度

管理科学是现代企业制度的特征之一，现代企业制度的建立必须以科学的管理制度作为保障。现代企业管理制度主要包括以下几方面的内容：一是现代企业领导制度。建立科学完善的企业领导制度，是搞好企业管理的一项最根本的工作。企业战略决策制度是企业领导制度的核心，在这一方面，现代企业领导制度应体现出领导专家化、领导集团化和领导民主化的原则。企业经营管理制度是现代企业领导制度的基础，通过调节所有者、经营者和员工之间的关系，形成激励和约束相结合的经营机制。二是现代企业人力资源管理制度。人力资源管理是应用现代化的科学方法，对人力进行合理的培训、组织和调配，使人力、物力、财力等通常保持最佳比例，同时充分发挥人的主观能动性，使人尽其才，以实现企业经营目标。其内容包括员工招聘、选拔、考核、绩效评估、薪酬、激励、培训开发、组织发展和劳务关系等。三是现代企业财务制度。现代企业财务制度是用来处理企业法人与国家、股东、劳动者之间财务信息沟通和财产分配关系的行为总则，保护国家、股东和劳动者的利益不受侵犯。健全的财务制度除了日常的财务核算以外，还包括财务会计报告制度和企业利润分配制度。公司应在每一会计年度终了时制作财务报告，包括资产负债表、利润表、现金流量表、利润分配表等，并在规定的期限内将财务报告送交各股东。四是公司合并、分立、解散、清算、破产等制度。

2.2　企业管理组织

2.2.1　企业管理组织的概念、构成

1）企业管理组织的概念

任何一个企业都拥有人、财、物和信息等资源，这些资源必须通过组织才能形成现实的生产力。企业组织就是为了有效地向社会提供产品或劳务，将企业的各种资源按照一定的形式结合起来的社会系统。它一般分为两个方面：一是劳动者和生产资料相结合，形成企业的生产劳动组织。二是企业管理组织，它是根据管理的要求，将企业的生产行政指挥系统按分工协作的原则划分，并且对各个管理层次或环节明确规定其职责、权限、义务和信息沟通方式，同时相应地配置一定数量和能力的管理人员。企业管理组织通过整体性活动和信息传递，决定和引导企业生产劳动组织配置的合理性与效率的提高。

2）企业管理组织的构成

企业管理组织主要由管理人员、管理规章制度、企业信息及管理方法等构成。

（1）管理人员是管理组织中的主体。管理人员数量的多少、素质的高低和结合方式都对整个组织效率产生决定性的影响。

（2）管理规章制度是组织行为的准则。在企业中由于各个层次、环节以及岗位的不同，管理人员的能力、素质也有差异，这就需要有一个大家共同遵守的准则，以便约束和规范组织成员的行为，使组织系统有秩序地协调运行。

（3）企业信息是管理的媒介。管理人员的活动是通过传递、交流信息来进行的，企业生产经营活动的安排、落实也是通过信息指令进行的。

（4）管理方法是管理主体作用于管理客体的中介。管理人员必须通过行政的、经济的和法律的种种方法，才能有效地实施管理。

2.2.2　建立现代企业组织机构应遵循的原则

（1）目标统一性原则。它是指组织结构的设计和组织形式的选择必须有利于组织目标的实现。这就要求在组织结构设计中要以事为中心，因事设机构、设职务，做到人与事高度配合，避免出现因人设事、因人设职的现象。

（2）分工协调原则。它是指要按照提高管理专业化程度和工作效率的要求，在组织结构设计中把组织的目标分解成各级、各部门以至每个人的目标和任务，使组织的各个层次、各个部门、每个人都了解自己在实现组织目标中应承担的工作职责和职权。

（3）管理幅度原则。管理人员有效地监督、指挥其直接下属的人数（管理幅度）是有限的，每一个主管人员都应根据管理的职责和职权来慎重地确定自己的管理幅度。

（4）权责一致原则。它是指职权和职责必须相等，这就要求在组织结构设计中，既要明确规定每一管理层次和各个部门的职责范围，又要赋予完成其职责所必需的管理权限。

（5）统一指挥原则。组织的各级机构以及个人必须服从一位上级的命令和指挥，只有这样，才能保证命令和指挥的统一，避免多头领导和多头指挥。

思考与讨论2-1

请同学们从网上收集相关资料，从统一指挥角度思考与讨论我国为什么要推行“河长制”？

（6）集权与分权结合原则。为了保证有效的管理，必须实行集权与分权相结合的领导体制，以加强组织的灵活性和适应性。集权和分权的程度要考虑企业规模的大小、生产技术的特点、专业工作性质、管理水平的高低和管理人员的素质等因素。

拓展阅读2-2

集权与分权关系的处理

集权与分权是企业组织设计时要考虑的最重要的问题，在处理这两者关系时要做到：

第一，关键问题要大权独揽，上令下达，不让组织走错路；

第二，事务性问题要小权分散，各司其职；

第三，疑人不用，权衡利弊，用而有度，依事择人；

第四，用人不疑，信任下属，不听谗言，不滥加干涉。

（7）精干高效原则。它是指无论设计何种组织结构形式，都必须将精干高效放在首要地位，力求减少管理层次，精简管理机构和人员，充分发挥组织成员的积极性，提高管理效率，更好地实现组织目标。

（8）稳定性与适应性结合原则。它是指组织结构及其形式既要有相对的稳定性，不能轻易变动，又必须随组织内外部条件的变化，根据长远目标适时做出相应的调整。

（9）均衡性原则。它是指同一级机构、人员之间的工作量、职责、职权等方面应大致平衡，不宜偏多或偏少，避免苦乐不均、忙闲不均等不良现象。

拓展阅读 2-3

手表定理

手表定理是指一个人有一块手表时，可以知道现在是几点钟，但当他同时有两块手表时，无法确定时间。两块手表并不能告诉一个人更准确的时间，反而会让看手表的人失去对准确时间的信心。手表定理在企业经营管理方面，给我们一种非常直观的启示，就是对同一个人或同一个组织的管理，不能同时采用两种不同的方法，不能同时设置两个不同的目标，甚至每一个人不能由两个人同时指挥，否则将使这个人或这个组织无所适从。手表定理所指的另一层含义在于，每个人都不能同时选择两种不同的价值观，否则，你的行为将陷于混乱。

2.2.3 企业组织结构的类型

常见的企业组织结构的类型有直线制、职能制、直线职能制、事业部制、矩阵制、多维立体组织结构等。哪种组织结构最好？这的确是个很难回答的问题。因为每一种合理的组织结构，相对于一定的条件来说，都有其优越性，而当条件发生变化时，它就会逐渐丧失其合理性。组织结构是随着生产力和社会的发展而不断发展的，每一种类型的组织结构都有优点和缺点，都有一定的适用范围，世界上没有也不可能存在适用于一切情况的十全十美的组织结构。因此笼统地问哪种组织结构最好，离开具体条件，是无法做出明确判断的。但是相对于某一组织特定的条件来说，必定有一种是更有利于其提高管理效率的，因而也是最佳的组织结构；否则，就没有研究组织结构的必要，也没有改革组织结构的必要了。最佳的组织结构是最适合组织存在的特定条件的结构。

思政园地 2-1

三湾改编

1927年9月29日—10月3日，毛泽东在江西省永新县三湾村，领导了举世闻名的“三湾改编”，创造性地确立了“党指挥枪”“支部建在连上”“官兵平等”等一整套崭新的治军方略。

三湾改编初步解决了如何把以农民及旧军人为主要成分的革命军队建设成为一支无产阶级新型人民军队的问题，保证了党对军队的绝对领导，奠定了政治建军的基础。

这是组织变革的典型案例。

（1）直线制。这是最简单的组织结构。它的特点是组织中的职位按垂直系统直线排列，各级主管负责人行使统一指挥和管理职能，一般不设或只在上层组织配备少数职能人员协助主管人员工作（如图2-2所示）。

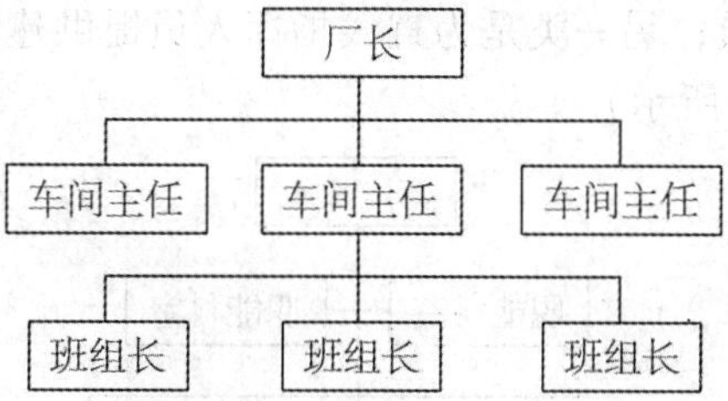

图2-2　直线制组织结构图

这种组织结构的特点是：每个主管人员对其直接下属有直接职权；每个人只能向一位直接上级报告；主管人员在其管辖的范围内，有绝对的职权或完全的职权。

其优点是：结构比较简单；责任与职权明确；做出决定可能比较容易和迅速。

其缺点是：在组织规模较大的情况下，业务比较复杂，所有的管理职能都集中由一个人来承担，这是比较困难的；当该“全能”管理者离职时，难以找到替代者；部门间协调差。

该种组织结构类型一般只适用于那些没有必要按职能实行专业化管理的小型组织或应用于现场作业管理。

（2）职能制。职能制组织结构是按分工负责的原则组成的机构，是在直线管理的同时，设立相应的职能机构，分担某些企业管理职能的业务（如图2-3所示）。

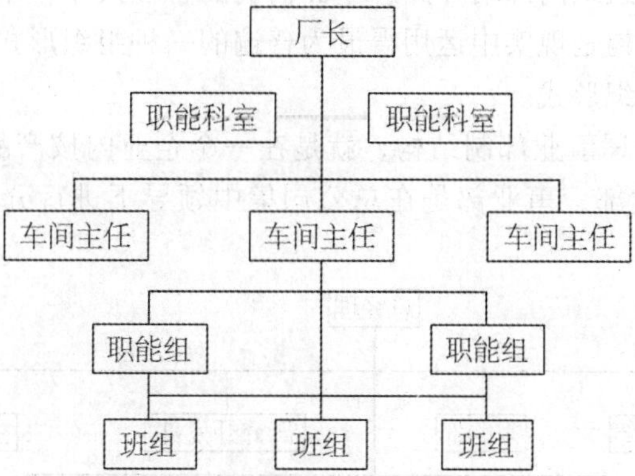

图2-3　职能制组织结构图

职能制组织结构也称多线性组织结构。其特点是：采用按职能分工实行专业化管理的办法来代替直线制的全能管理者。

其优点是：具有适应管理工作分工较细的特点，能充分发挥职能机构的专业管理作用；由于吸收专家参与管理，减轻了上层主管人员的负担，使他们能够集中精力以履行自己的职责。

其缺点是：由于实行多头领导，妨碍了组织的统一指挥，易造成管理混乱，不利于明确划分职责与职权；各职能机构往往不能很好地配合，横向联系差；在科技迅速发展、经济联系日益复杂的情况下，对环境发展变化的适应性差；强调专业化，使主管人员忽略了本专业以外的知识，不利于培养上层管理者。

在实际工作中，事实上不存在纯粹的职能制组织结构。

（3）直线职能制。在直线职能制组织结构中，管理人员被分为两类：一类是对下级直接下达命令的直线指挥人员；另一类是为直线指挥人员提供建议和咨询、对下级进行业务指导的职能人员（如图2-4所示）。

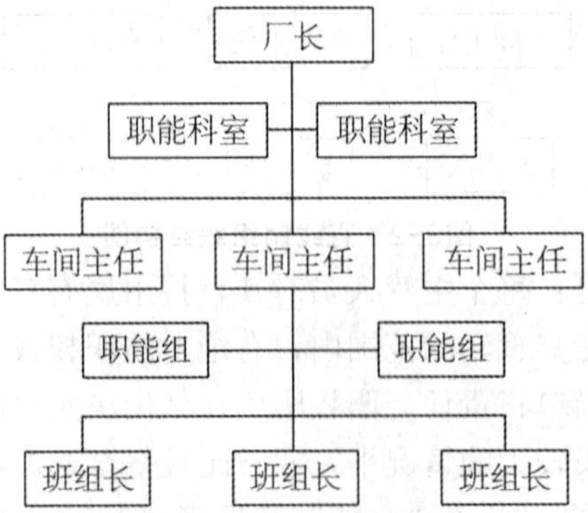

图2-4　直线职能制组织结构图

其优点是：把直线制组织结构和职能制组织结构的优点结合起来，既能保持统一指挥，又能发挥参谋人员的作用；分工精细，责任清楚，各部门仅对自己应做的工作负责，效率较高。

其缺点是：部门间缺乏沟通，协调工作较多；容易发生直线部门与职能部门（参谋部门）职权冲突；难以从组织内部培养熟悉全面情况的管理人才；系统刚性大，适应性差。

直线职能制组织结构是现实中运用得最为普遍的一种组织形式，多数企业和一些非营利组织经常采用这种组织形式。

（4）事业部制。所谓事业部制结构，就是在一个企业内按产品、地区或市场（顾客）等分别成立若干个事业部，事业部是在总公司集中领导下进行分权管理的一种组织形式（如图2-5所示）。

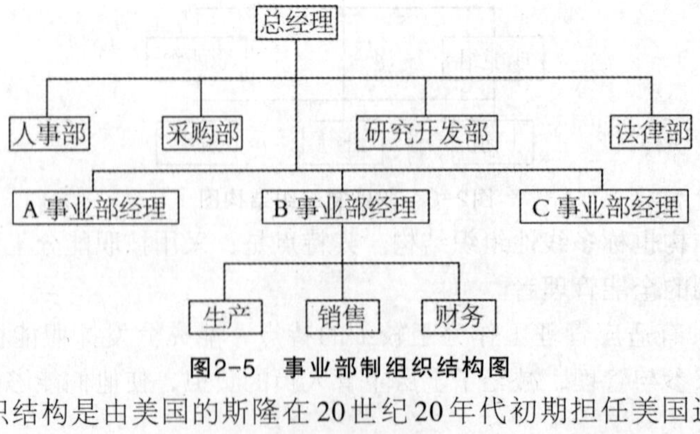

图2-5　事业部制组织结构图

事业部制组织结构是由美国的斯隆在20世纪20年代初期担任美国通用汽车公司副总经理时研究和设计出来的，故被称为“斯隆模型”。

其管理原则是“集中决策，分散经营”，即在集中领导下进行分权管理。企业按产品、地区或经营部门等分别成立若干个事业部。该产品、地区或经营部门等的全部业务，从产品设计直到产品销售，全部由该事业部负责。各事业部实行独立经营，单独核算。高层管理者只保留人事决策、财务控制、规定价格幅度以及监督等大权，并利用利润等指标对事业部进行控制。事业部的经理根据企业最高领导的指示进行工作，统一领导其所管的事业部和研制、技术等辅助部门。

事业部制的优点是：把事业部作为利润中心，便于考核，便于核算每个事业部的贡献；按产品划分事业部，便于组织专业化生产，形成规模经济；采用专用设备，有利于提高劳动生产率和企业经济效益；各事业部之间可以有比较、有竞争，有利于增强企业活力，促进企业的发展；有利于在企业内部培养全面性高层管理人员。

事业部制的缺点是：管理层次多，管理费用高，事业部之间协调合作比较困难，易产生各自为政、本位主义的倾向。

从企业管理实践看，事业部制组织结构主要适用于产品多样化和从事多元经营的组织，也适用于面临市场环境多变或所处地理位置分散的大型企业和巨型企业。20世纪60年代以来，西方国家的大型企业普遍向多元化经营发展，事业部制这种组织结构被广泛运用。有人曾对美国500家大企业的组织结构进行调查，发现从1949年到1976年，采用事业部制的企业所占比重从20%增加到60%。在日本，20世纪60年代采用事业部制的企业大概占1/3，到了70年代采用事业部制则成了一种潮流。

拓展阅读2-4

2018年10月，腾讯基于从消费互联网向产业互联网升级的前瞻思考和主动进化，以及对自身“连接”使命和价值观的传承，将原有的七大事业群升级为六大事业群，即企业发展事业群（CDG）、互动娱乐事业群（IEG）、技术工程事业群（TEG）、微信事业群（WXG）、云与智慧产业事业群（CSIG）、平台与内容事业群（PCG）。

互动课堂2-1

你觉得中小企业适合采取事业部制组织结构形式吗？

（5）矩阵制。矩阵制组织结构是将按职能划分的部门和按产品、服务或工程项目划分的项目小组组织起来而形成的一种组织结构形式（如图2-6所示）。

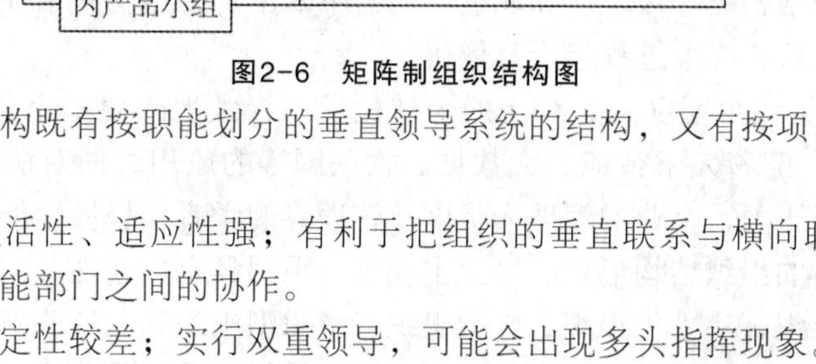

图2-6　矩阵制组织结构图

矩阵制组织结构既有按职能划分的垂直领导系统的结构，又有按项目划分的横向领导系统的结构。

其优点是：灵活性、适应性强；有利于把组织的垂直联系与横向联系更好地结合起来，以及加强各职能部门之间的协作。

其缺点是：稳定性较差；实行双重领导，可能会出现多头指挥现象。

（6）多维立体组织结构。这种组织形式由3方面的管理系统组成（如图2-7所示）：

①按产品划分的事业部，是利润中心。②按职能划分的专业参谋部门，是成本中心。③按地域划分的地区部门，是各地区管理机构。

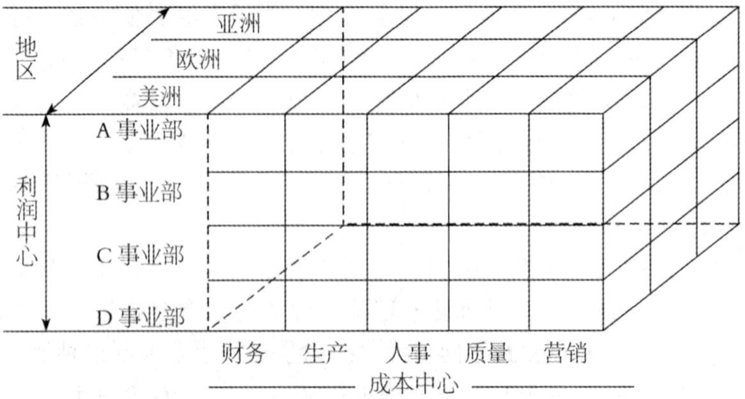

图2-7 多维立体组织结构图

它是在矩阵制组织结构的基础上再加上其他内容而形成的。在这种管理组织结构下，事业部经理不能单独做出决定，而是由事业部经理、专业参谋部门和地区部门的代表，3方共同组成产品事业委员会，对各类产品的产销进行决策。这样，就把产品事业部和地区部门以利润为中心的管理，与专业参谋部门以成本为中心的管理较好地结合起来，协调了产品事业部之间、地区之间的矛盾，有助于互通情报，集思广益，共同决策。

这种组织形式适合于跨国公司或跨地区的大公司。

2.2.4 企业组织结构的创新

组织结构创新是企业建立持久性竞争优势的一个重要环节。近10年来，在西方经济发达国家的管理理论界出现的若干组织结构的创新形式，主要是围绕简化企业的内部组织结构，把有限的资源集中到企业的核心业务上，建立竞争优势这一思路来设计组织结构。

企业的组织结构是为实现既定的经营目标和战略目标而确立的一种内部权力、责任、控制和协调关系的形式。传统上，企业采用的正式组织结构通常是垂直的、职能化的组织结构。在这种组织结构中，垂直的决策层次划分形成了鲜明的等级制度，企业内部的所有信息趋于在等级结构中纵向交流，任何一个等级层次上的决策者都可能成为信息进一步交流的障碍；而职能化的部门设置又可能导致不同部门之间各自为政，阻碍相互之间的合作与交流。当企业规模较小时，这种组织结构的弊端尚不明显，随着企业发展，生产经营规模不断扩大，组织结构的等级层次和职能部门会不断增加，结构复杂性大幅度提高，结果是组织管理效率降低，决策过程趋于官僚化。

自20世纪80年代中期以来，经济的全球化发展极大地改变了企业的外部经营环境，尤其进入21世纪，随着人工智能、大数据、物联网等的应用，面对快速变化的市场条件和不断增加的竞争压力，企业的管理人员以及管理界的学者积极探索能够适应不断变化的外部经营环境的新的组织结构形式。由此出现了一系列具有创新性质的组织结构形式，包括三叶草结构型组织、扁平化组织、虚拟组织、学习型组织等。这些新型组织结构形式的一个共同特点是通过企业的组织重构简化内部组织结构，尤其是正式组织结构，弱化等级制度，促进组织内部信息的交流、知识的分享和让每位成员参与决策过程，使得企业组织对外部环境的变化更敏感、更具灵活性和竞争力。

1）三叶草结构型组织

这种组织结构形式是由英国的管理学家查尔斯·汉迪提出的。他用三叶草的3片叶子比喻现代企业所应具备的组织结构形式。这是一种以基本管理人员和员工为核心，以外部合同工人和兼职工人为补充的组织结构形式。在这种组织结构中，第一片叶子代表从事核心业务经营的核心员工，他们受过良好的专业化培训，拥有企业建立竞争优势所需要的核心技能、信息和智慧。第二片叶子是由与企业建立了长期合同关系的组织或个人组成的边缘性结构，他们为企业提供维持日常生产经营活动所需的管理和技术服务。可以说，第二片叶子基本上是由流动性大且日趋职业化的各类咨询人员或咨询公司构成的。第三片叶子代表具有很大弹性的劳动力，如兼职工、临时工和非全日制劳动力。他们不断地更换企业，以便把成本和承担的义务降到最低限度。西方经济发达国家大中型企业在用工制度上的一种趋势，是减少长期雇用的固定工数量，增加“随叫随到”的临时工数量。汉迪认为，尽管弹性劳动力在企业中的工作处于相对次要的地位，但仍是企业取得成功所必不可少的力量。因此，企业不能把他们完全视为外围人员，而要通过给予他们某种地位和权利，提高他们自发参与企业活动的热情。

2）扁平化组织

扁平化组织的出现是近年来西方经济发达国家大型企业为了降低生产经营成本，致力于组织结构缩编的结果。扁平化组织也叫蜘蛛网组织，是指破除公司自上而下垂直高耸的结构，减少管理层次，压缩职能机构，增加管理幅度而建立的一种组织。为了废除滋生官僚主义的等级制度，赋予一线管理人员更多参与决策的权利，从而提高管理效率，很多企业在这些年中，围绕着削减“肥胖”的中间管理层数量、创建“精瘦”的管理结构进行了一系列结构性调整。在采用扁平化组织结构的大型公司中，每个管理人员的管理范围增大，对管理人员的组织管理能力提出了更高的要求。由于中间管理层次减少，一线管理人员在企业发展中的作用日益突出。他们直接面对市场，行使企业家职能，负有为公司创造和寻求新的增长机会的责任。而公司的高层领导负责确立宗旨和总体战略，通过授权来界定纳入控制和协调的企业家活动，并为企业家活动制定标准。

3）虚拟组织

《商业周刊》在1993年2月8日的封面报道中把虚拟企业定义为一种新的组织形式，它是运用技术手段把人员、资产、创意动态地联系在一起的。通俗地讲，虚拟组织指两个以上的独立的实体，为迅速向市场提供产品和服务，在一定时间内结成的动态联盟。它不具有法人资格，也没有固定的组织层次和内部命令系统，而是一种开放的组织结构，因此可以在拥有充分信息的条件下，从众多的组织中通过竞争招标或自由选择等方式精选出合作伙伴，迅速形成各专业领域中的独特优势，实现对外部资源整合利用，从而以强大的结构成本优势和机动性，完成单个企业难以承担的市场功能，如产品开发、生产和销售。

虚拟组织中的成员可以遍布在世界各地，彼此也许并不存在产权上的联系，不同于一般的跨国公司，相互之间的合作关系是动态的，完全突破了以内部组织制度为基础的传统的管理方法。网络的发展推动了虚拟组织的发展。购买了福特汽车的顾客不会了解是一个虚拟设计工作室在负责福特汽车的款式设计，它通过电子手段将世界各地的设计人员组合在一起。这些人员实际上分属福特的7个设计中心。越来越多的航空公司，如美国航空公司与英国航空公司、西北航空公司与荷兰皇家航空公司、联合航空公司与汉莎航空公司等，通过整合它们的飞行业务，以向乘客提供更多的飞行航线。对于顾客来说，一体化实现以后，他们再面对的好像只是一家航空公司。

虚拟组织具有以下特征：

（1）虚拟组织具有较强的适应性，在内部组织结构、规章制度等方面具有灵活性。虚拟组织是一个以机会为基础的各种核心能力的统一体，这些核心能力分散在许多实际组织中，它被用来使各种类型的组织部分或全部结合起来以抓住机会。当机会消失后，虚拟组织也就解散了。所以，虚拟组织可能存在几个月或者几十年。

（2）虚拟组织共享各成员的核心能力。企业在有限的资源条件下，为了取得竞争中的最大优势，只保留企业中最关键的功能，而将其他功能虚拟化，通过各种方式借助外界力量进行整合弥补，其目的是在竞争中发挥企业有限的资源优势。虚拟组织是通过整合各成员的资源、技术、顾客市场机会等而形成的。它的价值就在于能够整合各成员的核心能力和资源，从而降低时间、费用和风险，提高服务能力。工业经济时代很多企业强调“小而全”“大而全”，只要是需要的产品、零配件就尽可能自己集中生产。与此相反，虚拟组织更强调发挥自己的核心竞争优势，充分利用无形资产和智力资产，从外界商业网中获取其他必要的生产资源。著名体育运动品厂商耐克公司只负责设计款式新颖的鞋样，而将生产合同转包给亚洲顶尖的鞋厂生产，然后使用耐克商标包装。这样，耐克既保持了自己的竞争优势，又扩大了规模效益。

（3）虚拟组织中的成员必须以相互信任的方式行动。合作是虚拟组织存在的基础，但虚拟组织突破了以内部组织制度为基础的传统的管理方法，各成员又保持着自己原有的风格，势必在成员的协调合作中出现问题。但各个成员为了获取一个共同的市场机会结合在一起，他们在合作中必须彼此信任，当信任成为分享成功的必要条件时，就会在各成员中形成一种强烈的依赖关系。否则，这些成员无法取得成功，顾客们也不会同他们开展业务。有些企业因为拥有突出的能力处于虚拟组织的中心，并对其他成员产生有力的影响，使虚拟组织的协调变得相对容易，如耐克公司凭借设计和营销方面的卓越能力，将负责生产的亚洲合作伙伴紧密地联系在一起，实施有效的控制和协调。

虚拟组织结构的兴起与当今市场激烈的竞争、科学技术的飞速发展有着密切的关系。随着科学技术的快速发展，新产品的技术含量不断扩大，产品的生命周期不断缩短，新产品与多种科学技术结合的趋势不断扩大。在这种形势下，企业单靠自己的资金、技术力量，迅速推出系列化、多样化和复杂化的新产品显得力量微薄，难以达到快速占领市场的目的，而获得利润的机会是稍纵即逝的，因此有些企业采用联盟的形式，将各自的资源优势、技术优势和资金优势结合起来，便拥有了市场竞争优势。例如，著名的耐克公司、锐步公司根本就没有自己的工厂，其产品却畅销全球。有人预言，随着信息技术的发展、竞争的加剧和全球化市场的形成，没有一家企业可以单枪匹马地面对全球竞争。因此，由常规组织阶段过渡到虚拟组织阶段是必然的，虚拟组织日益成为公司竞争战略“武器库”中的核心武器。这种组织形式有着强大的生命力和适应性，它可以使企业准确有效地把握住稍纵即逝的市场机会。对于小型企业来说，借用大型合作伙伴的一个特殊好处在于容易被银行和客户所接纳。例如，一家名字为“Telepad”的小型公司最初生产手写型电脑输入设备，后来扩展到多媒体输入系统。这家小公司使用著名设计公司的设计，让IBM生产。

仅仅使用28个临时工、4个长期雇员，就在12个月内成功地推出了4种新产品。当Telepad说IBM加工其产品，并且它与其他大公司有业务联系时，它就在业务融资、展示实力、实现承诺的能力上获得了重要的信誉。

4）学习型组织

（1）学习型组织的概念与本质。

学习型组织提出的背景是当今社会已处于知识经济时代。1990年，美国管理大师彼得·圣吉在《第五项修炼——学习型组织的艺术与实务》一书中，论述了创建学习型组织的问题。他指出，为什么1970年被《财富》杂志列入前500名大企业排行榜的公司，到了1980年却有1/3已经销声匿迹？这是因为，组织的智障妨碍了组织的学习及成长，使组织被一种看不见的巨大力量侵蚀，甚至吞没了。因此，他认为将来最成功的企业将会是“学习型组织”，因为未来唯一持久的优势是有能力比你的竞争对手学习得更快；未来真正出色的企业将是能够设法使各阶层人员全心投入，并有能力不断学习的组织。他认为“学习型组织”，就是大家通过不断共同学习，突破自己的能力上限，创造真心向往的结果，培养全新、前瞻而开阔的思考方式，全力实现共同的抱负。彼得·德鲁克也在他的《新现实——走向21世纪》一书中谈到“知识的本质经常发生变化”。韦尔奇在主持美国通用电气公司的20年中，以持续的变革为领导标志，以“面对现实，勇于革新”为理念，以学习精神和学习文化为基础，实施组织革命、观念革命和文化革命，将通用电气打造成了一个“学习型组织”，将通用电气公司带上了举世瞩目的高速发展轨道。

学习型组织是通过培养弥漫于整个组织的学习气氛，充分发挥员工的创造性思维能力而建立起来的一种有机的、高度柔性的、扁平化的、符合人性的、能持续发展的组织。这种组织具有持续学习的能力，具有高于个人绩效总和的综合绩效。

学习型组织有以下6个要素：

①拥有终身学习的理念和机制，重在形成终身学习的步骤。

②建有多元回馈和开放的学习系统，重在开创多种学习途径，运用各种方法引进知识。

③形成学习共享与互动的组织氛围，重在组织文化建设。

④具有实现共同愿景的不断增长的学习能力，重在共同愿景时学时新。

⑤工作学习化使成员活出生命意义，重在激发人的潜能，提升人生价值。

⑥学习工作化使组织不断创新发展，重在提升应变能力。

（2）建立学习型组织的步骤。

①评估组织的学习情况：有没有做到鼓舞员工彼此分享学习成果？有没有解决实际问题的计划？是要我学习还是我要学习？员工头脑中有无组织愿景？能否主动适应愿景需要？有没有组织鼓励员工，并为员工提供资源和条件促使员工实现自我导向的学习？

②增进组织学习积极性：不能用高压与逼迫的方式组织学习，而应该以关心、和谐的态度去动员员工学习，使学习型组织具有开放性与协调性。

③使学习能持续发展：保持共识，建立完善的学习体制，有良好的制度，使员工的行动都有影响力；组织通过教育使员工获得成功，而非帮他们做事；提高员工解决问题的能力，把解决问题纳入生活方式。

④奖励冒险：每次危机都是学习的机会，它可使组织获得更多的成功。

⑤使员工成为学习资源：员工彼此之间就是相互学习的最大资源，倘若能善加运用，往往可以大大提升组织效能。

⑥把学习引入工作：成功的学习具有三大特点，即学习与工作结合，学习过程为启发过程，学习亦即发现。

⑦通过学习由大家描绘出组织发展愿景，并使之成为员工共同努力的方向与目标，而组织的愿景是由员工群策群力铸成的。

⑧将组织愿景融入生活：学习型组织必须强调将其愿景转化为行动的原则，这就需要使之融入整个生活。

⑨系统思考：学习型组织要通过回顾、目标、规则、继续进步、反馈、落实到行动这6个方面的系统努力来实现。

⑩明示未来努力的方向：要使上述的所有步骤得以彻底实行，就必须面对一切挑战带来的机会，不断确定未来的发展方向。

拓展阅读2-5

华为的学习型组织建立

成立于1987年的华为，历经30多年的成长，从籍籍无名成长为全球领先的ICT（信息与通信技术）基础设施和智能终端提供商。有人说正是学习型组织的构建，助推华为成长为有竞争实力的世界级公司。

任正非说："在华为，人力资本的增长要大于财务资本的增长，追求人才更甚于追求资本，有了人才就能创造价值，就能带动资本的迅速增长。"华为也将这一原则写入了《华为基本法》，即"人力资本增值的目标优先于财务资本增值的目标"。

华为强调，人力资本增值的重中之重就是有组织的学习，重要途径就是培训。为了把华为打造成一个学习型组织，华为进行了各方面的努力。2005年正式注册了华为大学，为此华为建立了一套完善的以华为大学为主体的华为培训体系。为了实现建立学习型组织，华为主要采取了以下措施：

1.学习的动力。如何才能让新员工主动学习、提高自己呢？华为采取的办法是全面推行任职资格制度，并进行严格的考核，从而形成了对新员工培训的有效激励机制。

2.建立导师制模式，让最优秀的人帮企业培养出更优秀的人。

3.通过岗位轮换，人才流动来培养人才。华为基本法规定："没有周边工作经验的人，不能担任部门主管。没有基层工作经验的人，不能担任科以上干部。"华为提倡员工"之"字形成长，即一个员工如果在研发、财经、人力资源等部门做过管理，又在市场一线、代表处做过项目，有着较为丰富的工作经历，那么他在遇到问题时，就会更多从全局考量，能端到端、全流程地考虑问题。

4.让明白的人拥有更大的舞台，合理分权和授权。华为强调"让听得见炮声的人来呼唤炮火"，就是要求"班长"在最前线发挥主导作用，让最清楚市场形势的人指挥，提高反应速度，抓住机会，取得成果。上级对战略方向正确把握，平台部门对一线组织有效支持，"班长"们具有调度资源、及时决策的授权。其基础是组织和层级简洁而少，决策方式扁平，运营高效。这样"战争"的主角——优秀"班长"，就在"战争"中主动成长，从而成为精英中的精英。

学习型组织的构建，整体提升了华为创造未来的能力。

资料来源　佚名. 华为的“学习型组织”是如何炼成的?［EB/OL］.［2023-01-16］. https: //www.sohu.com/a/402279340_100020765.改编而成。

5）战略联盟

战略联盟是指两个或两个以上企业为了实现资源共享、风险或成本共担、优势互补等特定战略目标，在保持自身独立性的同时通过股权参与或契约方式建立较为稳固的合作伙伴关系，并在某些领域采取协作行动，从而取得“双赢”效果。

战略联盟的特征主要有：

①组织的松散性、行为的战略性。

②合作的平等性、合作关系的长期性。

③整体利益的互补性。

④管理的复杂性。

拓展阅读2-6

平台化组织研究：现代企业新议题

波士顿咨询公司（BCG）联合阿里研究院发布报告《平台化组织：组织变革前沿的“前言”》。报告认为，平台化组织是现代企业组织为了顺应市场、技术、人才的新趋势而形成的新型组织形态，这一组织形态会依据不同的市场环境形成不同的子类型，在组织结构和内部治理机制上形成较大的差异。同时，平台化组织的出现给企业内部的人才、文化，乃至外部的生态治理层面等提出了新的议题。

市场、技术、人才变革催生新型组织运营方式

“作为未来组织演变的一种重要形态，平台化组织的‘大平台+小前端+富生态+共治理’的形貌与格局已经初步显现。”阿里首席平台治理官郑俊芳认为。

韩都衣舍电子商务集团股份有限公司创始人、董事长赵迎光则表示：“互联网技术不仅改变人们的消费习惯与商业业态，更是对传统企业组织结构进行大变革的推动力。新的生态、新的平台、新的模式、新的组织结构将在这个时代不断涌现。”

报告撰稿人之一、BCG资深合伙人范史华先生表示：“市场、技术、人才领域的一系列新趋势，都对企业的传统运营方式提出了新的挑战，从而催生出新型的组织运营方式。这些新趋势包括：在市场领域中，个性化消费促进了需求多样化，用户一揽子需求加速了解决方案的形成，共享经济的发展改变了传统的供需关系；在技术领域中，技术一方面提供了更多的学习机会，另一方面降低了交易成本且更容易实现协作；在人才领域中，个人在组织中的自主性日益加强，个人要求自我价值实现的愿望不断膨胀等。”

BCG观察到，在行业内，无论是时尚电商品牌韩都衣舍，还是求新求变的海尔集团，抑或是发展迅速的阿里，都或多或少在内部采用了平台化的组织形态和组织理念。

新型组织的出现必然需要配套的治理机制来解决相应的问题。首先，需要解决的是小前端的建立，公司需要给小前端进行授权并建立相应的协调机制。其次，平台需要建立资源配置的机制，一方面确定平台给予小前端的支持力度，另一方面确定小前端如何调用平台资源。再次，为了适应新的组织形态，组织内部需要建立相应的沟通机制和人才管理机制，前者保证企业内部的信息充分流通，后者保证组织与个人的目标最大限度趋同。最

后，平台化组织与外部生态之间的互动也越发紧密，平台化组织需要建立治理措施，以确保内部运作和外部生态系统都能顺畅进行。

平台化组织对企业内部运营提出新挑战

平台化组织尽管为企业适应新型的外部环境、实现其新的竞争优势提供了可能性，可也为企业内部的运营提出了新的挑战。在人才领域层面，人才发展可追溯、人才来源多样化、建立人才发展快速通道，是企业在迈入平台化的过程中需要实现的手段。在领导层面，管理层既要为员工指明方向，又要给员工足够的自主空间。在企业文化层面，建立起以业绩为导向的企业文化，并且积极协调文化与战略的关系，才能最大限度地保证组织架构转型的顺利进行。

综上所述，我们发现平台化组织将给企业带来新的竞争优势，包括：通过低成本试错进行快速创新；敏捷应对市场和环境的变化；易于扩大规模和实现业务的迅速增长等。

资料来源　崔敏. 平台化组织研究：现代企业新议题［N］. 中国企业报，2016-10-25. 节选。

2.3 企业文化

企业间最高层次的竞争是文化竞争。没有文化的企业不可能实现可持续发展。因此，现在世界各国企业都在研究企业文化，以增强企业的核心竞争力。

2.3.1 企业文化的含义与结构

1）企业文化的含义

企业文化是指企业全体员工在长期的创业和发展过程中培育形成，并共同遵守的最高目标、价值标准、基本信念及行为规范。它是企业精神形态文化、物质形态文化和制度形态文化的复合体。

拓展阅读 2-7

狼性文化

狼性文化，顾名思义，是一种带有野性拼搏精神的企业文化。狼其性也——野、残、贪、暴，自古以来总是与几千年的孔孟中庸之道格格不入。狼性文化主要有以下3个特征：嗅觉敏锐，善于捕捉机会；富于进取心和攻击性，且不轻言失败；团队精神。

华为非常崇尚狼性文化，认为狼是企业学习的榜样，要向狼学习狼性，狼性永远不会过时。作为最重要的团队精神之一，华为的狼性文化可以用这样的几个词语来概括：学习、创新、获益、团结。

互动思考：请同学们网上收集华为企业文化，思考一下华为为什么崇尚狼性文化？

2）企业文化的结构

企业文化的结构划分有多种观点：一种是将其分为两个层次，如有形文化和无形文化、表层文化和深层文化、“硬S”和“软S”等；另一种是将其分为4个层次，即物质文化、行为文化、制度文化和精神文化。这些不同的结构划分都有各自的合理性，使用不同的结构划分对认识企业文化并无大碍。为科学准确，我们把企业文化划分为3个层次，即精神层、制度层和物质层。

（1）精神层。这主要是指企业的领导和员工共同信守的基本信念、价值标准、职业道德及精神风貌。精神层是企业文化的核心和灵魂，是形成物质层与制度层的基础和原因。企业文化中有无精神层是衡量一个企业是否形成了自己的企业文化的标志和标准。企业文化精神层包括以下6个方面：

①企业最高目标。它是企业全体员工的共同追求，有了明确的最高目标就可以充分发动企业的各级组织和干部员工，增强他们的积极性、主动性和创造性，使广大员工将自己的岗位工作与实现企业奋斗目标联系起来，把企业的生产经营发展转化为每一位员工的具体责任。

②企业哲学。它是企业领导者为实现企业目标而在整个生产经营管理活动中的哲学思考。企业哲学是处理企业生产过程中发生的一切问题的基本指导思想和依据，只有以正确的企业哲学为先导，企业的资金、人员、设备、信息等资源才能真正发挥效力。

③企业精神。它是企业有意识地提倡、培养员工群体的优良精神风貌，是对企业现有的观念意识、传统习惯、行为方式中的积极因素进行总结、提炼及倡导的结果，是在全体员工有意识地实践中所体现出来的。因此，企业文化是企业精神的源泉，企业精神是企业文化发展到一定阶段的产物。

④企业风气。企业风气是指企业及其员工在生产经营活动中逐步形成的一种带有普遍性的、重复出现且相对稳定的行为心理状态，是影响整个企业生活的重要因素。

企业风气一般包括两层含义：一是指许多企业共有的良好风气，如团结友爱之风、开拓进取之风等。二是指一家企业区别于其他企业的独特风气，即在一家企业的诸多风气中最具特色、最突出和最典型的某些作风。该独特风气体现在企业活动的方方面面，形成全体员工特有的活动方式，并构成该企业的个性特点。

企业风气是约定俗成的行为规范，是企业文化在员工的思想作风、传统习惯、工作方式、生活方式等方面的综合反映。企业风气一旦形成就会在企业中营造一定的气氛，并形成企业员工群体的心理定式，促使多数员工采取一致的态度和共同的行为方式，因而成为影响全体员工的无形的巨大力量。

⑤企业道德。道德是指人们共同生活及其行为的准则和规范。企业道德是指企业内部调整人与人、单位与单位、个人与集体、个人与社会、企业与社会等之间关系的行为准则。

道德与制度虽然都是行为准则和规范，但制度具有强制性，而道德是非强制性的。一般来讲，制度解决是否合法的问题，道德解决是否合理的问题。道德的内容包括道德意识、道德关系和道德行为3部分。道德意识是道德体系的基础和前提，包括道德观念（人们的善与恶、苦与乐等观念）、道德情感（人们基于一定的道德观念，在处理人际关系和评价某种行为时所产生的嫉恶扬善的情感）、道德意志（人们在道德观念和道德情感的驱使下形成的实现一定道德理想的道德责任感和克服困难的精神力量）和道德信念（人们在道德观念、道德情感、道德意志的基础上形成的对一定道德理想和目标的坚定信仰）。

⑥企业宗旨。这是指企业存在的价值及作为经济单位对社会的承诺。作为从事生产、流通、服务活动的经济单位，企业对内、对外都承担着义务。对内，企业要保证自身的生存和发展，使员工得到基本的生活保障，并不断改善他们的生活福利待遇，帮助员工实现

人生价值；对外，企业要生产出合格的产品，提供优质的服务，满足消费者的需要，从而为社会的物质文明和精神文明的进步做出贡献。

（2）制度层。这是企业文化的中间层次，主要是指对企业组织和企业员工的行为产生规范性、约束性影响的部分，集中体现了企业文化的物质层与精神层对企业组织和企业员工行为的要求。制度层规定了企业员工在共同的生产经营活动中应当遵守的行为准则，主要包括以下3个方面：

①一般制度。这是指企业中存在的一些带有普遍意义的工作制度和管理制度，以及各种责任制度等。这些成文的制度与约定及不成文的企业规范和习惯，对企业员工的行为起着约束的作用，保证整个企业能够分工协作、井然有序、高效地运转，如计划制度、人事管理制度、生产管理制度、服务管理制度、技术管理制度、设备管理制度、物资供应管理制度、产品销售管理制度、财务管理制度、岗位责任制度等。

②特殊制度。它主要是指企业的非程序化制度，如员工评议干部制度、总结表彰会制度、干部员工平等对话制度、干部“五必访”制度（指员工生日、结婚、生病、退休、死亡时，干部要访问员工家庭的制度）、企业成立周年制度等。与工作制度、管理制度及责任制度等一般制度相比，特殊制度更能够反映一个企业的管理特点和文化特色。有良好企业文化的企业，必然有多种多样的特殊制度；企业文化贫乏的企业，则往往忽视对特殊制度的建设。

③企业风俗。这是指企业长期沿袭且约定俗成的典礼、仪式、行为习惯、节日、活动等，如歌咏比赛、体育比赛等。企业风俗与一般制度、特殊制度不同，不表现为准确的文字条目形式，也不需要强制执行，完全依靠习惯、偏好的力量维持。企业风俗由精神层所主导，又反作用于精神层。企业风俗可以自然形成，也可以人为开发，一种活动、一种习俗，一旦被全体员工所共同接受并沿袭下来，就成为企业风俗中的一种。

拓展阅读 2-8

海尔的日清日高制度

海尔的日清日高制度，又称OEC管理法（O：overall，海尔称其为全方位。E：everyone，指每个人；everything，指每件事；everyday，指每一天。C：control，控制；clear，清理），就是全面地对每人每天所做的每件事进行控制和清理——日事日毕，日清日高。今天的工作今天必须完成，今天完成的事情必须比昨天有质的提高，明天的目标必须比今天更高才行。

（3）物质层。这是企业文化的表层部分，是企业创造的物质文化，是形成企业文化精神层和制度层的条件。从物质层中往往能折射出企业的经营思想、管理哲学、工作作风和审美意识等。它主要包括下述几个方面：

①企业环境。企业环境是企业文化的外在象征，企业环境包括工作环境和生活环境。

工作环境。良好和人性化的工作环境，可以给员工带来好的工作氛围，增加工作舒适度与积极性，便于沟通，提高工作效率。工作环境包括生产及办公场所外貌及空间布局、生产及办公设施设备、交流空间等。

生活环境。生活环境体现了企业对员工的人性化关怀，对激发员工工作积极性不可或缺。生活环境包括员工居住条件，休息、娱乐等客观条件和服务设施，员工及其子女学习条件等。

②企业器物。企业器物包括企业的产品、生产资料、文化实物等，其核心是企业生产的产品。

③企业标识。企业标识是企业文化的可视象征，包括企业名称、标志、标准字、标准色、企业象征物、网站、公众号等。

拓展阅读 2-9

彰显腾讯文化的人性化办公环境

深圳滨海的腾讯全球新总部滨海大厦正式亮相了。由50层南塔楼和41层的北塔楼组成的大厦不但外表高端大气上档次，而且墙体按照深圳日照规律设计，自带遮阳系统，就连工作区域都是科技感十足，集数字化、智能化于一体。一进入大厦，左手边是一个咖啡厅。这个咖啡厅文艺感十足，屋顶的灯饰特别梦幻，桌子上摆有许多腾讯自己的公仔，很适合拍照及方便大家休息或者谈事情。进入大堂，有一个萌萌的小机器人负责接待访客。告诉它你想去的地方，它就可以为你带路。员工可以通过刷卡或刷脸卡的方式进入办公区域。办公区域空气质量高，绿植丰富，采用了不同的色调搭配，明亮鲜活，这些都让人感到轻松自在。办公桌可以随意调节高度，坐累了想站起来办公也是完全可以的。人体工学座椅对久坐的IT人员来说是拯救颈椎和腰椎的利器。光线不好？有可以调节亮度的台灯。最让大家羡慕的还是腾讯的空中健身房。滨海大厦的运动空间总面积为1.5万平方米，设有3层楼高的攀岩墙，它几乎成了自拍胜地，还有高空的室内环形跑道，贯穿南北两栋塔楼，跑一圈要300米。各楼层设置自助咖啡设备，刷卡就可以享用。当需要和小伙伴们开头脑风暴会议时，形态各异的会议室可供选择使用。安逸温馨的办公场所可以使员工在愉悦的环境中开展工作。

互动思考：企业为什么要重视工作环境的改善？

综上所述，企业文化的3个层次是紧密联系的。物质层是企业文化的外在表现和载体，是制度层和精神层的物质基础；制度层则约束和规范物质层和精神层的建设，没有严格的规章制度，企业文化建设便无从谈起；精神层是形成物质层和制度层的思想基础，也是企业文化的核心和灵魂。

2.3.2 企业文化的作用

企业文化是企业的灵魂，是企业的活力源泉，是企业竞争力的重要因素，因此它是一个涉及企业能否高效发展的极其重要的问题。企业文化在企业中的作用，主要有以下几点：

（1）导向作用。在具有强文化的企业中，组织核心价值观得到了成员广泛的认可和强烈的认同，这种共享和高强度认同会在组织内部营造一种很强的行为控制氛围，从而引导和塑造员工的价值、取向、态度和行为，并把企业员工引导到企业所确定的目标上来，使其为实现企业的目标而努力奋斗。

（2）规范功能。企业文化对员工的思想和行为具有规范与约束作用。在一个特定的文化领域中，组织的共同价值观已深入每个人的头脑，必然影响成员的认知、感觉、思想、道德等心理过程，成员会自觉或不自觉地对自己的思想和行为进行不断调整，以服从共同认可的规范。

（3）凝聚功能。企业文化是组织的一种凝聚力，是一种有效的协调和控制手法。人类集合在一起的目的是要发挥比分散大得多的力量。在经营过程中，组织内外各单位、部门和个人等之间在工作和人际关系上难免会产生各种矛盾与冲突，这就需要协调和控制。一种是外控制，即通过命令、监督、强制、奖惩等方式，使员工行为符合组织规范；另一种是内控制，即通过改变员工的认知和态度，把组织的利益、目标、规范等纳入个人价值观、信念及行为准则，使员工对企业产生认同感、使命感，形成自觉的行动，一旦违反了组织规范，就会感到内疚、不安、自责，从而产生自己修正自己的行为。因此，企业文化是一种内在凝聚力、一种强有力的黏合剂，把企业每个成员的力量凝聚成一个合力，使整个系统最大限度地发挥全部效能。

（4）塑造形象功能。企业文化集中概括了企业的基本宗旨、价值准则和行为规范，因而在一定程度上反映了企业的基本特征。优秀的企业文化可以向社会大众展示其成功的管理风格、良好的经营状态、奋发向上的精神面貌，从而为企业塑造良好的整体形象，树立信誉，扩大知名度。这是企业一笔巨大的无形资产，对企业的发展会起到重要的促进作用。

（5）激励功能。积极向上的思想观念和行为准则，可以形成强烈的使命感、持久的驱动力、积极向上的企业精神。企业文化本身就是一把员工自我激励的标尺，他们通过对照自己的行为，找出差距，可以产生改进工作的驱动力。同时，企业内共同的价值观、信念及行为准则是一种强大的精神支柱，能使人产生认同感、归属感、安全感，起到相互激励的作用。

2.3.3　企业文化建设的步骤

1）企业文化盘点

建设企业文化的关键在于量体裁衣，建设适合本企业的文化体系，达到这一目标的大前提就是对企业文化的全面了解。所谓企业文化的盘点，就是对企业现有文化的调研和分析。当一个企业尚处在创业阶段时，需要了解创业者的企业目标定位。如果是已经发展一段时间的企业，则需要了解企业发展中的一些问题和员工广泛认同的理念。

常用的一些调查方法包括访谈法、问卷法、资料分析法、实地考察法等，可以是自上而下分层进行，也可以是大规模一次进行，这取决于企业的规模和特点。企业文化的调研其实也是一次全体员工的总动员，因此最好是在开展工作之前，由公司主要领导组织召开一次动员大会。在调研期间，可以采取一些辅助措施，比如，建立员工访谈室、开设员工建议专用箱等，调动员工的积极性，增强参与意识。企业文化建设是全体员工的事情，只有员工乐于参与，献计献策，企业理念才能被更好地接受。

企业文化的调研要有针对性，内容主要围绕经营管理现状、企业发展前景、员工满意度和忠诚度、员工对企业理念的认同度几个方面。一些企业内部的资料往往能够反映出企业文化，所以可以从企业历史资料、各种规章制度、重要文件、内部报刊、公司人员基本情况、先进个人材料、员工奖惩条例等方面获得有用的信息。为了方便工作，最好列一个清单，将资料收集完整，以便日后查阅。

经过一系列的企业文化调研，我们需要进行一些分析，得出初步结论。分析主要集中在以下几个方面：

（1）企业经营特点，搞清企业在行业中的地位和企业生产经营情况。

（2）企业管理水平和特色，研究企业内部运行机制，重点分析企业管理思路、核心管理链、现有管理理念和主要弊端。

（3）企业文化的建设情况，领导和员工对企业文化的重视程度。

（4）企业文化各方面的内容，包括企业理念、企业风俗、员工行为规范等。

根据对以上4方面内容的综合分析，我们可以判断目前企业文化的状况，了解员工的基本素质，把握企业战略与企业文化的关系，分析企业急需解决的问题和未来发展的障碍，这就为下一步企业文化的设计做好了准备。

2）企业文化设计

企业文化是一个有机的整体，包括精神层（即理念层）、制度层和物质层。理念层的设计要本着以下原则：历史性原则、社会性原则、差异性原则、群体性原则、前瞻性原则和可操作性原则。制度层和物质层的设计要本着与理念层高度一致原则、系统完整性原则和可操作性原则。

在企业文化的设计中，最重要的是企业理念体系的设计，它决定了企业文化的整体效果，也是设计的难点所在。理念体系一般来讲包括以下方面：企业愿景（或称企业理想）、企业使命（或称企业宗旨）、核心价值观（或称企业信念）、企业哲学、经营理念、管理模式、企业精神、企业道德、企业作风（或称工作作风）。企业制度层主要是为了贯彻企业的理念，日常管理的每一项制度都是企业理念的具体体现，同时，有必要针对企业理念的特点制定一些独特的管理制度，尤其是在企业文化的导入期十分必要。物质层的设计主要包括标志设计、服装设计、办公用品设计等，重点是企业标志的应用设计，这些设计都要为传达企业理念服务。

企业理念是企业的灵魂，是企业持续发展的指南针。企业理念中的各个部分有着内部的逻辑性，设计时需要保持内部的一致性、系统性。比如，企业愿景描述了企业的奋斗目标，回答了企业存在的理由；企业哲学是对企业内部动力和外部环境的哲学思考；核心价值观解释了企业的判断标准，是企业的一种集体表态；经营理念回答了企业持续经营的指导思想；企业精神体现了全体员工的精神风貌；企业作风和企业道德是对每一位员工的无形约束。所有内容相辅相成，构成一个完整的理念体系。企业理念是企业文化的核心，在企业文化的设计乃至整个建设中要始终抓住这个重点。其中，重中之重又是企业核心价值观，因为它表明了企业所要倡导的是什么，所要鼓励的是什么，所要禁止的是什么。正是这些核心价值观统一了企业的思想，规范了员工的行为，使人们按企业的最高目标奋发努力，推动企业不断前进。

企业制度层的设计主要包括企业制度设计、企业风俗设计、员工行为规范设计等，这些设计都要充分传达企业的理念。企业制度包括工作制度、责任制度、特殊制度等，这些制度既是企业有序运行的基础，也是塑造企业形象的关键。所谓特殊制度，是指企业不同于其他企业的独特制度，是企业管理风格的体现，比如“五必访”制度。企业风俗的设计也是不同于其他企业的标志之一，它是企业长期沿袭、约定俗成的典礼、仪式、习惯行为、节日、活动等。许多企业具有优秀的企业风俗，比如，平安保险公司每天清晨要唱《平安颂》；某公司每年举办一次“月亮节”，与员工家属联谊。员工行为规范主要包括仪表仪容、待人接物、岗位纪律、工作程序、素质修养等方面。好的行为规范应该具有简洁、易记、可操作、有针对性等特点。

企业物质层的设计主要是指企业标志、名称及其应用。企业的名称和标志如同人的名字一样，是企业的代码，设计时要格外慎重。清华同方的名称来源于《诗经》的“有志者同方”，简明易记。企业的标志则是企业理念、企业精神的载体，企业可以通过企业标志来传播企业理念，公众也可以通过企业标志来加深对企业的印象。同时，企业标志出现的次数和频度，直接影响社会公众对该企业的认知和接受程度，一个熟悉的标志可以刺激消费欲望。如果把企业理念看成企业的“神”，那么企业标志就是企业的“形”，是直接面对客户的企业缩影，因此在设计和使用上要特别关注。

3）企业文化实施

企业文化的实施阶段，实际上也是企业的一次变革。通过这种变革，把企业优良的传统发扬光大，同时，纠正企业存在的一些问题。一般来讲，企业文化的变革与实施需要有导入阶段、变革阶段、制度化阶段、评估总结阶段。

（1）导入阶段的主要任务是从思想上、组织上、氛围上做好企业文化变革的充分准备。在此阶段内，要做好建立强有力的领导体制、高效的执行机制、全方位的传播机制等几方面的工作，让企业内部所有人认识到企业文化变革的到来。为了更好地完成这一阶段的工作，可以建立领导小组来落实工作，设立企业文化建设专项基金来开展工作，并在人力、物力上给予支持。

（2）变革阶段是企业文化建设工作的关键。在这个阶段内，要全面开展企业文化理念层、制度层、物质层的建设，即进行由上而下的观念更新，建立健全企业的一般制度和特殊制度，形成企业风俗，做好企业物质层的设计与应用。这一阶段可谓是一个完整的企业形象塑造工程，中心任务是企业价值观的形成和员工行为规范的落实，至少要花一年的时间。

（3）制度化阶段是企业文化变革的巩固阶段。该阶段的主要工作是总结企业文化建设过程中的经验和教训，将成熟的做法通过制度加以固化，建立起完整的企业文化体系。在这一阶段，企业文化变革将逐渐从突击性工作转变成企业的日常工作，领导小组的工作也将从宣传推动转变成组织监控。这一阶段的主要任务是建立完善的企业文化制度，其中应包括企业文化考核制度、企业文化先进单位和个人表彰制度、企业文化传播制度、企业文化建设预算制度等。这一阶段常见的问题是新文化立足未稳，旧习惯卷土重来，尤其是过去有过辉煌的企业，往往会坚持旧习惯，这一点要求管理者做好足够的思想准备。

（4）评估总结阶段是企业文化建设阶段性的总结。在企业基本完成企业文化建设的主要工作之后，评估总结以前的工作，对今后的企业文化建设具有十分重要的作用。评估工作主要围绕事先制订的企业文化变革方案，检查变革是否达到预期的效果，是否有助于企业绩效的改善和提高。总结工作包括对企业文化建设的反思，主要针对内外环境的变化，检查原有假设体系是否成立，具体的工作方法主要是现场考察、研讨会、座谈会等。

拓展阅读 2-10

企业文化的“文”与“化”

正常的企业有两条“腿”：一条“腿”是企业的硬实力，如产品、服务、价格、渠道、营销等；另一条“腿”是软实力，包括企业的品牌、文化、公共关系、对外宣传、形象等。软实力的强弱对企业的发展具有重要的影响。

那么什么样的企业才能真正称得上拥有企业文化，企业文化“上天”后如何落地，是相当老大难的课题。我们常常见到的是这样几种“企业文化”：一种是在老总嘴里张口就来的“口头文化”。这种最不靠谱，往往会出现每换一个老总，整个“文化”便要从头再来清洗一次的情况。另一种是被总结过后写于纸上或贴在墙上的“书面文化”。其表现是仪式化的，如贴个标语，出个画册。再有一种就是让员工在嘴上背得滚瓜烂熟，但在具体的行为里根本看不到的“任务文化”。

这些重“文”轻“化”的做法，是对企业文化的严重误读，企业文化里的“文”其实既重要又不重要，重要的是“化”之前必须有“文”，但是光有“文”没有“化”，等于没有甚至扭曲了企业文化。那么企业文化如何“化”？必须靠“潜移默化”，如春雨般“随风潜入夜，润物细无声”，才能“化”。这种“化”，是让企业文化在不知不觉中改变并形成全体员工拥有“共同的价值观念、共同的行为准则和共同的心理默契”。企业文化要“化”，具体需要3样东西。

第一需要时间。一家企业的文化是长期积淀的结果，世界上很多企业有着几百年的历史，在历史的演变过程中通过不断的变革积累了能够长期生存、壮大发展的“道”。这些企业有着自己的价值观、世界观。

第二需要氛围。真正的企业文化应该是大家的心理默契，也是一种共同愿景，这些东西应该主要是自然“形成”的，而不是“规定”的。合力冲抵，渐成气候，然后新人进来，受其影响，为其同化，久而久之，整个企业在价值观上具备了相似的倾向——这便是真正的企业文化。

第三需要员工的高度自律。企业文化的约束力不像法律规范那样带有强制性，企业文化要落实在行动上，就必须真正使大家心服口服，在思想上、心灵上达成共识，而不是表面上服从与被动遵守，否则一旦失去监管，“文化”就会荡然无存。企业文化的约束主要来自自律，高度自律的产生源于员工对企业文化的高度认同，这是企业文化的至高境界。

资料来源　徐浩然．企业文化的“文”与“化”[J]．运输经理世界，2012（4）．

思考：请同学们根据所学企业文化知识，结合此篇文章，思考一下企业文化建设应该重视哪些方面？

[本章小结]

•讲述了现代企业制度的概念、特征与基本内容。

•介绍了现代企业组织机构的设计原则、企业组织结构的类型与特点、企业组织结构的创新。

•讲述了企业文化的含义、结构和作用，以及企业文化的建设。

[知识掌握]

1.名词解释

（1）现代企业制度　（2）企业组织　（3）企业文化

2.选择题

（1）（　　）是现代企业制度的基础。

A.公司制度　　B.产权制度　　C.法人制度　　D.现代企业制度

（2）（　　）是公司的最高权力机构。

A.董事会　　B.监事会　　C.总经理　　D.股东大会

（3）组织的各级机构以及个人在执行某项工作时必须服从一位上级的命令和指挥。这是组织设计（　　）原则。

A.目标统一　　B.统一指挥　　C.集权与分权　　D.均衡性

（4）企业集团、跨国公司通常根据地区、产品等为单元将企业组织进行划分，这种组织形式称为（　　）。

A.直线制　　B.直线职能制　　C.事业部制　　D.矩阵制

（5）企业哲学、经营理念、企业文化，属企业文化建设的（　　）。

A.精神层　　B.制度层　　C.物质层　　D.社会层

（6）中小企业通常采用的企业组织结构是（　　）。

A.直线制　　B.直线职能制　　C.事业部制　　D.职能制

（7）目标统一性原则要求在组织设计过程中要（　　）设机构。

A.因人　　B.因职务　　C.因事　　D.因绩效

3.填空题

（1）现代企业制度是指以（　　）为基础，以（　　）为核心，适应社会主义市场经济要求的产权明晰、权责明确、政企分开、管理科学的一种新型企业制度。

（2）根据《公司法》的规定，公司组织机构通常包括（　　）、（　　）、监事会、总经理及其下属机构四个部分，并由此形成决策权、执行权和监督权三种权力形式。

（3）企业文化可以划分为（　　）、（　　）和（　　）三个层次。

4.判断题

（1）矩阵制组织结构是最简单的组织结构，做到了稳定性与灵活性的统一。（　　）

（2）企业竞争的最高境界是文化竞争。（　　）

5.思考题

（1）什么是现代企业制度？它包含什么内容？

（2）企业组织结构的设计应遵循什么原则？

（3）面对现代技术的发展，企业组织如何变革？

（4）企业文化的作用有哪些？企业文化由哪些内容构成？

（5）如何建设企业文化？

（6）为什么要建立现代企业制度？

[综合应用]

□实践训练

实训题目：企业文化或校园文化建设

1.实训目的：提出企业文化或校园文化建设方案。

2.实训组织形式：通过参观某一企业的厂史展览或学校的校史展览，收集企业或学校的现实资料，借鉴先进企业的企业文化或学校的校园文化，对某一企业的企业文化或学校的校园文化进行分析、总结、提炼。

［**课外拓展**］

关注新媒体平台，获取企业经营管理领域最新的观点、方法、技巧，了解企业经营管理实践的前沿资讯。

微信公众号“中国企业家杂志”致力于讲好企业家故事，弘扬企业家精神。请在微信公众账号中搜索“iceo-com-cn”，或扫描二维码关注。

第3章 现代企业经营环境与战略管理

管理格言：

环境永远不会十全十美，消极的人受环境控制，积极的人却控制环境。没有战略的企业就像一艘没有舵的船，只会在原地转圈。

［学习目标］

通过本章学习，你应该达到以下目标：

知识目标：

1. 掌握宏观环境分析的PEST分析模式、行业环境分析、竞争对手分析和内部条件分析；
2. 掌握发展的战略；
3. 理解企业为什么要集团化和实现跨国经营；
4. 了解企业集团的类型。

技能目标：

1. 掌握企业环境分析的内容；
2. 懂得企业经营战略的制定。

素养目标：

1. 要有发现问题、分析问题与处理问题的能力；
2. 要有思变求进的精神。

［内容架构］

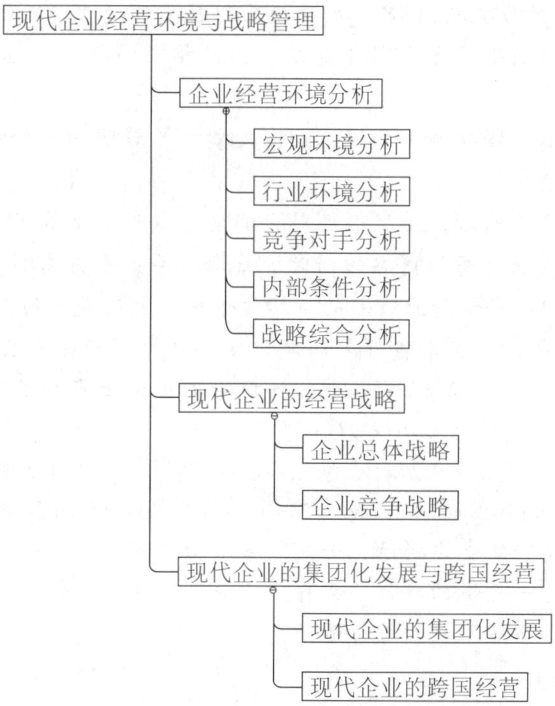

案例导入

大润发的命运

2017年11月20日，阿里巴巴以244亿港币收购高鑫零售36.16%的股份。高鑫零售是全国最大的商超卖场经营者，旗下拥有欧尚和大润发两大商超品牌，在全国运营446家大卖场，2016年营收超1 000亿元，市场份额多年保持国内零售行业第一。

大润发卖身阿里巴巴，放在3年前，黄明端绝对不会想到。1997年，黄明端在中国台湾地区以及中国大陆地区开设大润发量贩店，经过近20年的发展，在他的领导下，大润发已经发展成为横跨两岸、年营业额突破千亿元的量贩帝国。

就零售业的资历而言，马云和刘强东是他的小字辈。

1997年，在润泰集团纺织部工作得如日中天的黄明端，突然被委任进入零售业。一年后，又被派往大陆，与沃尔玛、家乐福等众多外资零售巨头过招。短短两年时间，在1999年，大润发创下240亿元的营收，将万客隆甩在身后。10年后的2010年，大润发取得营收404亿元，取代家乐福，成为当时中国大陆零售百货业的冠军。

2011年7月27日，大润发与欧尚合并在中国香港上市。拥有大润发和欧尚的高鑫零售，市场占有率超过沃尔玛，一跃成为中国最大零售商。

但时代的脚步不会停下，随着互联网的不断发展，电子商务业务不断扩大。阿里巴巴、京东等电商在互联网零售领域不断扩张，与此同时，在电商和新零售浪潮的席卷下，大润发的线下备受挑战。

受制于线上瓶颈，2013年，在尹衍梁的力挺下，黄明端推出独立电商平台——飞牛网，开始搭建他的互联网零售帝国。他放出豪言："要玩就玩大，小玩不是个人风格。"这一次，黄明端没有走在时代的前面，他晚了一步。根据高鑫零售2017年上半年财报，飞牛网2017年上半年交易总额为18亿元，截至财报发布时有2 800万个注册会员，活跃会员为350万个。尽管如此，飞牛网还是在亏损，相较于阿里巴巴、京东，它太小、太慢了。

最终大润发摆脱不了被收购的命运，大润发董事长黄明端不禁叹道："我赢了所有竞争对手，却输给了时代。"

大润发被阿里巴巴收购后，阿里巴巴对大润发采取了线上线下联动经营的运营模式，嵌入了支付宝支付，在销售高端商品的同时，售卖一系列平价商品，并开展了折扣活动，吸引了很多消费者。但在零售行业激烈的市场竞争中，大润发如何摆脱困境还有很长的路要走。2022年4月18日，高鑫零售（大润发）发布《盈利预警》公告，显示高鑫零售预期截至2022年3月31日，过去12个月期间按照中国香港财务报告准则计算净亏损为7.5亿～9.5亿元，与去年同期比减少30.44亿～32.44亿元。

资料来源　刘奇英. 大润发董事黄明端离职，"我赢了所有竞争对手，却输给了时代"[EB/OL]. [2022-05-19]. https://club.1688.com/threadview/50844860.htm.并根据最新资料进行改编。

启示：大润发被收购的命运揭示，企业经营活动必须根据环境的变化及时调整经营战略，商场如战场。这是一无情的时代，抛弃你不会跟你说对不起，如何成为一个不被时代所抛弃的企业，是每一企业都应该思考的问题。

3.1 企业经营环境分析

现代企业经营的实质就是在内外复杂多变的环境下，谋求企业外部环境、内部条件和企业目标三者的动态平衡问题。企业作为一个独立的经济单位，在其生存和发展中需要不断与周围环境发生各种联系，并受其制约。要保证企业长期、稳定、持续的生存发展，就必须对企业环境进行分析。

3.1.1 宏观环境分析

宏观环境是对企业经营活动及发展产生间接影响的各种客观因素与力量。企业宏观环境分析一般采用的分析工具就是PEST分析模式，即分析政治法律因素、经济环境因素、技术因素以及社会文化因素等对企业的影响。

（1）政治法律因素：包括一个国家或者地区的政治制度、体制、政治形势、方针政策、法律法规等。尽管一个国家经济体制的选择背后是由经济力量支配的，但是由政治力量决定的。政府的政策广泛影响着企业的经营行为。政府的许多干预是间接的，例如，税种和税率、信贷规模与利率、财政与货币政策、干预外汇市场等。企业在制定战略时要了解法律的规定。

（2）经济环境因素：主要包括宏观经济发展状况、国家的产业政策及政策的倾向性、经济发展周期、人均收入及家庭收入、消费结构及恩格尔系数、居民储蓄及消费信贷政策等。

（3）技术因素：包括一个国家和地区的技术水平、技术政策、新产品开发能力，以及技术发展的动向等。科学技术的发展是推动世界进步的原动力。

（4）社会文化因素：社会文化因素主要指一个国家和地区的民族特征、文化传统、价值观、宗教信仰、受教育水平、社会结构、风俗习惯、人口统计特征等。每一个社会都有一些核心的价值观。每种文化都是由许多亚文化组成的。经济结构的变化导致社会文化的变迁，也带来社会组织结构的变动。社会组织结构的变动还表现为共同利益群体成为社会经济生活重要的影响力量。

3.1.2 行业环境分析

行业环境因素对企业经营活动的影响更为直接和明显。行业环境分析是企业外部环境分析的核心和重点。

1）行业的经济特征分析

在一国经济中，不同行业的基本特征与结构是不尽相同的，因此对行业的分析首先从经济方面开始。作为一个标准或已经成形的行业，其主要的经济特征大致包括以下几方面：

（1）行业市场规模，一般以行业销售收入或产量表示。

（2）竞争范围，一般分为本地的、地区性的、全国性的与国际性的四类。

（3）市场增长率及行业所处的生命周期。

（4）竞争者的数量及其相对规模，即该行业究竟是由众多小企业组成并进行竞争的，还是由相对集中的少数大公司主导的。

（5）顾客的数量及其相对规模。

（6）进入与撤出该行业的难易程度，即妨碍各种资源在该行业与其他行业之间流动的障碍状况。

（7）对企业资本数量的要求，即公司在该行业从事经营至少应投入多少资本，方能与其他企业进行竞争。

（8）行业的盈利水平。

行业的上述主要经济特征对企业而言都是十分重要的，因为它们从不同角度预示了企业应当采取的战略行动。例如，在资本密集型行业，即使投资于最简单的设备也可能要花费几百万元，致使固定成本耗费较高。为此，企业应设法提高固定资产的利用率，以加快投资回收速度。再如，在产品质量不断改进与更新的行业，企业的战略应转向花费较多的投资和时间用于研究与开发，设法获取自己在技术方面的一流创新能力。

2）驱动行业环境变化的因素

所有的行业都在变化之中。行业的这种变化来自许多因素的作用，其中对行业结构与环境影响最大的称为驱动力或驱动因素。

（1）行业长期增长率的变动。这是影响行业环境变化的第一个因素，因为它会影响行业的供求状况、企业对进入与撤出该行业的选择情况以及企业获取新增价值的难易程度。行业长期需求的增长，必然会促使大批新企业开设和用于扩大生产能力的投资增加；而在市场增长率降低的情况下，一部分企业将会从该行业撤出，另一些企业则会推迟对生产能力的投资。

（2）顾客需求与产品使用方式的变化。顾客在需求方面的变化和产品使用出现了新方式，这些都会推动企业为消费者服务的方式发生相应调整（如信用关系、技术指导与产品维修等），进而形成新的经营方式。例如，计算机制造业由于广大消费者对中小型计算机的偏好而出现变动。再如，在电信设备制造业，顾客对无线电话机和移动电话机的浓厚兴趣促使一个新型细分市场出现。顾客对产品特征偏好的变化、社会公众的态度及生活方式的变化都会给行业生产带来影响。

（3）企业创新能力。企业创新能拓宽行业的消费基础，给行业的增长增添活力，并能拉开企业之间的差异程度。企业创新能力的增强将增强自己的竞争实力。

（4）主要企业的进入和撤出。这里所说的主要企业，是指对行业供求关系影响较大的企业。一般来说，当某些大型企业采用各种方式（收购倒闭企业、建立合营企业等）进入某一行业时，它们所能提供的不仅是资本，还有具有一定创新性质的技术和资源。这些企业的进入，在一定程度上改变了行业原有的竞争规则。同理，主要企业的撤出则减少了市场领导者的数量，引起其他企业之间为了争夺原属于撤出企业的顾客而进行的激烈竞争。

（5）技术诀窍的扩散。企业获取技术诀窍以后，便可增强自己的竞争优势。获取技术诀窍的途径有很多，在国际上，许多大公司通常采用兼并的方式来获取所需要的技术诀窍、专利及相应的产品制造能力。

（6）国家法规与政策的变化。它对行业的运行状况与企业的战略方式均会产生重要的影响。对于那些关系国计民生的行业，如航空业、银行业、邮电通信业等，政府的法规和政策更是起着主要的作用。

3）市场竞争结构分析

不同行业的竞争状况尽管有所差异，但都具有同样的基本特征，按照波特的竞争模型理论都是由五种力量所构成的，即同业竞争者、潜在的新进入者、生产替代产品的企业、提供原材料或产品零配件的供应商和顾客的议价能力。

（1）同业竞争者是企业所面对的最强大的竞争力量。这些竞争者根据各自的一整套规划，运用多种手段（价格、质量、造型、服务、担保、广告、销售网络、创新等），力图在市场上占据有利的地位和争夺更多的顾客，对其他企业造成极大的威胁。对此，每个企业都应采取各种方式来保护自己的竞争势力范围，并设法争取更多的顾客，以求经营的成功。

（2）潜在的新进入者是行业竞争的另一重要力量。这些新进入企业大都拥有新的生产能力和某些必需的资源，期待能够建立起有利的市场地位。新进入者所带来的威胁主要取决于两个因素：一是进入某行业可能遇到的障碍，如资本数量的需求、顾客对原有品牌的偏好与信赖、销售渠道的获取、政府的调节政策等；二是现有企业对潜在新进入者的反应，这种反应既可能是消极和被动的，也可能是积极和富有刺激性的。一般来说，当潜在的新进入者估计现有企业会采取强有力的保护现有市场地位的措施时，它们之中的一部分可能会撤销原有的进入战略决策。

（3）生产替代产品企业的竞争力量主要表现在两个方面：一是替代产品的价格是其竞争产品行业制定价格的基础，即该行业除了采取各项措施来降低成本外，别无捷径可寻；二是替代产品的存在促使顾客对有关产品的质量与服务状况加以比较。为此，竞争产品行业的企业必须提高经营管理水平，向顾客提供比替代产品更好的质量和服务。

（4）对某一行业来说，供应商竞争力量的强弱主要取决于供应商行业的市场状况以及其所提供产品的重要性。一般来说，如果供应商所提供的是标准化或可加选择的产品，或者其产品主要售卖给某一行业的顾客，那么供应商的竞争力量较为弱小。相反，如果供应商所提供的产品占据着其顾客的产品成本的重要部分，或者这类产品的价格低于顾客行业自己生产所耗费的成本，则其竞争力量较强。

（5）顾客的议价能力需视具体情况而论。通常，购买量较大的顾客的议价能力较强。这些顾客经常会以其需求量作为筹码，在与卖者的谈判中争取在价格、服务等方面获得优惠。此外，顾客在选择产品的过程中，所追求的目标是各不相同的，其中有的可能追求高质量，有的可能追求低价格等。这一因素对于不同顾客的议价能力也会产生一定的影响。

上述市场竞争的五种力量形成了企业经营环境的基本结构。通常来说，如果这五种力量的影响都较大，那就意味着企业经营环境不良，这种情况的极端形式就是五种竞争力量的每一种力量都起着减少企业利润甚至使其亏损的作用。行业竞争结构具体可分为“缺乏吸引力的”、“相对满意的”和“理想的”这样三种类型。对于企业来说，最理想的竞争环境就是五种力量都很弱小，即供应商和顾客的议价能力很弱，市场缺乏良好的替代产品，进入该行业的障碍很多，以及同业竞争者的力量处于社会平均水平甚至更低。

4）关键成功因素

在任何一个行业里，企业经营过程中都有一些因素对获得成功起着关键性的作用，这些因素就是关键成功因素。企业在制定战略规划以前，必须了解自己的关键成功因素。这些关键成功因素是企业战略得以成功制定和顺利实施的基石。

在不同行业，企业获胜的因素各不相同。即使在同一行业，由于时间的变化，这些关键成功因素也会相应变化。但一般而言，关键成功因素大致可分为下列七种类型：

（1）与技术有关的因素：①拥有科研专门知识或技术，特别是在药物、化学、空间开发及其他高新技术行业；②生产过程的创新能力强；③产品创新能力强；④拥有与生产工艺有关的技术诀窍等。

（2）与产品生产有关的因素：①有效的低成本生产；②产品质量高；③有效地利用固定资产，特别是在资金密集型或固定成本比重较大的行业；④有利于降低成本的厂房及设施位置；⑤拥有足够的技术工作人员；⑥较高的劳动生产率，特别是在劳动密集型行业；⑦低成本的产品设计和工程建造；⑧在生产过程中，能根据顾客的要求灵活地确定产品的种类、外形和规模等。

（3）与销售渠道有关的因素：①拥有强有力的批发渠道网络；②在零售网点有足够的空间位置；③拥有企业自己的零售网点；④较低的销售成本；⑤产品运送和递交的速度较快等。

（4）与市场营销有关的因素：①拥有一批训练有素和高效的销售人员；②能提供容易获得和可以信赖的服务与技术保障；③能准确及时地满足顾客的需求；④能拓宽生产线和产品选择的范围；⑤拥有商业服务的技能与技巧；⑥具有吸引力的产品外形和包装；⑦在顾客购物时做出一定的保证或担保等。

（5）与运作技能有关的因素：①较高的专业才能；②拥有质量控制技巧；③拥有产品设计的专门知识；④拥有特定工艺过程的专门知识；⑤善于发现某些新奇事物或新潮流的能力；⑥拥有将研制成功的产品迅速导入市场的能力等。

（6）与组织能力有关的因素：①拥有较好的信息管理系统；②拥有对于市场变动迅速做出反应的能力；③管理人员具有较长时间的工作经验和丰富的管理知识等。

（7）其他形式的因素：①在顾客心目中树立起来的形象或声誉好；②整个经营过程的成本较低；③占有便利的位置，特别是中小型零售商店；④工作人员态度和蔼、言行有礼；⑤资金充足，尤其是在投资较多、风险较大的新兴行业；⑥有效的专利保护等。

以上所列的都是促使企业竞争成功的关键因素。但对某一行业来说，其所要求的关键成功因素通常不会多于三四个，而且在这三四个关键成功因素中，往往仅有一两个在起主要作用。因此，企业领导在进行战略分析时，必须善于抓住关键的一两个成功因素，以此为基础确立自身的竞争优势。

互动课堂3-1

让祖国天更蓝、山更绿、水更清，党的二十大报告提出积极稳妥推进碳达峰碳中和。请同学们收集相关资料，讨论我国企业在实现碳达峰碳中和目标中应该怎么做？

3.1.3 竞争对手分析

竞争对手是企业经营行为最直接的影响者和被影响者。对竞争对手的分析主要包括以下内容：

1）竞争对手的长远目标与现行战略分析

要对竞争对手的发展目标、企业方针、投资方向、经营目标以及现行的战略措施等进行了解，以便采取应对性措施。

2）竞争对手的财务状况分析

竞争对手财务状况的分析主要包括盈利能力分析、成长性分析、产能利用率分析、创新能力分析等。

（1）盈利能力分析。

分析盈利能力通常采用的指标是利润率。比较竞争对手与本企业的利润率，并与行业的平均利润率比较，判断本企业的盈利水平处在什么样的位置上。同时，要对利润率的构成进行分析，主要分析主营业务成本率、销售费用率、管理费用率以及财务费用率。看哪个指标是高于竞争对手的，哪个指标比竞争对手低，从而采取相应的措施提高本企业的盈利水平。

（2）成长性分析。

成长性分析的主要指标是产销量增长率、利润增长率。对产销量增长率和利润增长率同时做出比较分析，看两者增长的关系，是利润增长率快于产销量增长率，还是产销量增长率快于利润增长率。一般来说，利润增长率快于产销量增长率，说明企业有较好的成长性。但在目前的市场状况下，企业的产销量增长，大部分并不是来自自然的增长，而主要是通过收购兼并的方式实现的，所以经常会出现产销量增长率远大于利润增长率的情况。因此，在做企业的成长性分析的时候，要进行具体的分析，剔除收购兼并因素的影响。

（3）产能利用率分析。

产能利用率是一个很重要的指标，尤其是对于制造企业来说，直接关系到企业生产成本的高低。产能利用率是指企业发挥生产能力的程度，很显然，企业的产能利用率高，则单位产品的固定成本就相对低，所以要对竞争对手的产能利用率情况进行分析。

分析的目的是找出与竞争对手在产能利用率方面的差距，并分析造成这种差距的原因，有针对性地改进本企业的业务流程，提高本企业的产能利用率，降低生产成本。

（4）创新能力分析。

目前，企业所处的市场环境是一个超竞争的环境。所谓的超竞争环境，是指企业的生存环境在不断地变化着。在这样的市场环境下，很难说什么是企业的核心竞争力。企业只有不断地学习和创新，才能适应不断变化的市场环境，所以学习和创新成了企业的核心竞争力。对竞争对手学习和创新能力的分析，可以从如下的几个指标来进行：

①推出新产品的速度，这是检验企业科研能力的一个重要指标。

②科研经费占销售收入的百分比，这体现出企业对技术创新的重视程度。

③销售渠道的创新。这主要是看竞争对手对销售渠道的整合程度。销售渠道是企业盈利的主要通道，加强对销售渠道的管理和创新，更好地管控销售渠道，企业才可能在整个价值链（包括供应商和经销商）中分得更多的利润。

④管理创新。随着中国加入WTO，国外的资本更多地参与到了国内的市场竞争中。在这样激烈竞争的市场环境下，企业只有不断地提高自身的管理水平，进行管理的创新，才能不被激烈的市场竞争所淘汰。

通过对竞争对手学习与创新能力的分析，找出本企业在学习和创新方面存在的差距，提高本企业的学习和创新能力。只有通过不断学习和创新，才能打造企业的差异化战略，提高企业的竞争水平，以获取高于行业平均利润的超额利润。

3）竞争对手的领导人分析

领导者的风格往往决定了一个企业的企业文化和价值观，是企业成功的关键因素之一。一个敢于冒险、勇于创新的领导者，会对企业做大刀阔斧的改革，会为企业不断地寻求新的增长机会；一个性格稳重的领导者，会注重企业的内涵增长，注重挖掘企业的内部潜力。所以研究竞争对手的领导人，对于掌握竞争对手的战略动向和工作重点有很大的帮助。

对竞争对手领导人的分析内容包括姓名、年龄、性别、受教育背景、主要经历、培训经历、过去的业绩等。通过这些方面的分析，全面地了解竞争对手领导人的个人素质，以及分析他的这种素质会给他所在的企业带来什么样的变化和机会。当然，这里还包括竞争对手主要领导人的变更情况，分析领导人的更换给企业的发展带来的影响。

3.1.4 内部条件分析

对企业的内部条件进行分析，其目的在于掌握企业目前的状况，识别与竞争对手相比的优势和劣势，为制定经营战略提供可靠的依据。企业内部条件主要包括两个方面：一是企业的资源条件；二是企业的能力状况。因此，对企业内部条件的分析，也主要从这两个方面展开。

1）企业资源分析

资源是指被投入企业生产过程的生产要素，如资本、设备、员工的技能、专利以及经理人员的才能，这些都可以被看成资源。企业资源可以是有形的，也可以是无形的。有形资源是指那些可见的、能量化的资产，包括企业的财务资源、组织资源、实物资源和技术资源四个方面。无形资源是指那些根植于企业的历史，长期以来积累下来的资产。因为无形资源是以一种独特的方式存在的，所以非常不容易被竞争对手了解和模仿。知识、员工之间的信任、员工的思想、创新能力、管理能力和企业的品牌、声誉等，这些都是无形资源。由于无形资源更难被竞争对手了解、购买、模仿或替代，企业更愿意把无形资源作为其能力和核心竞争力的基础。无形资源还有另一个特点，就是其价值可以被更深地挖掘。

对企业资源进行分析最常用的工具是迈克尔·波特提出的价值链分析法。波特认为，企业每项生产经营活动都是其创造价值的经济活动，企业所有的互不相同但又相互关联的生产经营活动，便构成了创造价值的一个动态过程，即价值链。

波特把企业的活动分成两类：一类是基本活动，主要涉及如何将输入有效地转化为输出，这部分活动直接与顾客发生各种各样的联系；另一类是支持活动，主要体现为一种内部过程。基本活动是实质性的生产经营活动，一般可细分为原料供应、生产加工、成品储运、市场营销和售后服务五种活动。这些活动与商品实体的加工流转直接有关，是企业的基本增值活动。支持活动是用以支持基本活动且内部之间又相互支持的活动，包括企业提供的采购、技术开发、人力资源管理和企业基础结构等。

2）企业能力分析

单独的一项资源并不能产生实际的能力，真正的实际能力来自将各种资源进行有效的组合。企业的能力是多种多样的，主要包括生产能力、研发能力、营销能力、财务能力、管理能力等。

3.1.5　战略综合分析

战略综合分析就是将企业外部环境和企业内部条件的各种因素结合起来进行的分析。企业外部环境所提供的情况，反映了企业可利用的发展机会和存在的对企业的威胁。而企业能否把握住机会，避开威胁，还需要通过与企业内部条件进行综合分析才能做出判断。

企业进行战略综合分析的主要内容有：

1）企业外部环境存在的机会和风险分析

（1）企业外部环境存在的有利因素，即机会，如国家产业政策的鼓励与支持、市场需求量的扩大、银行信贷的支持等。分析这些因素为企业的发展提供了什么样的机遇。

（2）企业外部环境存在的不利因素，即风险，如国家紧缩银根、限制投资规模、强制实行某项标准、提高银行贷款利率、提高税率、市场竞争激烈、企业所需资源逐渐枯竭等。分析这些不利因素将会给企业的生存带来多大的风险。

2）企业内部的优势和劣势分析

（1）企业的长处，即企业的优势体现在哪些方面，如在资源占有、技术上和产品上有何优势，在管理上有哪些特色，这些优势发挥的程度有多大等，都需要进行分析。

（2）企业的短处，即企业的劣势表现在哪些方面，是管理水平低，还是技术开发能力差；是产品质量不好，还是产品品种不对路，或销售服务不到位等。要分析产生劣势的原因，寻找解决问题的办法。

常用的战略综合分析的方法有SWOT分析法（见表3-1）。SWOT分析法就是系统地确认企业所面临的优势S（strength）和劣势W（weakness）、机会O（opportunity）和威胁T（threat），其主要目的在于对企业的综合情况进行客观、公正的评价，特别是应将这些因素的发展变化与企业战略结合起来，据此构思、评价和选择企业战略方案，并提出一种实施企业战略的有效方法。

表3-1　**SWOT分析法**

内部条件 / 外部环境	优势——S S1 S2　列出优势 S3	劣势——W W1 W2　列出劣势 W3
机会——O O1 O2　列出机会 O3	SO战略 （优势与机会的组合） 利用优势去抓住机会	WO战略 （劣势与机会的组合） 克服劣势，利用机会
威胁——T T1 T2　列出威胁 T3	ST战略 （优势与威胁的组合） 发挥优势，避免或减少威胁	WT战略 （劣势与威胁的组合） 将劣势和威胁最小化

思政园地 3-1

"两个一百年"奋斗目标

党的十八大报告提出"两个一百年"奋斗目标，就是要在中国共产党成立一百年时全面建成小康社会，在新中国成立一百年时建成富强民主文明和谐美丽的社会主义现代化国家。"中国梦"的具体表现是国家富强、民族振兴、人民幸福，实现途径是走中国特色社会主义道路、坚持中国特色社会主义理论体系、弘扬民族精神、凝聚中国力量，实施手段是政治、经济、文化、社会、生态文明"五位一体"建设。党的二十大报告提出要"以中国式现代化全面推进中华民族伟大复兴"。

3.2 现代企业的经营战略

企业战略分为三个层次，即总体战略、竞争战略和职能战略。本节主要讲述企业的总体战略、竞争战略。

3.2.1 企业总体战略

企业的总体战略就是对企业整体的发展目标和发展方向所做出的谋划和方略。按照战略态势的不同，企业的总体战略可分为三种：发展型战略、稳定型战略和紧缩型战略。

1）发展型战略

发展型战略是企业充分利用外部环境的机会，充分发掘企业内部的优势，以求得企业在现有的战略基础上向更高一级目标发展的战略。常见的发展型战略主要有集约型成长战略、多元化战略、一体化战略等。

（1）集约型成长战略。集约型成长战略是指企业在原有生产范围内，充分利用在产品和市场方面的潜力来求得发展的战略。市场渗透、市场开发和产品开发这三种战略合称集约型成长战略。

①市场渗透战略。市场渗透战略是指企业以现有产品渗透现有市场，扩大市场占有率，增加销量的战略。在现有市场上扩大现有产品的销售主要取决于两个因素：产品使用人的数量和每个使用人的使用频率。因而，可以采用的经营策略主要有增加现有顾客、吸引竞争对手的顾客、开发潜在的顾客、增加产品的新用途、改进产品特性等。

②市场开发战略。市场开发战略是指企业用现有产品去开发新市场的战略。它是开发现有产品的新顾客群或新的地域市场，从而扩大产品销售量的战略。当现有产品在原有市场上已无进一步渗透的余地，而新市场发展潜力大、竞争相对缓和时，企业可以实行市场开发战略。市场开发的主要途径有扩大新的市场范围、进入新的细分市场、增加新的销售渠道等。

③产品开发战略。产品开发战略是指企业开发出新产品来增加企业在原有市场上的销量，以扩大市场占有率的发展战略。企业采用产品开发战略的前提条件是，企业要对原有的顾客有比较透彻的了解，能够提供满足顾客需要的其他产品。这种战略具有一定程度的

创新开拓性，鼓励企业积极开展研发活动，可以提高企业对技术进步的适应能力。

（2）多元化战略。它也称多角化、多样化战略，是指企业在两个或两个以上的行业里进行经营的战略。企业出于分散经营风险、规避业务萎缩、提高资源配置效率等方面的考虑会采取多元化经营的战略。企业实现多元化经营，可以通过内部增长或外部增长的方式来进行。内部增长即企业通过建立新的生产设施和营销网络，将业务扩张至其他行业和产品领域，从而实现企业多元化经营的方式。内部增长可以通过投资新厂或者研究开发新产品等形式来实现。外部增长即企业通过兼并和收购其他企业，将业务扩张至其他行业和产品领域，从而实现企业多元化经营的方式。根据现有业务领域和新业务领域之间的关联程度，可以把多元化战略分为相关多元化和混合多元化两种类型。

①相关多元化。相关多元化是指虽然企业发展的业务具有新的特征，但它与企业的现有业务具有战略上的适应性，技术、工艺、销售渠道、市场营销等方面具有共同的或相近的特点。根据新老业务关联内容的不同，相关多元化又可以分为同心多元化和水平多元化两种类型。a.同心多元化。同心多元化是指以企业技术优势为核心的多元化。例如，海尔作为家电生产企业，以家电技术的优势结合家电行业技术的发展，强调它是智慧家庭智能家电全套解决方案者，面向消费者家电市场生产冷柜、空调、洗衣机、电视、热水器、厨电及小家电等系列产品。b.水平多元化。水平多元化是企业针对原有市场（客户），在同一专业领域内进行多品种经营。例如，汽车制造厂生产轿车、卡车和摩托车等各种不同类型的车辆。

②混合多元化。它是指企业通过收购兼并其他行业的业务，或者在其他行业投资，把业务领域拓展到其他行业中去，新产品、新业务与企业现有的业务、技术、市场毫无关系。这种战略是实力雄厚的大企业集团采用的一种经营战略。例如，海尔集团除生产空调、洗衣机、电视等家电产品外，还涉足医药、软件开发、房地产、饮食等领域。

混合多元化的优势主要体现在以下四个方面：a.可以增强企业的盈利能力，为股东创造价值。b.可以分散经营风险。通过投资的多样化组合使各行业的风险变动相互抵消，降低企业的非系统性风险。c.获取范围经济的好处。范围经济是指由于企业经营范围的扩大而带来的经济性。其本质在于企业多项业务可以共享企业的资源。实现范围经济的主要形式为相关多元化。d.获取市场力量。市场力量是指企业对市场的控制力或影响力。多元化可以通过增强市场力量来提高企业的竞争能力，提高企业的盈利水平，但多元化应建立在一个雄厚主业的基础上。

拓展阅读 3-1

究竟是追求多元化发展路线，还是坚定不移走专业化道路？发展战略的选择让不少企业领导者倍感困惑。在家电行业疲软，整个需要做出改变之时，家电企业正面临“生死抉择”。

家电行业是整个制造业的一个缩影，其中有专注于某一产品领域做大做强的企业，也有在多个产品领域全面发展的“多面手”。不过，在行业格局趋于平稳、市场竞争愈发激烈的当下，不少家电企业在发展路线上也发生了潜移默化的改变。如格力这样以空调业务为主的企业开始寻求多元化发展，而东芝、索尼等曾经的家电行业领军者纷纷将部分家电业务抛售，寻求瘦身之后将重心偏向优势业务。那么，究竟是专业化更合理，还是多元化更有优势？事实上，这二者各有优势和缺点，并不存在孰优孰劣的问题。

专业化即在某一专业领域深挖、做大，将所有的资源与能力集中于单一业务来寻求单方向发展。其优点是：集中有限的资源，专攻一点，不断创新，从而提高核心竞争力，在该领域形成持续性优势，进而提高该领域门槛，有效阻挡竞争对手的进入和反超。另外，专业化经营可保证企业拥有稳定的规模经济收益。走专业化道路成功的例子有很多，像波音专注于飞机制造、英特尔专注于CPU开发，皆是各自行业的垄断型巨头。

然而，中国有一句俗语，叫作“一棵树上吊死”。专业化路线虽然可保证企业拥有稳定的规模经济收益，但产品类型单一，资源过于集中导致其抵抗风险能力较弱，一旦行业出现动荡或企业自身产品的竞争力减弱，企业扭转颓势的难度将变得巨大，因“死抱一条大腿”而没落的巨头企业亦比比皆是。

不少企业也意识到了死扛专业化发展路子窄，于是开始走起了多元化发展路线。相比于专业化路线的单一，多元化经营则丰富了企业的产品线，将不同生命周期的产品组合在一起多路并进，从而避免产品过时或替代品的出现而引起的经营风险。多元化路线尤其让一些缺乏核心技术的新兴互联网企业如获至宝，并使其在多个领域扮演搅局者。而不少家电企业也开始打出多元化这张王牌，像美的这几年亮眼的成绩单就是靠冰洗、小家电等多领域发力的结果。

当然，多元化和专业化一样并非包治百病的“万灵药”。多元化会让企业核心资源分散，导致资源在多项业务中被分摊，实践中更容易出现财务危机。另外，企业越是多元化，其机构设置就会越庞大，管理难度也就越大，信息不对称和不完全的问题更加突出。例如曾经的空调行业霸主春兰，先后介入摩托车、洗衣机、冰箱、汽车底盘和压缩机等项目，精力过于分散，最终不仅在新业务领域彻底失败，还拖累了主业务空调。

“‘专业化和多元化哪个正确?’是个伪命题。一个企业在不同的发展阶段适用不同发展模式。”资深家电分析师刘步尘表示，“一般而言，企业诞生之初或发展早期，比较适合专业化模式；企业发展到一定阶段，需要进一步扩大规模，适宜走多元化道路。”

无论是专业化方向，还是多元化战略，企业发展路线的选择还需根据自身发展需求而定，只要有利于企业经营目标的实现，都可以根据企业经营发展的实际情况做出恰当选择，毕竟“鞋合不合适，只有脚知道”。

资料来源　佚名. 专业化VS多元化：鞋合不合适只有脚知道［EB/OL］.［2022-05-01］. http：//www.jiemian.com/article/771641.html.

思考与讨论3-1

请同学们结合所学知识与相关资料，思考与讨论企业为什么要多元化，发展的基础及条件是什么？

（3）一体化战略。一体化战略是指企业充分利用自己在产品、技术、市场上的优势，使其经营业务向纵向和横向发展的战略。一体化战略主要有两种类型：

①纵向一体化。它也称垂直一体化，是指企业的活动范围沿着价值链向前或向后延伸。其中，向供应源方向的延伸叫后向一体化，向靠近最终用户方向的延伸叫前向一体化。

②横向一体化。它也称水平一体化，是指与处于相同行业、生产同类产品或工艺相近的企业实现联合，其实质是资本在同一行业和部门内的集中，目的是扩大生产经营规模，降低产品成本，巩固市场地位。

实现一体化战略能带来多方面的战略利益。它有利于企业的技术开发，有利于企业进入高回报行业，提高产品差异化的能力，确保企业的供给和需求；它可以实现规模经济，降低经营成本，提高进入障碍，为企业带来较大的经济利益等。

2）稳定型战略

稳定型战略是指受经营环境和内部条件的约束，企业在战略规划期内所期望达到的经营状况基本保持在战略起点的范围和水平上的战略。它是对产品、市场等方面采取以守为攻、以安全经营为宗旨、不冒较大风险的一种战略。

稳定型战略主要有两种类型：一是无增长战略，即企业的各项工作都按照原有经营方针办，各项经营指标保持在原有水平，使企业的战略地位保持不变；二是微增长战略，即企业在保持稳定的基础上略有增长和发展。

稳定型战略的经营风险相对较小，对于那些处于需求平稳上升的行业和稳定环境中的企业来说，这是一种有效的战略。稳定型战略的优点主要表现在：企业可以充分利用原有的产品和市场领域中的各种资源，避免开发新产品和新市场的巨大资金投入与开发失败的巨大风险；能够保持战略的连续性，避免因改变战略而重新分配资源的成本；可以保持人员安排上的相对稳定，减少人员调整、安置所造成的各种矛盾及招聘、培训等费用；能够保持企业经营规模和经营资源、能力的平衡协调，防止过快、过急而导致的重大损失等。但是，稳定型战略蕴含着一定的风险：如果企业因对外部环境判断失误而采用了这种战略，就很可能会错过良好的发展机遇，被竞争者超越或拉大距离；稳定型战略容易使企业的风险意识减弱，甚至形成惧怕风险、回避风险的企业文化，大大降低企业对风险的敏感性和适应性，也会导致管理者养成墨守成规、不求变革的习惯。因此，稳定型战略只能是企业在一定的内外条件约束下，在一定时期内实施的阶段性战略，而不能作为企业的长远选择。

3）紧缩型战略

紧缩型战略是指企业从目前的战略经营领域与基础上收缩和撤退，且偏离战略起点较大的一种经营战略。它是企业对没有发展前景或前景渺茫的业务单位所采用的战略，如放弃某些市场和某些产品线系列，削减各项费用支出等。企业采用紧缩型战略的基本原因是企业现有的经营状况、资源条件不能适应外部环境的变化，难以为企业带来较好的收益，以至于威胁企业的生存，阻碍企业的发展。只有采取紧缩的措施，才能抵御对手的进攻，避开环境的威胁，保存企业的实力，抓住外部环境中有利的机会重新组合资源，进入新的经营领域，实现企业的长远发展。例如，比亚迪2022年3月宣布停产燃油车，以更好地集中资源生产新能源汽车，适应市场需求，提升企业的利润率。

3.2.2 企业竞争战略

竞争战略考虑的是企业生产经营活动所在的行业与市场中运用的战略。企业选择竞争战略，是为了在所竞争的行业与市场中形成竞争优势，以获得超过竞争对手的利润率。在这里，我们重点分析基本竞争战略。

基本竞争战略又称一般竞争战略或通用竞争战略，是指无论什么行业或什么企业都可以采用的竞争性战略。美国著名的战略管理学家迈克尔·波特在其著作《竞争战略》中提出了3种基本竞争战略，即成本领先战略、差异化战略和集中型战略。

（1）成本领先战略。这种战略思想是企业力争以最低的总成本取得行业中的领先地位，并按照这一基本目标采用一系列的方针。

成本领先战略的优点是在与竞争对手的竞争中，企业具有进行价格战的良好条件，即企业可以利用低价格从竞争对手手中夺取市场，增加自己的市场占有率，扩大销售量，因而低成本企业在同行业中享有最高的利润。成本领先战略的缺点是：首先，投资较大，因为企业必须拥有先进的生产设备，才能高效率地进行生产，以保证较高的劳动生产率；其次，把过多的注意力集中于低成本战略，可能导致企业忽视顾客需求特性和需求趋势的变化，忽视顾客对产品差异的兴趣，忽视顾客对价格敏感性的降低，这就使企业很容易被采用产品差异化战略的竞争对手所击败；最后，由于企业集中大量资金投资于现有技术及现有设备，因而对新技术的采用及技术创新反应迟钝。

实施成本领先战略，首先要求企业必须拥有先进的设备和生产设施，并能有效地提高设备利用率；其次是要利用管理经验，加强成本与费用的控制，全力以赴地降低成本；再次是最大限度地减少研究开发、推销、广告、服务等方面的费用支出；最后，该战略适用于大批量生产的企业，要求产量达到经济规模，这样才能保证企业的生产维持在低成本的水平上。总之，要采用各种措施降低经营总成本，使企业的成本低于竞争对手，依靠处于领先地位的低成本获得高额利润，使企业在竞争中占据有利的地位。

拓展阅读3-2

格兰仕微波炉的总成本领先策略

格兰仕微波炉曾在全国市场份额超过70%。它在微波炉市场取得成功，竞争优势的法宝就是实施总成本领先的竞争战略。为实施总成本领先的竞争战略，格兰仕努力扩大生产规模，以摊薄各种成本，追求规模经济，并在企业整个经营价值链中，采取各种策略降低微波炉的单位成本，从而取得其在行业、市场中的成本–价格优势，通过不断降价抢占市场份额，使微波炉销售量、市场占有率不断提高。

格兰仕是如何实施总成本领先战略的？

在营销宣传方面，格兰仕一直避免采用高投入的广告形式（如电视形象广告等），而是采用投入少、实效大的广告形式，如承包专栏广告等。同时，以“制造新闻”的方式使各种媒体主动争相报道企业，客观上为企业做免费宣传。

在生产运作领域，格兰仕不断扩大生产规模，追求生产的规模经济，以摊薄各种成本（如研发费用、管理费用）。同时，在原材料采购供应环节，格兰仕依靠其在行业内近乎垄断的规模优势，在与供应商的关系中始终掌握着讨价还价的主动权，使其得以不断压低采购价格。

由于具有了成本优势，格兰仕在产品定价上，运用本量利分析技术确定其产品价格及历次降价幅度。据称，格兰仕的做法是：竞争对手做60万台的量保本时，格兰仕就做100万台的量保本，竞争对手做100万台的量保本时，格兰仕就做150万台的量保本，并以此来制定价格。格兰仕就是通过大规模产销取得低成本优势，再转化为市场上的低价格优势，一步一步走向微波炉市场成功垄断者的。

资料来源　作者根据相关资料改编。

（2）差异化战略。这种战略的指导思想是企业提供的产品与服务在行业中具有与众不同的特色，这种特色可以表现在产品、设计、技术特性、产品品牌、产品形象、服务方式、销售方式等的某一方面，也可以同时表现在几个方面。差异化战略应该是顾客能感受到的、对其有实际价值的产品或服务的独特性战略。

差异化战略的优点是利用了顾客对其特色的注意和信任，由此对产品价格的敏感程度降低，可以使企业避开激烈的竞争，在特定领域形成独家经营的市场，使其他企业在短时间内难以追赶，以此来保持市场领先的地位。相应地，差异化战略也有其自身的缺点。要保持产品的差异化，往往要以成本的提高为代价，因为实施这一战略要增加设计和研究开发的费用，要用高档的原材料等，产品差异化所取得的利润中有很大一部分会被产品成本的提高所抵消。另外，由于特色产品的价格较高，很难拥有较大的销售量，因此该战略不可能迅速提高市场占有率。

使企业产品形成差异化的方法有：一是使产品的内在因素产生差异化；二是使产品的外在因素产生差异化。内在因素的差异化是指企业在产品性能、设计、质量及附加功能等方面与竞争对手相区别，使产品别具一格，开创独特的市场。外在因素的差异化是要创造良好的商品形象，即要充分利用产品的定价、商标、包装、销售渠道以及促销手段等，与竞争对手在营销组合方面形成差异化。

拓展阅读 3-3

元气森林的差异化战略

2016年成立的元气森林，在巨头林立的饮品市场，显得有一点点年轻，但截至2021年年底估值已近千亿元。元气森林作为一个定位于“Z时代”群体的年轻品牌，比传统饮品更了解“Z时代”群体的真正需求，不仅重视产品的质量，还关注产品的颜值。元气森林凭借“拒绝高糖分、拒绝高卡路里、拒绝增加脂肪”的3个理念，快速迎合了新生代消费群体的高品质需求与健康需求。同时，注重产品的外包装，相对于传统饮品的包装，元气森林的包装更加具有个性化，仿佛代表着新生代群体的心声。除此之外，元气森林还不断增加单品研发速度和研发规模，其产品类别是同行的数倍，但只有5%的单品上市了。相对于其他同行企业仅仅布局5%的直营渠道，元气森林的直营渠道布局比例高达22%。正是因为元气森林品牌差异化战略，使元气森林在传统饮料的市场中开辟了一个细分赛道。

资料来源　作者根据相关资料改编。

（3）集中型战略。它又称集中一点或专业化战略。该战略通过满足特定消费群体的特殊消费需求，或集中服务于某一有限的区域市场，来建立企业的竞争优势及市场地位。集中型战略最突出的特征是企业专门服务于总体市场中的一部分，也就是对某一类型的顾客或某一地区性市场做密集型的经营。

集中型战略包括3种具体形式：一是产品类型的专业化，即企业集中全部资源来生产经营特定产品系列中的一种产品；二是顾客类型的专业化，即企业只为某种类型的顾客提供产品和服务；三是地理区域的专业化，即企业产品经营范围仅局限于某一特定的地区。

这种战略的优点在于企业能够控制一定的产品势力范围，在此势力范围内，其他竞争者不宜与之竞争，因此其竞争优势地位较为稳定；另一方面，其经营目标集中，管理简单方便，可以集中使用企业所拥有的资源要素，有条件深入研究，以至于精通有关的专门技术。但这一战略存在一定的缺点，即当市场发生变化、技术创新或新的替代品出现时，该产品的需求会下降，企业将受到严重的冲击。

拓展阅读 3-4

发展的转折是收缩

2017年11月，上任不到3个月的通用CEO弗兰纳理一改前任伊梅尔特和韦尔奇大力扩张的作风，计划收缩业务，不再广泛出击。

弗兰纳理在讲话中说，2018年将是“重置的一年”，要让通用转型成为一家小而精的公司，重组后的通用仅保留具有成长性的、居市场领先地位的以及市占率庞大的部门，重点关注电力、航空和医疗设备三大核心业务，将软件业务作为通用机械业务的补充，由典型的多元化经营逐渐向核心产业集中经营转变。

点评：一个组织必须明确什么可为、什么不可为，只有保持绝对与相对优势才能生存和发展。

3.3 现代企业的集团化发展与跨国经营

3.3.1 现代企业的集团化发展

1）企业集团的概念与特征

随着市场经济的深入发展和股份制经济的日益成熟，现代企业将越来越不再只是一个单一结构的经济组织，而是多个经济单位的联合体，其中最具时代特征的是以母子公司体制为基本结构的企业集团组织形式。企业集团是现代企业的高级组织形式之一，是以一个或若干个大型企业为核心，以资产、产品、技术等作为联结纽带，由一批具有共同利益并在某种程度上受核心企业影响的多个企业联合组成的一个稳定的多层次经济组织。它一般是一个具有较强竞争力的跨所有制、跨地区、跨行业的法人联合体。

综观世界及我国企业集团的发展过程，企业集团主要具有以下几个方面的特征：

（1）企业集团是法人联合体，是一个企业群体。它由若干法人企业所组成，集团成员可以是跨地区、跨行业、跨所有制的，各自在法律和经济上互相独立的企业，因而集团不具有总体法人地位。

（2）组成企业集团的若干企业是以资产为主要联结纽带，这是其运行的基础和条件。企业集团是靠参股、控股、兼并等方式实现资产的联合。资产联合是企业集团最主要、最基本的特征。这种资产联合的有效形式通常是股份制。

（3）企业集团具有多层次的组织结构。根据联合的紧密程度，企业集团可划分为核心层、紧密层、半紧密层、协作层。核心层为母公司或称集团公司，其实力强大，起投资中心的作用，也是控股层，一般由巨型企业或实力雄厚的大企业投资入股组成。紧密层即子公司，是核心企业以法人身份，通过承包、租赁、投资控股而建立的具有母子公司关系的公司。成为集团的紧密层企业，各自具有法人地位，一般由集团公司投资控股，控股形式有全资子公司和部分控股公司两种。半紧密层是集团参股的公司，也叫关联公司。协作层则由一些在生产经营上有比较固定协作关系，以协议或合同形式联结起来的企业组成。

（4）企业集团规模庞大，其经营范围伸向经济生活的各个领域。

（5）企业集团经营多元化和全球化，产业资本与银行资本融合建立起属于自己的金融机构。

2）企业集团的作用

现代生产力的发展，只有当生产要素集中到一定程度或达到一定规模时，才能产生成本最低、效益最好的规模经济效益。企业集团是适应现代生产力规模经济和市场经济要求而产生的一种企业组织形式。企业集团在现代经济中的作用或经济功能主要表现在以下几方面：

（1）发展企业集团可以使生产要素实现优化组合，谋求规模经济效益。发展企业集团可以在现有生产要素和存量资产（不追加投资或减少投资）的基础上形成规模经济，这种规模效应是通过结构调整和要素重组达到的，反映了社会生产力的优化组合。参与企业集团的成员可以借他人之力强化自身。通过发展企业集团、优化企业组织结构，改变“小而全”“大而全”的生产方式。

（2）发展企业集团可以提高产业组织的竞争力。无论是国内竞争，还是国际竞争，都对经济规模有特定的要求。企业集团形成的整体优势，可以实现产业结构与产品结构的优化和高质化，可以降低成本，稳定占领市场。组建“集团军”可以提高产业组织的国际竞争力。

（3）组建企业集团可以提高企业组织的科研开发能力和产品创新力。企业集团化可以聚集起大规模、高水平的科研开发力量，可以降低开发成本，提高开发效益。同时，通过生产与科研的结合，可大大缩短科研成果转化为生产力的时间，可保持社会产品的持续创新，促进科技进步。

（4）企业集团可以带动社会经济有序发展。企业集团在社会经济中起主导作用，在行业标准、价格与成本水平、经营方式、人事组织管理等方面都为社会经济运行提供指导和示范。

（5）发展企业集团可以减少或分散经营风险，通过子公司进行风险投资，母公司只承担经营失败的有限责任。

（6）发展企业集团可以比较灵活地调整结构，如集团企业灵活地出售或购入成员企业的股权，可以灵活地保持资本结构的优化；可以发挥集团的综合优势，通过跨行业、跨部门、跨地区、跨所有制经营，形成多元化和综合经营的优势，提高企业集团的综合经济效益，分散风险，有助于跨国经营的实现。

3）企业集团的类型

从世界及我国企业集团发展的过程来看，企业集团呈现出形式多样化的发展格局。企业集团的类型（或形式）可以分为以下5种：

（1）托拉斯式企业集团。这是指生产同类产品或在生产上有密切关系的企业为了取得竞争优势而组成的企业集团。这种形式的企业集团自身成了一个独立的企业组织，由董事会掌握全部企业生产、销售和财务活动，原来的企业成了新企业的股东，按持股比例分利润。

（2）辛迪加式企业集团。这种形式的企业集团由同一行业、同一部门的企业或其他相关的企业，为了加强产品销售和组织原材料供应，通过签订共同销售产品和采购原材料的协定而组成。加入这个集团的各企业在生产上和法律上仍保持各自的独立性，通过共同遵守协定来维护这个集团的共同利益。

（3）康采恩式企业集团。这是以一个经济和技术实力最雄厚的企业为核心，把分属于各个不同行业、不同部门的许多企业联合起来的企业集团。它往往是通过购买股票、参加董事会的方式，把参加康采恩的企业联合在一起。

（4）跨国公司式企业集团。这是指在两个或两个以上国家，拥有多个子公司或附属企业的企业集团。它可以通过直接在国外投资、与所在国联合投资等方式建立子公司。

（5）联合制式企业集团。它是按纵向的生产程序和横向的跨部门联合，通过协议、条款形式联系起来，进行专业化分工协作的企业组织。

4）企业集团的组织与管理

我国企业集团的发展取得了一系列突破性的进展，在整个国民经济体系中的地位和作用日益重要，但有的企业集团松散、虚化，生产要素流通不畅，规模效应和整体优势难以充分发挥。要解决这些问题，重要的手段之一就是要实现企业集团自身管理的规范化，其主要内容是完善企业集团的内部组织结构。从现代西方工业企业的发展历程来看，企业内部组织结构主要经历了从直线职能制到控股制直到事业部制的创新过程。企业集团内部组织结构尽管形式多样，但最为普遍与有效的形式是事业部制。

事业部制是由美国著名企业家斯隆提出的，它按产品、商标、地理位置等划分标准建立半自主性经营的事业部，形成集团公司（投资中心）、产业集团或事业部（利润中心）、工厂（成本中心）三级管理体制。在这种组织模式中，集团公司（核心企业）主要掌握制定发展战略，对集团整个经营活动的控制、协调，对事业部（分公司）、子公司主要领导的任免，集团的财务决算，利润的考核和统一分配，资金筹集和管理，重大项目的投资与改造等重大权利。事业部是集团内部一个相对独立的经营单位，在不违背集团总的经营目标和决策范围的前提下，拥有对本部门人、财、物的调配权，产、供、销的组织管理权，一定限额的投资权，可以根据集团的决策，独立地制订本部门的经营计划和财务计划等。事业部独立核算，自负盈亏，在集团授权下，有独立的对外权利。集团公司对事业部主要考核其上缴利润和用于技术改造的投资预算两项指标。各事业部之间的经济利益关系，按照内部价格交换产品或劳务。事业部的经济利益主要同自己的经营效果相联系。事业部下属工厂按专业化及成本中心的原则组建，有权按成本最小化的目标组织落实具体生产。事业部对工厂主要考核成本、质量和交货期三项指标。事业部制企业集团组织结构如图3-1所示。

不论采用何种组织结构，其核心和关键必须坚持集权与分权相结合的原则。核心企业既不能对成员企业统得过死，影响其积极性，又要保证集团实现统一的发展战略和统一规划。核心企业对紧密层企业的管理，应是股东管法人企业，靠掌握的股权通过子公司董事会来控制，既做到不影响子公司独立的法人地位，又在重要经营活动上不失去母公司对它的控制。核心企业与成员企业应搞好职能的划分，集团公司的功能就是投资中心，成员企业的功能应是利润中心。

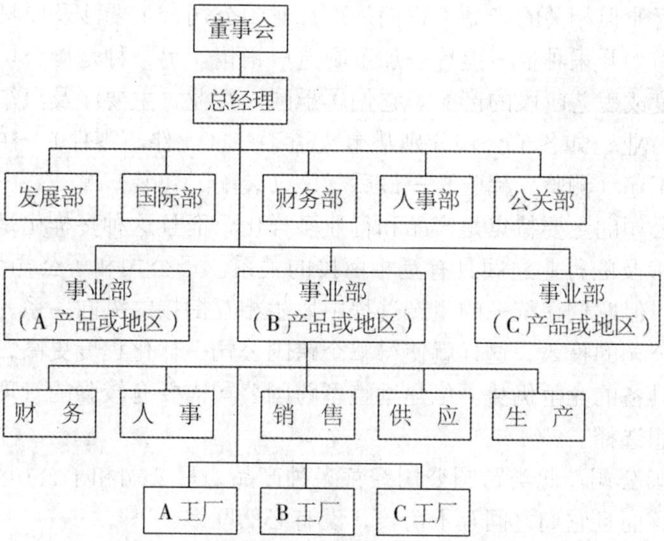

图3-1　事业部制企业集团组织结构图

3.3.2　现代企业的跨国经营

1）跨国公司的概念、类型与特征

在当代世界经济生活中，跨国公司已成为最活跃、最有影响的交换与竞争主体。它以自身的优势和实力对世界经济发展起着举足轻重的作用。

（1）跨国公司的概念。

联合国经济及社会事务部把跨国公司定义为“凡是在两个或更多国家拥有与控制工厂、矿山和机构以及其他资产的所有企业”。

任何跨国公司的定义都应当包括三大要素：

①在两个或两个以上国家从事生产经营活动的经济组织。

②这个组织有一个中央决策系统，组织内部中各单位的活动都是为全球战略目标服务的。

③组织内部各单位共享资源和信息，共担责任和风险。

（2）跨国公司的类型。

跨国公司按照不同的标志可划分为不同的类型，较常采用的是按经营结构将跨国公司分为横向型、垂直型和混合型三大类。

①横向型跨国公司。此类跨国公司主要从事单一产品的生产经营，母公司和子公司很少有专业化分工，在公司内部转移生产技术、销售技能和商标专利等无形资产数额较大。

横向型跨国公司的主要特点：一是地理分布多样化，即在不同的国家和地区设立子公司和其他附属机构，就地制造产品和供应目标市场。这样做有利于克服贸易保护主义壁垒，维护原有市场，开拓新市场。二是具有内部转让系统，即生产和经营同类产品的公司互相转让生产要素而形成的系统。对于产品单一、经济实力不强和海外生产经营历史不长的企业来说，组建这种类型的跨国公司是较为可行的。

②垂直型跨国公司。此类跨国公司按其经营内容可分为两种：一种是母公司与子公司

生产和经营不同行业但相关的产品。它们是跨行业的公司，主要涉及原材料、初级产品的生产和加工行业，如开采种植→提炼→加工制造→销售。另一种是母公司与子公司生产和经营不同加工程度或工艺阶段的产品。它们属于同一行业，主要涉及汽车、电子等专业化分工水平较高的行业，如各子公司分别从事头道工序（元件、零件）→中间工序（部件、组装件）→后道工序（测验、检验）→最后工序（装配、包装）等。

垂直型跨国公司的主要特点是产品和行业多样化，而且这种多样化是有规定性的，即各种产品及其所涉及的行业之间具有互相衔接的关系。母公司和子公司生产不同的产品，经营不同的业务，但它们在统一的生产过程中发生相互衔接的纵向关系，一个子公司的产出就是另一个子公司的投入，这样就使得整个跨国公司一体化程度更高，进而取得其他类型跨国公司所不具备的竞争优势。组建垂直型跨国公司需要有较强的管理水平，往往是大型跨国公司的理想选择。

③混合型跨国公司。此类跨国公司经营多种产品，母公司和子公司生产不同的产品，经营不同的业务，而且它们之间互不衔接，没有必然联系。

混合型跨国公司的主要特点是产品及其相关行业多样化，而且这种多样化并不要求产品及相关行业之间具有相互衔接的关系。这种混合型的跨国公司由于能有效地降低经营风险，因而使公司面临着更多的扩张机会。

（3）跨国公司的特征。

跨国公司尽管类型多样，但作为从事全球性生产经营活动的一般形式，它们有着共同的特征。

①跨国公司战略目标是以国际市场为导向的。这是指公平地看待国内外市场，在世界范围内以最低的价格获取合适的生产要素，以最有效的方式组织生产经营，以最经济的手段推销产品，以最小的风险展开竞争，从而实现公司全球利润的最大化。

②运行机制的外向型、开放型。国内企业的生产经营过程均放在国内进行，其运行机制基本是内向型、封闭型的。跨国公司以整个世界为自己的活动舞台，通常把生产经营过程的部分阶段或整个阶段放在海外，其运行机制基本上是外向型、开放型的。

③地理分布的广阔性。国内企业主要局限在本国领土范围内，地理分布范围狭小。跨国公司在海内外建立起庞大的生产经营网络，不仅在国内拥有生产经营实体，而且在国外设立了大量由自己直接控制的子公司和附属机构，其地理分布十分广阔。

④组织结构的全球性。跨国公司的组织结构带有浓厚的全球性色彩，即从事国内外业务管理的各部门在整个公司的组织结构中占有同等重要的地位。重要岗位的设立和管理权限的配置，不是人为地偏重国内部门或国外部门，而是取决于实现公司全球利润最大化的需要。

⑤涉外经济活动领域的多样性。国内企业主要局限于国际流通领域，只是单独地从事一两项（如商品出口、劳务输入）涉外经济活动，并且这些活动不涉及在国外投资办实体。跨国公司则在世界经济的各个领域，全面地进行资本、商品、人才、技术、管理和信息的交易活动，并且这些活动是在母公司控制之下进行的，其子公司参与了当地的再生产过程。

2）跨国公司的国际经营方式

跨国公司是以国际市场为舞台来开展经营活动的，其业务活动的种类与范围十分广泛，但其经营活动方式可以分为三类：第一类为商品出口与间接投资；第二类为技术授权与灵活投资；第三类为对外直接投资。

（1）商品出口与间接投资。

①商品出口。商品出口往往是一个国内企业发展成为国际企业的第一步，是企业开展跨国经营的初始方式。当今世界商品出口的新格局主要表现在：

a.出口商品结构的高级化。

b.高新技术产品占有较大的竞争优势。

c.技术贸易迅速发展。

d.出口产品的非价格竞争日益激烈。

e.区域自由贸易与全球贸易保护主义并存发展，贸易与非贸易壁垒越来越多。

跨国公司要想扩大自己产品的出口，除了自身要在研究国外市场营销、提高产品质量、降低成本、改善售后服务等方面做出努力外，还应争取一切有利于企业扩大出口的外部条件。这些条件主要有：

a.争取本国政府在出口金融、出口保险、出口财政及外汇等经济政策上给予直接支持。

b.以进为出，把出口与进口联系起来。

c.利用本国政府对外国的贷款来扩大出口。

d.利用国际金融组织的贷款项目要求招标采购机会，扩大出口。

e.利用本国货币贬值之机，扩大出口。

②间接投资。间接投资是指跨国公司通过借贷资本，借款给国外的企业或银行。采用这种方式，跨国公司不承担经营风险，只是到期收回贷款本息。间接投资方式分为国际贷款和国际债券两种。

（2）技术授权与灵活投资。

①技术授权。技术授权是跨国公司经营的一项重要内容。它是指技术所有者将使用、制造和销售该技术产品的权利有偿地授予他人。技术授权的内容包括专利技术、专有技术和商标的授权。技术授权的类型有：

a.独占许可。它是指许可方给予被许可方在规定地区、规定期间内，制造、使用和销售某技术产品的独占或垄断权，而技术许可方及任何第三者都不得在这个规定地区、规定期间内制造、使用和销售该技术产品。

b.排他许可。它是指许可方和被许可方在规定的地区内，有制造、使用和销售某技术产品的权利，但许可方不得将该技术产品给予第三者。

c.普通许可。它是指许可方给予被许可方在规定地区内，制造、使用和销售某技术产品的权利，而许可方自己仍保留自己或转让给第三者在这个地区内制造、使用和销售该技术产品的权利。

d.交换许可。它是指双方以各自拥有的专利技术等价交换使用。

②灵活投资。灵活投资方式是指合同双方就某项共同进行的经济业务所采用的一些特殊经济合作方式。它把资本投资活动、金融信贷活动和贸易活动结合起来，并且以贸易活动为主。国际上较为通用的灵活投资方式有：

a.加工贸易。它是指一方提供资源并承销产品，另一方主要提供劳务，把贸易与劳务结合起来，具体表现为来料加工、来料装配与来样加工。

b.补偿贸易。它是指买方以信贷的形式从卖方购进机器设备、技术等，对原有的生产规模进行改建、扩建或建立一个新的企业。卖方对贷款的收回不采用现汇的方式，而是待项目建成投产后，以该项目合乎质量要求的产品或双方商定的其他商品偿清贷款。

c.出口信贷。它是指商品出口国银行在政府的补偿支持下，为扩大商品输出而提供的一种优惠贷款。

d.国际租赁。它是指出租人根据承租人的要求以其自有资金或金融机构贷款，从制造商那里购买承租人已选定的设备，承租人按协议支付租金，用租借方式得到设备的使用权。

（3）对外直接投资。

对外直接投资是投资者到国外直接投资开办企业，并对该企业的经营管理拥有一定程度控制权的投资活动。对外直接投资是企业跨国经营的高级形式，也是国际企业走向成熟的标志。跨国公司对外直接投资，通常以在国外设立子公司或分公司的形式进行。

3）跨国公司的管理控制

（1）跨国公司管理控制的目的。

跨国公司对外直接投资，即在国外设立子公司，国外子公司在实际运行中与总公司会发生一定的矛盾，这种矛盾主要表现在以下几方面：

①跨国公司在实际运行中，由于子公司与母公司在费用和收益分配等问题上往往存在矛盾与冲突，造成子公司与公司整体之间以及子公司之间的利益矛盾，有时甚至导致跨国公司与东道国和母国政府之间的利益冲突，影响公司总体目标的实现。

②在跨国公司开拓新市场时，其下属子公司或各分部之间，容易发生争夺市场客户的情况。此外，跨国公司兼并其他公司或与其他公司合并时，如果在投资、生产、营销计划等方面未能进行及时的相应调整，就可能导致公司内部有关部门和单位的自相竞争。

③在跨国公司分部权力过大时，往往会出现在一个国家或地区成立过多经营实体的情况，造成自相竞争，容易发生行政管理及国外服务机构重复设置的现象。

基于以上原因，跨国公司对其经营活动进行控制的目的主要是：

①发现公司各部门和各子公司偏离本公司全球战略目标的误差，并采取措施，纠正偏差，以确保其全球战略计划和全球战略目标的实现。

②促使各直线和参谋组织之间、各子公司之间，以及母公司和子公司之间，保持全球战略与分目标的平衡，保持整体战略计划和经营计划的协调，使公司组织稳定而有序。

③保证国内外子公司和各部门管理人员素质的稳定与提高。

（2）跨国公司管理控制的实现。

跨国公司对各分公司或子公司的控制，往往会受到错综复杂的经营环境的影响，而它主要是通过对各分公司或子公司的经营成果进行控制，对事前、事后决策，投资，生产等行为施加影响，来保证企业既定的整体经营目标的实现。跨国公司对其各部门、分公司或子公司的控制可以从财务控制、营销控制、生产控制、后勤保障控制、采购活动控制、研究开发项目控制、人事管理控制、投资项目进展控制等多方面入手来实现。

管理控制主要可以从以下几方面来进行：

①搞好组织设计，实现组织管理控制。为使跨国公司能在复杂多变的环境中有效地经

营，其组织设计应尽可能地使“产品”、“地区”和“职能”三者达到最佳的结合。当公司尚未真正开展全球战略经营时，国内市场大，而国外市场小，许多公司采用国际部的形式，还有利于分清国外市场与国内市场的职责，有利于集中使用为数不多的精通国际业务的人力，还有利于公司上层机构加强国外业务的管理和控制。当公司国际业务扩大后，此时全球性组织结构的选择和设计，应当适应公司业务性质及产品战略的要求。若公司产品线很有限，而公司的成败并不取决于不同的市场趋势，采用职能制组织结构有利于公司加强管理控制；若公司产品线有限，且销售市场、技术和渠道无重大差异，但地区专门知识特别重要，则应选用全球性区域组织形式；若公司产品线越来越多，技术复杂，且销售市场差异甚大，则选用事业部制组织结构较为合理，更有利于公司的发展。

②处理好跨国公司决策集中与分散的关系。公司的组织控制说到底是一个集权与分权的问题。公司的组织形式应体现出决策集中与分散相结合的原则，对集权层面、分权层面以及决策的可分散程度，应有较为明确的划分。

处理好集权与分权的关系是加强对海外子公司控制的重要内容。海外子公司分布在许多不同的国家和地区，其经营环境不同，还有不同国籍人士参与子公司的管理和决策，跨国公司难以实行有效的控制，光依靠由规章制度、战略计划、经营计划、各种预算与报告组成的控制体系是不够的。为了加强对海外子公司的控制，跨国公司除应充分发挥管理控制系统的作用外，还要从经营管理权的配置上下功夫，使海外子公司既保持一定的自主权和灵活性，又不能游离于公司管理控制系统之外。对海外子公司经营管理和配置起决定作用的是公司的所有权结构。对于公司拥有100%所有权的海外独资子公司，公司在经营管理权的配置方面应有主动权，基本上可以按照自己的意图行事。但是，对于公司仅拥有部分所有权的海外合资子公司，在经营管理权的配置上就不能完全按照自己的意图行事，必须兼顾合资者的愿望和利益。

A.对海外独资子公司的控制。海外独资子公司直接受制于跨国公司最高管理层，但其面临的经营环境各异，又必须保持相对的独立性。对于这类公司的控制，关键是防止独立性盲目扩大，公司对其授权的多寡，取决于如下因素：

a.设备和产品的特点。如果跨国公司海内外的设备和产品是标准化的，它就可以实现集中管理，较少向子公司授权，这样集中管理的收益往往大于各自为政的收益，有助于子公司的生产经营活动与公司的经营目标保持一致；如果海内外的设备和产品是多样化的，公司就必须较多地向子公司授权，但在重大问题上，公司仍应保留最终的否决权，以防止子公司的生产经营活动偏离公司的经营目标。

b.公司对海外独资子公司的信任程度。公司对海外独资子公司的信任程度取决于总部的最高管理者对子公司经理是否熟悉，对子公司经营环境的了解程度，以及子公司经理理解公司方针政策和管理子公司生产经营活动的能力。如果总部最高管理者对子公司的经理十分熟悉，知道其水平和能力，而且对子公司的情况比较清楚，公司便可授予子公司经理较多的权力；反之，则应把较多的权力集中到公司最高管理层。

c.公司的历史和规模。公司的历史悠久、规模庞大，往往会集中许多精明能干的管理人才和各方面的专家，他们能够控制全球生产经营活动，为了充分发挥人才优势和规模经济效益，公司对子公司经理授权较少。随着国际竞争的加剧，大中型跨国公司开始把一些日常生产经营的管理权下放到子公司经理，但总部仍拥有重大问题的决策权，以及对子公司生产经营活动进行监督和指导的权力。

d.公司的类型。公司与海外独资子公司之间、各海外独资子公司之间存在着或紧或松的利益关系。在松散型、多样化经营的跨国公司中，子公司各自经营特色产品，各自占有身边的市场，没有重大的利益矛盾，公司愿意授予子公司经理较大的权力。在紧密型、一体化经营的跨国公司中，各子公司专门从事某一工序的生产经营活动，它们之间存在着紧密的利益关系，每个子公司的生产经营状况都会影响公司的整体利益，这样，公司就有必要加强对子公司的控制，把较多的权力集中在公司总部。一般情况下，公司总部保留着对子公司经理的任免权、海外市场的选择权、内部产品转移的定价权和经营利润的分配权。

e.海外独资子公司经理的积极性。跨国公司在加强对子公司的控制时，要注意调动子公司经理的积极性。如果公司总部大权独揽，子公司经理特别是由外籍人士担任的经理，就会有挫折感，觉得上级不信任自己，在下级面前有失尊严，因而缺乏工作热情，甚至对公司有抱怨情绪。如果公司适当放权，经常听取子公司经理的意见，尊重他们在职责范围内的决定，子公司经理就会意识到自己在公司的地位和价值，进而忠于职守、自觉地为公司整体利益服务。一般在掌握重要决策权的前提下，公司适度分散经营管理权，有利于加强对子公司的控制。

B.对海外合资子公司的控制。跨国公司与东道国居民或企业共同投资开办的海外子公司，从某种意义上看，已不完全是公司全球化生产经营网络的有机构成部分，即使公司持有这些子公司的大多数股权。这是因为当地居民或企业凭借拥有的股权，介入了子公司的管理决策，他们基于自身利益，反对公司总部全面控制子公司，阻止公司从子公司调拨产品和生产要素，甚至鼓动东道国政府向公司总部施加压力，防止公司总部为公司整体利益而牺牲子公司的利益。为此，跨国公司只有采取更加灵活的管理方式，才能加强对海外合资子公司，特别是公司仅持有少数股权的合资子公司的控制。一般情况下，公司总部可简化对子公司的控制系统，只要求它们按期向总部报告利润率等几个重要经营指标，争取公司派出人员担任这些子公司的经理，如不能如意，公司派出的人员也要尽量获得生产、技术和财务等重要部门负责人的位置，以从其他方面控制这些子公司。

[本章小结]

•讲述了宏观环境分析的内容；在外部环境分析中重点讲述行业分析；强调了如何进行竞争对手分析和企业内部条件分析。

•介绍了企业总体战略包括发展型战略、稳定型战略和紧缩型战略三种；讲述了企业的基本竞争战略，即成本领先战略、差异化战略和集中型战略。

[知识掌握]

1.名词解释

(1) 宏观环境 (2) SWOT分析法 (3) 集约型成长战略 (4) 多元化战略 (5) 企业集团 (6) 对外直接投资

2.选择题

(1) 一体化战略属于 ( ) 战略。

A.发展型 B.稳定型 C.紧缩型

（2）企业以现有产品渗透现有市场，扩大市场占有率，增加销量，这种战略属于（　　）战略。

A.市场渗透　　　　B.市场开发　　　　C.产品开发

（3）企业在多元化发展中，新开发的业务与企业的现有业务具有战略上的适应性，技术、工艺、销售渠道、市场营销等方面具有共同的或相近的特点，这种多元化属于（　　）战略。

A.混合　　　　B.相关多元化　　　　C.产品一体化

（4）企业在竞争中，努力做到自己所提供的产品与服务在行业中具有与众不同的特色，这种竞争战略属于（　　）。

A.差异化战略　　　　B.成本领先战略　　　　C.集中型战略

（5）技术许可方和被许可方在规定的地区内，有制造、使用和销售某技术产品的权利，但许可方不得将该技术产品给予第三者，这种技术许可属于（　　）。

A.独占许可　　　　B.排他许可　　　　C.普通许可　　　　D.交换许可

（6）跨国公司直接到国外去投资办企业，这属于（　　）。

A.商品出口与间接投资　　　　B.技术授权与灵活投资

C.对外直接投资

（7）集中型战略包括三种具体形式，企业只为某种类型的顾客提供产品和服务，这属于（　）。

A.产品类型的专业化　　　　B.顾客类型的专业化

C.地理区域的专业化

（8）企业从目前的战略经营领域和基础上收缩与撤退，且偏离战略起点较大的一种经营战略属于（　）战略。

A.发展型　　　　B.稳定型　　　　C.收缩型

3.填空题

（1）现代企业经营的实质就是在内外复杂多变的环境下，谋求企业（　　）、（　　）和（　　）三者的动态平衡问题。

（2）企业内部条件主要包括两个方面：一是企业的（　　）；二是企业的（　　）。

（3）企业集团可以分为（　　）、（　　）、（　　）和（　　）四个层次。

（4）（　　）是投资者到国外直接投资开办企业，并对该企业的经营管理拥有一定程度控制权的投资活动。

（5）跨国公司的国际经营活动主要分为（　　）、（　　）和（　　）三类。

4.判断题

（1）宏观环境分析的主要根据是波特的竞争模型。（　　）

（2）行业环境分析利用的工具是PEST分析法。（　　）

（3）企业用现有产品去开发新市场，这种战略属于市场开发战略。（　　）

（4）企业通过收购兼并其他行业实现的多元化是相关多元化。（　　）

（5）企业在价格战中要取得优势就要努力实施成本领先战略。（　　）

5.思考题

（1）企业对竞争对手的分析包括哪些内容？

（2）企业的发展型战略包括哪些内容？

（3）企业如何才能实现成本领先战略？

（4）企业集团有哪些特征与作用？

（5）企业跨国经营的方式有哪些？

（6）跨国公司如何实现对海外子公司的控制？

[综合应用]

□案例分析

中国第二大民企“倒了”

海航创立于1993年，在近30年的时间里，海航从单一的地方航空运输企业发展成为一家知名的跨国企业集团。海航旗下控股的航空公司高达14家，参与管理的机场达到13家，有飞机近900架，年收入高达6 000多亿元人民币，可以说实力雄厚，规模越做越大。海航曾在2019年中国民营企业500强榜单中位列第二位。

就是这么一家规模庞大的企业集团，说倒就倒了，真的令人难以置信。根据相关信息，在2021年1月底，海南省高级人民法院向其发出了破产重组的通知书，到了2021年3月份的时候，最终裁定对海航进行合并重整。那为何一家资产规模这么大、年收入达到千亿元级别的企业集团会就此倒下呢？

一家企业之所以会倒下，除了因为内部分崩离析外，最可能就是因为债务。海航因为庞大的债务无力偿还，最终导致其破产倒闭。海航的发展一直都顺风顺水，从单一的公司业务做到跨国集团，这个时间并不长。在2009年的时候海航想要进一步发展，开启多元化、国家化的发展战略，而所涉及的产业不仅是航空领域。根据相关数据，仅仅在2015年的一年时间里，海航就通过借贷完成了高达80多笔的投资，更为令人惊讶的是海航在2年内就花掉了5 600亿元人民币，平均一年花掉了2 800亿元人民币。

融资、花掉、再融资、再花掉，依靠着不断购买的发展模式，海航的资产规模越加庞大，巅峰时海航资产规模高达万亿元人民币，海航旗下的上市企业更是达到了惊人的11家，可以说这时候的海航在国内一时风头无两。不过好景不长，在银监会（现国家金融监督管理总局）下发了一份通知后，也就是要求各大银行对企业海外的并购案进行风险排查，这时候的海航已经岌岌可危了。

为了回笼资金用于偿还债务，海航开启了“卖卖卖”模式，各种各样之前高价买入的资产只能低价卖掉。为了偿还债务，单就在“买卖”这些资产之间海航就亏损了高达2 000亿元人民币，花了5 000亿元人民币买入的资产，卖出时只卖了3 000亿元人民币，可想而知这么大的“窟窿”要想补上真的太难了。到了2020年的时候，海航的日子更加艰难，甚至已经无法给员工发放薪资。为此，海航创始人陈峰更是写下了“千字道歉信”，希望员工能体谅集团的难处。陈峰本人也因为负债3.7万元无力偿还最终被法院列入失信人员名单，限制坐飞机、高铁、高消费，万亿规模集团的创始人，沦落到连飞机、高铁都不能坐。

海航倒是倒了，不过体量还是非常庞大，为此在重组后海航将被拆分，一拆为四，分别为航空板块、金融板块、机场板块、商业及其他板块。

近20年以来，我国很多民营企业明明发展得很好，却因为要发展，进入了陌生的领域，而最终拖累企业本身。其中不仅是海航，还有乐视、恒大、万达，只不过万达最终“活了过来”，恒大最终结果尚不可知。这些企业之所以出现债务危机，其本身集团的“立根之本”并没有出现危机，反而都是因为急于发展，步子迈得有点大，最终造成债台高筑无力偿还。

资料来源　烟火财经．中国第二大民企“倒了”，集团被拆分，创始人“净身出户”［EB/OL］．［2021-10-19］．https：//www.163.com/dy/article/GNGUH0TO053970AR.html.节选。

分析：海航为什么会被拆分重组？

□实践训练

实训题目：市场竞争战略

1.实训组织：将学生分为10人左右一组，结合本地市场了解某种产品或某一行业（如本地汽车销售、商场）的竞争情况，并通过网络搜集相关资料。

2.实训组织形式：让每一组学生代表一个企业，根据宏观经济环境及市场竞争状况，提出本企业的竞争战略。

［课外拓展］

关注新媒体平台，获取企业经营管理领域最新的观点、方法、技巧，了解企业经营管理实践的前沿资讯。

微信公众号“哈佛商业评论”是《哈佛商业评论》杂志的官方微信平台，众多耳熟能详的管理思想、管理理论均出自这里。请在微信公众账号中搜索“hbrchinese”，或扫描二维码关注。

第4章 现代企业经营决策与经营计划

管理格言：

有效的管理者不做太多的决策。他们所做的，都是重大的决策。

［学习目标］

通过本章学习，你应该达到以下目标：

知识目标：

1. 掌握企业经营决策的概念、方法；
2. 掌握保本分析在经营中的应用和经营计划的制订过程；
3. 了解决策的分类、决策应遵循的原则、产品决策的有关内容。

技能目标：

1. 掌握决策的定量计算方法及盈亏分析法的应用；
2. 懂得企业经营计划的制订。

素养目标：

1. 提高决策能力，践行管理就是决策的理念；
2. 树立既仰望星空又脚踏实地的工作精神，培养目标导向与执行力兼顾的工作作风。

［内容架构］

- 现代企业经营决策与经营计划
  - 经营决策概述
    - 经营决策的概念
    - 经营决策的原则
    - 决策的分类
    - 经营决策的基本程序
  - 经营决策的方法
    - 决策的软方法与硬方法
    - 确定型决策的分析方法
    - 不确定型决策的分析方法
    - 风险型决策的分析方法
  - 产品决策
    - 产品结构决策
    - 转产决策
    - 盈亏分析法在产品决策中的应用
  - 经营计划
    - 经营计划的作用
    - 经营计划的种类
    - 经营计划的编制、执行与调整

案例导入

柯达的没落

2012年1月19日，曾经拥有131年历史、市值高达几百亿美元的著名企业柯达申请破产保护，从此走上没落之路。

柯达曾经是美国顶级的品牌之一，也是美国文化扩张的一个标志。在辉煌时期，柯达曾经占据了全球2/3的胶卷市场，拥有8.6万名员工。其特约经营店遍布全球各地。20世纪八九十年代，在中国的大街小巷到处都能够看到柯达的金黄色招牌。

大多数人都把柯达的失败归结于它没有把在胶卷时代的成功转化为数码相机时代的成功，即认为柯达的失败是因为胶卷技术被先进的数码相机技术给淘汰了。而事实上，柯达不仅是胶卷技术的领先者，还是数码相机技术的发明者。

早在1975年，柯达就推出了全世界第一个数码相机技术。而很快，这项新研发的技术并不受柯达高层管理者们的青睐。为什么？在当局的高层管理者们看来，卖数码相机远没有卖胶卷赚钱。胶卷是一个易耗品，顾客平均每个星期都会购买，而且会重复购买，但是买一部相机至少能用上两三年。从长远的需求来看，卖胶卷无疑会更赚钱。

而正是基于这样的错误决策，导致了柯达在战略上并不重视数码相机技术。经过若干年，它的竞争对手在背后悄悄模仿并研发出数码相机。当柯达反应过来时，转型已经来不及了。市场上的数码相机犹如雨后春笋般，迅速覆盖了整个市场。

申请破产保护的柯达，一直在探寻重生之路：一是利用人们的怀旧心理，继续保留传统光学胶片等产品的生产；二是生产与相机产品及其他消费相关的数码产品如存储卡、无线耳机等；三是试图利用在光学和化学领域里原有科技成果在其他产业领域产生价值。在2020年，柯达甚至转行进入药业，将生产“已长期陷入国家性短缺的原料”。柯达的破产及重组之路与企业的经营决策密切相关。

资料来源　端银. 商业巨头们的倒下，向所有的企业警示着什么？[EB/OL]. [2022-03-27]. https://www.jianshu.com/p/0983dd6db026.

启示：从此案例可以看出，企业的经营决策是关系企业经营成败的全局性问题。在棋界有句话：“一着不慎，满盘皆输；一着占先，全盘皆活。”这喻示一个道理，无论做什么事情，成功与失败取决于决策的正确与否。科学的企业经营决策能使企业充满活力，兴旺发达，而错误的经营决策会使企业陷入被动，濒临险境。企业在制定了正确的决策后，要使决策付诸实施，就必须搞好经营计划，经营计划是经营决策的具体体现。掌握经营决策的基本原理和方法，科学地制订企业的经营计划，有利于现代企业适应激烈的市场竞争和正确处理复杂的外部环境，有利于提高经营管理水平，促进企业的稳步发展。

4.1 经营决策概述

4.1.1 经营决策的概念

经营决策是指企业为了实现预期的经营目标，从多个可供选择的行动方案中选出一个合理方案的过程。构成一项科学的经营决策的基本要素是：①决策目标；②两个以上的备选方案；③决策事件将遇到的自然状态及其出现的概率；④在不同自然状态下各个备选方案得失的预测。

决策的目标明确、备选方案多、自然状态的信息可靠、各种备选方案的得失预测准确，则决策的准确性就高。

4.1.2　经营决策的原则

决策失误导致的损失是巨大的。为了防止决策失误，在工作中应遵循以下原则：

（1）信息准确性原则。经济信息是反映经济活动实况和特征的各种消息、情报、资料、指令等的统称。决策离不开经济信息，只有及时而准确地获取社会需求、原材料供应、价格变动、技术发展等方面的信息，才能做出正确的经营决策。

（2）预见性原则。经营预测是对企业经营环境、方向、发展趋势和预期成果等做出合乎科学的估计。它是决策的前提。只有提高经营管理上的预见性，增强企业的应变能力和竞争能力，才能依据经营环境和内部条件的变化，做出正确的经营决策。

（3）对比择优原则。决策的实质是对比择优，有比较才能鉴别。遵循一定的标准，采取恰当的择优方法，对不同方案的利弊、得失加以权衡比较，才能从中选择出相对较好的方案。

（4）可行性原则。在对各种方案进行对比择优时，还要进行可行性研究，对备选方案从技术上和经济上进行综合分析与论证，为决策提供科学的依据。

（5）跟踪反馈原则。在决策方案实施的过程中，及时取得反馈的信息，以便掌握工作进度，发现和解决问题，以保证决策目标的实现。如果发现原来设立的目标和实施方案不符合实际，应做必要的修正。

（6）民主原则。决策科学化依赖于决策民主化。决策问题涉及的因素和环节很多，单凭领导者个人的才智和经验难以胜任。因而，搞好经营决策必须有一套科学的程序和方法，发挥集体智慧和智囊团的参谋作用。

（7）迅速高效原则。决策要民主化，决策也要切忌犹豫不决，一旦信息确定、条件具备，就应当机立断，以把握商机。

互动课堂4-1

布里丹毛驴效应

法国哲学家布里丹养了一头小毛驴，他每天向附近的农民买一堆草料来喂它。这天，送草的农民出于对哲学家的景仰，额外多送了一堆草料，放在旁边。这下子，毛驴站在两堆数量、质量和与它的距离完全相等的干草之间，为难坏了。它虽然享有充分的选择自由，但两堆干草价值相等，客观上无法分辨优劣，于是它左看看，右瞅瞅，始终也无法分清究竟选择哪一堆好。

于是，这头可怜的毛驴就这样站在原地，一会儿考虑数量，一会儿考虑质量，一会儿分析颜色，一会儿分析新鲜度，犹犹豫豫，来来回回，在无所适从中活活地饿死了。

有人把在经营决策过程中这种犹豫不定、迟疑不决的现象称为布里丹毛驴效应。我们没有理由说驴比狼更愚蠢，如果说愚蠢，有时人比驴和狼都蠢。古人讲："用兵之害，犹豫最大；三军之灾，生于狐疑。"

讨论题目：如何避免布里丹毛驴效应？

4.1.3 决策的分类

决策贯穿于企业经营管理的全过程，决策的内容非常广泛、丰富。按照决策的内容，可以从不同角度将决策进行分类。

（1）按决策问题的重要程度划分，可分成战略决策、管理决策和业务决策。

战略决策是指影响企业全局活动的、左右企业长远发展的决策。战略决策是企业最高领导管理层的主要职责。

管理决策是指为了实施战略决策，企业各职能部门所做出的具体的战术决策。管理决策是企业中层管理者的主要职责。

业务决策是指企业基层所进行的作业性决策。业务决策是企业基层管理者的主要职责。

互动课堂4-2

2014年1月联想集团斥资23亿美元收购了IBM X86服务器业务，2月联想集团斥资29亿美元收购了摩托罗拉手机业务。联想集团这些举动是想成为业务更多元化的国际科技巨擘。请问联想集团这种有关企业未来发展方向的决策属于什么决策？

（2）按决策的重复程序划分，可分为程序化决策、非程序化决策。

程序化决策又称常规决策，是指经常重复出现的、定型的决策。这类决策问题是经常出现的且已经有了处理的经验、程序和方法，可以按常规办法来解决。

非程序化决策又称非常规决策，是指所解决的问题不常出现，还没有取得处理的经验，完全要靠决策者的判断和信念来解决。

（3）按决策使用的方法，可分为计量决策和非计量决策。

计量决策是指决策目标有准确的数量而采取数学方法做出的决策。

非计量决策是指难以用数量准确表示，主要通过决策者分析、判断、定性做出的决策。

（4）按对决策问题的把握程度划分，可分为确定型决策、不确定型决策和风险型决策。

确定型决策是指未来事件发生的条件是可知的，决策的结局是可以预期实现的，一个方案只有一种结果。

不确定型决策是指未来事件发生的条件不能完全确定，最终结局也难以预料。

风险型决策是指未来事件发生的条件不能完全确定，一个方案会出现多个结果，可用概率来确定，决策结果常有风险。

4.1.4 经营决策的基本程序

经营决策是一个提出、分析和解决问题的过程，必须严格按照正确的决策程序办事。决策的程序可归纳为4个阶段，它们之间的关系如图4-1所示。

（1）调查情况，提出问题，确定目标。这个阶段是经营决策的前提，有3个环节：

一是调查研究，即对现代企业的外部环境和内部条件进行调查分析，尤其要深入研究

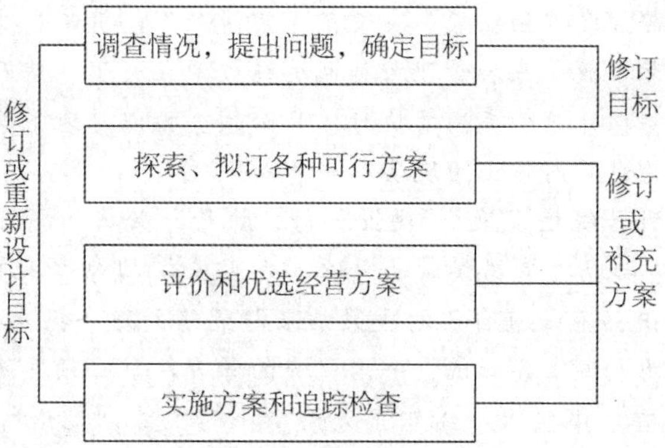

图4-1　决策程序

市场，分析发展机会和企业的优势劣势。二是指出和确定经营问题。所谓经营问题，是指企业经营实际达到的状况与应达到的状况之间的差距。要通过定性和定量的分析发现问题，并说明问题产生的原因、性质和发展趋势，找出产生问题的直接和根本原因。三是确定经营目标。问题明确了才能有的放矢地制定目标。目标是经营决策的综合体现。确定经营目标要掌握下述4点：目标要建立在可能实现的基础上；目标要明确具体，切忌含混不清；目标要尽可能数量化，有评价的标准；要规定目标实现的前提条件和期限。

（2）探索、拟订各种可行方案。所谓可行方案，就是指能够解决某些经营问题，保证决策目标实现，并具备实现条件的经营方案。可行方案必须保证质量，并且有两个以上，以便选择。整个探索、拟订方案的阶段，应抓住大胆寻求和精心设计的线索进行。大胆寻求方案可沿着如下步骤思考：一是先从过去熟悉的经验中寻求，后从别的方面寻求；二是先寻求简单的方案，后寻求复杂的方案；三是先寻求最有把握控制后果的方案，后寻求不易控制后果的方案；四是先寻求估计可以较快解决问题的方案，后寻求需要较长时间才能解决问题的方案。在大胆寻求方案后，就要精心设计方案。其主要工作是对方案措施细节进行推敲和确定，对方案后果进行估计和论证。在整个探索、拟订各种可行方案过程中，现代企业应集思广益，发扬民主。

（3）评价和优选经营方案。评价和优选经营方案是决策的关键。评价时，要从战略到战术，从客观到主观，从目标到方法，从经济效益到社会效益，周密地对方案进行分析论证，然后用评价标准逐一检验，分析论证要时刻注意技术的先进性、经济的合理性、目标实现的可能性。优选方案时，要对决策所依据资料的质量保持清醒的估计，还要对方案的差异进行比较，在比较中鉴别优劣，优选出的方案还要进行修订和补充，使之更为完善。因为方案的优劣往往是就整体而言的，所以任何被采纳方案的不足之处需要取长补短，以保证执行方案更为合理。

（4）实施方案和追踪检查。方案既定，付诸实施，要制订实施决策的规划和期限要求。实施中要建立信息反馈网络，及时追踪检查，将结果与预期目标进行比较，发现差异，查找原因，采取措施，确保决策目标的实现。

拓展阅读4-1

让员工参与企业决策

在传统概念里，企业的“决策”和“执行”的角色分工是这样的：公司高层管理人员或者仅仅只是老板，常常靠“拍脑袋”决策，通常情况下，员工在某项公司决策出台之前是毫不知情的，甚至大多数中基层管理人员也统统被蒙在鼓里。然而，在决策公布后的第一时间里，他们即被要求开始彻底高效执行，且必须全力以赴地把这个由最高管理层描绘于纸上的蓝图在最短的时间内转化为现实。

可想而知，在这种传统框架里，“决策”与“执行”必将问题百出。首先，因为决策靠“拍脑袋”，很容易出现决策错误。为什么“拍脑袋”现象如此盛行？其主要原因是，管理人员缺乏财务知识，不知道自己的决策结果与最终的财务报表数据之间有什么联系，将怎样影响整个组织的表现。要知道，一名优秀的管理人员必须熟练掌握两种语言，即财务语言和数据分析语言。事实上，组织里大大小小的主管，无论所做的决策看似多么微小，都将影响组织的整体表现。一旦决策错误，那么执行效果越佳，后果越严重。

其次，随之而来的是严重的“执行”问题。决策虽精彩，然而往往执行不到位。也许在追究执行的问题之前，先听听员工和中基层管理人员的感受，这样才会对突破传统观念和切实解决执行问题更有帮助。

其实，有些员工不理解决策的含义，不知道自己该做些什么，更谈不上是不是努力去做了。有些部门认为与其手忙脚乱地去跟着高层决策瞎转悠，还不如安分地先完成自己部门的目标。有些主管开始埋怨，认为此决策和自己的本职工作根本不相干，甚至相背离。

因此，我们不难得出这样的结论：企业仅靠少数高层管理人员决策不行，或者仅仅只是靠老板“拍脑袋”决策更不行。要让员工参与企业决策！

4.2 经营决策的方法

4.2.1 决策的软方法与硬方法

随着科学技术的进步，人们在实践中创立了许多科学决策方法，这些方法可归纳为决策的软方法和硬方法两大类。

（1）决策的软方法。决策的软方法是依靠决策者的知识、经验和判断的一类决策方法，主要做定性分析，用于解决非程序化问题。古老的软方法往往凭个人的知识和经验做出决断，后来吸取了组织行为理论、社会学和心理学的成果，研究了思维创新过程中的心理活动，创造了诸如头脑风暴法、对演法等有利于发挥集体智慧的方法。

采用软方法，必须通过调查研究、占有资料、综合分析、逻辑推理等，以便做出正确的决策。它适用于数据资料不足的情况，其缺点是缺乏定量分析，对方案的可行性和预期结果缺乏细致的论证。

（2）决策的硬方法。决策的硬方法指运用数学分析和电子计算机技术的一类决策方法，是在定性分析的基础上做出定量分析，多用于解决程序化决策问题。决策的方法是不断地完善和发展的，21世纪由于数学分析和电子计算机技术日益被应用于决策，于是出现了决策的硬方法，使决策由定性描述发展到定量分析，由经验上升为科学，但这种方法具有不少局限性。例如，数学模型难以包括各种因素及其变化，有些社会因素（如政策变化等）至今不可能用数学语言来表示，对于战略型决策往往是无能为力的。所以决策的软方法和硬方法必须结合使用，不能片面地追求数学化、模型化、计算机化。

拓展阅读4-2

有一年，美国北方格外严寒，大雪纷飞，电线上积满雪，大跨度的电线常被积雪压断，严重影响通信。过去，许多人试图解决这一问题，但都未能如愿以偿。后来，电信公司经理应用奥斯本发明的头脑风暴法，尝试解决这一难题。他召开了一种能让头脑卷起风暴的座谈会，参加会议的是不同专业的技术人员，要求他们必须遵守以下原则：

第一，自由思考，即要求与会者尽可能解放思想，无拘无束地思考问题并畅所欲言，不必顾虑自己的想法或说法是否“离经叛道”或“荒唐可笑”。

第二，延迟评判，即要求与会者在会上不要对他人的设想评头论足，不要发表“这主意好极了！”“这种想法太离谱了！”之类的“捧杀句”或“扼杀句”。至于对设想的评判，留在会后组织专人考虑。

第三，以量求质，即鼓励与会者尽可能多而广地提出设想，以大量的设想来保证质量较高的设想的存在。

第四，结合改善，即鼓励与会者积极进行智力互补，在增加自己提出设想的同时，注意思考如何把两个或更多的设想结合成另一个更完善的设想。

按照这种会议规则，大家七嘴八舌地议论开来。有人提出设计一种专用的电线清雪机，有人想到用电热来化解积雪，有人建议用振荡技术来清除积雪，还有人提出能否带上几把大扫帚，乘坐直升机去扫电线上的积雪。对于这种“坐飞机扫雪”的设想，大家心里尽管觉得滑稽可笑，但在会上也无人提出批评。相反，有一工程师在百思不得其解时，听到用飞机扫雪的想法后，大脑突然受到激发，一种简单可行且高效率的清雪方法冒了出来。他想，每当大雪过后，出动直升机沿积雪严重的电线飞行，依靠高速旋转的螺旋桨即可将电线上的积雪迅速扇落。他马上提出“用直升机扇雪”的新设想，顿时又引起其他与会者的联想，有关用飞机除雪的主意一下子又多了七八条。不到一小时，与会的10名技术人员共提出90多条新设想。

会后，公司组织专家对设想进行分类论证。专家们认为设计专用清雪机、采用电热或电磁振荡等方法清除电线上的积雪，在技术上虽然可行，但研制费用大，周期长，一时难以见效。那种因“坐飞机扫雪”激发出来的几种设想，倒是一种大胆的新方案，如果可行，将是一种既简单又高效的好办法。经过现场试验，发现用直升机扇雪真能奏效，一个久悬未决的难题，终于在头脑风暴会中得到了巧妙解决。

4.2.2　确定型决策的分析方法

确定型决策的特点是在事物自然状态完全肯定的情况下做出决策，有规律性，一个方案只有一个结果，易于判断和决策。确定型决策的择优法则是收益极大值或投入极小值法则，即从若干可供选择的方案中找出收益最大或投入最小者，作为最优方案。其决策分析法大致分为两类。

1）单纯优选决策法

它是对已知数据进行加工，借助于直观的对比，找出最优方案。现举例说明如下：

假设某企业年度生产资源可用于生产甲、乙、丙3种产品，企业制订了3种方案：方案甲是企业只生产甲产品；方案乙是企业只生产乙产品；方案丙是企业只生产丙产品。各种产品的盈亏预测值见表4-1，且知上述3种产品销售状态为畅销的概率是1。试问该企业应生产哪一种产品？

表4-1 **各种生产方案的盈亏预测值** 单位:元

销售状态	概率	方案甲	方案乙	方案丙
畅销	1	8 500	11 800	7 000

从表4-1可知，甲、乙、丙3种产品的畅销概率为1，故本方案属于确定型决策。在畅销状态下，方案乙的盈利最高（11 800元），故它是最优方案，该企业应生产乙种产品。

2）模型优选决策法（亦称数学分析决策法）

它是按照客观规律及数学模型，输入参数，进行运算，选出最优方案。常见的方法有盈亏分析法（参见4.3.3）、线性规划法。

线性规划法是用来解决在决策中常遇到的在资源有限的条件下，如何将有限的资源合理搭配以取得最好经济效益的问题。当资源限制或约束条件表现为线性不等式且目标函数为线性函数时，所运用的数学模型属于线性规划。

例如，某厂生产A、B两种产品，生产时要受甲、乙两种设备有效台时的约束，已知A产品每件获利40元，B产品每件获利30元，设备有效台时及产品的台时定额见表4-2。如何进行最佳品种数量优化组合决策？

表4-2 **单位产品生产台时消耗** 单位:台时

产品 / 台时定额 / 设备	A	B	有效台时
甲	5	6	440
乙	3	2	240

解：设A、B产品的产量分别为x、y。

$$\begin{cases} 5x + 6y \leqslant 440 \\ 3x + 2y \leqslant 240 \\ x,\ y \geqslant 0 \end{cases}$$

目标函数：Z=40x+30y→max，如图4-2所示。

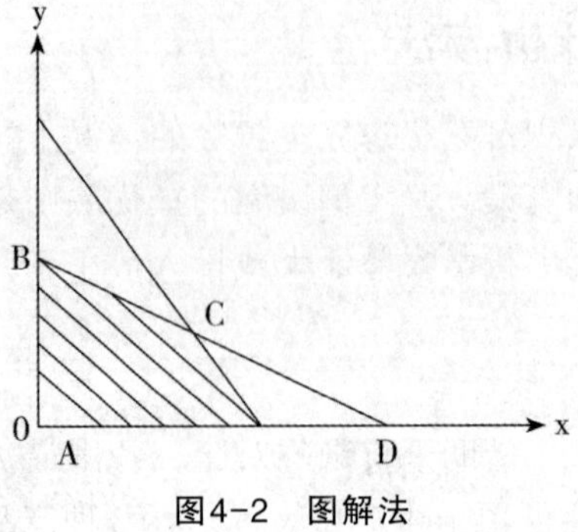

图4-2 图解法

可行区域的4个顶点坐标为A（0，0）、B（0，73.3）、C（70，15）、D（80，0），代

入函数得：

$Z_a=0$　$Z_b=2\ 199$　$Z_c=3\ 250$　$Z_d=3\ 200$

最优解为生产70件A产品，生产15件B产品，可获取最大利润3 250元。

4.2.3　不确定型决策的分析方法

不确定型决策的主要特征表现为：未来事件将遇到的几种自然状态虽然知道，但不知其发生的概率；至今尚无公认而完善的决策法则，主观随意性较大，对同一问题用不同的评优标准可得出不同方案。因此，最佳方案的选择主要取决于决策者的知识、经验和能力，以及所持的态度。

不确定型决策的法则有以下几种可供选择，现举例说明如下：

设某企业计划年度的生产资源可用于生产A、B、C3种产品，在市场销售时将遇到畅销、一般、较差、滞销这4种状态，且其出现的概率不能确定。试依据表4-3中所确定的数据，采用不同的择优法则，找出最优方案。

表4-3　**各种生产方案的盈亏值**　单位：元

销售状态	概率	方案A	方案B	方案C
畅销	不知	9 000	12 000	6 000
一般		6 000	6 300	3 700
较差		−1 500	−2 200	1 300
滞销		−2 500	−3 000	−750
每列最小值	—	−2 500	−3 000	−750
每列最大值	—	9 000	12 000	6 000

1）悲观法则（亦称小中取大法则）

它是从最坏的打算来做决策，即先找出各个方案的最小收益值，然后从这些最小收益值中选择一个最大值的方案，作为最佳方案。表4-3中，每列最小值分别为−2 500元、−3 000元、−750元，它们分别代表A、B、C3种方案遇到滞销时的亏损额。按照小中取大法则，应选用方案C，这样，遇到不利的销售状态时，经营亏损最小。

2）乐观法则（亦称大中取大法则）

它是从最好的打算来做决策，即先从每个方案中选取一个最大收益值，然后将各方案的最大值进行比较，选取最大的为最优方案。表4-3中，每列最大值分别为9 000元、12 000元、6 000元，它们分别表示A、B、C3种方案遇到畅销时的利润额。按照大中取大法则，应采取方案B，这样，当遇到最有利的销售状态时，获利最多。

3）折中法则

它是悲观法则和乐观法则的折中。首先根据经验判断，确定乐观系数a（$0<a<1$），则悲观系数是1−a，然后以a乘以每个方案最大收益值，以1−a乘以每个方案的最小收益值，两者相加便是折中收益值，最后依据折中收益值做决策，选取折中收益值最大者为最优方案。

折中收益值的计算公式如下：

折中收益值=最大收益值×乐观系数+最小收益值×悲观系数 (4.1)

现仍以表4-3的资料为例，设乐观系数为0.7，则悲观系数为0.3（1-0.7），则折中收益值的计算见表4-4。

表4-4 **折中收益值** 单位：元

方案	最大收益值	最小收益值	折中收益值
A	9 000	-2 500	（9 000×0.7）+（-2 500×0.3）=5 550
B	12 000	-3 000	（12 000×0.7）+（-3 000×0.3）=7 500
C	6 000	-750	（6 000×0.7）+（-750×0.3）=3 975

在表4-4中，方案B的折中收益值最大，故方案B是最优方案。

4）懊悔值法则（亦称大中取小法则）

它是从懊悔值中选择最小者为最优方案。当某种市场情况出现时，必然追求方案的最大收益值，如采用别的方案就会懊悔，懊悔值就是本方案的收益值与最大收益值的差额。于是可计算出各方案在不同状态下的懊悔值，并选出最大懊悔值，然后进行比较，选出其中最小懊悔值的方案即是最优方案。仍以表4-3的资料为例，如第一行最大值为12 000元，以它作为被减数分别与第一行的9 000元、12 000元、6 000元相减，余额是3 000元、0元、6 000元，其余类推。于是得出懊悔值（见表4-5）。其意思是，当决策者未采用最大收益方案时所遭受的机会损失。从表4-5中可以看出，最大懊悔值中的最小值为3 000元，故应采用方案A。这样，当遇到不利的销售状态时，机会损失最小。

表4-5 **懊悔值** 单位：元

销售状态 \ 方案	A	B	C
畅销	3 000	0	6 000
一般	300	0	2 600
较差	2 800	3 500	0
滞销	1 750	2 250	0
每列最大懊悔值	3 000	3 500	6 000
最大懊悔值中的最小值	3 000	—	—

5）机会均等法则

它是以各种自然状态出现概率均等的假设为前提的，并依据均等概率计算出各种方案的期望值，期望值最大者为最优方案，其计算公式为：

均等概率值=1÷状态数目 (4.2)

方案的期望值=$\sum$(每种状态的收益值 × 均等概率值) (4.3)

根据表4-3的数据，均等概率的期望值如下：

均等概率值=1÷4=0.25

方案A的期望值=（9 000+6 000−1 500−2 500）×0.25=2 750（元）

方案B的期望值=（12 000+6 300−2 200−3 000）×0.25=3 275（元）

方案C的期望值=（6 000+3 700+1 300−750）×0.25=2 562.5（元）

方案B的期望值最大，故为最优方案。

由上面的分析可以看出，在不确定型决策中，由于决策者采用的择优法则不同，选出的最优方案也不尽相同。影响人们对择优法则选择的因素主要是：①决策者的态度。决策者的态度可分为保守、进取、中间3种类型。保守型的小心谨慎，怕担风险，常采用悲观法则；进取型的勇于开拓，不怕担风险，常采用乐观法则；中间型的常采用机会均等法则或折中法则。②信息情况，企业的经济实力，决策者的知识、经验、判断力和工作魄力等因素。在经济实力雄厚、决策信息可靠的条件下，知识经验丰富、判断力强的决策者常采用乐观法则；反之，常采用悲观法则。

4.2.4　风险型决策的分析方法

风险型决策的特点是：未来事件发生的概率是确定的，择优法则是确定的，可以按照最佳期望值法则选出最优方案；决策结果是确定的。因为期望值是以概率为权数的加权平均数，最大期望值能否出现仍有风险，故这类决策称为风险型决策。

风险型决策常用最佳期望值法则（最佳期望值可用最大期望收益或最小期望损失来表示），首先计算出每个备选方案的期望值，然后选出期望收益最大者或期望损失最小者为最优方案。

风险型决策的分析方法常用以下两种：

1）决策表分析法

它是通过决策计算表计算出各种方案的期望值，并按照最佳期望值法则选择最优方案。

现仍以表4-3的资料为例，但已知各种销售状态发生的客观概率（见表4-6）。

表4-6　**不同方案的盈亏值**　金额单位:元

销售状态	概率	方案A	方案B	方案C
畅销	0.25	9 000	12 000	6 000
一般	0.40	6 000	6 300	3 700
较差	0.25	−1 500	−2 200	1 300
滞销	0.10	−2 500	−3 000	−750
期望值	—	4 025	4 670	3 230

方案的期望值=$\sum$(某种自然状态出现的概率 × 该种自然状态下方案的盈亏值)　(4.4)

方案A的期望值=0.25×9 000+0.40×6 000+0.25×（−1 500）+0.10×（−2 500）
=4 025（元）

方案B的期望值=0.25×12 000+0.40×6 300+0.25×（−2 200）+0.10×（−3 000）
=4 670（元）

方案C的期望值=0.25×6 000+0.40×3 700+0.25×1 300+0.10×（-750）

=3 230（元）

方案B的收益期望值最大，故为最优方案。

2）决策树分析法

它是借助决策树，以图解的方式分别计算各方案在不同自然状态下的损益值，通过比较做出决策。它适用于复杂的决策。

决策树由4个要素构成（如图4-3所示）：

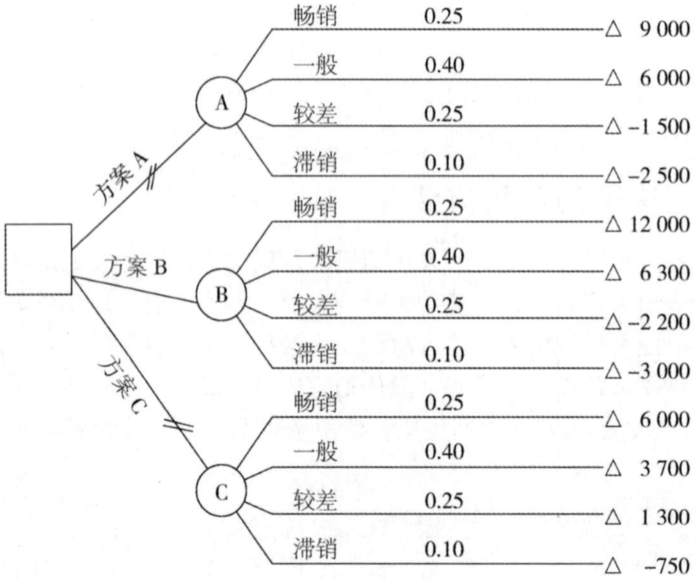

图4-3 产品决策树

（1）决策点：以□表示，从它引出方案枝，每个方案枝代表一个方案。本例有A、B、C3种方案，故引出3个方案枝。

（2）机会点：以○表示，从它引出概率枝，每个概率枝表示一种自然状态。本例有畅销、一般、较差、滞销4种状态，故有4个概率枝。

（3）结果点：以△表示，表示在某一自然状态下采用某一决策方案后的收益值。

（4）方案枝：在方案枝上，对于淘汰的方案以“//”表示。

决策树分析法的步骤如下：

（1）依据调查或试验所取得的数据，绘制决策树。

（2）按照决策树的逆方向（即由树枝开始）计算出每个机会点（即每个方案）的期望值，并填写在上面。本例中A、B、C3个机会点的期望值分别是4 025元、4 670元、3 230元。

（3）按照最佳期望值选出最优方案。因方案B的收益值最大（4 670元），故为最优方案。而在另两个方案枝上打上“//”符号，表示剔除。

决策树分析法具有形象、直观、计算方便等优点，尤其适合于多级决策。

4.3　产品决策

企业的产品决策就是确定企业生产产品的品种、数量、质量及其发展方向。它是企业的一项重大战略决策。

产品决策正确，适销对路，企业就会健康发展；反之，如果产品决策失误，造成产品积压，那么企业的资金便会周转不灵，生产经营就难以为继。

4.3.1　产品结构决策

产品结构决策的实质是确定企业生产单一产品还是多种产品，以及实现生产多种产品的科学组合。

1）单一产品经营决策

单一产品经营指一个企业只经营一种或一类产品。其主要特点是：生产专业化水平高，大量生产能够采用专业设备和先进技术；便于组织原材料供应和产品销售，沟通供产销渠道，扩大市场占有率；有利于企业集中精力，抓好技术革新和经营管理，以提高产品质量，减少资金占用，降低成本。但单一产品经营回旋余地小，风险性大，一旦该产品滞销或经营亏损，就难以在短期内扭转劣势。

选择单一产品经营应符合以下要求：

（1）需求量大且较稳定，以便企业均衡地组织生产，充分利用生产能力。

（2）生产经营占有优势，与同类企业相比，本企业在资源、技术、品种式样等方面占有一定优势，才有可能形成“拳头产品”。

（3）物美价适，竞争力强。

2）多种产品经营决策

多种产品经营就是企业经营多种产品，实行多元化经营。它的回旋余地大，有利于分摊经营风险，某一产品发生亏损，可用其他产品的利润来弥补，可谓“东方不亮西方亮”，有利于全年均衡地利用生产能力和取得销售收入。其缺点是经营多种产品，需购置多种生产设备，设置不同的生产线，占用资金较多，管理较复杂。

多种产品经营决策的任务是，按照产品互补关系和经济合理的需求，围绕主导产品选择出多种产品综合经营的最佳方案。通常有以下几种形式可供选择：

（1）利用同种原料生产不同的产品，使原料综合利用，产品系列化、多样化，以满足不同消费者的需求。

（2）利用相同的工具设备生产不同产品，从而使工具设备得到充分而均衡的利用。

（3）面对相同的市场（或用户）生产不同的产品，这样，企业虽然要添置不同的设备、采购不同的原材料，但销售市场相同，能够利用原有的销售渠道和网点推销多种产品，便于占领市场，节省推销费用。

4.3.2　转产决策

转产决策是指按市场变化和科学技术的发展，对企业经营产品品种的变动所做的决策。造成转产的原因有以下几种：产品过时而被淘汰；质量低劣而难以改进；成本高造成长期亏损而难以扭转；供大于求而长期滞销和新产品开发失误等。企业转产经营的实质是改变企业产品的发展方向，它会引起生产设备、工艺流程和供销渠道的变化，各项管理工作也要做相应调整。

转产决策要解决的问题是，以何种产品的生产去取代原有产品的生产。这里有两种方式可供选择：一是以研制成功的新产品去取代；二是以市场现有的畅销产品去取代。不管选用哪种方式，都应对各种转产方案的经济效益、社会效益和销售前景做出估计，才能选出最佳方案。企业在做出转产决策时应注意以下几点：

（1）要准确预测市场需求。预测市场需求，既要了解现实的需求，又要了解潜在的需求，以便掌握市场需求的长期变化趋势。转产的产品必须是市场需求长期稳定上升的产品。

（2）要符合国家的产业政策。在市场经济条件下，国家宏观调控的重要手段是通过制定和实施产业政策来实现的，产业政策中的产业结构政策规定了产业发展序列、国家鼓励及限制发展的产品，企业在做出转产决策时必须以此为依据来进行。

（3）考虑产品生命周期所处的阶段。处于成熟期的产品销量大、利润高，容易引起多家企业竞相生产，于是竞争产品增多，产品供过于求，使之加快进入衰退期，产品滞销接踵而至。所以，转产决策一般不宜选择处于成熟期的产品，一般应选择在成长中后期有发展前途的产品。

（4）应当尽可能利用原有的生产设备和生产线。在符合市场需求的前提下，按照设备通用、工艺相近、原材料相同的要求选择转产的产品，或者只要添置部分生产设备就可以实行转产经营。这样，可以避免大量购置生产设备，节省转产投资，也便于继续生产一定数量的老产品，供应老用户。

4.3.3 盈亏分析法在产品决策中的应用

盈亏分析法是利用产量、成本、利润之间的数量关系，借助单位产品贡献毛益，找出保本产量的一种短期经营决策方法。盈亏分析法关键是找保本点。其基本模型如下：

$$Q=\frac{F}{P-V} \tag{4.5}$$

其中：Q——保本产量；

F——固定成本总额；

V——单位产品的变动成本；

P——单位产品价格；

P-V——单位产品贡献毛益。

下面介绍在既定的生产条件下，如何运用盈亏分析法进行产品决策。

1）产量决策

产量、成本、利润之间具有密切的数量关系。因为固定成本总额一般不随着产量的增减而增减，产量增加则单位产品所分摊的固定成本减少，利润随之增加；反之，产量减少则单位产品所分摊的固定成本增加，利润随之减少，甚至发生亏损。可见，产量的多少决定了单位成本的增减和利润的增减。所以，产量决策首先应依据式4.5求出保本点产量，即找出盈亏分界点的产量。现举例说明如下：

假设某衬衫厂计划年度的固定成本为12 000元，单位产品的变动成本为7.5元，单位产品售价为12.5元。试问保本点的产量是多少？

解：$Q=\frac{12\ 000}{12.5-7.5}=2\ 400$（件）

上例的保本分析可用坐标图表示，如图4-4所示。

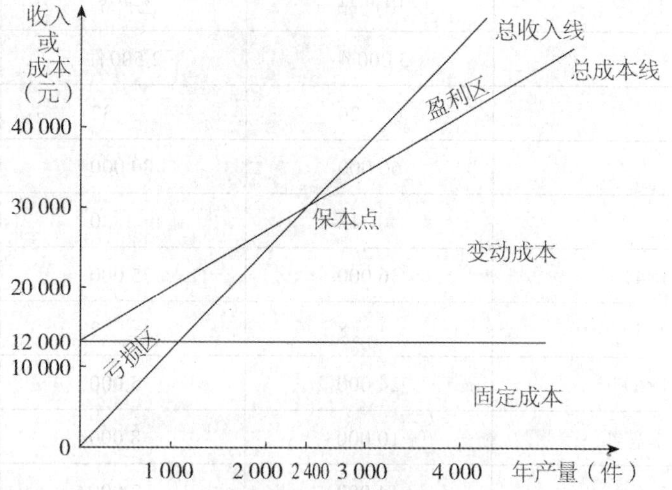

图4-4　保本产量图

从图4-4可以看出，保本产量为2 400件时，总收入与总成本相等。当年产量小于保本产量时，总成本大于总收入，于是发生亏损；当年产量大于保本产量时，总收入大于总成本，于是获得利润。所以，企业运用盈亏分析法求出保本产量，可用于产量决策。如果发现生产任务不足，生产能力未被充分利用而造成经营亏损，则必须设法开拓产品销路，增加产量，才能扭亏为盈。

运用盈亏分析法还可以求出保证实现当年计划利润的产量，其计算公式为：

$$Q_{保利}=\frac{F+R}{P-V} \tag{4.6}$$

其中：R——年度计划利润额。

仍依据上例的数据，并假设该衬衫厂全年计划利润为8 000元，则实现计划利润的年产量是：

$$Q_{保利}=\frac{12\ 000+8\ 000}{12.5-7.5}=4\ 000\text{（件）}$$

2）亏损产品应否停产的决策

企业从事多种产品经营，当有的产品发生亏损时，亏损产品应否停产呢？这应当根据亏损产品能否提供单位贡献毛益来决策，当亏损产品不能提供单位贡献毛益时，应停产；能够提供单位贡献毛益时，则不应停产。因为固定成本是不变的，不论亏损产品是否停产，都要支付同样的数额。当亏损产品不能提供单位贡献毛益，就说明它的销售收入既不能补偿其变动成本，更不能补偿固定成本，必然使企业发生亏损，故亏损产品应当停产；当亏损产品能够提供单位贡献毛益，就说明它的销售收入用于补偿其变动成本后，还可以补偿部分固定成本，从而使其他产品所分摊的固定成本减少，利润增加，如果将它停产，则将使其他产品所分摊的固定成本增加，利润减少，故亏损产品不应停产。现举例说明如下：

假设某企业生产甲、乙两种产品的有关数据见表4-7，预计甲产品可获利润14 000元，乙产品亏损3 000元。试问乙产品应否停产？

表4-7 甲、乙两种产品成本和盈亏计算表 金额单位：元

项 目	甲产品	乙产品	合计
1.产（销）量	3 000件	2 500件	—
2.销售单价	20	32	—
3.销售收入（1×2）	60 000	80 000	140 000
4.单位变动成本	12	30	—
5.变动成本总额（1×4）	36 000	75 000	111 000
6.单位贡献毛益（2–4）	8	2	—
7.贡献毛益总额（1×6）	24 000	5 000	29 000
8.应摊付的固定成本总额	10 000	8 000	18 000
9.利润（或亏损（7–8））	14 000	–3 000	11 000

从表4-7可以看出，乙产品虽然亏损3 000元，但能够提供贡献毛益5 000元，故不应停产。如果乙产品停产，则其所分摊的固定成本8 000元，将由甲产品承担。就是说，虽然乙产品的3 000元亏损不会发生，但甲产品的利润减少8 000元，其结果将使企业的利润减少5 000元。所以，从企业整体来看，将能够提供贡献毛益的亏损产品停产是不合算的。

4.4 经营计划

企业经营决策一旦敲定，那就需要用经营计划予以具体体现或充分展开。所谓经营计划，就是企业根据内部条件和外部环境的变化，在对其发展方向和奋斗目标做出战略决策的基础上，为获得更大的经济效益和发展能力，对未来一定时期的企业生产经营活动所做的具体布置和安排。

企业编制经营计划是社会化大生产和企业生产经营活动的客观要求，没有企业的经营计划，企业的生产经营活动就难免盲目被动，甚至发生亏损，生产难以正常进行。

4.4.1 经营计划的作用

计划是管理的重要职能之一，经营计划可以对生产经营发挥指导、组织和监督控制的作用。

（1）指导作用。经营计划规定了企业在一定时期的经营目标和具体的实施措施，使企业的生产经营活动有了明确的方向和目标。让企业员工明确目标，可以调动其劳动积极

性，为实现经营目标而努力工作。

（2）组织作用。借助于经营计划，能做到合理地安排人力、财力、物力，使劳动力、原材料、生产工具、资金等各种生产要素有机地结合起来，充分发挥效用，同时合理地组织供、产、销活动，协调内部各环节、内外各方面的关系，从而保证生产经营过程的顺利进行和经营目标的实现。

（3）监督控制作用。经营计划规定了企业的经营成果、技术措施、生产消耗、原材料物资供应、产品销售等各方面的数量指标和质量要求，在日常的经营管理工作中，就可以经常以这些指标为依据，进行对照检查，发现问题，及时反馈，找出偏差，采取措施及时加以纠正解决，以充分发挥计划的监督控制作用，保证预期经营目标的实现。

4.4.2　经营计划的种类

经营计划可以有不同的分类方法：

（1）按经营计划的综合程度，可分为单项经营计划和综合经营计划。

单项经营计划又叫专题计划或战役计划，是用来解决某一个问题或某一项工程的目标性计划。

综合经营计划是由有密切联系的单项计划所构成的一个整体性计划。综合经营计划涉及的内容较多，编制难度较大。

（2）按经营计划的期限，可分为长期经营计划、年度经营计划和阶段经营计划（或叫作业计划）。

长期经营计划又叫远景规划或长远发展规划。企业的长期经营计划期限一般在3年以上，具有战略性、纲领性和预见性。它是在总体上对企业未来若干年发展的方向、规模、可能达到的目标和重大的经济技术措施做出的决策与规定。长期经营计划的重点是明确经营目标和生产发展方向。它的内容主要包括：企业的发展方向、发展规模和发展速度；设备投资计划；主要技术经济指标计划；技术改造计划；员工开发计划和集体生活福利提高计划等。

年度经营计划是一年生产经营活动的具体行动纲领，是长期经营计划实现的保证，也是编制阶段经营计划或作业计划的核心，是以技术经济措施为主要手段，成本、财务计划为成果的一套综合性计划。其内容包括产品销售计划、生产计划、劳动供应计划、劳动工资计划、技术组织措施计划、成本计划、财务计划等。

作业计划是年度经营计划的具体执行计划。其任务是把企业全年的生产任务，按月、旬、班或小时具体地分配到各个车间、工段、班组、机台或个人，从而保证企业整个生产经营计划的完成。其内容包括：规定车间、工段、班组、机台或个人在短时期内应完成的具体的生产产品的品种、数量（投入量和产出量）、期限（投入期和产出期）或进度（投入和产出的进度）等。

（3）按经营计划的内容，可分为利润计划、销售计划、生产计划、产品开发计划、物资供应计划、技术改造计划、筹资计划、成本费用计划等。

4.4.3　经营计划的编制、执行与调整

1）经营计划的编制

经营计划编制的步骤如下：

（1）调查研究企业内外的环境，为编制经营计划提供基础资料。这方面的准备工作主要包括：

①外在环境对本企业产品的要求。要通过市场调查和预测，摸清市场的变化发展趋势，社会对本企业产品的种类、质量、规格等方面的要求。

②企业本身内在条件的利用情况。要研究企业本身资源的利用状况，各种原材料、燃料、资金、劳动力等的来源和保证程度，现有设备的生产能力及企业经营管理水平等情况。

③修订定额。掌握基本数据资料，分析经济技术情报。

（2）综合平衡，全面确定计划目标，拟订计划草案。在做好一系列的准备工作、确定计划目标的基础上，进行计划草案的拟订。要完成预定目标，可以形成不同的计划草案，故有必要对各种草案的优缺点进行对比、分析、筛选，选出最优草案，并进一步编制计划草案。在编制计划草案的过程中，必须搞好计划的综合平衡工作，其中不仅包括企业与外部环境的平衡，还包括企业内部的各个方面、各种内容和总体的平衡。

在计划工作中通常运用平衡法来搞好平衡工作，而平衡表是一个重要工具。平衡表的内容一般包括“需要”、“来源”、“余缺”和“平衡措施”4个部分，其基本格式见表4-8。

表4-8 ×××平衡表

项　目	需要	来源	余缺	平衡措施
合　计				

（3）经营计划的审定。经营计划编制阶段的最后工作是将计划草案提交员工代表大会和上级领导机关审核，以便对经营计划所提出的经营方针、经营目标、各种技术指标和具体实施方案等是否科学、是否切实可行，进行再次讨论研究，加以修订，然后将批准的正式计划逐级下达，贯彻执行。

2）经营计划的执行

为了保证经营计划的实现，必须采取切实可行的措施去贯彻执行，主要措施有：

（1）采取目标管理的方法。把经营计划的指标层层分解，落实到有关的单位、部门、车间、班组甚至个人，构成一个上下左右、纵横协调的目标体系。

（2）建立各种经济责任制。从企业领导到各级、各部门、各车间以至每个员工，建立各种经济责任制，依据责、权、利相结合的原则，将经营计划任务具体落实，做到责任明确、措施具体、赏罚分明，调动全体员工努力完成甚至超额完成经营计划的积极性。

（3）借助各种定额指标、规章制度、核算办法进行控制，保证经营计划的实现。

（4）运用经济合同，保证供、产、销渠道的畅通。通过物资供应合同、产品销售合同、劳务合同、信贷合同等，沟通企业内外各种经济联系，保证生产经营过程的正常进行。

3）经营计划的调整

为了保证生产经营活动按照预定的目标进行，在经营计划执行过程中，必须经常进行考核和分析，以便及时找出差异，采取措施纠正偏差。当客观情况发生变化、出现不可控因素时，应适时地对原计划做出必要的调整。经营计划调整的方法有两种：

（1）滚动计划法。滚动计划法就是根据一定时期计划的执行情况，考虑企业内外环境的变化，修改原计划，同时把计划顺延一个计划期，并确定其具体内容的方法。它的特点是长短结合，远粗近细，始终保持弹性。企业在执行计划的过程中，要根据企业内部和外部条件的变化，定期对计划进行调整和重新编制。每次重新编制时，都要把计划相应地向前推一段时间，并把较近时期的计划制订得详细和具体些，较远时期的计划制订得概括和粗略些，这就体现了“远粗近细”的原则。滚动计划法可用于长期计划的制订，也可用于短期计划的制订。以企业5年计划为例，其滚动程序如图4-5所示。

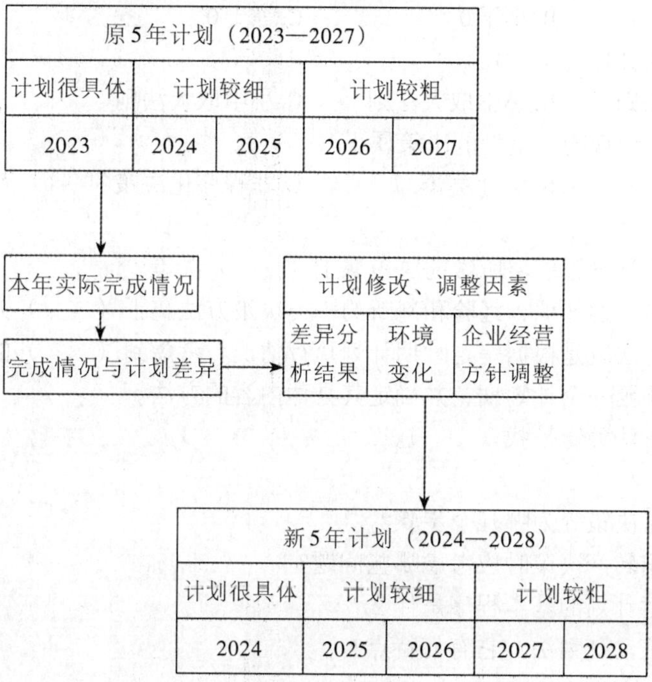

图4-5　五年计划滚动程序示意图

（2）启用备用计划法。备用计划就是一旦企业经营情况有重大变化，不宜再执行原计划时而使用的计划。启用备用计划法需具备的条件是：编制计划时已留有备用计划；变动范围在备用计划前提条件范围内。启用备用计划的关键是应掌握启用备用计划的时机。

[本章小结]

- 讲述了企业经营决策的概念、类型、程序，以及决策的定性与定量分析方法。
- 讲述了产品结构决策、转产决策；阐述了盈亏分析法在经营决策中的应用。
- 讲述了经营计划的种类、制订过程及滚动计划法。

[知识掌握]

1. 名词解释

（1）经营决策　（2）盈亏分析法　（3）经营计划

2. 选择题

（1）按决策问题的重要程度，可以把决策分为（　　）。

A.战略决策、管理决策和业务决策

B.程序化决策、非程序化决策

C.确定型决策、不确定型决策和风险型决策

（2）（　　）是指未来事件发生的条件不能完全确定，一种方案会出现多个结果，可用概率来确定，决策结果常有风险。

A.确定型决策　　B.不确定型决策　　C.风险型决策

（3）亏损产品是否停产的决策，主要看单位产品贡献毛益是否（　　）。

A.大于0　　B.小于0　　C.等于0

（4）乐观法则又称（　　）。

A.大中取大法则　　B.小中取大法则　　C.小中取大法则

（5）经常重复出现的、定型的决策属于（　　）。

A.程序化决策　　B.定性决策　　C.非程序化决策

3.填空题

（1）企业最高领导管理层所做的决策属于（　　）决策。

（2）依靠决策者的知识、经验和判断的一类决策方法属于（　　）方法。

（3）滚动计划法就是根据一定时期计划执行情况，考虑到（　　）的变化，修改原计划，同时把计划顺延一个计划期，并确定其具体内容的方法。

（4）盈亏分析法关键是找（　　）。

4.思考题

（1）企业经营决策分为哪几个步骤？

（2）企业做出转产决策时应考虑哪些问题？

（3）编制经营计划的基本程序是什么？

（4）什么是滚动计划法？它有何特点？

[综合应用]

□案例分析

“协和”式超音速民航客机失败

1962年，英法航空公司开始合作研制“协和”式超音速民航客机，其特点是快速、豪华、舒适。经过10多年的研制，耗资上亿英镑，终于在1975年研制成功。十几年时间的流逝，情况发生了很大变化。能源危机、生态危机威胁着西方世界，乘客和许多航空公司都因此而改变了对该民航客机的要求。乘客的要求是票价不要太贵，航空公司的要求是节省能源、多载乘客、噪声小，但“协和”式超音速民航客机不能满足消费者的这些要求。首先是噪声大，飞行时会产生极大的声响，有时甚至会震碎建筑物上的玻璃。其次是由于燃料价格增长快，运行费用也相应大大提高。这些情况表明，市场对这种客机需求量不会很大，因此不应大批量投入生产。但是，由于公司没有决策运行控制计划，也没有重新对决策进行评审，而且客机是由两国合作研制的，雇用了大量人员参加这项工作，如果中途下马，就要大量解雇人员，所以上述情况使得客机的研制生产决策不易中断。后来两国对是否要继续协作研制生产这种客机发生了争论，但缺乏决策运行控制机制，只能勉强将决策继续实施下去。结果，客机生产出来后卖不出去，原来的宠儿变成了弃儿。

分析：“协和”式超音速民航客机为何决策失败？

□实践训练

1.某企业在市场状况不确定的情况下，准备对利用老厂、扩建老厂、建立新厂3种方案进行决策。各种方案在不同的市场前景下可能得到的利润见表4-9，要求按机会均等法则、乐观法则、悲观法则进行方案选择。

表4-9　**不同市场状况下的利润表**　单位：万元

状态 / 利润 / 方案	市场状态			
	S1很好	S2较好	S3一般	S4很差
A1利用老厂	10	5	4	−2
A2扩建老厂	17	10	1	−10
A3建立新厂	24	15	−3	−20

2.某企业拟生产一新产品，设计了两种方案：第一种方案是建新车间，需要投资60万元；第二种方案是对老车间进行改造，需要投资20万元，使用期都是10年。在此期间，根据预测，新产品销路好的概率为0.7，销路差的概率为0.3，各方案的盈亏值见表4-10。试用决策树分析法进行决策。

表4-10　**不同方案的盈亏值**　单位：万元

状态 / 盈亏值 / 方案	销路好	销路差
	0.7	0.3
新建车间	40	−16
改造老车间	16	12

3.假设某企业销售摩托车，每辆摩托车售价为6 000元，每辆摩托车变动成本为3 800元，固定成本为1 000万元。试求达到保本点时的产量是多少？假设该企业年产摩托车10 000辆，若全部销售出去，其盈利额是多少？当已确定目标利润为780万元时，产品销售量要达到多少才能保证目标利润的实现？

4.假定一家企业生产两种产品x和y。生产单位产品x的利润贡献为4万元，生产单位产品y的利润贡献为6万元。企业使用2种投入要素A、B。生产单位产品x要耗用A5个单位、B8个单位。生产单位产品y要耗用A10个单位、B6个单位。企业共拥有A50个单位、B48个单位。请问：企业应该如何生产才能获得最大收益？

[课外拓展]

关注新媒体平台，获取企业经营管理领域最新的观点、方法、技巧，了解企业经营管理实践的前沿资讯。

微信公众号“36氪”是服务中国新经济参与者的卓越品牌和开创性平台，提供新锐深度的商业报道，强调趋势和价值，slogan是“让一部分人先看到未来”。请在微信公众账号中搜索“wow36kr”，或扫描二维码关注。

第5章 现代企业生产管理

管理格言：

质量是制造出来的，而不是检验出来的。

［学习目标］

通过本章学习，你应该达到以下目标：

知识目标：

1.掌握现代企业生产管理的内容与目标、合理组织生产过程的要求、生产过程的时间组织和空间组织；

2.掌握库存控制和成本控制的方法；

3.了解生产的类型和生产计划的主要指标。

技能目标：

1.掌握企业生产过程的时间组织和空间组织；

2.懂得如何进行库存控制和成本控制。

素养目标：

1.要养成顾客观念，形成现代企业专业分工与协作的思想；

2.要形成效率与成本观念。

［内容架构］

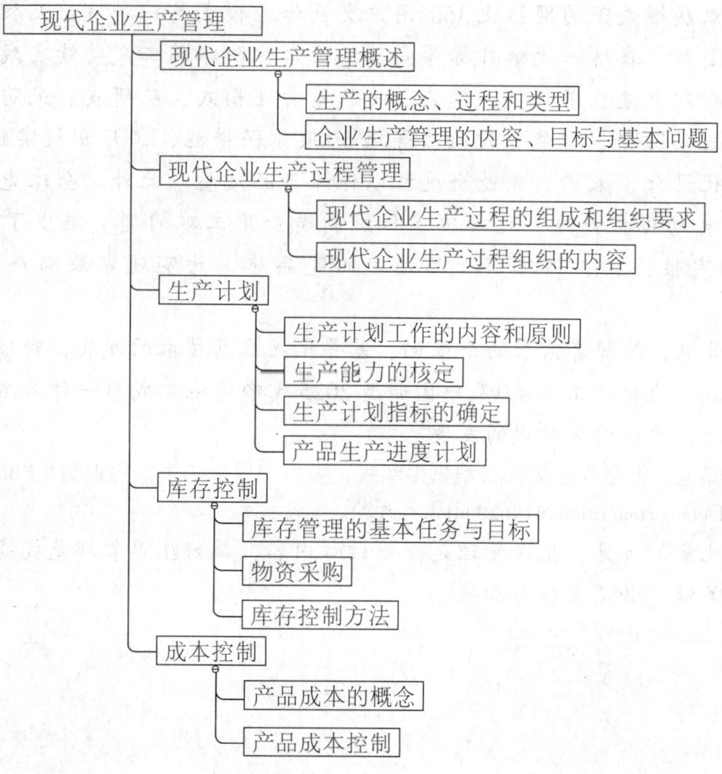

案例导入

海尔打造柔性自动化生产线，为用户提供个性化定制

海尔早在2012年就开始了互联工厂的实践，致力于打造按需设计、按需制造、按需配送的体系。为实现从大规模制造向个性化定制的转型，海尔转型为开放的平台，以模块化为基础的互联工厂是为用户提供个性化定制体验的"主体"，而用户交互定制平台和模块商资源平台则为用户提供了个性化定制体验。

海尔沈阳冰箱工厂为了满足不同用户的定制需求，通过产品、布局、设备、组织运营的模块化布局，打造出了一条可柔性选配产品、扩展加工能力、换模响应需求的自动化生产线。该工厂将100多米的传统生产线改装成4条18米长的智能化生产线，工厂内一条生产线就可支持500多个型号的柔性大规模定制，从而快速柔性满足用户的多样化选购需求。一方面，用户可以根据自己的喜好选择冰箱的颜色、款式、性能、结构等，定制一台自己的冰箱；另一方面，通过可视化操作，用户可以随时查到自己的冰箱在生产线上的位置，如生产到了哪一个工序、有没有出厂等。准确获取用户定制信息后，工厂内工人只需把这些门体随机放进吊笼里，生产线就可根据用户定制信息进行自动检索、自动换模。互联工厂将推动海尔冰箱产业优势进一步放大。

记者在采访中了解到，在互联网时代，海尔提出了"以用户最佳体验为标准"的质量文化，从管理产品变为管理体验，从产品没缺陷变为用户体验没缺陷，这种互联网时代对内变革、对外交互的新模式，即海尔人单合一双赢模式下的网络化360°用户交互体验模式。在这种用户交互体验模式下，用户通过事先主动参与产品企划、设计、制造、送达、营销等全价值链360°每一个节点的交互和评价，与智能制造生态圈共同创造最佳体验，从而满足动态、个性化需求，并形成体验持续闭环优化的自运转系统。可以说，海尔人单合一双赢模式下的网络化360°用户交互体验模式是一种适应互联网时代要求的质量管理模式创新。在这一战略目标导向下，海尔沈阳冰箱工厂持续实践"从保修到保证、从事前满意到全流程用户最佳体验"的质量管理模式，从研发、采购、物流到生产全过程的事先自动防错、智能监控检查等近50项质保措施，工厂积极实践模块化策略，全面推行模块化设计、采购、制造全过程以保障产品质量。此外，全球先进的技术工艺及高度集成的自动化生产线，也解决了传统制造业用工难问题，减少了因人工操作带来的各种不确定性因素，保障了产品稳定的高品质，为实现零缺陷产品生产"保驾护航"。

随着消费升级，消费者需求的个性化、差异化及信息技术的发展，对现代企业的生产管理提出了挑战。为此，工业4.0及中国制造2025战略实施就成为一种必然。企业生产管理需要与时俱进，才能适应时代的发展。

资料来源　周亮. 海尔打造柔性自动化生产线，为用户提供了个性化定制［EB/OL］.［2022-06-12］. http：//m.elecfans.com/article/619620.html. 有改动。

启示：从此案例可见，生产管理是企业核心内容，搞好生产管理是提高产品质量、提升企业效益的关键，必须重视与加强。

5.1　现代企业生产管理概述

5.1.1　生产的概念、过程和类型

1）生产的概念

生产是通过劳动，把资源转化为能满足人们某些需求的产品和服务的过程。需要指出的是，生产过程的输出不仅指有形的实物产品，还包括无形的产品——服务。

2）生产过程

企业生产过程就是在企业活动过程中，把资源转化为产品和服务的过程。这一过程也是价值增值的过程，包括基本生产、辅助生产、生产技术准备和生产服务等企业范围内各种生产活动协调配合的运行过程。

产品生产过程是对原材料进行加工，使之转化为成品的一系列生产活动的运行过程，一般包含加工制造过程、检验过程、运输过程和停歇过程等。产品加工制造过程是企业生产过程的核心部分。

3）生产的类型

（1）按工艺特性分。

①加工装配型生产。在加工装配型生产企业中，产品是由离散的零部件装配而成的，物料运动呈离散状态。零部件是构成产品的不同元件，可以在不同的地方制造。零部件的不同组合构成了不同的产品。因此，加工装配型生产的特点是工艺过程的离散性。属于这一类型的有机床、汽车、家电、家具、电子设备、服装等行业的企业。

②流程型生产。在流程型生产企业中，物料是均匀、连续地按一定工艺顺序运动的。它的特点是工艺过程的连续性，生产过程自动化程度高，协作与协调任务少，生产管理比加工装配型生产相对简单一些，但对设备和控制系统的可靠性要求很高。属于流程型生产的有化工（塑料、药品、化肥、肥皂等）、炼油、冶金、食品、造纸等行业的企业。

（2）按组织生产的特点分。

①订货生产。这种生产方式是在接受用户订货之后，才开始安排生产。产品的生产是按照用户要求的规格、数量和交货期进行的，一般是多品种、小批量生产，不设产品库存。在保证产品质量的前提下，准时交货是其生产过程管理的重点，必须按“期”组织生产过程各环节的衔接和平衡。

②存货生产。这种生产方式是根据国家指令性计划任务和市场需求预测来制订生产计划，通过产品库存来调节生产。它适用于产品市场比较稳定、需求量较大的情况，生产过程管理的重点是提高预测的准确性和确定合理的成品库存，必须按“量”组织生产过程各环节的衔接与平衡。

（3）按生产的连续程度分。

①连续生产。这种生产方式是长时期连续不断地生产一种或几种产品。产品的设计和工艺都已标准化，生产量很大。一般采用专业化组织形式配置人员和设备，组成流水线进行生产，各工序之间没有或者很少有在产品储存，生产周期短。提高流水线效率是其管理

的重点。

②间断生产。这种生产方式适用于产品种类比较多、产量较小、生产所用的原材料是间断投入的企业。为了适应多种产品加工的需要，多采用通用设备，按工艺专业化配置车间。这种生产方式各工序之间在产品较多，生产周期较长。

（4）按产品生产的专业化程度分。

①大量生产。这种生产方式一般采用连续生产，适用于品种少而批量大的企业，要求生产条件稳定，大多数工作地固定地完成一两道工序，专业化程度较高。这种企业可以采用高效率的专用设备和专用工艺装备，组织流水生产线，编制标准计划，实行严格的生产控制。

②成批生产。这是将各种产品按一定的批量，定期或不定期轮番进行生产的方式。生产的产品产量比大量生产小，而产品品种较多，大多数工作地要负担较多的工序。由一批产品制造改为另一批产品制造时，工作地的设备和工具需要相应的调整。由于各种产品轮番生产，管理的重点是确定合理的生产批量、确定合理的库存、缩短更换产品设备和工具的调整时间。成批生产又可以分为大批生产、中批生产和小批生产。大批生产的特点接近于大量生产，一般称为大量大批生产。小批生产的特点接近于单件生产，一般称为单件小批生产。

③单件生产。这种生产方式一般每次只生产一件或少数几件产品，以后不再重复生产或很少重复生产。其特点是产品标准化程度低，生产稳定性差，大多数工作地要负担很多道工序，一般采用通用的设备和工艺装备或多功能设备，要求作业人员具有较高的技术水平，能够掌握多种操作技术。

5.1.2 企业生产管理的内容、目标与基本问题

1）企业生产管理的内容

生产管理是对生产系统的设计、运行与维护过程的管理，包括对生产活动进行计划、组织与控制等（如图5-1所示）。

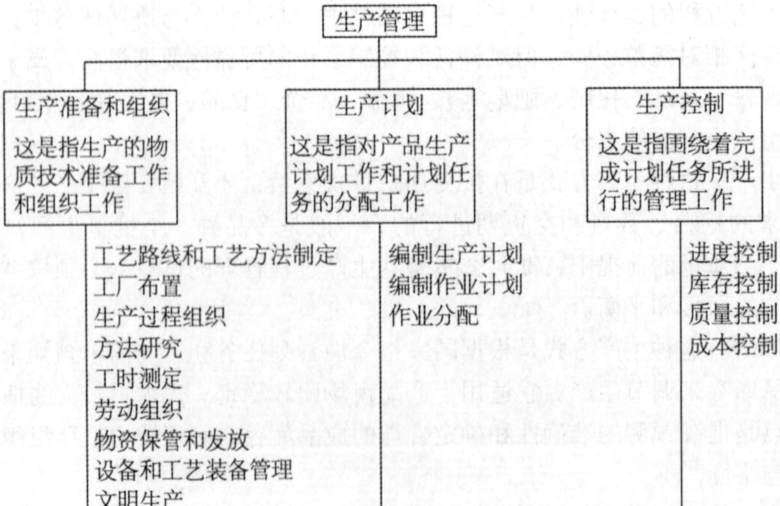

图5-1 现代企业生产管理的内容

生产系统的设计包括产品或服务的选择和设计、生产设施的定点选择、生产设计布置和工作设计等。生产系统的设计对其运行有先天性的影响，其设计的好坏将直接影响该系统的运行绩效，甚至决定着一个企业的兴衰。

生产系统的运行主要是指在现行的生产系统中，如何适应市场的变化，按用户的需求生产合格产品和提供满意服务。生产系统的运行主要涉及生产计划、组织与控制三个方面。计划方面解决生产什么、生产多少和何时生产，包括预测市场需求、确定提供产品或服务的种类与数量、编制生产作业计划等。组织方面解决如何合理组织本企业的劳动者、劳动资料和劳动对象等生产要素，使有限的资源得到充分而合理的利用。控制方面解决如何保证系统按计划运行，包括进度控制、质量控制、库存控制以及成本控制等。

2）企业生产管理的目标

（1）保证实现企业的经营目标。组织生产过程要按计划要求高效运行，全面完成产品品种、质量、产量、成本、交货期和环保与安全等各项要求。

（2）有效利用企业的制造资源。这就是要不断降低物耗，降低生产成本，缩短生产周期，减少在产品，压缩占用的生产资金，以不断提高企业的经济效益和竞争能力。

（3）适应市场、环境的迅速变化。要努力提高生产系统的应变能力，使企业根据市场需求不断地推出新产品，并使生产系统适应多品种生产，能够快速地调整生产进行品种更换。

生产管理的目标概括来说，就是高效、低耗、灵活、准时地生产合格产品或提供满意服务。

3）企业生产管理的基本问题

（1）如何保证和提高质量。质量包括产品的使用功能、操作功能、安全性能和保全性能等多方面含义。这些特性在企业生产管理中相应地转化为产品的设计质量、制造质量和服务质量问题——质量管理。

（2）如何保证适时、适量地将产品投放到市场。在现代化大生产中，生产所涉及的人员、物料、设备等资源很多，如何将全部生产要素在需要的时候组织起来，筹措到位，是一项十分复杂的系统工程，也是生产管理所要解决的一个最重要的问题——产品数量与交货期管理。

（3）如何才能使产品价格既为顾客所接受，又为企业带来利润。它涉及人员、物料、设备、能源、土地等资源的合理配置和运用，涉及生产率提高，还涉及资金的运营和管理问题等。归根结底，它可以归结为一个问题：如何努力降低生产运作成本——成本管理。

（4）如何提供独具特色的附加服务。对于产品制造企业而言，随着产品技术含量、知识含量的提高，在产品销售过程和顾客的使用过程中，所需要的附加服务越来越多。当制造产品的硬技术基本一样时，企业通过提供独具特色的附加服务，就有可能赢得独特的竞争优势。对于服务业企业来说，在基本服务之外提供附加服务，也会赢得更多的客户。一些跨国公司如IBM，就是因为十分重视提供优良的服务而吸引了大量的消费者。我国的企业如海尔，也是大打服务牌，赢得了消费者的青睐。

（5）如何保护环境和合理利用资源。企业在生产对社会有用的产品的同时，会生产出一些副产品，如废水、废气、废渣等，从而对环境造成污染。当今，保护我们共同生存的环境，合理获取、节约利用资源，保持可持续发展已经是人类所面临的重大课题，企业对此也责无旁贷。为了实现保护环境和合理利用资源的目标，企业应当在生产管理中注意兼顾经济效益、社会效益和生态效益，合理开发和利用资源。

思政园地 5-1

2015年5月国务院正式印发《中国制造2025》，部署全面推进实施制造强国战略。提出制造业是国民经济的主体，是立国之本、兴国之器、强国之基。18世纪中叶开启工业文明以来，世界强国的兴衰史和中华民族的奋斗史一再证明，没有强大的制造业，就没有国家和民族的强盛。打造具有国际竞争力的制造业，是我国提升综合国力、保障国家安全、建设世界强国的必由之路。

请同学们结合生产管理内容谈一谈企业如何来贯彻这一战略？

5.2 现代企业生产过程管理

5.2.1 现代企业生产过程的组成和组织要求

1）现代企业生产过程的组成

现代企业生产过程主要可分为生产技术准备过程、基本生产过程、辅助生产过程、生产服务过程等。

（1）生产技术准备过程是指产品投产前所做的全部生产准备工作，如产品设计、工艺准备、材料与工时定额的制定和修改、调整劳动组织、设备布置等。

（2）基本生产过程是指企业直接从事加工、制造产品的生产过程，如汽车零件的加工、装配过程等。

（3）辅助生产过程是指为保证基本生产正常进行所必需的各种辅助性生产活动，如机械制造企业的工具制造、动力生产、设备维修等。

（4）生产服务过程是指为了保证基本生产和辅助生产所进行的各种生产服务活动，如原材料、半成品、工具的保管与发放，厂内运输等。

此外，有的企业还有附属生产过程或副业生产过程。

在现代企业的产品生产过程中，基本生产过程是最主要的组成部分。按产品结构和工艺特点的不同，基本生产过程可以分为工艺流程式生产过程和加工装配式生产过程两类。工艺流程式生产过程是指原材料从工厂的一端投入生产，按照固定的程序，经过连续加工而成为产品的过程。加工装配式生产过程是指先将原材料加工成毛坯、零件，然后将各种零件进行部装、总装、试车等，最后经检验合格而成为产品。

2）合理组织生产过程的要求

合理组织生产过程的目的是使产品在生产过程中行程最短、时间最省、耗费最小、效益最高。为此，组织生产过程必须努力实现以下要求：

（1）生产过程的连续性。生产过程的连续性是要求产品生产过程的各个工艺阶段、工序之间在时间上紧密衔接，连续进行。它表现为产品及其零部件在生产过程中始终处于运动状态，不发生或很少发生中断现象。保证和提高生产过程的连续性，可以缩短产品生产周期，减少在产品数量，加速资金周转，同时能更充分地利用物资、设备和生产面积等。

（2）生产过程的比例性。生产过程的比例性是指生产过程各阶段、各工序之间在生产能力上要保持一定的比例关系，以适应产品生产的要求。它表现在各个生产环节的工人人数、设备数量、生产速度、开动班次等，都必须互相协调配套。比例性是保证生产连续性的前提，有利于充分利用企业的设备、生产面积、人力和资金等。

（3）生产过程的均衡性。生产过程的均衡性是要求生产过程的各个基本环节和各工序在相同的时间间隔内，生产相同或者稳定递增数量的产品，每个工作地的负荷经常保持均匀，未出现前松后紧或时紧时松等现象，保持有节奏的均衡生产。均衡性特点是连续性和比例性特点所决定的。生产不均衡会造成忙闲不均，既浪费资源，又不能保证质量，还容易引发设备、人身事故。

（4）生产过程的平行性。生产过程的平行性是指物料在生产过程中实行平行交叉作业。平行作业是指相同的零件同时在数台相同的机器上加工；交叉作业是指同一批零件在上道工序还未加工完成时，将已完成的部分零件转到下道工序加工。也就是生产过程的各工艺阶段、各工序在时间上实行平行作业，产品各零部件的生产在不同空间进行。平行交叉作业可以大大缩短产品的生产周期，在同一时间内生产更多的产品。平行性是生产过程连续性的前提。

（5）生产过程的精确性。保证零部件在生产过程中以最准确的时间、最准确的数量到达最准确的位置，并实现指定的加工。

（6）生产过程的柔性化。市场需求的多变性要求生产系统必须实现在极短时间内，以最小的代价从一种产品的生产转换到另一种产品的生产。所谓柔性，是指加工制造的灵活性、可变性和可调节性，广义上说，还包括服务、运输、库存等方面的灵活性。

互动课堂5-1

传统工业生产的特点是少品种、大批量生产，而现代工业要求柔性化生产，也就是多品种、小批量生产，那么这两种生产模式各有什么优缺点呢？如何来实现柔性化生产？

5.2.2　现代企业生产过程组织的内容

产品的生产过程既要占用一定的空间，又要经历一定的时间，因此合理组织生产过程，就需要将生产过程的空间组织与时间组织有机地结合起来，充分发挥它们的综合效率。

1）生产过程的空间组织

（1）工艺专业化。

工艺专业化又称机群式，是按生产工艺性质的不同来设置生产单位。在工艺专业化的生产单位里，集中着同种类型的设备和同工种的工人，对企业生产的各种产品进行相同工艺的加工。

按工艺专业化组成的生产单位，其优点是：有利于充分利用生产设备和生产面积；便于对工艺进行专业化管理和组织同工种工人的技术学习与交流；较灵活地适应品种变化的要求。其缺点是：产品在加工过程中的周转环节多，运输路线长；产品生产周期长，占用流动资金多；各生产单位之间的协作往来频繁，使计划、在产品和质量管理等工作复杂。

（2）对象专业化。

对象专业化是按照产品的不同来设置生产单位（车间、工段、小组）。在对象专业化的生产单位里，集中着为制造某种产品所需要的各种设备和各工种的工人，能独立地完成产品生产，是封闭式的生产单位，如汽车制造厂的发动机车间、齿轮车间等。

按照对象专业化组成的生产单位，其优点是：产品在加工过程中，可采用先进的生产组织形式，生产周期短，运输路线短，在产品和流动资产占用量少；减少了各生产单位协作往来的联系，从而简化计划、调度、核算等管理工作。其缺点是：在产量不大时，难于充分利用生产设备和生产面积；难于对工艺进行专业化管理；对品种变换的适应能力差。

2）生产过程的时间组织

生产过程的时间组织主要是研究一批零件在加工过程中，采用何种移动方式。一般来说，一批零件在工序间的移动方式有顺序移动、平行移动、平行顺序移动3种方式。

（1）顺序移动方式。它是指一批零件在上道工序全部完工以后，才送到下道工序去进行加工。这种方式的特点在于零件在工序之间是按次序连续整批运送，生产周期长。这种移动方式加工周期的计算公式如下：

$$T_{顺} = n\sum_{i=1}^{m} t_i \tag{5.1}$$

其中：$T_{顺}$——一批零件顺序移动的加工周期；

n——零件批量；

m——零件加工工序数目；

t_i——第i道工序的单件加工时间。

（2）平行移动方式。它是指一批零件中的每个零件在前一道工序完工后，立即传送到下一道工序继续加工。这种方式的特点是零件在各工序之间是逐件运送，并在不同工序上平行加工。这种移动方式加工周期的计算公式如下：

$$T_{平} = \sum_{i=1}^{m} t_i + (n-1)t_{最长} \tag{5.2}$$

其中：$T_{平}$——一批零件平行移动的加工周期；

$t_{最长}$——最长工序的单件加工时间。

（3）平行顺序移动方式。它是顺序移动和平行移动两种方式的结合使用，也就是一批零件在前一道工序尚未全部加工完毕时，将已加工好的一部分零件转送到下一道工序加工，并使下道工序能连续地加工完该批零件。其具体做法是：如果后道工序单件加工时间比前道工序单件加工时间长，则前道工序往后道工序按件运送；如果后道工序单件加工时间比前道工序单件加工时间短，后道工序的最后一个零件只能等到前道工序所有零件加工完毕后，才能开始加工，则后道工序的第一个零件加工时间，可从最后一个零件的加工时间依次向前倒推确定。这种移动方法加工周期的计算公式如下：

$$T_{平顺}=T_{顺}-(n-1)\sum_{i=1}^{m} t_{较短} \tag{5.3}$$

其中：$T_{平顺}$——一批零件平行顺序移动方式的加工周期；

$t_{较短}$——较短工序，是指某一道工序的单件加工时间比前道工序短，或比后道工序短。

现举例，将上述3种移动方式的加工周期用图加以对比。设某种零件批量n=3件，加工工序数m=3道，每道工序的单件加工时间t_1=3小时，t_2=1小时，t_3=4小时，则该批零件的加工周期（T）如图5-2所示。

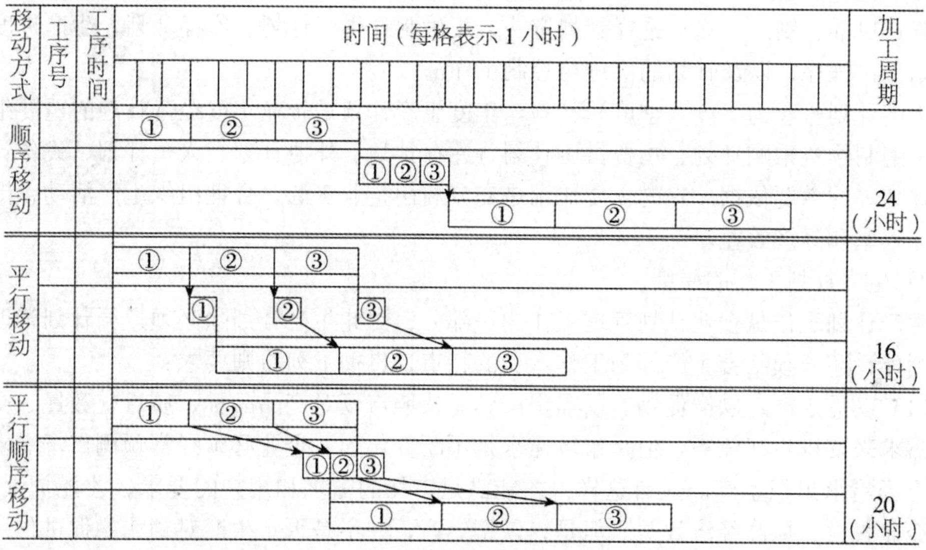

图5-2　顺序、平行、平行顺序移动加工周期示意图

运用上述计算公式求出各种移动方式的加工周期：

$$T_{顺} = n\sum_{i=1}^{m} t_i = 3 \times (3 + 1 + 4) = 24(小时)$$

$$T_{平} = \sum_{i=1}^{m} t_i + (n - 1)t_{最长} = (3 + 1 + 4) + (3 - 1) \times 4 = 16(小时)$$

$$T_{平顺} = T_{顺} - (n - 1)\sum_{i=1}^{m} t_{较短} = 24 - (3 - 1) \times (1 + 1) = 20(小时)$$

从上述3种移动方式的加工周期可以看出，顺序移动方式的生产周期最长，平行顺序移动方式的生产周期较短，平行移动方式的生产周期最短；在设备利用方面，当前道工序的单件加工时间大于后道工序的单件加工时间时，平行移动方式会产生机床停歇时间；在组织管理方面，顺序移动方式最简单，平行顺序移动方式最复杂。因此，在具体选择零件的移动方式时，应根据各自特点，结合生产的各种条件确定。若零件批量小，工序的单件加工时间短，可采用顺序移动方式；若零件批量大，工序的单件加工时间长，则宜采用平行顺序移动或平行移动方式。工艺专业化的车间、工段、小组宜采用顺序移动方式；对象专业化的车间、工段、小组宜采用平行移动或平行顺序移动方式。

5.3　生产计划

5.3.1　生产计划工作的内容和原则

1）生产计划工作的内容

生产计划是根据对需求的预测，从工厂能够适应需求的能力出发，为有效地满足预测与订货所确定的产品品种、数量和交货日期，制订应在什么时候、在哪个车间生产和以什么方式生产的最经济合理的计划。

企业生产计划工作的内容包括：调查和预测社会对产品的需求；核定企业的生产能力；确定目标，制定策略；选择计划方法，正确制订生产计划、库存计划、生产进度计划和计划工作程序，以及计划的实施与控制工作。

生产计划一般为年度（季度）计划。年度生产计划是企业年度经营计划的重要组成部分，是编制物资采购计划、物资供应计划、库存计划、外协计划、人员计划、设备计划和资金计划等的主要依据。它的主要作用是充分利用企业资源，合理组织生产活动，提高企业生产效率和经济效益。

2）生产计划工作的原则

生产计划工作是企业计划管理工作的一部分，因此生产计划除必须遵循计划管理的基本原则外，还必须结合生产计划工作本身的特点，贯彻下列原则要求：

（1）以需定产，以产促销。以需定产就是按照市场对产品品种、质量、数量、交货日期的需求来安排生产任务。但是市场需求是不断变化的，企业必须经常预测市场需求，并按照市场需求组织生产。只有这样，才能满足市场的需求和用户的要求，才能扩大生产，增加企业收益，提高经济效益。但是，以销定产，并不是否定生产对销售的促进作用。生产为销售提供物质，并以新的产品或物美价廉的产品唤起新的需求，开辟新的市场，指导销售行为，扩大销售量。因此，以需定产、以产促销原则，要求企业的生产计划既要依据预测的市场需求和订货合同规定的产品品种、规格、质量、数量，又要结合企业的专长，充分发挥企业的人才、技术和管理等资源方面的优势，开发新产品或生产具有一定特色的优质产品，唤起新的需求，指导销售或用户需求方向。只有这样，才能扩大销售，满足市场需求，提高经济效益。

（2）合理利用生产能力。企业的生产计划同企业的生产能力要适应，这样才能合理充分地利用企业的生产能力。贯彻这一原则，要求企业的生产计划工作必须做到：①生产计划安排的产品品种的生产工艺过程必须同企业的设备性能相一致；②生产计划的产品产量必须同企业生产设备能力相一致；③生产进度安排均匀，使设备均衡负荷；④生产计划必须与销售计划、人员计划、库存计划、物资供应计划、设备计划、资金计划等互相衔接和协调一致。

（3）进行综合平衡。综合平衡是编制计划的方法，也是编制生产计划的一项原则。生产计划指标的确定不是孤立的，而是受各方面因素的制约，既涉及产、供、销，又涉及人、财、物，这就必须对它们进行综合平衡。只有经过综合平衡后确定的生产计划指标才是先进的、切合实际的。

综合平衡的一个重要方面就是要弄清楚企业内部生产的可能性，以生产任务为中心，与设备生产能力、技术准备、物资供应、资金和劳动力等方面进行综合比较。目的是发现哪些方面存在不足、存在困难，从而采取有效措施，设法解决，使各方面的条件能够保证生产计划的完成。

综合平衡的另一个重要方面是各项经济指标之间的平衡，即对产品的品种、产量、质量、成本、消耗、利润、资金等各项经济指标进行综合比较，要在尽可能提高经济效益的目标下，对生产计划各指标予以合理调整，使确定的生产计划指标能够保证企业经营目标的实现。

（4）生产计划安排最优化。生产计划安排最优化，是指在一定资源条件下，对生产进行合理安排，求得最佳经济效益。生产计划安排最优化的内容包括两个方面：

①企业生产各品种产品的产量最优化组合。企业的资源是有限的，各品种产品的市场需求、消耗、成本、利润都不相同。企业的生产计划必须在满足市场需求的前提下，根据有限的资源，寻求各品种产品生产数量的合理搭配。这种生产计划安排最优化又称静态最优化；

②计划安排动态最优化。市场和用户对各产品的数量及交货时间的要求是不同的，生产计划安排必须在品种、数量和交货时间上同时满足这些需求，因而企业的生产计划必须根据企业的生产能力等因素的限制，制订应在什么时期、用什么方式生产的最佳生产计划方案，使生产成本与存货成本最低，或设备负荷率最大、成本最低。

5.3.2　生产能力的核定

1）生产能力的概念与分类

生产能力是指一定时期内直接参与企业生产过程的固定资产，在一定的组织技术条件下，所能生产一定种类的产品或加工处理一定数量的原材料的能力。工业企业的生产能力是指企业内部各个生产环节，全部生产性固定资产（包括机器设备、厂房和其他生产性建筑物）在保持一定比例关系的条件下所具有的综合能力。生产能力是一个动态的概念，随着科学技术的进步和生产组织的完善，以及企业生产产品品种及其结构的变化而变化。

企业的生产能力一般分为三种：

（1）设计能力。设计能力是工业企业设计任务书和技术设计文件中所规定的生产能力。它是按照工厂设计中规定的产品方案和各种设计数据确定的，生产性固定资产在最充分利用工作时间和最完善技术组织条件下应达到的最大生产能力。工厂建成投产后，一般要经过一段时间后才能逐步达到设计能力。

（2）查定能力。查定能力是指没有设计能力，或虽有设计能力，但企业的产品生产方案和技术组织条件发生重大变化，原设计能力已不能正确反映企业的生产能力水平时，重新调查核定的生产能力。查定能力是以企业现有的生产技术和生产组织条件为依据的。

（3）计划能力。计划能力是指企业在计划年度内能够达到的生产能力。它是根据现有的生产技术条件，并考虑到计划期内所能实现的各项技术组织措施的效果，按照计划期的产品方案计算确定的。

以上三种生产能力各有不同的用途。设计能力、查定能力是确定企业的生产规模、编制企业的长期计划、确定扩建改造方案、安排基本建设项目和采用重大技术组织措施的依据；计划能力是编制企业年度（季度）计划的依据。

2）影响生产能力的因素

企业生产能力的大小取决于许多因素，如设备、工具、工装、生产面积、工艺方法、原材料、劳动力、生产组织、劳动组织、产品方案，以及标准化、通用化和专业化水平等，但主要是由以下三个因素决定的：

（1）固定资产的数量。这是指企业在计划期内用于生产的全部机器设备数量、厂房和其他生产性建筑物的面积。

用于生产的机器设备包括正在运转的机器设备，正在修理、安装或等待修理、安装的机器设备，以及因任务变化而暂停使用的机器设备。

生产面积包括车间的生产面积和其他生产用面积。

（2）固定资产的工作时间。这是指按企业现行工作制度计算的机器设备的全部有效工作时间和生产面积利用时间。机器设备的有效工作时间同企业现行制度规定的工作班次、每班工作时间、全年工作日数、设备计划修理时间有关。在连续生产的条件下，机器设备的有效工作时间一般等于全年日历日数减去全年计划修理的停工时间。在间断生产的条件下，机器设备的有效工作时间是由制度工作日数、班次、每班工作时间和设备计划修理停工时间决定的。

季节性生产企业机器设备的有效工作时间应按全年可能的生产日数计算，或者按其可能的昼夜生产时间确定，而不核算其全年生产能力。

生产面积的利用时间一般不存在停工修理时间，可直接根据企业是连续生产还是间断生产的不同要求，分别按日历日数或制度工作日数确定。

（3）固定资产的生产效率。固定资产的生产效率是指单位机器设备的产量定额或单位产品的台时定额。固定资产的生产效率是计算和确定生产能力的最基本因素。在设备（生产面积）的数量及工作时间总数一定的条件下，固定资产的生产效率对生产能力的大小起着决定性作用。计算生产能力时所用的定额，应充分反映先进的技术因素和组织因素。

3）核定生产能力

生产能力的核定是指对企业、车间、工段（小组）在一定时期内的生产能力进行计算和确定。生产能力的核定应从最基层的生产环节开始，自下而上进行，即首先确定工作地的生产能力，而后确定工段（小组）、车间、企业的生产能力。

5.3.3 生产计划指标的确定

1）生产计划的主要指标

生产计划的主要指标有产品品种指标、产品质量指标、产品产量指标和产值指标。

（1）产品品种指标。

产品品种指标是指企业在计划期内应当生产的产品品种和品种数。它表明企业在品种方面满足市场需求的程度，反映企业的专业化协作水平、技术水平和管理水平。

（2）产品质量指标。

产品质量指标是指企业在计划期内各种产品应当达到的质量标准。产品的质量标准有国家标准、部颁标准和企业标准。不同行业、不同企业表示产品质量的指标是不同的。常用的质量指标有产品合格率、成品返修率、废品率、优质品率等。

产品质量指标能够反映企业的技术水平与管理水平，而且是衡量一个国家工业技术水平的重要标志。

（3）产品产量指标。

产品产量指标是指企业在计划期内应当生产合格产品的实物数量和工业性劳务数量。产品产量指标通常采用实物单位计量。例如，钢铁用“吨”、机床用“台”、棉布用“万米”表示等。

产品产量指标是体现企业生产成果的一个重要指标。它反映了企业在一定时期内向社会提供的使用价值数量和企业的生产发展水平，也是企业进行产销平衡、物资平衡，计算实物劳动生产率、原料和能源消耗、成本等指标的基础，是安排生产作业计划和组织日常生产的重要依据。

（4）产值指标。

产值指标是以货币形式表现的企业在报告期内生产的产品和提供工业性劳务活动的总价值量。产值指标包括商品产值、总产值和净产值三种。

①商品产值。商品产值是指企业在计划期内，应当生产可供销售的合格产品和完成的工业性作业的价值，一般按现行价格计算。其内容包括：用本企业自备原材料生产的成品价值及预定出售的半成品价值；用订货单位的原材料生产的成品的加工价值；已完成的工业性作业的价值。商品产值是反映企业生产成果的指标，表明企业在计划期内为社会提供的商品总价值量。

②总产值。总产值是以货币表现的企业在报告期内生产的产品总量。总产值包括：本年生产成品价值；对外加工费收入；自制半成品、在产品期末期初的差额价值。总产值反映了企业一定时期的生产规模和水平，是计算企业生产发展速度和劳动生产率等指标的重要依据。

③净产值。净产值是企业在计划期内创造的价值。其计算方法有两种：一种是生产法，即从总产值中扣除物质消耗的价值来求得净产值；另一种是分配法，即将构成净产值的各要素（工资、员工福利基金、税金、产品销售利润、利息和其他费用）直接相加求得。

2）确定生产计划指标

（1）确定生产计划指标所需的资料。

确定生产计划指标必须收集相应的资料，主要是：①国家的方针、政策、法律、规定、规划；②国家的产业政策；③市场需求预测；④现有订货合同未交货的情况；⑤现有存货水平（包括成品与半成品）；⑥企业生产能力；⑦原料、材料及能源供应情况；⑧各种定额资料；⑨成本与售价；⑩管理政策。

（2）确定生产计划指标的方法。

确定生产计划指标是编制生产计划的中心内容。生产计划指标的确定必须：贯彻国家的路线、方针、政策、法令、规定；符合国家产业政策的要求；满足市场需求；充分利用企业的生产能力和其他资源，降低成本，提高经济效益。

为寻求最佳经济决策，必须采用现代计划方法求得最佳产品方案，从而使确定的生产计划指标达到最优化。

5.3.4　产品生产进度计划

1）安排产品生产进度计划的作用和原则

产品生产进度计划就是将全年的计划任务，按各个季度、各个月份进行分配的具体计划。合理地安排产品生产进度，可以使全年的计划任务从时间上进一步落实，便于年度计划的执行和检查，便于企业做好各项生产准备工作，保证企业各个生产环节的平衡衔接，使企业均衡生产，有效地利用人力、物力、财力，提高经济效益。

安排产品生产进度计划的原则：①保证国家指令性计划的完成和在订货合同规定的期

限交货，满足社会需要；②均衡生产，使企业的生产能力在各季度、各月份保持均衡水平，最大限度地提高设备负荷率；③降低产品成本，提高经济效益；④必须与生产技术准备工作和项目投入生产的时间互相衔接。

2）产品生产进度的安排方法

（1）单一品种、大量生产企业产品生产进度的安排。

大量生产的企业，产品品种单一，一般是以产定销，对于各个时期需求的满足，是通过库存调节的。因此，产品生产进度的安排是将全年任务根据生产能力的变化和原材料、燃料、动力的供应情况等具体条件，按平均分配、分期递增、曲线递增三种形式进行分配（举例见表5-1）。

表5-1　**大量生产企业产品生产进度的安排形式**　单位：件

安排形式	年计划	一季度			二季度			三季度			四季度		
		1	2	3	4	5	6	7	8	9	10	11	12
平均分配	2 400	200	200	200	200	200	200	200	200	200	200	200	200
分期递增	2 400	180	180	180	190	190	190	210	210	210	220	220	220
曲线递增	2 400	160	180	185	190	195	200	205	210	215	220	220	220

（2）多品种、成批生产企业产品生产进度的安排。

多品种、成批生产的企业，产品品种复杂多变，一般都是按需组织生产。因此，产品生产进度的安排比较复杂，必须考虑各种产品的交货期、消费需求的动态变化，并与企业的生产能力和其他资源进行动态平衡，以提高企业的经济效益。

在产品的预测需求量各个时期不等的情况下，企业的生产管理政策一般采取以下几种方式：①在低需求时期，建立适当库存，以应付高需求时期的需要；②在高需求时期，采取缺货后补政策或忍受销售损失；③在现有的生产能力不变的情况下，旺季采取加班，或淡季采取部分停工方式，以配合市场或用户的需要；④在高需求时期，将一部分零部件（或产品）由自制改为外包，以适应变动的需求。

①、②策略是平稳、均衡地安排生产进度计划的方式；③、④策略是以需求为中心，完全按销售曲线安排生产进度计划的方式。各种计划方式的生产成本是不同的，因而生产进度安排是在寻求一种最佳的生产计划，使产品生产总成本最低。

5.4 库存控制

5.4.1 库存管理的基本任务与目标

1）库存管理的基本任务

库存是指企业生产经营活动所需的备用物资。库存管理是对库存物资的数量及生产保障的管理。库存的主要功能：在供给和需求之间建立缓冲区，减缓供需矛盾；在生产或销售的两次进货期间便于周转，避免物资短缺；可以适应预期或不可预测的市场变化。也就是说，提供各项物资，以保障原材料—半成品—成品—用户的物流畅通。从制造业的角度来讲，企业的库存包括原材料、委托加工材料、包装物和低值易耗品、在产品及自备半成品、产成品等。

库存管理的基本任务，总的来说，就是根据企业规定的生产经营任务，以提高经济效益为核心，做到供应好、周转快、消耗低、费用省，有效地管理库存以提高实物供应与实物分配系统的效率，具体体现在以下几个方面：

（1）保证有计划地按品种、规格，保质保量、及时地供应生产所需要的各类物资，使生产经营活动不间断进行。

（2）通过有效的组织形式和科学的管理方法，控制物资合理的库存量，减少和消除物资积压，加速物资周转。

（3）监督和促进企业生产部门合理、节约地使用物资，降低物资消耗。

此外，可以把经常动用的物料以及危险性物料分片保管，以保证工厂的安全生产。

2）库存管理的目标

（1）库存成本最低。这是企业需要通过降低库存成本以降低生产总成本、增加盈利和增加竞争能力所选择的目标。

（2）库存保证程度最高。企业有很多的销售机会，相比之下降低库存意义不大，这就特别强调库存对其他经营、生产活动的保证，而不强调库存本身的效益。企业通过增加生产以扩大经营时，往往选择这种控制目标。

（3）不允许缺货。企业由于技术、工艺条件决定不允许停产，则必须以不缺货为控制目标，才能起到不停产的保证作用。企业某些重大合同必须以供货为保证，否则会受到巨额赔偿的惩罚。

（4）限定资金。企业必须在限定资金预算的前提下实现供应，这就需要以此为前提进行库存的一系列控制。

（5）快捷。库存控制不以本身的经济性来确定目标，而以大的竞争环境系统要求来确定目标，这常常需要以最快速度实现进出货为目标来控制库存。

拓展阅读5-1

实现零库存的方法

一、委托保管方式

委托保管方式是接受用户的委托，由受托方代存代管所有权属于用户的物资，从而使用户不再保有库存，甚至可不再保有保险储备库存，从而实现零库存。

二、协作分包方式

协作分包方式即美国的“Sub-Con”方式和日本的“下请”方式，主要是制造企业的一种产业结构形式。这种结构形式可以以若干分包企业的柔性生产来准时供应，使主企业的供应库存为零；同时主企业的集中销售库存使若干分包劳务及销售企业的销售库存为零。

在许多发达国家，制造企业的结构都是由一家规模很大的主企业和数以千百计的小型分包企业组成的一个金字塔形结构。主企业主要负责装配和产品开拓市场的指导，分包企业各自分包劳务、分包零部件制造、分包供应和分包销售。例如，分包零部件制造的企业，可以采取各种生产形式和库存调节形式，以保证按主企业的生产速率依照指定时间送货到主企业，从而使主企业不再设一级库存，达到零库存的目的。

三、轮动方式

轮动方式也称同步方式，是在对系统进行周密设计的前提下，使各个环节速率完全协调，从而根本取消甚至是工位之间暂时停滞的一种零库存、零储备形式。

四、准时方式

在生产工位之间或在供应与生产之间完全做到轮动，这不仅是一件难度很大的系统工程，而且需要很大的投资，同时有一些产业不适合采用轮动的方式，因而广泛采用的是比轮动方式有更多灵活性、较容易实现的准时方式。准时方式不是采用类似于传送带的轮动系统，而是依靠有效的衔接和计划达到工位之间、供应与生产之间的协调，从而实现零库存。

资料来源　作者根据360百科整理。

互动课堂5-2

许多现代企业在库存管理中要实现零库存的目标。请同学们在网上收集相关资料，结合现代物流业的发展，讨论如何才能实现零库存，有哪些方式。

5.4.2　物资采购

要控制企业库存，首先应该根据生产计划对物资采购进行有效控制。企业物资采购主要是指以生产为目的的主要材料、辅助材料、工具、备件和设备等物资的购买活动。其基本使命就是以尽可能便宜的价格，得到完全符合企业生产所需的生产物资。物资采购是企业经营的一个核心环节，是企业获取利润的重要来源。

1）供应链条件下企业物资采购流程的变革

现代企业面临一个需求多样化与个性化相结合的市场，生产过程对物资的柔性（多样化）、刚性（质量）需求就体现在物资采购与供应环节中。作为制造企业，为销售而生产、为生产而采购是一个环环相扣的物资输入输出的动态过程，在此过程中，采购起着“龙头”作用。新的变化对企业物资采购流程提出了变革要求。

所谓企业物资采购流程，是指有制造需求的厂家选择和购买生产所需的各种原材料、零部件等物资的全过程。在此过程中，购买方首先要寻找相应的供货商，调查其产品在数量、质量、价格、信誉等方面是否满足购买要求。其次，在选定了供应商后，要以订单方式传递详细的购买计划和需求信息给供应商并商定结款方式，以便供应商能准确地按照客户的要求进行生产和供货。最后，要定期对采购物资的管理工作进行评价，寻求提高效率的采购流程。

一个完善的采购流程应满足所需物资价格在供应商中的合理性，物资质量在制造所允许的极限范围内，物资数量能保证制造的连续性等要求。

随着全球经济一体化、信息技术的发展，同传统的采购流程相比，现在的许多企业已经采取供应链管理（纵向一体化、横向一体化）策略来改进它们与供应商之间的关系，并称之为基于供应链环境下的采购流程，目的是强调协同采购的理念。企业的物资采购流程发生的新变革，具体表现在以下几方面：

（1）企业内部协同。采购内容包括正确的物资、合适的数量、正确的交付（交付时间和交付地点）、合适的货源和合适的价格。而这些信息的获得需要来自销售和市场部门、设计部门、生产部门、采购部门的信息。企业要进行高效的采购行为，就需要企业内部各部门的协同合作。此外，随着新产品的急剧增加，需要采购的新零部件的数量也大大增加，为达到物资数据的一致性，各部门需要及时更新相关信息。

（2）企业外部协同。这是指在企业和供应商共享库存、需求等方面信息的基础上，企业根据供应链的供应情况实时在线调整自己的计划和执行交付的过程，同时，供应商根据企业实时的库存、计划等信息调整自己的计划，在不降低服务水平的基础上减少库存。

（3）从“为库存采购”转化到“为订单采购”。在传统的采购模式下，采购的目的是补充库存，即为库存采购。在供应链管理的环境下，采购活动是以订单采购的方式进行的，采购订单的需求是在用户需求订单的驱动下产生的。这种为订单采购的方式使得供应链系统得以准时满足用户的需求，同时降低了库存成本。

（4）采购过程中的外部资源管理。传统采购管理的不足之处就是与供应商之间缺乏合作，缺乏柔性和对需求快速响应的能力。有效的外部资源管理就是企业在采购活动中，建立一种新的、有不同层次的供应商网络，并逐步减少供应商的数量，致力于与供应商建立一种长期的、互惠互利的合作关系。一方面，通过提供信息反馈和教育培训，促进供应商对产品质量的改善和保证；另一方面，参与供应商的产品设计和产品质量控制过程，并协调供应商的计划。通过帮助供应商完善成本结构、供货质量，降低成本，提高效率，从而建立最佳供应商组合，逐步实现供应价值链的最优化。

2）采购流程的控制与管理

材料费用占工业产品成本的比重较大，因而要降低工业产品成本，也就必须控制采购成本，必须对采购业务进行严格而深入的控制与管理。

（1）要制订科学的物资采购计划，严格按计划采购。确定科学的采购计划关键是要确定物资需要量和物资采购量。

物资需要量是指计划期内，企业产品生产、设备维修、新产品试制等各方面所需物资的数量。它有两种计算方法：

①直接计算法，也叫定额计算法，是根据某种物资消耗定额和计划期任务量计算的。其计算公式为：

$$\text{某种物资需要量}=(\text{计划产量}+\text{技术上不可避免的废品损失})\times\text{单位产品物资消耗定额} \tag{5.4}$$

②间接计算法，是以历史上实际的消耗水平为依据，考虑到计划期影响物资消耗变动的因素，用一定的比例对上期实际消耗进行修正，从而确定计划期物资耗用量的方法。其计算公式为：

$$\text{某种物资需要量}=\text{上期实际消耗量}\times\frac{\text{计划期产量}}{\text{上期实际产量}}\times(1\pm\text{计划期预计材料降低率}) \tag{5.5}$$

$$\text{某种物资采购量}=\text{某种物资需要量}+\text{期末储备量}-\text{期初库存量}-\text{企业内部可利用物资量} \tag{5.6}$$

（2）要严格采购订单管理，对可能拖期的供应商要加强催货。

（3）要加强对采购业务的常规管理。根据采购合同，搞好物资的入库验收、质检，办理入库手续。

（4）认真选好供应商，搞好客户关系管理。对供应商的选择可考虑以下因素：供应商产品质量、生产能力、技术水平、价格、可靠性、地理位置、售后服务。此外，其他如信用条件、互惠贸易条件，以及供应商是否愿意为客户保持存货等额外考虑事项也会影响买方对供应商的选择。

5.4.3 库存控制方法

不同领域的企业对于库存管理有着不同的具体要求，诸如库存成本最低、库存保证程度最高、不允许缺货或限定库存费用等，这对于所采用的库存控制方法会形成一定的影响。但无论哪一种库存控制的具体要求，都需要企业精心策划，制定相应的库存控制方法，并施以有效的管理手段才能达到。归根结底，库存控制解决三个主要问题：确定库存检查周期；确定订货量；确定订购点（何时订货）。下面简单介绍几种库存控制的方法。

1）采购控制

（1）定量订货法。

这种方法是指某种物资储备下降到某一规定数量时，由仓库按照事先所确定的采购量，立即发出订货要求，物资采购部门及时组织订货，以保证消耗掉的物资得以再次储备。

采用这种方法是预先制订一个订购点的库存量水平，当库存量降低到订购点的库存量水平时，即自动发出某一固定的补充库存量的订货单。订购点的库存量可用下式确定：

订购点库存量=平均每日需用量×订购时间+保险储备量　　(5.7)

该法只适用于物资需求率不变的情况下，即各次订购时间间隔相等（如图5-3所示）。

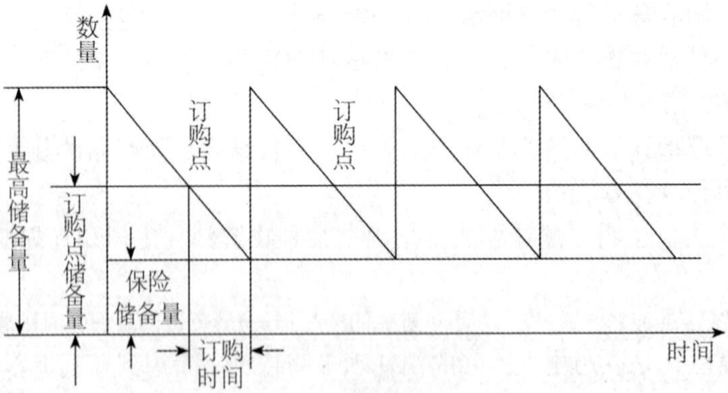

图5-3　定量订货法

每次采购多少可以用经济订购批量法来确定。所谓经济订购批量法，就是一次订货所订的物资数量较为经济、合理。一次购入的数量过多，会多占用流动资金，增加存储费用和库存成本；一次购入的数量过少，会增加订购次数从而增加订购费用。订购多少为宜，用经济订购批量来确定（如图5-4所示）。从图5-4中可以看出，保管费用随着订购的批量增大而增大，而订购费用随着订购的批量增大而减少。两种费用之和，即总费用的曲线必定有一个最低点，该点所对应的批量为经济订购批量。

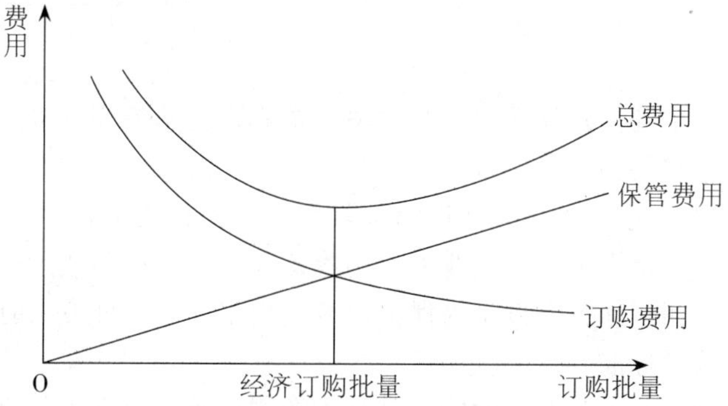

图5-4 经济订购批量

经济订购批量的计算公式如下：

$$EOQ=\sqrt{\frac{2AR}{E}} \tag{5.8}$$

其中：EOQ——经济订购批量；

A——每次订购费用；

R——年订购总量；

E——单位物资的年保管费用。

利用上述计算得到的经济订购批量，毕竟只是一个理论值，在实际订货时，可按车辆装载量、容器容量进行调整，通常可取接近理论值的一定范围作为订购数量的依据。

（2）定期订货法。

定期订货法是一种按固定检查和订货间隔期为基础的库存控制法。这种方法是采购时间确定而每次的采购量不确定的方法，是从时间上来限定订货周期，从而达到控制库存量的目的。只要订货周期控制得当，就可以既不造成缺货，又可以控制最高库存量，达到节省库存费用的目的。订购量可按下述公式确定：

订购量=平均每日需用量×（订购天数+订购间隔天数）+保险储备定额-实际库存量-订购余额 （5.9）

在这种方法下，订购时间固定不变，因此物资进入时间间隔相同（如图5-5所示）。

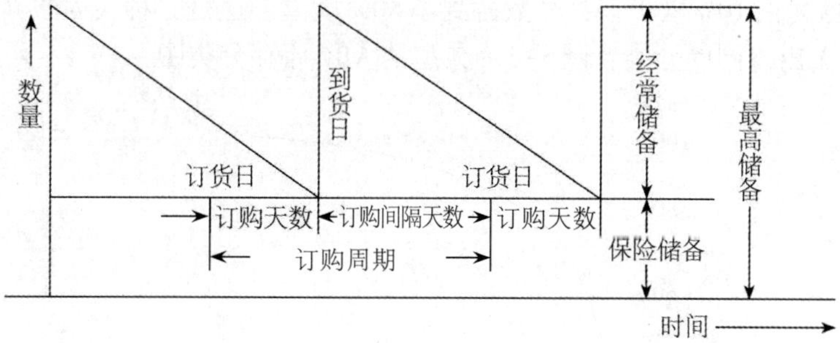

图5-5 定期订货法

例如，某种物资的订购间隔天数为30天，即一个月订购一次，订购天数为10天，平均每日需用量为30吨，保险储备定额为250吨，订购日的实际库存量为450吨，订购余额为零，则：

订购量=30×（10+30）+250-450-0=1 000（吨）

由上例可见，当订购间隔天数为30天时，在通常情况下，一次订购量应为900吨（30×30），而按现在计算为1 000吨，这是由于实际库存已经缺货，因而在订购时对批量做了调整。

2）掌握库存动态

企业要进行库存控制，必须掌握库存动态。企业库存储备的物资，按照用途可以分为经常性储备、季节性储备和保险储备。

经常性储备定额是为保证两次进货的间隔期内正常供应的需要而规定的储备数量标准。季节性储备定额是指由于某些企业需要的物资存在季节性，或运输受季节性影响而建立的储备数量标准。保险储备定额是为保证供应过程中发生意外变故时，能不间断地组织供应而规定的储备数量标准。

企业的物资储备量是不断在变动的，某种物资的储备量有上下限之分。储备量的上限是最高储备量，储备量的下限是保险储备量，用公式表示为：

$$\text{某种物资最高储备量}=\text{经常性储备量}+\text{保险储备量}+\text{季节性储备量} \tag{5.10}$$

$$\text{某种物资最低储备量}=\text{保险储备量} \tag{5.11}$$

最高储备量与最低储备量的经济意义在于：最高储备量是防止物资超储积压的警戒线；最低储备量是防止物资供应停工待料的最低警戒线。当物资储备量超过最高储备量时就应停止进货；当接近最低储备量时，就应立即提出采购要求，以保证物资供应。库存控制就是要使物资储备量保持在最低与最高储备量之间。

3）ABC重点控制模式

ABC重点控制模式是把物资按品种和占用资金大小分类，再按各类重要程度的不同分别控制，抓住重点和主要矛盾，进行重点控制。

ABC分析源自意大利经济学家帕累托的理念，也称20对80原则。帕累托认为企业管理中，存在着重要的“少数”和不重要的“多数”，企业应将管理资源致力于重要的“少数”而不是不重要的“多数”。

ABC重点控制模式正是基于上述原理，按物资的价值、重要程度、耗用情况等加以分类。一般A类为高价物资，其价值占全部库存价值的70%以上，而品种数不及库存品种总数的20%；B类物资的价值约占库存总值的20%，品种数不到库存品种总数的30%；而C类物资的价值只占10%以下，品种数占到了50%以上。这是一种人为的分类，每个企业可视具体情况做出不同的分类。图5-6为典型的ABC库存分类图。

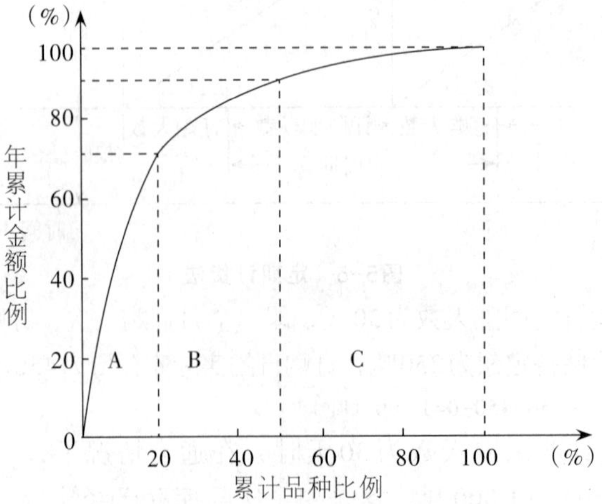

图5-6　ABC库存分类图

针对各类物资进行分类控制：

（1）A类物资的库存管理。对A类物资要重点、严格控制。A类物资库存品种不多，占用资金量大，必须对其实行精确的定期订货控制。对A类物资库存品，需要有详细的进出库记录，经常检查库存情况，随时提供准确的库存信息，尽量缩短供应间隔时间，选择最优的订购批量，在满足企业内部需要和客户需要的前提下维持尽可能低的经常库存量和安全库存量。在库存配置上，应把A类物资储存在靠近客户的配送中心，客户一订货就能马上送到客户手中，便于提供及时、优质的服务。

（2）B类物资的库存管理。对B类物资也应引起重视，适当控制。在采购中，既可用定期订货法也可用定量订货法，视具体情况而定，可适当照顾到供应企业确定的生产批量以及选择的运输方式。在库存配置上，可以把这类物资分别在工厂仓库和配送中心保管，库存的数量可以按照各种具体情况来决定。

（3）C类物资的库存管理。对C类物资可以放宽控制或一般控制。C类物资库存品种多，但占用资金较少，用比较简单的定量订货法进行控制即可。在库存配置上，可以经常性地放置在工厂仓库中加以保管。

表5-2显示的是企业对物资进行A、B、C3种分类后不同的管理方法。

表5-2　　A、B、C3类物资库存管理表

物资等级	控制程度	库存配置	订货方法	记录要求	安全库存量	库存检查
A类	严格	配送中心	定期订货	详细	较低	经常
B类	一般	工厂仓库或配送中心	定期或定量订货	一般	较高	一般
C类	稍弱	工厂仓库	定量订货	简单	大量	很少

拓展阅读5-2

奇瑞的零库存管理

奇瑞的零库存实现采取的是订单式生产的控制模式。经销商每周可以向厂商下1次订单，预定下周需要的车辆型号和数量；其间，经销商还可以进行1次增补订单的操作。举例而言，每月1号经销商开始预订7号到14号期间需要的车型和数量，4号的时候还可以就1周的销售情况进行1次修正，向厂商增订需要的车型和数量。在这种操作模式下，奇瑞的经销商每周有两次下单机会，因此1个月可以下8次单。这种订单式生产的终极目标是希望能将经销商和厂商的网络联成一体，消费者可以直接通过经销商向厂商下订单，类似于个人电脑行业中的DELL销售模式，消费者的需求可以直接传递给厂商，中间没有任何阻隔。通过订单式生产模式进行有计划的生产，避免了成品库存积压及以后可能出现的价格战。

5.5 成本控制

5.5.1 产品成本的概念

产品成本是指企业在一定时期为生产和销售一定产品而发生的全部费用的总和。从财务管理与分析的角度讲，产品成本也是企业在一定时期内为生产和销售一定产品所发生的资金耗费量。企业生产经营中发生的全部费用可分为制造成本和期间费用两大类。广义的产品成本包括制造成本和期间费用，狭义的产品成本则是指制造成本。

1）产品制造成本

制造成本是指企业生产过程中实际消耗的直接材料费用、直接工资、其他直接支出和制造费用。

（1）直接材料费用包括企业生产经营过程中实际消耗的原材料、辅助材料、备品配件、外购半成品、燃料、动力、包装物以及其他直接材料费用等。

（2）直接工资包括企业直接从事产品生产人员的工资、奖金、津贴和补贴等。

（3）其他直接支出是指企业直接从事产品生产人员的员工福利费等。

（4）制造费用是指企业在生产车间范围内为生产产品和提供劳务而发生的各项间接费用，包括车间管理人员的工资和福利费、折旧费、修理费、办公费、水电费、物资消耗、劳动保护费、季节性及修理期间的停工损失等。

直接费用直接计入制造成本，间接费用则须按一定标准分配计入制造成本。

2）期间费用

期间费用是企业为组织生产经营活动发生的、不能直接归属于某种产品的费用，包括管理费用、财务费用和销售费用。

（1）管理费用是指企业行政管理部门为组织和管理生产经营活动而发生的各项费用，包括管理人员的工资和福利费、工会经费、员工教育经费、劳动保险费、研究开发费、业务招待费、房产税、城镇土地使用税、技术转让费、技术开发费、无形资产摊销、坏账损失等。

（2）财务费用是指企业为筹集资金而发生的各项费用，包括利息支出、汇兑净损失、金融机构手续费以及为筹资发生的其他费用。

（3）销售费用是指企业在销售产品、自制半成品和提供劳务等过程中发生的各项费用以及专设销售机构的各项经费，包括应由企业负担的运输费、装卸费、包装费、保险费、展览费、广告费、销售服务费、销售部门人员工资及福利费和其他经费等。

期间费用直接计入当期损益，从当期收入中抵消。企业成本费用的构成如图 5-7 所示。

5.5.2 产品成本控制

产品成本控制是指从技术、生产、经营各个角度对产品成本的形成过程，采用一定标准进行经常的监督，发现问题，及时采取措施，全面管理，以达到降低成本、求得最佳经

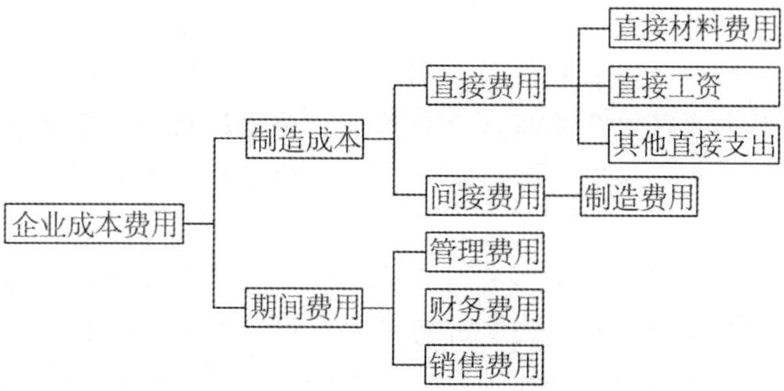

图5-7　企业成本费用的构成

济效益的目的。

1）直接材料费用的控制

直接材料在工业产品中占有相当大的比重，控制直接材料费用的开支是成本控制的关键。直接材料费用的控制可从两方面入手：

（1）控制材料的消耗量。对有消耗定额的材料，应采用定额控制，严格实行定额领料；对没有也不需要消耗定额的材料，应实行限额控制。加强下料管理，搞好废料的回收和综合利用。

（2）控制材料的采购成本。要选择能稳定地提供质优价廉材料的供货商；合理选择采购地点和运输路线，节约运输费用。此外，开发新的材料资源，寻求质优价廉的替代材料，也是降低材料消耗的有效途径。

拓展阅读5-3

美心——厂商协同降低采购成本

2002年，美心公司与大多数高速发展的企业一样，开始面临增长瓶颈。掌门人夏明宪毅然采取以利润换市场的策略，大幅降低产品价格。然而，降价不久，风险不期而至，原材料钢材的价格突然飙升。继续低价销售——卖得越多，亏得越多；涨价销售——信誉扫地，再难立足。面对两难抉择，降低成本，尤其是降低原材料的采购成本就成了美心公司生死攸关的“救命稻草”！

夏明宪向采购部下达指令：从现在开始的3年内，企业的综合采购成本必须以每年平均10%的速度递减。

这让美心公司采购部的员工们有点傻眼，甚至不服气：此前美心公司的“开架式采购招投标制度”属国内首创，既有效降低成本，又杜绝暗箱操作，中央电视台都为此做过专题报道，而且此举已经为美心公司节约了15%的采购成本，还有什么魔法能够让青蛙变得更苗条？

在夏明宪的带动下，美心公司员工开始走出去，从习惯坐办公室到习惯上路，超越经验桎梏，于不知不觉中形成了一套降低成本的管理模式。

联合采购，分别加工

针对中小供应商，美心公司将这些配套企业联合起来，统一由其出面采购原材料。由于采购规模的扩大，综合成本减少了20%！配套企业从美心公司领回原材料进行加工，生产出来的半成品直接提供给美心公司，然后凭验收单到美心公司的财务部领取加工费。同时随着原材料成本的降低，配套企业更具竞争力，规模扩大，价格更低，形成良性循环。

原材料供应，战略伙伴

针对上游的特大供应商即国内外大型钢铁企业，美心公司的做法是收缩采购线，率先成为其中一两家钢厂的大客户乃至战略合作伙伴。而钢厂面向战略合作伙伴的价格比普通经销商低5%～8%，比市场零售价低15%。于是仅2002年的一次采购，美心公司就比同行节约成本近1 000万元。

随着采购规模的与日俱增，美心公司开始有了和钢厂进一步谈判的砝码。应美心公司要求，钢厂定期提供钢材的价格动态，并为美心公司定制采购品种。比如过去钢板的标准尺寸是1米，而门板尺寸是90厘米，其中10厘米就只能裁下来扔掉。现在钢厂为美心公司量身定制生产90厘米钢板，就大大减少了浪费，节约了成本。又比如钢厂还专门为美心公司开发了一种新材料门框，品质相同，价格每吨可节约600元……

新品配套，合作共赢

对于新配套品种的生产，由于配套企业需要增加大量投资，导致新配套产品与其他配套产品相比，价格大幅增加。美心公司就以品牌、设备、技术、管理等软硬件向生产方入股，形成合作，合作条件为，美心公司自己使用的产品价格只能略高于生产成本。这样一来，合作方在新品的生产上减少了投入，降低了风险；同时，美心公司降低了配套产品的采购成本，增加了收入。于是各方受益，皆大欢喜。

循环取货，优化物流

解决了原材料和配套产品的采购问题，美心公司还与配套企业携手合作，从物流方面进行优化。由于不同配套企业的送货缺乏统一的标准化管理，在信息交流、运输安全等方面，都会带来各种各样的问题，必须花费双方很大的时间和人力资源成本。美心公司明白，配套企业物流成本的提高，将直接转嫁到配套产品的价格上。于是美心公司就聘请一家第三方物流供应商，由其来设计配送路线，然后到不同的配套企业取货，再直接送到美心公司的生产车间。这样一来，不仅节约了配套企业的运送成本，提高了物流效率，更重要的是，把这些配套产品直接拉到生产车间，保持了自身很低的库存，省去了大量的库存资金占用。

美心公司通过与原材料供应商及配套企业的携手合作，使原材料供应商拥有了稳定的大客户，配套企业降低了生产风险，而自身则在大大降低成本的同时，扩大了产销量，形成了各方皆大欢喜的共赢局面。

2002年，美心公司门的产销量同比翻了一番，美心公司的综合采购成本下降了17%，同比全行业的平均水平低23%！美心公司成为唯一在原材料价格暴涨时期维持低价政策的企业，企业形象如日中天，渠道建设终于根深叶茂。

2）直接人工费用的控制

直接人工费用的控制，一是要搞好劳动定员和劳动定额，消除人浮于事的情况；二是要科学派工，防止停工损失，提高工时利用率，在计算工资时，须有健全的考勤记录、工时记录和产量记录；三是员工的工资增长幅度应低于劳动生产率的增长幅度，劳动者的收入及其劳动成果与企业的经济效益挂钩。

3）制造费用的控制

企业对制造费用的控制因其构成内容不同而采取不同的控制方法。对于制造费用中的变动或半变动费用，可采取定额控制的方法，即按每一单位产量核定耗用量；对于固定部分的费用，可采用限额控制的办法，通过编制固定预算，将预算控制指标下达到每个部门包干使用。

4）期间费用的控制

期间费用的控制要抓好两个方面：

（1）对期间费用项目指标实行分级负责、归口管理，明确责任单位。

（2）正确制定费用定额和费用指标，作为各项费用控制的标准。管理费用是相对固定的，可以根据历史资料和计划要求编制费用定额进行控制；财务费用会随生产的变化和环境的变化而变化，企业对财务费用的主要项目可编制费用定额进行控制；销售费用一部分属固定的，一部分属非固定的，可分不同情况灵活加以考虑。

[本章小结]

•讲述了现代企业生产管理的内容与目标。

•讲述了企业生产过程的构成、合理组织生产过程的要求、生产过程的时间组织和空间组织。

•讲述了生产计划工作的内容和原则、生产计划指标的确定及产品生产进度计划。

•讲述了库存控制的任务、目标和方法。

•讲述了成本控制的概念和方法。

[知识掌握]

1.名词解释

（1）生产管理　（2）工艺专业化　（3）对象专业化　（4）ABC重点控制模式

2.选择题

（1）产品（　　）是企业生产过程的核心部分。

A.检验过程　　B.运输过程　　C.加工制造过程　　D.停歇过程

（2）机械、汽车、家电等产品生产企业属于（　　）。

A.军工型企业　　B.加工装配型企业

C.流程型生产　　D.合成型企业

（3）企业中的生产管理是指（　　）。

A.对产品制造过程的管理

B.对产供销活动的管理

C.对企业中与产品制造密切相关的各项活动的管理。

（4）生产过程的组成一般包括（　　）。

A.设计过程、制造过程、辅助过程和服务过程

B.坯料准备过程、粗加工过程、精加工过程、装配过程

C.生产技术准备过程、基本生产过程、辅助生产过程、生产服务过程

（5）合理组织生产过程的要求是（　　）。

A.以需定产、产销结合、均衡生产

B.技术上先进、经济上合理、生产上适用

C.连续性、比例性、均衡性、平行性、精确性、柔性化

（6）使产品各生产工艺阶段、工序之间在时间上紧密衔接，连续进行；表现为产品及其零部件在生产过程中始终处于运动状态，不发生或很少发生中断现象；保证和提高生产过程的连续性，可以缩短产品生产周期，减少在产品数量，加速资金周转。这种要求称为（　　）。

A.连续性　　B.比例性　　C.均衡性　　D.平行性

（7）生产过程各阶段、各工序之间在生产能力上要保持一定的比例关系，以适应产品生产的要求，这种要求称为（　　）。

A.连续性　　B.比例性　　C.均衡性　　D.平行性

（8）企业生产过程的组织形式，基本上有（　　）两种。

A.时间组织和空间组织　　B.工艺专业化和对象专业化

C.平行移动方式和顺序移动方式

（9）在（　　）的生产单位里，集中着同种类型的设备和同工种的工人，对企业生产的各种产品进行相同工艺的加工。

A.混合原则　　B.工艺专业化　　C.对象专业化

（10）一批零件在上道工序全部完工以后，才送到下道工序去进行加工，这是（　　）。

A.顺序移动　　B.平行移动　　C.平行顺序移动

（11）（　　）生产周期最长。

A.顺序移动　　B.平行移动　　C.平行顺序移动

（12）工业企业设计任务书和技术设计文件中所规定的生产能力是（　　）。

A.查定能力　　B.设计能力　　C.计划能力

（13）为保证两次进货的间隔期内正常供应的需要而规定的储备数量标准属于（　　）。

A.季节性储备　　B.保险储备　　C.经常性储备

3.填空题

（1）产品（　　）过程是企业生产过程的核心部分。

（2）企业生产管理的目标是（　　）、（　　）和（　　）。

（3）现代企业生产过程主要可分为（　　）过程、（　　）过程、（　　）过程和（　　）过程等。

（4）库存控制解决三个主要问题：（　　）、（　　）和（　　）。

（5）企业生产经营中发生的全部费用可分为（　　）和（　　）两大类。

（6）控制（　　）的开支是成本控制的关键。

4.思考题

（1）企业生产管理的目标是什么？

（2）合理组织生产过程有哪些要求？

（3）库存管理的目标是什么？

（4）库存控制可以采取哪些方法？

（5）如何进行直接材料费用的控制？

［综合应用］

□实践训练

1.联系某一工厂，以5～6人为一小组，对其库存物资进行统计分类，按照ABC重点控制模式的要求，画出库存分类图，提出分类管理的对策。

2.某产品生产5件，经过4道工序，每道工序加工的单件工时分别为10分钟、8分钟、15分钟、20分钟。如果按平行顺序移动法进行生产，则其加工周期为多少?

［课外拓展］

关注新媒体平台，获取企业经营管理领域最新的观点、方法、技巧，了解企业经营管理实践的前沿资讯。

微信公众号“中国经营报”与中国企业同步成长，对话商业领袖，传播商业思想，服务商业人群。请在微信公众账号中搜索“chinabusinessjournal”，或扫描二维码关注。

现代企业产品市场开拓与营销

第6章

管理格言：

营销的宗旨是发现并满足需求。

［学习目标］

通过本章学习，你应该达到以下目标：

知识目标：

1. 掌握消费者市场需求的特点、消费者购买决策过程、市场细分与目标市场营销策略；
2. 掌握市场营销组合的因素及策略；
3. 了解客户关系管理的概念。

技能目标：

1. 掌握企业市场营销组合策略环境分析的内容；
2. 懂得如何进行客户关系管理。

素养目标：

1. 具有分析与洞察消费者消费心理的能力；
2. 具有善于利用营销理论进行市场营销组合策划的能力。

［内容架构］

- 现代企业产品市场开拓与营销
  - 购买动机与购买行为
    - 消费者市场需求的特点
    - 消费者的购买动机和行为
    - 消费者的购买行为模式
    - 购买者的购买决策过程
  - 市场开拓与营销策略
    - 市场细分与目标市场营销策略
    - 市场营销组合及策略
  - 客户关系管理
    - 客户关系管理的概念
    - 建立客户关系的步骤
    - 客户关系管理的要点

案例导入

“褚橙”的故事

“褚橙”本名“云冠橙”，其实就是云南冰糖橙，虽然其貌不扬、个头一般，售价也不菲，却在网络上蹿红，销量一路走高。伴它一起走红的还有一个人（褚时健）和一段非常传奇的故事。

“昔日烟王，今日橙王”的褚时健，知命之年当了厂长，古稀之年进了牢房，73岁（保外就医）种橙，84岁时他的果园年产橙子8 000吨，变身“橙王”，耄耋之年进京卖橙，创造5分钟被抢购800多箱的销售神话，一时间“褚橙”成了励志的图腾。“励志橙”凭什么能迅速蹿红，大众为何愿为高价买单？

第一，会讲故事，寻求卖点。褚时健不做广告，而是讲述他沧桑的故事。从褚厂长、褚总、褚董事长，再到果农、售货员，其人生轨迹可谓跌宕起伏，极具传奇色彩。一位70多岁的老人，在人生的谷底开始“务农”，其传奇故事得到王石等知名人士在微博上的力捧，进而引爆了公众话题。于是，“褚橙”被大众誉为“励志果”，在如今大众创业的浪潮中，“吃励志果，走创业路”，成了创业者们的口号。所以吃“褚橙”不在水果本身，而是成了一种励志体验。

第二，控制品质，赢得信任。名人涉商，产品质量与个人的名誉、信用紧紧捆绑在一起，因此他们格外在意产品质量细节和生产销售环节的标准化，重视果树生产各环节技术的应用。“褚橙”的每棵果树只留240~260朵花，既能控制产量又能保证果实吸收足够的阳光和养分，并且种植过程中不使用任何化肥，而是用特制的有机肥；每个橙子上有防伪喷码，每个外包装箱上还有二维码，可以直接通过扫码防伪和下单；与阿里巴巴合作，利用“满天星”农产品溯源计划，帮助消费者买到正品“褚橙”；销售包装严格控制橙子个头，并按直径分为3档：55~60毫米、61~70毫米、71~81毫米。

第三，销售一种精神，贵有贵的道理。“本来生活网”的数据显示，5千克的家庭装“褚橙”售价达128元，比普通国产橙子贵五六倍，进口的新奇士橙不到10元/500克，也被“褚橙”甩出一大截。“褚橙”堪称橙子中的“高大上”品牌。那么消费者为什么愿意购买呢？除了品质好以外，微博上一位小姑娘从另一个侧面做出了回答：“买‘褚橙’并不是想吃橙子，而是买褚老的励志概念，是买健康生活的理念。”

第四，营销创新。首先，结缘互联网，利用当前最热门的推广销售渠道。2012年携手电商新贵“本来生活网”让“褚橙”成功进京，一炮而红。仅2013年11月11日一天，“褚橙”的预售量便已经超过了2012年全年的总销量，达到了200吨。2015年，“褚橙”和阿里巴巴合作，利用阿里平台销售“褚橙”，10月10日是“褚橙”在阿里平台预售第一天，仅6小时销量就达到130吨。其次，以名人的个人魅力和励志概念吸引消费者，将褚时健种的橙子叫“褚橙”，就是创意。最后，充分利用社会化营销手段实现精准价值定位。2012年“褚橙”进京的文章24小时内被网络转发了7 000多次，王石在微博上对褚时健的评论又被转发了4 000多次，网友们纷纷慕名而来，一下子让“褚橙”卖断了货；2013年开展售书送“褚橙”的活动，新财经订阅电子版送褚橙，韩寒的“ONE”App也是，再通过与微博红人巧妙互动，无形中做出了“恒源祥，羊羊羊”的重复记忆，使大多微博用户都知道“褚橙”这东西。

资料来源　作者根据相关资料整理。

启示：此案例可以看出，企业产品市场开拓与营销对企业经营来讲是十分重要的一环。有人说营销就是讲故事，针对消费者消费痛点，寻求卖点，讲好营销故事。企业只有在了解消费者需求的基础上，根据市场竞争的态势，选择恰当的市场切入点，合理组合市场营销策略，才能在市场营销中占据优势。“营销就是讲故事”，企业应该怎样讲好自己的营销故事，是企业应该研究的内容。

6.1　购买动机与购买行为

企业生产的产品能否销售出去，需要研究消费者市场需求的特点及消费者的行为模式等，这样才能有针对性地采取市场营销策略。

6.1.1　消费者市场需求的特点

消费者市场是商品的最终归宿，即最终市场，企业的产品必须以最终消费者的需求和偏好为转移。消费者市场需求的特点主要表现在以下几方面：

（1）消费者市场需求的无限扩展性。消费者的需求是无止境的，随着社会经济的发展、人们收入水平的提高，对商品和服务的需求也在不断发展，一种需求被满足了，又会产生新的需求，循环往复。企业经营者要不断开发新产品，开拓新市场。

（2）消费者市场需求的多层次性。消费者的需求是有支付能力的需求。每个消费者收入有限，满足需求也有轻重缓急之分，有序地逐步实现。在同一商品市场上，不同消费者群体由于社会地位、收入水平和文化素养的差异，其需求也会呈现多层次的特点。因而，企业经营者必须根据这种多层次性的特点，安排好产品的生产结构，以适合不同阶层消费者的需求。

（3）消费者市场需求的复杂多变性。消费者人数众多，差异性很大，由于各种因素，他们对不同商品或同类商品不同品种、性能、规格、式样、服务、价格等方面的要求千差万别。这种多样性的特征要求企业经营者搞好市场细分，依据自身条件准确地选择目标市场。

（4）消费者市场需求的可诱导性。消费者的市场需求，有些是本能的，但大部分与外界的刺激诱导有关，如经济政策的变动、社会交际的启示、广告的诱导等，都会使消费者的需求发生变化或转移，潜在需求可以变为现实需求，微弱的欲望可以变成强烈的欲望。这就要求企业经营者通过合理设置诱导物，搞好各种促销以影响和诱导消费。

（5）消费者市场购买的分散性。消费者人数众多，分布面广，每次购买量较少但购买频率高。为此，经营者应采取多样的售货方式和服务方式，不断提高为消费者提供的服务质量。

思政园地6-1

市场营销就是要满足消费者的需求。党的十九大报告指出“中国共产党人的初心和使命，就是为中国人民谋幸福，为中华民族谋复兴”，“把人民对美好生活的向往作为奋斗目标”。请同学们结合市场营销的特点，思考如何更好满足消费者对美好生活的需求。

6.1.2 消费者的购买动机和行为

消费者的购买行为是受购买动机支配的，因此必须首先了解消费者购买动机的形成和类型。

心理学和行为科学认为，人的行为是由动机支配的，而动机是由需求引起的。所谓需求，就是客观刺激通过人体感官作用于大脑所引起的某种缺乏状态，如人体内的生化作用引起饥饿感觉，产生进食的需求；目睹邻居购买了彩电就在心理上产生对彩电的需求等。客观刺激，既指人体外部的，也指人体内部的，可以是物质的，也可以是精神的。

动机引起行为，维持行为，并引导行为去满足某种需求。动机源于需求，当人们产生某种需求而又未被满足时，人体内便产生某种紧张状态，形成一种内在动力，促使人们去采取满足需求的行动，这就是动机。动机产生行为，但并不是每一种动机都一定会发生某种行为。因为人的需求多样，不是每一种需求都产生动机，也不是每一种动机都引起行为。动机有强弱之分，只有最强烈的动机，即“优势动机”，才能导致行为。因此，企业经营者要想使消费者的行为符合企业的目标，就必须善于捕捉消费者的需求，设置某些营销刺激物、激发点，以引起消费者行为的优势动机，使之有利于企业目标的实现。

动机是由需求产生的。人的需求多种多样，动机也就多种多样。消费者需求可分为生理需求和心理需求两大类，因而购买动机也可分为生理动机和心理动机两大类。生理动机比较明显与稳定，具有普遍性与主导性。在现代市场上，生理动机是引起购买行为的重要因素。心理动机较为复杂，随着经济的发展、人们收入水平的提高，这类动机在购买行为中的作用将越来越重要。心理动机一般可分为感性动机、理智动机和惠顾动机。

（1）感性动机。它包括情绪动机与情感动机。它是由于人的喜、怒、哀、乐等情绪和道德、情操、群体、观念等情感所引起的购买动机。由情绪动机引起的购买动机，具有冲动性、即景性和不稳定性的特点。情感动机是由道德感、群体感、美感等人类高级情感引起的动机。情感动机在消费过程中必然产生好奇、异化、炫耀、攀比、从众、崇外、尊重等消费心理。

拓展阅读6-1

脑白金的情感营销

史玉柱推出的脑白金，营销目标对象是老年人，功能定位于“年轻态健康品”。老年消费者对子辈、孙辈舍得花钱，而对自己的消费是一个“抠”。脑白金营销主打亲情、情感牌。尽孝道是中华民族的传统美德。脑白金的营销手段就是让子女给父母购买脑白金。脑白金通过十几年几乎不变的广告语（“今年过节不收礼，收礼就收脑白金”）让消费者耳熟能详，形成过年孝敬父母就买脑白金的意识，这使脑白金畅销很久。

（2）理智动机。理智动机是指消费者对某种商品有了清醒的了解和认知，在对这个商品比较熟悉的基础上进行的理性抉择和做出的购买行为。拥有理智动机的往往是那些具有比较丰富的生活阅历、有一定的文化修养、比较成熟的中年人。由理智动机所形成的购买动机，具有客观性、周密性和可控性的特点。在理智动机驱使下的购买，比较注重商品质量，讲求实用，对价格和售后服务更加关心。

（3）惠顾动机（信任动机）。它是基于感性与理智的经验，对特定的商店、商品或品牌的特殊信任和偏好，促使消费者习惯性重复购买的一种动机，具有明确的经常性、习惯性特点。惠顾动机一般是由名牌、老店，以及服务周到、设备完善、品种齐全、地点适中等因素引起的。所以，企业应创造良好的企业和产品形象，激起顾客的惠顾动机。

互动课堂6-1

保健品公司经常以老年人为目标顾客，也有许多老年人因为购买不良保健品而上当。请同学们分析一下，老年人购买动机及消费有何特点？许多信誉不良保健品公司为何能在老年人身上屡屡得手呢？

6.1.3　消费者的购买行为模式

消费者的购买行为模式是指消费者做出购买决定后，将在何时、何处、如何购买及由谁购买等情况。通过对消费者购买行为模式的分析研究，企业可以进一步了解和把握目标市场特征，更好地开展营销活动。

消费者的购买行为模式主要由四个方面构成：

（1）何时购买。消费者的购买习惯往往有时间上的规律性，而消费者购买商品的时间又受到消费地区、商品性质、季节、节假日和忙闲等的影响，形成一定的消费习惯。商品性质不同，购买时间也不一样，如日用消费品通常在工作劳动之余购买得多；电风扇、空调通常在夏季来临时购买得多。市场营销者必须研究和掌握消费者购买商品的时间、习惯，以便在适当时间把商品推出市场。

（2）何处购买。它包括在何处决定购买和在何处实际购买。消费者在何处购买同商品类别有密切联系。有的商品，如一般日用消费品和食品，一般是在购买现场做出决定，现场购买。而高档耐用品，如彩电、冰箱、组合家具，往往事先在家做出决定，然后去购买。企业在拟订促销计划时，应考虑这种情况。如果属于现场决定购买的商品，应注重包装、陈列，加强现场广告宣传，以促进消费者现场购买；如果属于在家中做出购买决定的商品，则应通过各种媒介介绍商品的性能、特点和服务措施等，来影响消费者在家中做出对本企业有利的购买决定。

（3）如何购买。不同的消费者购买不同的商品，有不同的购买方式，如是一次付款，还是分次付款；是在超级市场自选，还是就近购买或电话购物等。这就要求企业在经营和服务方式上有多种考虑。

（4）由谁购买。购买活动往往由几个人共同参与，按所起作用的不同，可分为发起者、影响者、决策者、执行者和使用者。究竟谁是决策者、谁是影响者、谁参与购买过程等，企业必须弄清，这样才能有针对性地开展促销活动，取得最佳营销效果。

6.1.4　购买者的购买决策过程

消费者在各种主客观因素的影响下形成动机，产生购买行为。购买者的购买决策过程由以下几个阶段组成：

1）引起需求

需求是购买者行为的起点。当消费者感到一种需求并准备购买某种商品以满足这种需求时，购买决策过程就开始了。这种需求可能是由内在生理动机引起的，也可能是受外界的某种刺激引起的。企业经营者要不失时机地采取适当措施，唤起和强化消费者的需求。

2）收集信息

如果被唤起的需求很强烈，可满足需求的商品易于得到，消费者就会希望马上满足他的需求。但在多数情况下，消费者的需求并非马上就能获得满足，他必须积极寻找或收集信息，以便尽快完成从知晓到确信的心理程序，做出购买决策。在这一阶段中，企业经营者既要千方百计地做好商品广告宣传，吸引消费者的注意力，又要努力搞好商品陈列和说明，使消费者迅速获得对企业有利的信息。

3）评估比较

消费者得到的有关信息可能是重复的，甚至是互相矛盾的，因此还要进行分析、评估和比较。这是决策过程的重要一环。在评估过程中，企业经营者应注意的是：购买者往往把产品的性能放在首位来考虑；不同的消费者对各种性能的重视程度或评估标准不同；多数消费者是将实际产品同自己理想的产品相比较；消费者既定的品牌信念（或形象）与产品实际往往有差距。据此，企业经营者为了提高自己产品的被采用概率，应采取如下对策：

（1）修正产品的某些属性，使之接近消费者理想的产品。这是“实际的重新定位”。

（2）改变消费者心目中的品牌信念，通过广告宣传努力消除其不符合实际的偏见。这是“心理的重新定位”。

（3）改变消费者对竞争品牌的信念。当消费者对竞争品牌的信念超过实际时，可通过比较性广告，改变消费者对竞争品牌的信念。这是“竞争性反定位”。

（4）通过广告宣传，改变消费者对产品各种性能的重视程度，设法提高自己产品占优势性能的重要程度，引起消费者对被忽视的产品性能的注意。

（5）改变消费者心目中理想产品的标准。

4）购买决策

这是购买决策过程的中心一环。决策通常有三种情况：一是消费者认为商品质量、款式、价格等符合自己的要求和购买能力，决定立即购买，但还需考虑买何种商品、何种品牌、何种款式、数量多少、以什么价格购买、以什么方式付款等。二是消费者认为商品某些方面还不能完全满意而延期购买。三是消费者对商品质量、价格不满意而 决定不买。在这一阶段，企业经营者一方面要向消费者提供更多、更详细的商品信息，以便使消费者消除各种疑虑；另一方面要通过提供各种销售服务，方便消费者选购，促使消费者做出购买本企业产品的决策。

5）购买感受

购买感受是消费者对已购买商品通过自己使用或通过他人评估，为满足自己预期需求的反馈，重新考虑购买了这种商品是否选择正确、是否符合理想等，从而形成的感受。这种感受一般表现为满意、基本满意或不满意三种情况。消费者的满意程度取决于消费者对商品的预期性能与商品使用中的实际性能之间的对比。如果购买后实际效果符合预期的效果，则感到基本满意；超过预期，则很满意；未达到预期，则不满意或很不满意。据此，企业经营者对其产品的广告宣传必须实事求是，符合实际，以便使消费者感到满意。有些营销者对产品性能的宣传甚至故意留有余地，以增加购后的满意感。

从以上分析可见，消费者决策过程的每一阶段都会影响其购买决策。研究这一过程，就是为了针对每一阶段的特点采取适当营销措施，积极地诱导消费者的行为，更好地满足消费者的需求。

6.2　市场开拓与营销策略

市场开拓是营销管理中的一项根本性工作。所谓市场开拓，就是开发市场，扩大市场，提高企业产品的市场占有率，为扩大产品的销售开辟新路子。

6.2.1　市场细分与目标市场营销策略

无论是开拓国内市场还是开拓国际市场，都必须从确定企业的目标市场做起。所谓目标市场，就是企业服务的对象。企业本身的生产和销售力量有限，面对范围广阔的市场，必须有所选择，才能取得营销的良好效果。市场定位就是企业及其产品在目标消费者心目中所确定的位置。

1）市场细分

市场细分是确定目标市场的前提。市场细分就是企业根据自身条件与营销目标，以消费需求的某些特征或变量为依据，区分具有不同需求的顾客群体的过程。用于市场细分的特征主要包括地理细分、人口细分、心理细分、行为细分等。例如，将水泵市场按购买对象和使用目的不同，可细分为工矿用、农田排灌用、轮船用3个市场；将服装市场根据年龄，可细分为儿童、青年、中老年3个市场等。每一个细分市场，实际上就是一个具有某种共同特性的消费者群。不同市场面对产品的要求有所差别。企业可以通过对每一个细分市场的分析、比较，发现有利的市场机会，根据本身的条件，选择适当的细分市场为目标，拟订最优的经营方案和策略，这样可以有效满足该细分市场消费者的需求，提高企业的市场竞争力，最终达到最佳的营销效果。

拓展阅读 6-2

麦当劳瞄准细分市场需求

麦当劳作为一家国际餐饮巨头，创始于20世纪50年代中期的美国。当时创始人及时抓住高速发展的美国经济下的工薪阶层需要方便快捷的饮食的良机，并且瞄准细分市场的需求特征，对产品进行准确定位而一举成功。麦当劳2021财年公司营业收入为232.23亿美元，归属母公司净利润为75.45亿美元。

回顾麦当劳的发展历程可以发现，麦当劳一直非常重视市场细分的重要性，而正是这一点让它取得令世人惊羡的巨大成功。

1. 麦当劳根据地理要素细分市场

麦当劳有美国国内和国际市场，而不管是国内还是国外，都有各自不同的饮食习惯和文化背景。麦当劳进行地理细分，主要是分析各区域的差异。如美国东西部的人喝的咖啡口味是不一样的。通过把市场细分为不同的地理单位进行经营活动，从而做到因地制宜。

每年，麦当劳都要花费大量的资金进行认真、严格的市场调研，研究各地的人群组合、文化习俗等，再书写详细的细分报告，以使每个国家甚至每个地区都有一种适合当地生活方式的市场策略。

2.麦当劳根据人口要素细分市场

我们通常根据年龄、性别、家庭人口、生命周期、收入、职业、受教育、宗教、种族、国籍等相关变量，对人口市场进行细分。而麦当劳主要是根据年龄及生命周期对人口市场进行细分。其中，将不到开车年龄的划定为少年市场，将20～40岁之间的年轻人划定为青年市场，还划定了年老市场。

人口市场划定以后，要分析不同市场的特征与定位。例如，麦当劳以孩子为中心，把孩子作为主要消费者，十分注重培养他们的消费忠诚度。在餐厅用餐的小朋友，经常会意外获得印有麦当劳标志的气球、折纸等小礼物。在中国，还有麦当劳叔叔俱乐部，参加者为3～12岁的小朋友，定期开展活动，让小朋友更加喜爱麦当劳。这便是相当成功的人口细分，抓住了该市场的特征与定位。

3.麦当劳根据心理要素细分市场

根据人们生活方式划分，快餐业通常有两个潜在的细分市场：方便型和休闲型。在这两个方面，麦当劳都做得很好。

例如，针对方便型市场，麦当劳提出“59秒快速服务”，即从顾客开始点餐到拿着食品离开柜台的标准时间为59秒，不得超过一分钟。

针对休闲型市场，麦当劳对餐厅店堂布置得非常讲究，尽量做到让顾客觉得舒适自由。麦当劳努力使顾客把麦当劳作为一个具有独特文化的休闲好去处，以吸引休闲型市场的消费者群。

2）目标市场营销策略及其选择

（1）目标市场营销的过程。

目标市场营销过程也被称为“STP营销”战略，是现代企业营销战略的核心。

第一步：细分市场（segment market）。在市场调研和预测的基础上，按一定标准进行市场细分。

第二步：目标营销（target marketing）。选择对本企业最有吸引力的细分市场（子市场）作为自己的目标市场，实行目标营销。

第三步：市场定位（market positioning）。确定自己产品在市场上的竞争地位，即在目标顾客心目中树立起适当的产品形象，做好市场定位工作。比如王老吉的市场定位就是“怕上火喝王老吉”。

拓展阅读6-3

凉露X火露：创新定位，打造“吃辣搭配”新概念

酒品市场发展多年，虽然各大酒类品牌屡出奇招，以应对激烈的市场竞争，但饱和的市场难有新空间，少有新品牌能够脱颖而出。

面对酒品市场的困境，凉露直指市场的中空地带，从酒水定位中寻求突破，利用“吃辣喝的酒”这一产品定位抢占消费者心智，以前所未有的产品体验在新型小酒市场上自立门户。随后，通过精准的广告投放和创意的营销活动，不断强化“吃辣搭配”的新概念，突出自身和6亿食辣人群的紧密联系，培养消费习惯。在长沙糖酒会上，凉露酒业跨界推出新型充气凉茶“火露”，开启同定位下双品牌战略，纵横酒品、饮料两大品类，为食辣消费者提供多样化选择。

凉露善于捕捉市场空白，在洞察酒品消费的特定场景后，将目标消费群体聚焦到基数庞大的食辣人群，这种创新定位的思维模式值得众多品牌借鉴。在品牌定位渐获成效后，凉露酒业开启双品牌、双品类战略，细化食辣人群的需求差异，为消费者提供丰富多样的选择，既弥补了市场空白，又为品牌实现了吃辣消费场景的全覆盖，可谓双赢。

（2）目标市场营销策略。

一般来说，企业应选择一个或几个潜在需求大、竞争者不多、能发挥企业优势的细分市场作为目标市场。企业在选择目标市场时，通常可运用的策略不外乎以下3种：

①无差异性市场策略。此种策略是企业把整个市场视为一个大的目标市场，对构成市场的各个部分不加区分，只针对市场需求中的共同点，而不管其差异性，仅推出一种产品，以单一的营销策略来迎合购买群体中的大多数人，即消费者对这一产品都有共同的需求。这种策略的立论点是成本的经济性。其优点是由于单一产品大批量生产，所以生产成本和销售费用较低。然而，一种产品长期被所有消费者接受毕竟罕见，故其缺点是当同类企业也采用这种策略时，会引起在最大的细分市场内因竞争过度而效益逐渐降低，而且会忽视较小的细分市场，丧失市场机会，犯所谓众数的错误。

②差异性市场策略。此种策略的目的是企业针对各个细分市场设计不同的产品和市场营销计划，凭借产品与市场营销的差异化，在每一细分市场建立深厚的基础，从而获得大销售量。例如，汽车制造厂针对不同消费者群的需求，同时生产种类和型号不同的汽车。由于这种策略能分别满足各消费者群的需求，提高消费者对产品的依赖程度和购买频率，因而能增加总销售量。但是，进行多品种、少批量生产，使生产成本和销售费用都随之增加。

拓展阅读6-4

佰草集的差异化战略

在国外大型日化企业的重重压力下，国产化妆品虽有所发展，却步履维艰。在这种艰难的情况下，佰草集（上海家化联合股份有限公司的全资子公司，以下简称上海家化）却能异军突起，2008年挥剑直指时尚之都巴黎，为国产化妆品的出海吹响了号角。随后扩张至荷兰、西班牙、意大利、德国等国家。2015年，佰草集首家海外旗舰店于巴黎核心商圈盛大揭幕。据统计，在我国，内资美容化妆品企业占行业总数的90%，市场占有率为20%；外资、合资美容化妆品企业占行业总数的10%，市场占有率却为80%，反差巨大。

上海家化抽调力量，对产品定位、开发和营销做了一项长达3年的可行性研究。品牌研究小组得出的最终结论是，国际化妆品公司的研发中心大多人员队伍庞大，对皮肤的研究水准已经非常高了，上海家化如果采取同样的产品策略，在研发一环就不占优势，所以只有走差异化路线，那就是“草本精华”路线，以“现代中草药古方个人护理专家”为概念推出市场。佰草集利用中医药核心理论，打造高端中草药化妆品品牌，定位于另类的化妆品形象，凭借中医中草药文化在国内外消费群体中建立了良好的认可度。

③密集性市场策略。这种策略是选择一个或几个细分市场为目标，集中采用一种营销手段服务于该市场，实行专业化生产和销售。实施这种策略的主要理由是：与其在整个市场拥有很小的占有率，不如在部分市场拥有很大的占有率。采用这种策略，可以集中力量

争取在一个或几个细分市场占据优势地位，这不仅可以节省市场营销费用和增加盈利，而且可以提高企业与产品的知名度。但是，采用此种策略有较大的风险，缺少回旋余地。例如，深圳大疆创新科技公司主要聚焦无人机开发与应用，是“无人机专才”。

（3）选择市场定位策略的考虑因素。

①企业资源条件。企业实力雄厚，可采用无差异性或差异性市场策略；否则，则宜采用密集性市场策略。

②产品特点。基于产品的不同特点而采取不同的市场策略。例如，产品类似性较大，可采取无差异性市场策略；产品差异性较大，则宜采取差异性市场策略或密集性市场策略。

③市场特点。若市场类似性程度高，即顾客的需求、偏好及其他特点甚为接近，可采取无差异性市场策略；若市场需求差异性较大，则宜采用差异性市场策略。

④产品市场生命周期。通常，产品处于引入期或发展期时，宜采取无差异性市场策略，以开拓新市场；在成熟期时，宜采取差异性市场策略；在衰退期时，则宜采取密集性市场策略，维持和延长产品市场生命。

⑤竞争对手市场策略。市场策略的选择，也得视竞争对手的策略而定。在竞争中应分析力量对比和各方面条件，扬长避短，把握市场机会，采用适当策略，争取最佳效果。

3）进入市场策略

企业确定目标市场后，还有如何进入市场的策略问题，主要是确定产品进入市场的时间、进度和选择产品投放市场的方式。一般来说，新产品应选择尚无竞争产品出现的有利时机投放市场。如何扩大市场，要有一个进度。例如，新产品先在当地销售，一年后在全国销售，3年后进入国际市场。产品投放市场的方式有两种：一种是采用本企业厂牌、商标，通过一定的销售渠道入场；另一种是与其他企业或国外厂商合作，采用它们的厂牌、商标，凭借它们的销售渠道入场。后一种方式，不需要本企业搞深入的市场研究，比较省钱，又能较快地进入市场。

拓展阅读6-5

日本江崎泡泡糖的市场细分

日本泡泡糖市场大部分被“劳特”公司所垄断。但是江崎糖业公司对此并不畏惧，成立了市场开发班子，专门研究霸主“劳特”产品的不足和短处，寻找市场的缝隙。经过周密调查，终于发现“劳特”的4点不足：

1.以成年人为对象的泡泡糖市场正在扩大，而“劳特”仍旧把重点放在儿童泡泡糖市场上；

2.“劳特”的产品主要是果味型泡泡糖，而现在消费者的需求正在多样化；

3.“劳特”多年来一直生产单调的条状泡泡糖，缺乏新型式样；

4.“劳特”产品价格是110日元，顾客购买时需多掏出10日元的硬币，往往感到不方便。

通过分析，江崎糖业公司决定以成人泡泡糖市场为目标市场，并制定了相应的营销策略，不久便推出4种功能性泡泡糖产品：司机泡泡糖，使用了高浓度薄荷和天然牛黄，以强烈的刺激消除司机的困倦；交际泡泡糖，可清洁口腔，祛除口臭；体育用泡泡糖，内含多种维生素，有益于消除疲劳；轻松型泡泡糖，通过添加叶绿素，可以改变人的不良情绪。江崎糖业公司精心设计了产品造型和包装，价格定为50日元和100日元两种，避免了找零钱的麻烦。功能性泡泡糖问世后，像飓风一样席卷了全日本，不仅挤进了由“劳特”独霸的泡泡糖市场，而且占领了一定的市场份额，从0猛升至25%，当年销售额达175亿日元。

日本江崎糖业公司通过市场细分发现以往产品只重视儿童市场而忽略了成年人市场，因此通过寻找市场空隙，进入成年人市场，再根据成年人市场对泡泡糖的不同需求推出4种功能不同的产品，很好地满足了消费者的需求。所以，营销就是发现消费者未被满足的需求，并满足之。

资料来源　佚名. 案例15-江崎糖业公司开发日本泡泡糖市场案例［EB/OL］.［2022-07-29］. http：//www.docin.com/p-651148.html.

6.2.2　市场营销组合及策略

1）市场营销组合及其因素

企业确定目标市场后，在慎重考虑进入市场策略的同时，要研究决定采用怎样的一套营销方法去占领市场。市场营销组合就是把影响市场营销的各种因素做恰当的组合，采用一套综合的销售方式。影响市场营销的因素主要有产品、定价、分销、促销4个方面。这4个方面都是企业可以控制的并且不断发展变化的因素，在营销过程中可以进行多种形式的组合。营销组合就是“4P”的大组合，而每一个“P”又包括许多因素，形成每一个“P”的次组合。为了便于分析应用，在每一个“P”的诸多因素中选择4个因素，组成各个“P”的次组合，如图6-1所示。

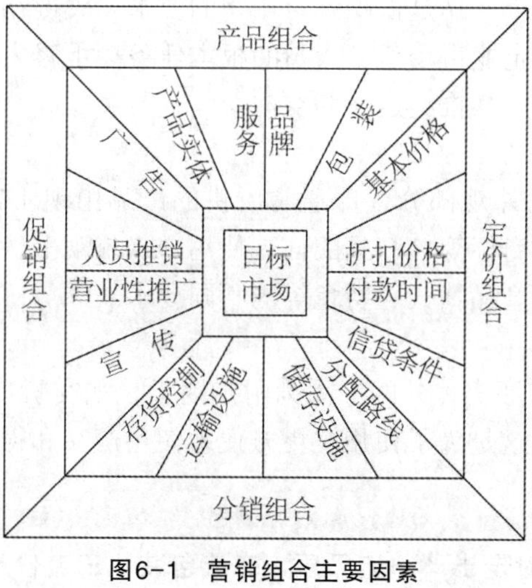

图6-1　营销组合主要因素

由图6-1可见，营销组合包括了4P的16个因素。现代企业在运用综合销售方法时，不但要综合运用各种手段与方法，而且在运用到某一因素时，要注意到该因素的组合力量。同时，在各种组合下，可再细分组合手段。例如，广告组合手段包括报纸广告、电视广告、杂志广告、销售现场广告等。

2）产品策略

（1）产品整体概念。

在进行产品组合和确定产品策略时，首先应树立产品整体概念。产品的概念有广义和狭义之分。狭义的产品概念，即产品是为了满足人们物质生活和文化生活日益增长的需要，通过有目的的生产劳动而向社会提供的物质资料，如服装、电视、汽车等具有特定形态和一定用途的劳动生产物。广义的产品概念，是指企业向市场提供的能满足人们某种需要的一切物品和劳务。它不仅包括产品本身的有形实体，还要考虑在市场营销中许多有形和无形的特质。从现代市场营销的角度看，广义的产品概念是一个整体概念，具体可由3部分构成（如图6-2所示）。

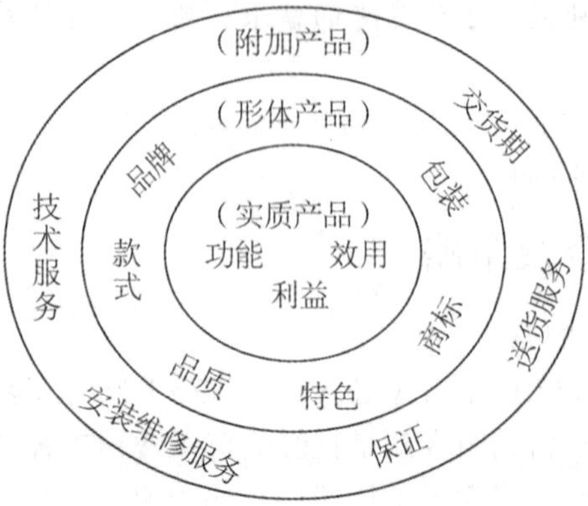

图6-2 广义产品

①实质产品。

实质产品又称核心产品，是指产品为满足用户的特定需要而提供的功能、效用和利益。例如，购买电视的顾客，他所买的并非一个装有电子元件的箱子，而是购买信息、音乐、图像等。很显然，一个产品是否能满足用户的要求，关键在于能否实现用户所追求的基本功能、效用和利益。企业市场营销人员的根本任务在于努力发现购买者购买某一产品时所追求的核心利益，并向其推销这一利益。

②形体产品。

形体产品是指产品的外观部分，即通常所讲的产品出现于市场的面貌，如产品的品牌、款式、特色、包装和商标等。产品的面貌使用户从外观上认识这是什么产品，是谁生产的产品，并满足用户对产品款式、特色等的不同要求。

③附加产品。

附加产品是指产品有形实体外的一系列附加因素，如交货期、送货服务、技术服务、安装维修服务、保证等。这是为了使用户更方便地使用产品和得到一些附加利益。

互动课堂6-2

中国茶何时走出“一流品质、二流包装、三流价格”的怪圈

当今世界的三大饮料中，可乐品牌有可口可乐、百事可乐；咖啡品牌有雀巢、麦斯威尔；而茶叶品牌则首推英国立顿。中国作为茶叶的发源地，是产茶大国却不是产茶强国，虽然占有世界上最大的产茶面积，但在世界茶业市场影响力较弱，中国茶长期品牌缺失也丢失了大市场。截至2008年，全世界每年茶叶需求量达300万吨，供应量达350万吨。中国每年产茶120万吨，仅有30万吨出口，虽然产茶面积世界第一，但国际市场的影响力较弱。中国每年茶产业产值为300亿元人民币，而立顿茶业年产值约230亿元人民币，相当于中国茶产值的2/3强。

中国具有悠久的产茶历史，不仅名茶林立，而且茶叶产量高居世界第一。西湖龙井、武夷岩茶、安溪铁观音、洞庭碧螺春等名茶品种，可谓声名远播，但提起名茶品牌，难以让人脱口而出。全国加工茶叶的茶厂有7万多家，可是叫得响的知名品牌是凤毛麟角。品牌缺失已成为中国茶产业的薄弱环节，业内人士将这一现状称为“有种类、有名茶、无名牌的‘有名无姓’时代”。

与中国茶现状产生强烈对比的是，英国不产茶，但“英国立顿茶”无人不知，中国茶市场缺乏品牌巨头太久了。一个企业如果没有品牌，就没有市场竞争力；一个行业如果缺乏行业巨头，就没有活力。据相关统计，在我国7万多家茶厂（截至2008年）中，注册品牌的仅有近1 000家。与此同时，茶叶成本高，但价格低廉，产品质量不稳定、产品包装简陋等因素影响着中国茶的国际形象。目前，中国出口茶叶在国际市场上每千克仅售2美元左右，平均茶价比印度低四成，比斯里兰卡低六成多，甚至比肯尼亚的茶叶价格还要低20%。目前中国只是世界产茶第一大国，而不是世界茶业强国。

资料来源 陈冀. 中国茶何时走出“一流品质、二流包装、三流价格”的怪圈［EB/OL］.［2020-02-17］. http：//shipin.people.com.cn/GB/86116/6914330.html.

讨论：结合产品整体性概念，并结合此案例分析，中国茶叶缘何陷入如此境地，中国茶叶怎样才能摆脱“一流品质、二流包装、三流价格”的怪圈。

（2）产品组合策略。

在市场营销组合中，产品组合具有决定性影响。产品组合策略包括产品项目组合和产品组合因素匹配两个方面。

①产品项目组合。

企业销售的产品项目组合与企业产品结构相对应，可供选择的产品项目组合策略一般有6种类型：

A.全线全面型策略。它着眼于向任何顾客提供所需产品，尽可能增加产品组合的深度和广度，不受关联性的约束，使全部产品在各个市场面都大力发展。

B.市场专业型策略，即针对某个市场而提供所需要的各种产品。例如，针对国内许多经济开发区的建设需要，某机械厂的产品组合由推土机、翻斗机、挖沟机、起重机、水泥搅拌机、压路机等产品组成。该厂还以这同一产品组合，适应了向中东地区出口建筑设备、器材的需要。

C.产品线专业型策略，即专注于发展某一系列产品、某一类产品或某系列中某种规格的产品，将其推销给各类顾客。

D.有限产品线专业型策略。企业根据自己的实力、专长，集中经营有限的甚至单一的产品线，以适应有限的或单一的市场需要。

E.特殊产品专业型策略。重点发展有特殊用途的产品，减少竞争的威胁。

F.特殊专业型策略。企业凭借所拥有的特殊生产条件，生产某些工艺极其特殊和复杂，需要也极其特殊的产品。由于其产品具有突出的特殊性，常能减少或避免竞争威胁。

②产品组合因素匹配。

产品的包装与装潢、品牌与商标、服务等因素，会影响产品的营销，因此应使其与产品实体相互匹配，形成组合效应。

A.包装与装潢。

产品的外包装是保护产品在运输过程中不受损坏、安全到达消费者手中的重要手段。产品的内包装和装潢与产品造型、色彩、图案等一起形成产品外观。在国际市场上，产品外观比内在质量对销售起着更大的影响作用。国内消费者也日益重视产品外观。产品包装还便于与别的企业的同类产品相区别。企业对产品包装与装潢的设计，要全面考虑科学性、经济性、安全性及商品美学，并重视各地民族的风俗习惯，出口产品还应考虑各国税制（按产品毛重还是净重价格计税，各国税制不尽相同）和运输条件。

为了配合销售，可供选择的包装策略有：

a.类似包装策略。一个企业所生产销售的各种产品，采用相同图案、近似颜色、共同特征的包装，使顾客易于识别是同一企业的产品。这种策略能节约包装设计费用，树立企业形象，增加企业声势，有利于介绍新产品，但此策略适用于质量水平相当的产品，否则会损害企业信誉。

b.双重用途包装策略。原包装的商品用完后，空包装器可移作其他用途。这能引起顾客购买兴趣，吸引顾客重复购买，并能争取顾客，起到广告的作用。

c.赠品包装策略。在产品包装内附赠小礼品，如在儿童玩具或用具的包装盒内附赠连环画、识字图等。

B.品牌与商标。

品牌是企业产品的牌子。例如，“东风”牌汽车、“海尔”牌洗衣机等。商标是将品牌的内涵图案化，作为产品的法定标记。两者既有联系又有区别。品牌与商标是区别不同企业、不同产品的标志。注册商标受到法律保护，具有排他性和享有专用权。品牌与商标起着监督企业产品质量和促进销售的作用。企业创出的名牌，是无形的财富。

企业制定的品牌策略主要有：

a.无品牌商标策略。

使用品牌和商标有助于消费者识别本企业产品，有助于产品宣传，但会给企业增加相应的成本费用。企业首先要决定用还是不用品牌、商标，这通常是根据产品的性质、消费者购买习惯及权衡使用和不使用的利弊大小来决定的。下列产品通常可以采用无品牌商标策略：尚未定型、属于试产、试销的产品；临时、一次性产品；附属产品；小范围内销售的产品；生产工艺简单、无技术标准的产品；超市出售的简装、价廉的产品；消费者习惯上只认货不认品牌的商品如盐、糖、粮食、铁钉等。

b.品牌使用者策略。

当企业决定使用品牌后，就必须决定是采用自己的品牌还是中间商的品牌。企业对自己的产品采用自己的品牌，可以建立起企业的市场信誉与形象，建立与培养消费者对本企业产品的忠诚，为以后扩展市场打下基础。但是生产商常常面临着如何打开市场的难题，许多知名度不高、实力不雄厚的企业，为使产品更好更快地进入市场，更倾向于使用经销者的商标。

c.家族品牌商标策略。

企业如果决定其大部分或全部产品都使用自己的品牌名称，还要决定其产品是统一使用一个品牌商标，还是分别使用不同的品牌商标。这种家族品牌策略，至少有以下选择：

统一品牌策略，即企业所有产品都使用统一的品牌商标。如日本东芝的家用电器公司，其全部的产品均采用“TOSHIBA”。使用统一品牌商标有利于企业统一产品形象，便于公众识别、记忆企业，尽快提高企业知名度，有利于新产品进入市场，同时可节约品牌与商标的设计和广告促销费用。但其缺点是某个产品的声誉不好会影响整个企业的形象。

差异化品牌策略，即企业决定其各种不同的产品分别使用不同的品牌商标。如五粮液集团针对它的系列白酒产品就使用不同的品牌和商标。此策略有助于消费者从品牌商标上区分商品的档次、质量和价格差异，有利于占领市场，扩大销售额，满足不同消费者的需求；企业的整个声誉不致受到个别商品声誉的影响。但其缺点十分明显，对每一个品牌商标都需分别做广告，销售费用会增加；不利于品牌商标的管理，不便于企业树立统一的市场形象。

各大类产品单独使用不同的品牌商标策略。希望集团针对其饲料使用“希望”牌，但对其火腿肠、白酒就采用“美好”牌。这主要是因为，饲料与火腿肠、白酒属两类完全不同的市场，如果使用统一品牌商标，会给消费者造成不必要的混淆与误会，甚至在心理上都无法接受。

企业名称与个别名称并用策略，即企业决定其各种不同的产品分别使用不同的品牌名称，并在各种产品的品牌名称前面冠以企业名称。如海尔推出它的冰箱系列产品“海尔－大王子”“海尔—帅王子”“海尔—小王子”时，就用了该策略。企业采用此策略的好处是：在各种不同的新产品的品牌名称前冠以企业名称，可以使新产品享有企业的信誉，而不同产品分别使用不同的品牌名称，又可使不同产品代表不同的特色。

d.品牌扩展策略。

品牌扩展策略是指企业利用其成功品牌名称的声誉来推出改进产品或新产品，包括推出新的包装规格、香味和式样等。例如，“金利来”从领带扩展到皮带、衬衣，以及男式用品；“本田”从摩托车扩展到汽车、割草机等。企业采用这个策略，可以节省宣传新产品的费用，使新产品能迅速、顺利地打入市场。

e.多品牌策略。

这种策略是宝洁公司首创的，是指企业同时经营两种或两种以上互相竞争的品牌。传统的市场营销认为，单一品牌延伸策略能使企业减少宣传成本，易于被顾客接受，便于企业形象的统一。但宝洁认为，单一品牌并非万全之策。因为一种品牌树立之后，容易在消费者中形成固定印象，不利于产品延伸，尤其对于像宝洁这样的横跨多种行业、拥有多种产品的企业更是如此。多品牌策略使企业拥有多个个性鲜明的产品去满足不同的消费群体的需求，从而使各个品牌都在消费者心中占有一定的位置。如“海飞丝”的定位在于去头屑，“飘柔”的定位是使头发光滑柔顺，“润妍”的定位是使头发又黑又有光泽，“潘婷”的定位则是对头发的营养保健。多品牌对竞争对手造成威胁，形成合围之势；给消费者形成公司实力雄厚的印象，有利于树立企业的形象。

f.品牌重新定位策略。

由于市场环境变化，或者企业原有品牌定位出现偏差，企业往往需要重新定位品牌。品牌重新定位，一般需要改进产品性能或改变产品的外观，有时只改变品牌形象，也可达到重新定位的目的。可口可乐为什么要更换字体？原因是目标消费者更加年轻了，对时尚的要求更加苛刻了。肯德基为什么开始喊均衡营养？原因是目标消费者对健康的需求更高了，越来越在乎更加科学的营养了。

C.服务。

产品售前售后服务的宗旨是全心全意为消费者服务，它是对消费者负责的需要，也是树立企业良好信誉的需要。售前服务主要是技术咨询、提供设计、为用户培训人员等；售后服务包括帮助安装、调试设备，供应零配件，实行“三包”（包退、包换、包修），走访用户，登门服务和处理来访等。企业要建立服务机构，配备一流技术力量，开展多种多样的服务项目。

（3）产品生命周期各阶段营销策略。

对企业来讲，运用产品生命周期理论主要有3个目的：一是使自己的产品尽可能地被消费者接受，缩短产品的市场投入期；二是尽可能保持和延长产品的成长期，以获得较高的利润；三是尽可能使产品以较慢的速度被淘汰。

①投入期。

在投入期，由于消费者对新产品缺乏了解，接受需要有一定的过程。这一时期的特点是：生产的企业少；产品设计还未完全定型；生产工艺还不成熟，生产批量小，制造成本高；工人劳动熟练程度差，废品率高；市场需求量极为有限；广告费用高；新产品的市场前景难以预测，经营风险大。

这一阶段企业的经营策略，首先是要重视消费者反映的意见，完善新产品，提高新产品的竞争力。其次是要通过广告等多种手段宣传新产品的优点和灵活选择分销渠道，努力争取用户。要想尽各种办法来缩短投入期，尽快进入成长期，经营策略要突出一个“短”字。

②成长期。

成长期的主要特点是：销售量以很快速度增长；产品设计已基本定型，工艺基本确定；专用设备已经配齐，生产线已经形成，由于市场需求量扩大，企业开始大批生产；工人的熟练程度高，废品率低，生产成本大幅度下降；销售渠道已经打开，企业广告和推销费用减少。这是企业获利最多的阶段，是产品的“黄金时期”。与此同时，由于竞争者的加入，仿制品不断投入市场，竞争开始激烈。企业在成长期采取的市场策略有以下几种：

A.狠抓产品质量，争创名牌产品。企业要从质量、性能、式样、包装与装潢等方面下功夫，以对抗竞争产品，扩大产品用途，强化销售工作。

B.在大量生产的基础上，企业要根据市场价格趋势和竞争者的价格，适当降价，以廉取胜，增加销售量，并要建立广泛的分销渠道，努力提高本企业产品的市场占有率。

C.广告宣传的重点应从宣传产品优点转到宣传品牌和企业，从树立企业和产品的知名度转到建立社会对企业和产品的依赖度，使其在消费者心中与众不同。

总之，成长期经营策略的重点是迅速提高市场占有率，提高质量，树立信誉，在竞争中确立有利地位，并努力降低成本，增加盈利，尽快收回投资。成长期的经营策略要突出一个“快”字。

③成熟期。

成熟期的主要特点是：产品产量大、销售量大、利润较高，且能维持一段时期；市场需求逐步趋于饱和，销售量达到最高，销售增长率减缓；成本最低，利润最高，但利润开始下降；产品销售增长率减缓使生产能力过剩，导致竞争激烈，消费者对产品有了极大的选择余地，更注重产品的质量、价格、服务，对耐用品及半耐用品更强调选择名牌。

产品进入成熟期的策略主要有：

A.改变市场策略。

这就是要改变产品的用途，或者改变销售方法，扩大销售对象等。这种策略有3种形式：

a.寻找新的细分市场，使产品进入尚未使用过该产品的市场。例如，美国杜邦公司生产的尼龙，最初主要产品是军队用的尼龙降落伞、尼龙绳，第二次世界大战后转入民用市场，以尼龙针织品为主，后来尼龙又进入服装、日用品市场（如尼龙毯）和工业品市场（如轮胎、包装材料）。每次进入不同的市场，都使尼龙从成熟期进入成长期。

b.刺激现有顾客使用的频率。例如，在某种食品包装上列出可用该食品配制的食谱，从而扩大消费者对这种食品的购买量。

c.重新树立产品形象，寻找新的买主。例如，杭州生产的娃哈哈儿童营养液，原先的主要消费对象是儿童，后来通过广告宣传，重新树立它的形象，试图进入老年人市场，以增加销售量。

B.改进产品策略。

a.提高产品质量，或者改变产品的特色和款式，向顾客提供新的利益。例如，电冰箱向大冷冻室、圆弧门、温度显示、外取冷饮等方向发展。

b.增加产品的售前售后服务。

c.改变销售因素组合。这就是要根据市场状况和竞争对手情况，除了改变产品本身之外，在价格、销售渠道、促销方式等方面应巧妙运用，合理组合，以促进产品销售。

④衰退期。

进入衰退期后，产品已经老化，需求量和销售量开始下降，销售利润迅速下降，企业已形成规模的生产能力与日益减少的销售量之间矛盾十分突出。新产品开始进入市场，逐步替代该产品。这时，经过成熟期的激烈竞争，价格被压到极低的水平，成本较高的企业就会因无利可图而陆续停产，产品的生命周期就此结束。

在这个时期，企业的经营策略：一是要设法吸引晚期采用型的顾客；二是有计划地减产撤退，把有限的人力、物力集中到最有利的细分市场和销售上去；三是实现产品的更新换代。总之，衰退期策略应该贯彻“有预见地撤，有目标地改”这一原则。

3）价格策略

产品价格在市场营销活动中占有重要的位置，价格高低对企业产品销售收入及市场需求的变化有较大的影响。

（1）新产品定价策略。

新产品定价策略主要有3种：

①撇油法，即高价法。这种方法是将满足用户情感动机需要的产品或市场供应紧张而用户又迫切需要的产品的价格定得较高，尽可能在产品生命周期的初期就获得较高的利润。但采用这种方法容易吸引竞争者竞相投资，一旦产品供需关系趋缓，就不能再采用这种方法了。

②渗透法，即低价法。这种方法以占领市场、扩大产品影响作为主要目标。采用这种策略是把新产品价格定得较低，让新产品尽快地、最大限度地渗入市场，扩大销售量。新产品采用这种策略进入市场，企业通常能获得微利，甚至亏损，同行业竞争者一般都因油水不大而不愿投资。因此，低价法又叫“别进来法”。采用这种方法定价，新产品可以迅速打开销路，企业可通过迅速增长的销售量获利，然后适当提价。

③满意定价法，即薄利定价法。它是把价格定在高价法和低价法之间的定价方法，这

种价格对生产者和消费者来说都比较满意。因此，这也是最常采用的定价方法。

（2）心理定价策略。

心理定价策略是针对消费者的心理因素，尽量迎合消费者的购买心理而制定产品价格的一些方法，常用的有：

①尾数定价法。尾数定价包括两种形式：一是取九舍十策略，即当商品价格接近整十、整百、整千时，有意将价格定在整数十、百、千等之下，使消费者感到价格没有超过十、百、千等，以此扩大销售。例如，一台电视机可定成1 999元，而不定成2 000元。二是拆整为零策略，即商品定价采用有整有零的形式。例如，24元一千克的毛线，在定价时定为23.93元，使消费者感到定价计算科学，定价认真，产生对产品价格的信任感。

②声望定价法。声望定价法是利用某种商品在社会上已有的声望，而将商品价格定得高一些。这种定价法一般适用于两种情况：一是这种商品的购买者购买商品不是为了自己消费，而是为了送礼，商品价格高会使赠送与接受的双方感到这种商品珍贵从而提高交往的意愿；二是商品质量不易鉴定，或质量不明确，而这种商品在消费者心目中又有声望。

③整数定价法。对于价格较高的商品，如高档商品、耐用品、礼品等，则采用整数定价策略，这样会给人一种“豪华”感，刺激消费者购买的欲望。

④分级定价法。商品按不同档次与等级分别定价，使顾客便于按需要购买，各得其所，并产生一种安全感和信任感。

⑤习惯定价法。许多商品在市场上已经形成习惯价格，这类商品不应轻易改变价格。

（3）折扣与让价策略。

折扣与让价策略是指商品经营者根据买方采购数量、货款支付时间及商品实际销售情况给予买方的一种价格优惠策略，目的是扩大商品销售或者降低风险，具体形式有：

①现金折扣，又称付款期折扣。在延期付款的条件下，为了鼓励买主提前交付现金，企业可规定一个提前付款的折扣比例，即按原价给予一定折扣，鼓励买主不拖欠货款。如付款条件为“2/10，n/30”，表示10天内付款优惠2%，超过10天则无优惠，信用期为30天。

②数量折扣，又称商业折扣，是卖方为了鼓励买主多买货，根据其购买商品数量达到的一定标准，给予不同的折扣。一般买的商品愈多，折扣愈大。它分为两种形式：

A.非累计折扣。一般用于一次购货，按照买主一次购买总量而给予不同的折扣。

B.累计折扣。一般用于长期性交易活动，即规定在一定时期内买主购买商品达到一定数量（额）时，就给予折扣。这种方法有利于稳定顾客，建立和顾客的长期关系。

③季节性折扣。生产季节性商品的企业为鼓励中间商早进货，对提前进货的中间商给予一定价格优惠，或对已过时的商品折扣卖出。

④交易折扣，又称进销差价。生产企业或商品批发商为了鼓励商品批发商或其他中间商多进货，按其不同的交易职能给予不同的价格折扣。一般先定出商品的出厂价，然后按不同的差价率顺序相加。

⑤推广折扣。例如，中间商为生产企业进行广告宣传、橱窗布置、展销等推广工作，生产企业给予一定的价格折扣。

⑥跌价保证。生产企业向中间商（买主）保证，当生产企业商品调落价格时，对于买主的原有存货，依其数量退还或补贴因跌价造成的损失部分。这种办法对中间商和用户是

一个有效的保证措施，使他们安心进货而不用顾虑进货损失。

4）销售渠道策略

（1）销售渠道及其结构。

销售渠道是指产品从生产企业转移到消费者或用户所经过的线路及各个经营机构。销售渠道有两种基本形式：直接销售形式和间接销售形式。直接销售形式是生产企业不通过任何中间环节，将产品直接销售给消费者或用户；间接销售形式是生产企业通过若干中间环节（如代理商、批发商、零售商等），再把产品销售给消费者或用户。由于工业品市场和消费品市场具有不同的特点，工业品和消费品销售渠道的结构也有所不同。

消费品销售渠道结构包括5种销售形式，如图6-3所示。工业品销售渠道结构包括4种销售形式，如图6-4所示。

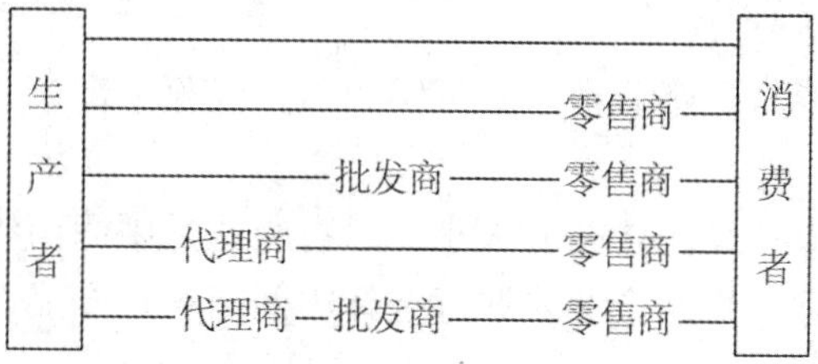

图6-3　消费品销售渠道结构

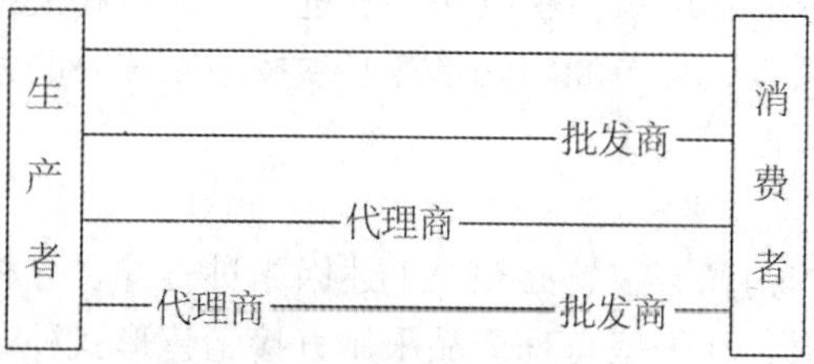

图6-4　工业品销售渠道结构

（2）影响销售渠道结构选择的因素。

①产品因素。

A.产品的价格。一般来说，产品单价愈低，其销售渠道愈长，反之则愈短。

B.产品的体积和重量。体积过大或过重的产品，由于运输储藏困难，费用又高，销售渠道应短一些；反之，体积小或轻工产品销售渠道可长一些。

C.产品的款式和时令性。式样多变、时尚程度较高的产品，销售渠道应短一些；而款式不易变化、时尚性差的产品，销售渠道可长一些。

D.产品的物理化学性质。产品易腐蚀、易损坏或有效期短，则应采取较短的销售渠道。

E.产品的通用性和专用性。通用产品一般面大量广，应尽量利用中间商组织销售；而专用产品多数是用户直接向生产企业订货，强调规格、质量和交货时间，销售渠道越短越好。

F.产品经营技术性的强度和要求服务的情况。产品技术性越强，对售后服务要求越高，其销售渠道应短一些，宜由生产企业直接销售，或通过经挑选的具备技术性经营知识和技能的中间商来销售。

②市场因素。

A.消费者的数量和分布状况。消费者的数量多而分散，则产品销售市场范围大，需要较多的中间环节；消费者的数量多而集中，则产品销售市场范围小，只需要较少的中间环节；消费者数量较少时，往往由生产企业直接销售。

B.产品消费量的大小。对于一次大量成交产品，或需用量较大的用户，一般由生产企业直接销售，从而大大减少产品中转环节；对于消费量小而购买次数较多的产品，需要较多的中间环节。

C.消费者的购买习惯。消费者习惯一次少量而多次购买的产品，应尽量扩大销售网点，充分利用零售商的作用。

③企业自身因素。

A.企业信誉和实力。信誉度高和资金雄厚的企业，可以选择直接销售；反之，最好通过批发、零售等中间环节。

B.企业自身的销售能力。企业销售队伍实力强，经验丰富，销售网络发达，就可少用或不用中间商。

C.企业选择销售渠道时经济效益的大小。只有当通过中间商销售产品比自行销售产品能获得更大的经济效益时，生产企业才愿意选择中间商销售产品。

④政策因素。

国家对工农业产品的购销政策与税收法令、进出口政策和关税政策等是企业选择销售渠道时必须考虑的重要因素，如石油、烟草等必须按国家统一的销售渠道进行，任何企业不得任意销售和选择中间商。

（3）销售渠道策略。

企业要选择最合适的销售渠道，必须对上述因素进行综合分析考虑，鉴于大多数企业规模不大、经济实力有限，除一些特殊产品采用直接销售形式外，一般都采用间接销售形式。企业通常可采用的销售渠道策略有：

①广泛的销售渠道策略。日用消费品、工业品的小五金与辅料等生产厂商大部分采用这种策略。因为这类产品的消费者偏重迅速、方便地满足需求，而不太重视品牌、商标，其生产厂商则希望自己的产品能尽量扩大销路，使广大消费者能及时、方便地买到所需的产品。这种策略的特点是采取间接销售形式，同时选择较多的批发商和零售商来推销产品。

②有选择的销售渠道策略。这种策略也是采取间接销售形式，但是生产厂商只在一定的市场选择少数几个中间商。这种策略适用于销售消费品中的选购品、特殊品和工业品中的零件等。因为这些产品的消费者和使用者往往注重产品的牌子。采用广泛的销售渠道策略的生产厂商，经过一段时间后，也往往根据中间商在营销中的作用、获利多少以及销售量的变化进行调整，采取有选择的销售渠道策略。这样做便于保持产品的信誉，对生产厂商较为有利。

③独家专营的销售渠道策略。这种策略也是采用间接销售形式，即生产厂商在一定时期、一定地区只选择一家批发商或零售商来推销本企业的产品。通常双方订有书面协议，中间商不得再代销其他竞争产品。这种策略适用于推销时需要现场做表演和介绍使用方法的产品或其他工业品、需要加强售后服务的消费品，以及消费者特别重视的特殊品等。

采取独家专营的销售渠道策略，对生产厂商好处甚多。因为只有一家专营中间商与生产厂商签订协议，可以提高专营中间商的积极性和推销效率，更好地为顾客服务；可以排斥类似产品的竞争者进入同一市场；生产厂商和专营中间商联系单一，可以降低销售成本，为了推销专营产品，产销双方可以较好地互相支援和协作。但独家专营对生产厂商也有不利之处，由于生产厂商对专营中间商依赖性强，若专营中间商经营不好，就有可能在该地区失去一部分市场。

拓展阅读 6-6

吉利汽车的分网销售

吉利汽车主要以生产经济型轿车为主，过去吉利汽车在各地的销售采取选择式分销，一个规格的汽车由许多经销商经销。这些经销商为了争夺顾客，相互杀价，导致恶性竞争。这样既不能保证公司营销策略的一致性，又损害了经销商的利益。从2005年开始，吉利汽车规定每个经销商只能拥有一个主力品牌的销售权，这样既保证了价格的稳定，又防止了恶性竞争的出现。

5）促销策略

促进销售简称促销，是企业将产品、服务及信誉等信息，通过各种方式传递给目标顾客，以促进、影响其购买行为，达到增加销售、扩大市场占有率的目的。

促销方式多种多样，从大的方面讲，可分为人员促销和非人员促销。后者又包括营业性推广、公共关系和广告等几种方式。各类促销方式的特点与作用不完全相同。在使用过程中，应根据产品特点、目标市场特点、促销预算费用等方面的因素，适当选择、编配和综合运用，这就是促销组合策略。下面就营业性推广、广告、人员促销3种策略做重点介绍。

（1）营业性推广策略。

营业性推广是指在一个较大的目标市场上提供的短期带鼓励性质的推销手段。营业性推广可以分为三大类：

①以消费者为对象的营业性推广。

它主要包括以下几项：

A.免费提供样本。企业免费向消费者赠送产品，这是介绍新产品的有效方法。

B.折价券和价格折扣。折价券是一种标明有减款额的书面证明券，持有此券者，在购买某种特定商品时，可得到减价优待。这种方式适用于处于成熟期的产品和处于试销期的新产品。价格折扣是企业根据销售目标考虑在平常价格基础上通过价格折扣让利给消费者，以促进消费者购买。

拓展阅读 6-7

钱大妈超市的促销策略

钱大妈生鲜超市除了做线下销售外，还做起了线上和线下相结合的社区团购。钱大妈社区团购走的是爆款引流的路线，利用低价而且日常使用频率高的商品为其引流，比如日常高消耗的鸡蛋或者牛奶，用这类商品的低价来吸引消费者使用社区团购。每天都会在微信群里或者门店里，用明显的信息和标志告诉消费者今天什么商品打折做特价了，并附有明显的价格暗示如特价、秒杀、半价等。一般来说，标有“减价”标志的商品，可以提高消费者需求的50%以上。但是钱大妈每天打折的商品不会超过5种，除了成本的考虑外，还因为减价标记收益递减效应，当店内的减价商品超过总商品数量的25%，减价对消费者的吸引力就会大大下降。钱大妈采取多件定价策略，如玉米10元3根、砂糖橘10元3斤等，这种定价就是鼓励消费者多买。钱大妈在鲜肉定价方面主打“不卖隔夜肉”，每天19：00开始打折，19：00全场打九折，每隔半小时再打一折，23：30没卖出的鲜肉免费派送，保证货品新鲜。

C.附带廉价品。它是指在出售主要产品时，附赠一些廉价小物品给顾客，以作为对购买某一种产品的顾客的鼓励。

D.交易印花。它是指消费者在购买某一产品时，企业即赠以兑奖印花，消费者收集印花后，可凭印花到企业兑换现金或者赠品。

E.产品展示。它是指在橱窗或货柜前专门布置某种产品，大量陈列或当场表演以吸引顾客。

②以中间商为对象的营业性推广。

它主要包括以下几项：

A.购买折扣。它是指企业在一定的时间内，对中间商进货给予减价优惠。其目的是鼓励中间商购买某类产品。

B.补贴。它是指制造企业在一定时期内，付给中间商一定数量的补助额，用以鼓励中间商代销其产品、合作广告、宣传展示其产品等。补贴金额的多少，视中间商的工作情况而定。

C.推广奖金。它是指制造企业为中间商免费提供的产品或现金，用于鼓励中间商为达到某一销售数量而努力。

D.中间商名单推广。它是指制造企业将自己的中间商名单借助新闻媒介公布于众。这是对中间商的精神鼓励。

E.销售竞赛。它是指制造企业通过提供免费旅游机会或发给现金等方式，鼓励中间商推销产品。

③以销售人员为对象的营业性推广。

以销售人员为对象的营业性推广，主要采取发奖金、奖品等方式鼓励销售人员积极推销产品。企业可根据销售人员的推销实际情况、货款回笼情况按比例发给奖金。

拓展阅读 6-8

天价咖啡

日本东京“TOMSON”咖啡屋推出了一种5 000日元一杯的高级咖啡，这确实让东京人大吃一惊。因为在当时的东京，一杯普通的咖啡只要100日元左右，5 000日元一杯的咖啡的确太昂贵了。如此昂贵的咖啡会不会无人问津？可事实上，自从推出这种高价咖啡后，咖啡屋一改往日“人烟稀少”的局面，店员忙得不可开交。究其原因，是特别的高价引起了人们的关注，刺激了人们的好奇心理，产生了非要尝尝这种咖啡的强烈愿望。咖啡价格虽比普通咖啡高出50倍，但卖这种咖啡并无厚利可图，甚至所获利润比其他价位的咖啡还要低。

“TOMSON”的咖啡是用世界上最高级、最豪华的法国咖啡杯盛的，每只杯子价值4 000日元，等消费者喝完咖啡回去时，店员就把该杯子包好送给消费者。当然，杯子里所装的咖啡也是货真价实的，味道特别好。为什么无利可图，还要推出这么高级的咖啡？该店老板木元二郎说："卖5 000日元一杯的咖啡，我们是不赚钱的，我们要靠卖其他便宜的饮料来维持。然而这5 000日元一杯的咖啡比任何宣传都有效，它能吸引成千上万好奇的顾客来光临，卖掉更多的果汁、饮料和一般咖啡。"

资料来源 于建永. 企业如何迎接市场抛来的媚眼？[EB/OL]. [2022-05-27]. https://www.leshui365.com/c14392/push/244560.html.有改动。

（2）广告策略。

商业广告是企业采取付款形式，通过一定的传播媒介，公开而广泛地向公众传递信息的一种宣传手段。

①广告的功能。

广告作为一种传递信息的工具，是促进销售最典型的方式。广告的直接功能有下列几点：

A.宣传功能。通过广告宣传，加强部门之间和地区之间的经济联系，沟通产需，加速产品的周转。

B.心理功能。诱发消费者的情感，引起购买欲望，促进消费者的购买行为。

C.认识功能。帮助消费者认识产品的商标、性能、用途、保养与使用方法、购买手续等。

D.美学功能。优美而合理的广告宣传，有利于美化环境和市容，给消费者以美的享受。

②广告媒介。

广告媒介是传递广告信息的媒介物。广告媒介有很多，常用的广告媒介主要有报纸、杂志、电视、广播、广告牌、网络等。不同的广告媒介具有不同的特点。

A.报纸。报纸的发行量大，宣传面广，传播迅速，可以用文字、图表详细表述广告内容，具有传播的普遍性和灵活性。其缺点是广告时效性差，因为重复读报的人不多，报纸也不会再版。

B.杂志。杂志作为广告媒介的优点是时效性强，刊登在杂志上的广告保留时间长，可以长期保存，并往往在同行和亲友间互相传递，可以在较长时间内吸引读者与潜在顾客的注意，而且可以提供彩色印刷。因此，当时间不是关键因素时，可考虑选择杂志作为广告媒介。

C.电视。电视的优点是既能看又能听，画面生动，有立体效果，收视率高，尤其适合于新产品的介绍。其缺点是收看时间受到限制，一个广告节目往往一瞬即过。许多潜在顾客容易错过视听机会。

D.广播。广播的优点是生动亲切，宣传范围广，费用少。其缺点是时间短，给人印象不深，而且缺乏实体感。

E.广告牌。广告牌的特点是面积大且图案精美，容易引人注意，但观众过于分散，因此它多被用于消费品的宣传。

F.网络。与传统的媒介广告相比，网络广告具有得天独厚的优势。各种网络尤其现在的新媒体是一个全新的广告媒介，传播速度最快、效果很理想，是企业向公众传递信息的很好途径。

此外，可借助招贴文字和霓虹灯等进行广告宣传。

③广告媒介的选择。

由于不同的广告媒介具有不同的特点，因此每个企业都要从自己产品的特点和广告所要达到的目的出发，选择一种或综合运用几种媒介，力求将产品信息传播到最广的范围，谋求最大的影响力，而所耗费用较小。为此，选择广告媒介应主要考虑以下因素：

A.广告的范围。它主要是指能够接触到广告的观众或听众人数，如报纸和杂志的发行量、电视与广播传播的地区和时间、路牌的地点等，要与企业所要求的广告传播范围相一致。

B.广告的对象。广告应当尽量接触到能够购买产品的主要对象，如工程设备广告，宜选用专业技术性杂志；妇女用品广告，宜刊登在妇女杂志上。

C.广告的经济性。它主要指广告要考虑企业的经济负担能力。如果企业规模大、实力强，可选择有影响力的媒介；相反，则宜采用比较便宜的媒介。

④广告策略的分类。

广告策略是企业营销策略的重要组成部分。企业在做广告时，必须考虑既要与企业的营销策略相适应，又能以较低的广告费用达到预期的营销目标。

A.集中性广告策略，即花费一笔较大的广告费用，集中在某一市场，利用各种广告，造成一种宣传声势，以收到较好的效果。这种策略一般用于新产品投入重点市场或开拓新的目标市场时。

B.连续性广告策略，即在某一市场利用一两种广告媒介，经常不断地宣传自己产品的功能、特征等，使该市场中用户人人皆知，印象深刻。这一策略主要适用于成长期和成熟期的产品，目的是在竞争激烈的情况下，巩固老用户和争取新用户。

C.阶段性广告策略，即根据情况分阶段地确定不同的广告内容，利用不同的媒介进行广告宣传。阶段性广告策略主要是根据产品发展的阶段来确定的，如在产品投入期，应着重宣传产品的性能、用途、优点和使用方法；在产品成长期，就应重点宣传本企业产品的品牌、商标和特点，以建立企业的市场信誉；在产品成熟期，则要介绍本企业在服务、质量等方面的改进；而在产品衰退期，就要着重介绍产品的改进或价格的优惠等信息。

（3）人员促销策略。

人员促销就是企业派推销人员直接向顾客推销产品和提供服务。它是一种最古老的销售方式，也是现代产品销售的一种重要手段。

①人员促销的作用。

A.开拓市场。推销人员不仅可以说服原来的顾客重复购买，还可以直接地寻找、发现潜在的顾客，扩大市场销售。

B.销售产品。人员推销具有很大的适用性和灵活性。通过与顾客的直接联系，可以根据顾客的愿望、需求及动机，运用促销艺术，分析、解答顾客的顾虑，以达到成交的目的。

C.服务顾客。根据顾客的各种需求，提供各种服务，包括技术服务、维修服务、送货上门等。

D.收集情报。推销人员既是产品推销员又是市场调查员，他们将市场调查和收集到的情报反馈到企业，作为领导决策参考的依据，同时可以及时向顾客提供各种产品或服务。

②推销人员的分派方式。

企业选好推销人员，经过培训后，就要对推销人员进行合理分派。分派方式主要有3种：

A.按地区分派推销人员，即由一个推销人员或推销组专门负责某一个地区的产品推销业务。这种方式的优点是推销人员熟悉地区和用户，可以进行销售服务和市场调查工作，容易发现新的用户；由于推销人员活动范围有限，所以交通费用支出相对减少。这种方式一般适用于产品品种少而适用性较强的企业。

B.按产品分派推销人员，即由一个推销人员或推销组负责推销一种或几种产品。这种方式适合于产品种类较多，各种产品在技术上有差异的企业。

C.按用户分派推销人员，即由一个推销人员或推销组专门针对某一类用户进行推销。这种分派方式有利于加深对用户的了解，建立起长期稳定的人际关系和业务联系，使推销工作更有针对性。当各类用户对同一产品有不同要求时，宜采用这种方式。

此外，企业还可根据各自产品和经营的特点，综合运用这些方法。

③人员促销策略的分类。

在产品推销活动中，由于买卖双方各自追求的目的不同，企业在推销活动中会遇到诸多问题，推销人员应针对顾客的不同心理，采用不同的策略。

A.试探性策略，又称“刺激-反应”策略，即在尚未了解顾客需求的情况下，事先准备好要说的几套话，对顾客进行试探，先看顾客有何反应，然后根据顾客的反应进行说明宣传。这种策略常用于日用品的推销。

B.针对性策略，又称“配方-成交”策略。这种策略的特点是推销人员事先已基本了解顾客的某种需求，针对这种需求进行有目的、有意识的宣传介绍，鼓励其购买。

C.诱导性策略，又称“需求-满足”策略。这种策略的特点是先引起顾客的某种需求，促使顾客想满足这种需求，然后介绍所推销的产品如何能满足这种需求。这是一种“创造性”推销，要求推销人员有较高的推销技术，能站在顾客的立场上说话，使顾客感到推销人员是他的好参谋。

6.3　客户关系管理

6.3.1　客户关系管理的概念

客户关系管理（customer relationship management，CRM）最初是由加特纳集团提出的一种管理理念，目的在于建立一个系统，使企业在客户服务、市场竞争、销售及支持方面形成彼此协调的全新的关系实体，为企业带来长久的竞争优势。尽管自这一概念提出以来，还没有十分统一的定义，但总的来说，CRM是一种旨在改善企业与客户之间关系的新型管理机制，其目标是通过提供更快速的优质服务吸引和保持更多的客户，通过对业务流程的全面管理降低企业的成本。

客户关系管理是一种企业发展的整体战略，是企业决策的基础，涉及企业的各个层面，团队协作是实现这一战略必不可少的条件。客户关系管理的核心是价值。在对客户的识别、保留和发展等的整个生命周期里，对价值的评判始终是贯穿其中的核心问题。这种价值评判包括两个方面：一是企业为客户提供的价值的评价；二是客户对企业的价值贡献的评价。客户关系管理的实施过程是一个使关系增值的管理过程。客户关系管理实质上是对企业客户资产的增值管理。客户要成为企业的无形资产，两个必备的条件是：企业与客户之间有事实关系存在，以及对这种关系，企业有数据和文件记录来保证双方之间的双向沟通。

6.3.2 建立客户关系的步骤

企业与客户之间的关系不是一个双方总和为零的游戏，而是一种以双赢策略为基础的合作，主要通过双方的价值让渡来实现。在这种关系建立发展的过程中，并不仅是价值让渡，还包括技术、信息的交流与良好的售后服务。根据企业与客户之间接触的层次和频度，可以将企业与关键客户之间的关系的形成和发展分成5个连续的阶段：①关系开始之前阶段；②关系发展早期阶段；③关系发展阶段；④关系稳定化阶段；⑤关系制度化阶段。

在关系开始之前阶段，潜在客户对企业知之甚少，营销人员是潜在客户获取企业信息的主要来源。对有的客户来讲，营销人员与企业是同一概念。因此，在关系开始之前阶段，企业能否引起潜在客户的重视主要取决于营销人员。

当客户开始试用产品时，就进入了关系发展的早期阶段。这一阶段，客户按有关程序进行技术指标测试与产品试用，并可能根据需要做一定的生产投资。对于关键客户，营销人员应在这一过程中尽力缩小同客户之间的距离，这对下一步建立良好的关系大有益处。虽然在这一阶段，营销人员可通过努力增加一点订单，但良好关系的建立与发展，主要取决于客户对其与企业产品潜在关系价值的评价。

在关系发展阶段，随着订货数量的增加，客户通过营销人员在特定事情上的处理，对供方的产品、管理有了较全面的了解，同时双方信息、情感交流增加，彼此距离缩小。在这一阶段，营销人员与客户之间关系的良性互动对双方的业务量和关系发展影响很大。

经过较长的关系发展阶段，随着业务量的扩大，企业与客户彼此之间构成重要影响。这时，双方的高层领导就会参与到关系发展中来，并成为关系稳定与发展的核心。这样就进入了关系稳定化阶段。相比而言，这时营销人员的重要性就相对减弱。在这一阶段，双方在彼此默认的规则指导下进行交易。

在稳定化关系为双方带来了巨大益处后，这种合作的愿望将会进一步加强，就可能进入关系制度化阶段，即双方明确彼此的特殊关系，并且制定出特定交易程序，以维护这种关系利益，如定点制造等形式均属此阶段。

6.3.3 客户关系管理的要点

（1）用长远的观点评价客户。在关系建立前期，尤其是关系开始之前阶段到关系发展阶段，营销人员的作用是相当重要的。营销人员对待客户的态度直接影响着企业的客户关系。用长远的观点评价客户，要求营销人员用伙伴的态度对待客户，对双方建立良好关系应积极主动。营销人员是否持有该观点对关系的建立与发展至关重要，尤其在建立关系的早期与发展这两个阶段。由于这两个阶段的时间较长，这就要求营销人员既要有信心又要有耐心。那种持“一锤子买卖”心理的营销人员很难经受漫长的等待，因此他们很可能在关系发展的早期阶段就同客户中止了关系的发展。这样，客户的潜在价值就不可能被充分地挖掘出来。目前，国内不少企业与营销人员的关系处于买卖关系或收入与销售业绩直接挂钩的状况，这使得营销人员迫于销售等方面的压力，不得不追求短期效益，这种营销管理方式随着营销环境进一步的变化，不利之处将日趋明显。

（2）真诚对待客户。真诚地对待客户，能增加客户的信任感与满意感，能够加强同客户的交流。而通过与客户的交流可获得客户特别需求的重要信息，进而使得为客户提供满意的服务成为可能。这一点在关系建立早期阶段——客户仍在测试企业的产品，以及其他关系发展过程中都很重要。

（3）了解客户的需求。了解客户需求也很重要。如果一个营销人员不了解客户的需求，他就不能为客户解决任何问题。要了解客户的需求，就得学会倾听客户的意见。对于重要的客户，一个成功的营销人员就应从供应商的角度调整到客户顾问的角度，同客户共同分析、解决有关问题。当客户认为营销人员是一个能提供有价值的新点子来源时，客户就会同营销人员进一步谈及其工作中所需解决问题的细节，这样营销人员对客户越了解，双方之间的关系就会越牢固。

（4）守信用。守信用包括两方面的含义：一是不能讲无法办到的事；二是讲了的事就得办。有些营销人员为了一时获取客户的满意，随意许诺，结果有些事无法兑现，这对于建立长期客户关系是不利的。而且，有时营销人员在得到订单后，会因眼前利益而违背之前的协定。守信用，不仅在关系建立的早期，而且在关系进一步建立与发展的整个过程中，均应严格遵从。

拓展阅读 6-9

华为的客户关系管理

一条大鲸鱼胜过一千条小鱼。大客户是华为客户关系管理的重中之重。

华为早期连个像样的楼房都没有，但在客户接待环节，华为确实做得非常细致。1999年，私家车还没有普及，华为用于接待客户的车辆已经是奔驰了。礼宾车司机都是曾在天安门担任升国旗手的退役军人，形象非常好，身上穿的是公司统一定制的阿玛尼西装，戴着白手套，就像在电视上看到的我国接待外国来宾的礼宾车司机一样。当客户经理陪客户吃完饭，走出餐厅时，车子刚好从附近缓缓地开过来，司机下车给客人开门……整套流程下来，会让客户感到非常专业。

华为总结了一套客户关系管理流程，叫作“一五一工程”，即“一支队伍、五种销售动作和一个资料库”：要建立一支高素质销售队伍；五种销售动作分别是参观公司、参观样板点、现场会、技术交流、高层拜访；建立一个客户资料库。

华为的营销有两条线，一条是产品线，另一条是客户线：产品经理负责售前、产品宣讲、技术交流、达标、市场策略等；客户经理则把客户关系关注在运营商客户上，关注客户的家人，关注他们的一举一动、喜好、需求等。

［本章小结］

•讲述了消费者市场需求的特点、消费者的购买模式以及消费者的购买过程。

•讲述了市场细分及目标市场营销策略、市场营销组合的因素及策略。
•讲述了客户关系管理的概念与管理要点。

[知识掌握]

1.名词解释

(1) 市场细分化　(2) 差异性市场策略　(3) 无差异性市场策略　(4) 密集性市场策略

2.选择题

(1) 每个消费者收入有限，满足需求也有轻重缓急之分，有序地逐步实现，这是消费需求的（　）。

A.复杂性　B.多样性　C.多层次性　D.可诱导性

(2) 企业针对各个细分市场设计不同的产品和制定不同的市场营销组合策略，这是（　）目标市场策略。

A.复杂性　B.无差异性　C.差异性　D.集中性

(3) 通常，产品处于引入期或发展期时，宜采取（　）目标市场策略，以开拓新市场。

A.复杂性　B.无差异性　C.差异性　D.集中性

(4) 产品的款式包装属于产品整体性概念的（　）。

A.实质层　B.形体层　C.附加层

(5) 原包装的商品用完后，空包装器可移作其他用途，这种包装策略属于（　）。

A.类似包装策略　B.双重用途包装策略　C.赠品包装策略

(6) 成长期的经营策略要突出一个（　）字。

A.短　B.快　C.争　D.转

(7) 在新产品上市时把价格定得高一点，以便尽快收回投资，这种定价法属于（　）。

A.渗透定价法　B.满意定价法　C.撇油定价法

(8) 在延期付款的条件下，为了鼓励买主提前交付现金，企业可规定一个提前付款的折扣比例，这属于（　）。

A.现金折扣　B.数量折扣　C.季节性折扣　D.交易折扣

(9) 式样多变、时尚程度较高的产品适合于（　）。

A.长渠道　B.短渠道　C.单渠道

(10) 市场细分的目的是（　）。

A.选择目标市场　B.选择分销渠道　C.制定促销策略

3.填空题

(1) 消费者的购买行为模式，主要由（　）购买、（　）购买、（　）购买及（　）购买四个方面构成。

(2) 市场细分化是确定（　）的前提。

(3) 市场营销组合涉及（　）、（　）、（　）和（　）四个因素。

(4) 产品整体性概念，是由（　）、（　）和（　）三个层次组成。

（5）营业性推广按照对象不同，可以分为（　　）、（　　）和（　　）三类。

（6）客户关系管理的要点包括（　　）、（　　）、（　　）和（　　）四个方面的要点。

4.思考题

（1）消费者市场的需求有何特点？

（2）消费者的购买决策过程分为几个阶段？应采取哪些营销策略？

（3）什么是市场细分？目标市场营销策略有哪些？

（4）企业的商标策略有哪些？

（5）企业的包装策略有哪些？

（6）在产品生命周期各阶段应采取哪些营销策略？

（7）影响销售渠道选择的因素有哪些？

（8）广告媒介的选择应考虑哪些因素？

[综合应用]

□案例分析

如何推销高价值的贺卡

如何推销高价值的尤其是价格昂贵的贺卡？最简单可行的办法是宣传纸张质量一流、主题艺术性强、装潢设计漂亮等，但几乎所有的贺卡都这样宣传。就算请出情感武器来，“捎去一份温馨的问候！”可是一般便宜的贺卡也可以不折不扣地做到，用不着这么贵的东西。

看看荷马（Hallmark）贺卡是怎么做的：“When you are care enough to send the very best（如果你真的在乎，就寄最好的贺卡）。”这样一来，每个购买廉价竞争产品的人可能不由地产生一种负罪感：“难道收件人不重要，不配收到一张荷马贺卡？收件人发现自己不值得寄件人寄送一张好一点又贵一点的荷马贺卡，那该是一种多么难堪的局面。”对许多人来说，这样的设想简直如同一场噩梦。简单的解决办法就是多花一点钱，买一个心安理得。

资料来源　根据中国营销传播网相关资料整理。

分析：荷马贺卡的促销策略有何可取之处？

□实践训练

实训题目：促销策略制定

1.实训目的：掌握各种促销手段的灵活运用。

2.实训组织形式：将学生分为5～7人一组，通过收集各种促销手段，为商场制订开业或某一重要节日的促销计划。

[课外拓展]

关注新媒体平台，获取企业经营管理领域最新的观点、方法、技巧，了解企业经营管理实践的前沿资讯。

微信公众号“经营与管理”是《经营与管理》杂志的公众号，旨在传播最接地气的经营管理理念，汇聚最富启迪的实践案例，打造中国企业管理界最贴心的移动阅读平台。请在微信公众账号中搜索“jyygl1983”，或扫描二维码关注。

第7章 现代企业资源管理

管理格言：

管理就是更有效地利用资源。

［学习目标］

通过本章学习，你应该达到以下目标：

知识目标：

1.掌握企业人力资源的概念及特征；
2.知晓企业人力资源管理的内容；
3.明确企业资金筹集的渠道；
4.掌握各类资产的管理方法；
5.掌握设备如何选择和如何合理使用；
6.懂得价值工程的基本原理；
7.了解新产品的开发过程。

技能目标：

1.掌握企业人力资源管理的内容；
2.掌握设备选择的方法和价值工程的分析方法。

素养目标：

1.要具有正确的资源观，在资源使用中有投入产出观念；
2.树立正确的价值观。

［内容架构］

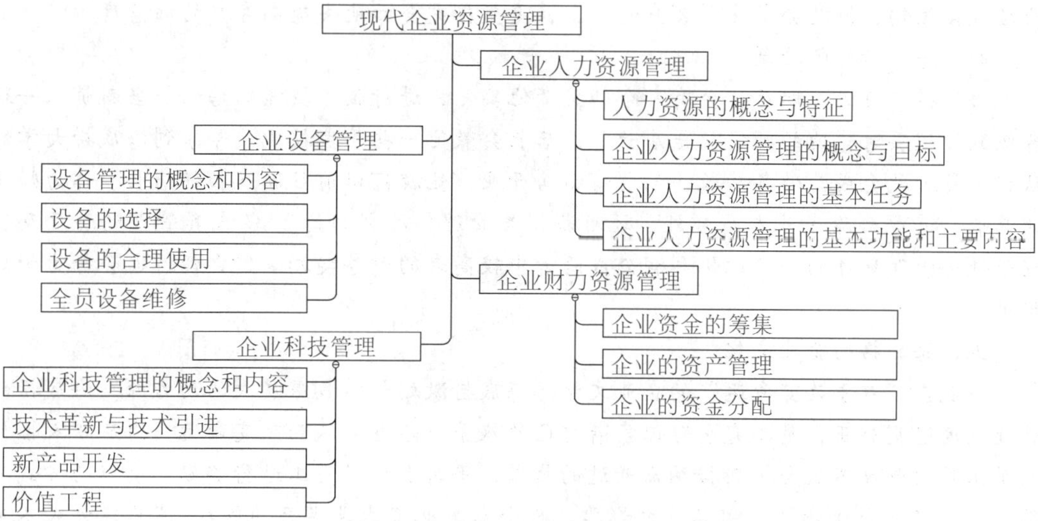

案例导入

海底捞员工激励制度

海底捞2019年的营收目标为256.56亿元（2017年的营收为106亿元）。海底捞是如何实现这个目标的呢？需要依靠什么秘诀实现快速发展呢？归根结底是靠企业人力资源的有效利用。海底捞激发员工积极性的关键是靠自己的一套有效激励机制与体系。

一、满足员工基本需求

海底捞的薪酬是吸引员工加入的第一条件。例如，一般员工底薪为4 000元，如果加上绩效奖金，一个月的薪酬就可以拿到6 000～7 000元。高于大部分餐饮行业的薪酬和令人羡慕的食宿福利等，都是海底捞用来稳定人心留住员工的利器。张勇认为，要想让好人不变坏，就要满足其最基本的生存需求。换句话说，就是要给予员工最基本的生活保障。餐饮业的员工大部分都来自社会底层，他们最关心的也自然是薪酬。海底捞的薪酬采取计件制，员工干得越多赚的钱也就越多。通过提高效率，减少人力，提高员工薪酬，有效激发员工积极性。

二、薪酬透明，建立薪酬梯度

海底捞的岗位层级划分很清楚，从初级、中级、高级岗位，到领班、大堂经理及店长，每一级之间的收入差距都很大。晋升的要求是通过考试，考试内容为理论+业务操作。衡量标准为顾客的满意度，考试的考官则是自己的师父。

海底捞的升迁淘汰体系非常透明，做得好会得到怎样的升职机会、做得不好又会被降到哪一层级，员工们都非常清楚，这也就避免了因体系不透明而造成的营私舞弊行为。

三、员工升迁不与业绩挂钩

海底捞门店的员工由店长和经理直接考核，而店长考核则交给了12位神秘人的体验报告。海底捞请12位神秘人去门店用餐，从订餐到用餐完毕离店整个过程的体验就是考核店长的标准。以他们的体验为标准给门店评级。海底捞不会直接考核门店的业绩，只考核顾客满意度和员工的努力程度。海底捞的绩效考核法为过程考核法。当员工的升迁不与业绩直接挂钩，他就会聚焦到客户的身上，更直接更全面地去提高客户的满意度。

四、海底捞的师徒制

海底捞新员工入职后，会有一个师父带他实习，进行服务技能的培训。当新员工一路晋级到管理层时，他的师父就是店长了，店长会教他一些管理技能。等拿到海底捞大学的认证，员工就会成为储备店长，只要有新店开业，他就可以前往新店担任店长。作为师父的店长，其薪酬除了基本薪金外，还可获得其管理餐厅利润的2.8%或其管理的餐厅及其徒子徒孙管理餐厅的一定比例利润分成两者中较高者的财务奖励。这样师傅也会努力带好徒弟。

五、海底捞的企业文化

海底捞“双手改变命运”的企业文化是海底捞激励哲学最深层次的动力源。海底捞的升迁制度透明公正，员工完全可以靠着自己的双手一路升职从而改变命运。海底捞人性化的员工管理制度不仅会重新接纳离开过的员工，平时也会对员工进行奖励。奖励的方式有很多种，可能是食物、日用品、电影票、代金券，也可能是半天的假期。“其实方式不重要，重要的是对员工的关注和认可。”海底捞有一套特殊的授权制度。例如，每一位员工都拥有免单的权力；店长拥有人事权、薪酬权以及选店权；在紧急情况下，如果店长需要10万元，不需要打申请可直接使用。海底捞的这套授权制度，也侧面反映了对员工的信任程度。

正是海底捞从员工入职的师徒制，到入职后的绩效考核体系再到升迁淘汰体系，这3个体系共同作用形成一个闭环，循环往复地发挥作用，有效地激发员工积极性，从而实现要员工干到员工要干的转变，促进企业快速发展。

资料来源　连锁掌门人. 海底捞员工激励制度［EB/OL］.［2022-08-30］. https：//www.sohu.com/a/337810138_488608.有改动。

启示：从该案例可以看出，人力资源是企业资源的重要组成部分。要提高企业管理的效益，企业就需要根据企业的资源状况，围绕企业经营目标，进行有效的资源配置与管理，提高资源利用率，提高经济效益。

7.1　企业人力资源管理

7.1.1　人力资源的概念与特征

所谓人力资源，是与自然资源、物质资源或信息资源相对应的概念，有广义与狭义之分。广义的人力资源，是指以人的生命为载体的社会资源，凡是智力正常的人都是人力资源。狭义的人力资源，是指能够推动整个经济和社会发展的具有智力劳动能力和体力劳动能力的人们的总和。人力资源具有质的规定性和量的规定性，由数量和质量两个方面的内容所构成。

经济学界把经济资源分为人力资源、自然资源、物质资源和信息资源4类。与其他资源相比，人力资源具有以下特征：

（1）人力资源具有双重性。人力资源既具有生产性，又具有消费性。人力资源的生产性是指人力资源是物质财富的创造者，而且人力资源的利用需要一定的条件，也就是说，人力资源作用的发挥必须与其他物质财富相结合，有足够的活动空间与时间、相应的活动条件，才能进行。人力资源的消费性是指人力资源的保持与维持需要消耗一定的物质财富，并且是无条件的消费。就生产性与消费性相比，生产性总是大于消费性的，否则社会就不会发展了。

（2）人力资源具有可再生性。经济资源分为可再生性资源和非可再生性资源两大类。非可再生性资源最典型的是矿藏，如煤矿、金矿、铁矿、石油等，每开发和使用一批，其总量就减少一批，不可凭借自身机制恢复。可再生性资源，如森林，在开发和使用过后，只要保持必要的条件，可以再生，保持资源总体的数量。人力资源也具有再生性。它是基于人口的再生产和劳动力的再生产，通过人口总体内个体的不断更替和“劳动力耗费—劳动力生产—劳动力再次耗费—劳动力再次生产”的过程得以实现。社会是不断前进的，企业是不断发展的，人力资源是可以不断开发的，人力资源的开发是无限的。纵观人类历史发展的长河，人的智力没有穷尽，通过智力进行创新的周期变得越来越短。只要知识的发展是无限的，人力资源的开发就是无限的。

（3）人力资源具有能动性。人力资源的能动性是指人的体能与智能结合在一起，具有主观能动性，还具有不断开发和提高的潜能。人力资源的能动性可以从以下4个方面来理解：①自我强化。人类的教育和学习活动是人力资源自我强化的主要手段。②选择职业。在市场经济环境中，人力资源配置主要靠市场来调节。人作为劳动力的所有者可以自主择业。选择职业是人力资源主动与物质资源结合的过程。人们在选择职业中可以对自身价值、自身素质进行自我审视，主动调整职业。③积极劳动。爱岗、敬业、积极上进、创造性的劳动，这是人力资源能动性的最主要方面，也是人力资源发挥才能的决定性因素。④自我激励。人在生产过程中可以自我激励，通过对人的工作能力的提高和工作动机的激励来提高工作效率。

（4）人力资源具有时代性。人是社会人，是生活在一定的历史条件下和社会环境中的，而不同时期社会经济发展的总体水平必然决定了人力资源的整体素质和水平，因此人力资源是具有时代性的，本身反映了不同时代社会生产力的发展水平，它又反作用于现实社会，决定着现实社会的发展能力。

（5）人力资源具有持续性。人力资源是可以不断开发的资源，它不像自然资源那样，通过多次开发至形成最终产品之后，就不能再继续开发下去了。这种持续性说明，不仅人力资源的使用过程是开发的过程，培训、积累、提高、创造的过程也是开发的过程。它是一种可以"多次开发"的资源。对一个具体的人来讲，直到他的生命终结以前，或者更准确地说，到他的职业生涯结束之前，人力资源都是一直可以持续开发的资源。我们完全可以认为，人力资源管理就是不断开发这一资源的管理行为。

（6）人力资源具有时效性。人力资源的形成、开发和使用都受时间方面的制约。从个体看，作为生物有机体的人，有其生命周期，而作为人力资源的人，能够从事劳动的自然时间又被限定在其生命周期中间的一段。能够从事劳动的不同年龄段（青年、壮年、老年），其劳动能力也不尽相同。从社会的角度看，在各个年龄组人口的数量以及它们之间的联系方面，特别是"劳动人口与被抚养人口"的比例方面，也存在着时效性问题，因此就需要考虑动态条件下人力资源的形成、开发、分配、使用的相对平稳性。

思政园地7-1

党的十八届五中全会首次提出"坚持以人民为中心的发展思想"。习近平总书记强调：我们任何时候都不能忘记，坚持以人民为中心，把增进人民福祉、促进人的全面发展、朝着共同富裕方向稳步前进作为经济发展的出发点和落脚点。我们党的初心和使命就是为中国人民谋幸福、为中华民族谋复兴。我们党的根本宗旨是全心全意为人民服务。

请同学们结合相关精神，思考在企业管理中如何做到"以人为本"？

7.1.2 企业人力资源管理的概念与目标

1）企业人力资源管理的概念

企业人力资源管理是指在人本思想的指导下，通过招聘、选拔、培训、考评和薪酬管理等管理形式，对组织内外相关的人力资源进行有效运用，满足组织当前及未来发展的需要，保证组织目标的实现与组织成员发展的最大化。

2）企业人力资源管理的目标

企业人力资源管理工作必须服务于企业的发展战略，企业人力资源管理的最终目标是提高企业的市场竞争力。企业人力资源管理的目标主要体现在以下几个方面：

（1）提高劳动生产率。

人力资源管理的目标首先要服从企业总目标，人力资源管理的根本目标是为了配合企业效益最大化的要求，追求劳动生产率的最大化。在人力资源管理中不仅要关注现实的劳动生产率，也要关注潜在的和未来的劳动生产率。人力资源管理不仅要使用好、保持好现有的人力资源，同时要使人力资源有所增加。用好当前的人力资源，使之形成最大的劳动生产率是人力资源管理的日常工作。开发人力资源，增加人力资源的价值，尤其是激发人力资源的创造性是人力资源管理的战略性任务。

（2）提高员工的工作满意度。

在劳动生产率不变的情况下，增加员工的工作满意度也是人力资源管理的目标。企业之所以对员工的工作满意度非常重视，将它作为人力资源管理的目标，是因为员工的工作满意度决定着员工创造性潜力的发挥程度。没有员工的满意，就没有高效的、创造性的工作成果，也就没有满意的产品和服务，最终将影响到企业的效益。尤其在知识经济的背景下，员工的创造性已经成为企业效益最主要的来源，一个员工的创造性劳动也许比全体员工的常规性劳动创造的价值更大。在这种情况下，重视每一个员工的工作满意度，为每一个员工提供愉快的工作环境，激发员工的创造潜力，使员工更加主动地工作，就成为人力资源管理的目标。

企业员工比以往更多地参与管理，希望更多沟通，自主工作，产生更多的工作满意度与成就感。工作满意度的降低会使缺勤率和离职率上升。所以，企业要通过把员工的利益放在重要位置上，通过了解员工需求、实施民主管理、保证信息沟通渠道畅通、科学设计工作环境等途径来提高员工的工作满意度。

影响员工的工作生活质量，从而影响工作满意度的因素还包括劳动报酬、工作的安全性、员工的工作时间、工作紧张程度、利润分享、退休金和员工福利计划等。

（3）获取竞争优势。

竞争优势是指一个组织必须获得和维持的某种对其竞争者的优势。一个企业有效的人力资源管理正是获取这种竞争优势的关键。斯坦福大学的教授杰夫瑞·菲弗认为有16种能提高公司竞争优势的人力资源管理途径，即就业安全感、招聘时的挑选、高工资、诱因薪金、雇员所有权、信息分享、参与和授权、团队工作再设计、培训和技能开发、交叉使用和交叉培训、象征性的平等主义、工资浓缩、内部晋升、长期观点、对实践的测量、贯穿性的哲学。

（4）促进员工的全面发展及健康人格的培养。

企业人力资源管理既要重视员工的专业知识与技能的提高，搞好员工的职业生涯规划，又要重视员工健康人格的培养，其中包括持久的工作热情、坚韧不拔的意志力，以及人际协调沟通技能和团队合作精神等。企业人力资源管理部门不仅要根据企业业务的发展、知识及技术的发展，搞好员工的业务培训，重视员工职业发展，还要在团队中淡化分工，加强人际关系的协调和合作，培养员工的沟通能力，以满足团队互助的本质需求等。

7.1.3 企业人力资源管理的基本任务

人力资源管理的基本任务就是根据组织发展战略目标的要求，通过有计划地对人力资源进行合理配置，搞好组织内员工的培训和人力资源的开发，采取各种措施激发员工的积极性，充分发挥他们的潜能，做到人尽其才、才尽其用，更好地促进生产效率、工作效率和社会经济效益的提高，进而推动整个组织各项工作的开展，以确保组织战略目标的实现。

具体地讲，人力资源管理的任务主要有以下几个方面：

（1）通过规划、组织、调配、招聘等方式，保证一定数量和质量的劳动力（包括各种专业人才）加入与配置到生产经营活动中，满足组织发展的需要。

（2）通过各种方式和途径，有计划地加强对现有员工的培训，不断提高员工的文化知识和技术业务水平。

（3）结合每一个员工的具体职业发展目标，搞好对员工的选拔、使用、考核和奖惩工作，起到能发现人才、合理使用人才和充分发挥人才的作用。

（4）采取各种措施，包括思想教育、合理安排劳动和工作、关心员工的生活和物质利益等，激发员工的工作积极性。

（5）根据现代企业制度的要求，做好工资、福利、安全与健康等工作，协调劳资关系。

7.1.4 企业人力资源管理的基本功能和主要内容

1）企业人力资源管理的基本功能

（1）吸收人力资源。为企业寻找到最恰当的人力资源，是人力资源管理的首要工作，其他一切工作都是在这个基础上进行的。各个企业都在这个方面投入越来越多的精力和资金，人力资源招聘费用已经占人力资源管理总费用相当大的比重，这个费用还有不断上升的趋势。

（2）整合人力资源。所谓整合人力资源，是指将市场上招聘来的人安排到不同的岗位，组合为不同的团体，使这些人融入企业的分工合作、企业环境和企业文化的过程。同样的人、不同的组合会产生不同的效果。也许一些并不出色的人组合在一起会产生巨大的能量，而一些优秀的人如果组合得不恰当将会有无穷的矛盾。因此，在企业中，恰当的人员搭配也是非常重要的。企业的人员整合内容包括个人和个人的融合、个人和组织的融合、组织内部的融合、组织之间的融合。

（3）保持人力资源。保持人力资源是指增加员工在企业停留、服务的期限，增强员工对企业的认同感和忠诚感。保持人力资源可以减少人力资源管理的投资，并且使企业形成良好的人才机制。在一个员工离开企业以后，由于他的离开而产生的空缺会对企业的整体效率产生影响，同时企业为了寻找替代人员要花费招聘成本，而且员工的离开使企业为该员工投入的培训等方面的人力资源成本无法回收。更为重要的是，如果一个企业不能有效地留住自己的员工，就很容易在企业中形成人才的择劣机制。因为优秀的、素质高的员工更容易在劳动力市场上找到自己的位置，所以这一部分人更倾向于流动，也更容易流动。如果企业没有强有力的措施留住他们，结果就会使招收来的员工中，优秀的人才流走，而相对较差的人才留下来，招聘的次数越多，留下来相对较差的人员就越多，最终企业的职位将被这些人员占满，将使企业没有办法接收更多更好的人员。对于保持人力资源，最主要的影响因素是“保健因素”，主要指工资、福利、安全而舒适的工作环境和气氛、未来发展的机会等，同时对员工的关心、情感上的联系对留住员工有显著的作用。

（4）激励人力资源。对于留在企业的员工，要想办法激励他们，让他们以最主动、最积极、最富有创造性的态度从事自己的工作。人力资源的激励方法有许多种：物质激励和非物质激励，以表扬鼓励为主的正向激励和惩罚、压力式的负向激励，需求性激励和自主性激励等。

（5）调整人力资源，即通过晋升、调动等方法，变换员工在企业中的位置。调整人力资源，可以根据人力资源的具体情况和发展情况将员工安排在更加恰当的位置上，发挥其特长。更为重要的是，调整人力资源是员工个人在企业中发展的主要渠道，也是激励员工的重要形式。如果员工在企业中有上升和发展的希望，就可以留住员工，让员工更加积极地工作。

（6）开发人力资源。人力资源管理不仅要保持人力资源，使用好人力资源，还要开发人力资源，提高人力资源的价值。人力资源的价值主要体现为员工的工作和创造能力。人力资源的价值的形成与员工个人所受的教育、基本素质有关，也与其实践和工作有关。企业提高人力资源的价值有两种途径：一是工作本身；二是培训。

（7）构建优秀企业文化。企业文化是企业成员共同具有的价值观、信念、看法和行为准则的集合。企业文化的构建及管理是人力资源管理的重要组成部分。合理的、向上的企业文化将对员工产生积极的影响作用，而不合理的、消极的企业文化则对企业的发展产生巨大的负面影响。

互动课堂7-1

海尔人力资源管理案例

1995年某月，海尔人力资源开发中心丁主任的办公桌上放着职工汪华为的辞职申请书。

汪华为是刚进集团工作不久的大学生。在集团下属的冰箱厂工作时，他表现突出，提出了一些有创造性的工作意见，被评为“揭榜明星”。领导看到了他的发展潜力，于是集团将其提升为电冰箱总厂财务处干部。这既是对其已有成绩的肯定，也为其进一步磨炼提供了一个更广阔的舞台。汪华为作为年轻的大学生，在海尔集团有着良好的发展前途，缘何要中途辞职？丁主任大惑不解。

经了解，汪华为接受了另一家用人单位的月工资高出上千元的承诺，他正准备跳槽。仅仅是因为更好的物质待遇吗？事实看来，并非如此简单。虽然汪华为在海尔的努力工作得到了及时肯定，上级赋予他更大的权力和责任，但他仍认为一流大学的文凭应是一张王牌和优势至上的通行证，理所当然，他可以进厂就担当要职。而海尔提出的“赛马不相马”的用人机制更注重实际能力和工作努力后的市场效果，人人都有平等竞争的机会，能者上，庸者下。岗位轮流制更是让人觉得在企业中的仕途漫漫。作为刚步入社会的大学生，汪华为颇有些心理不平衡。另外，海尔有着严格的内部管理，员工不准在厂内或上班时间吸烟，违反者重罚；员工不准在上班时间看报纸，包括《海尔报》；匆忙之间去接电话，忘了将椅子归回原位，也要受到批评，因为公司有一条离开时桌椅归回原位的规定；《海尔报》开辟了工作研究专栏，工作稍一疏忽就可能在上面亮相；每月一次的干部例会，当众批评或表扬，没有业绩也没犯错误的平庸之辈也归入批评之列；海豚式升迁，能上能下的用人机制更让人感到一种无处不在的压力。当另一家用人单位口头承诺重用他时，他便递上了辞职申请书。

刚上任的丁主任认为这件事情非常重大，因为任何事情都能以小见大，不能一叶障目，而忽略了海尔人力资源开发中或许存在的比较重大的隐患，或者这也是一个更好地完善现有人力开发思路的一个契机。

丁主任望着办公大楼的外面，今年新招进的一批大学生正在参加上岗前的军训，与草地浑然一色的橄榄绿让人真正感受到这些年轻人的活力和朝气。究竟一个企业应如何为刚走出校门的大学生提供一个施展才华的空间？企业如何才能争得来人才并留得住人才并保持合理的人员流动性？丁主任很想找汪华为谈谈，或者找这群刚入集团的大学生聊聊，充分了解他们的想法，或许沟通的不足是问题的症结所在。丁主任不禁反反复复地思索起海尔人力开发的各项政策和思路来。

讨论：结合此案例与所学知识分析一下海尔的人力资源管理政策有无问题，对于汪华为的行为应如何评价。

2）企业人力资源管理的主要内容

就一个组织、企业、事业单位来说，人力资源管理的内容主要包括以下方面：

（1）工作分析。工作分析是收集、分析和整理关于特殊工作信息的一个系统性程序。该分析要具体说明所必需的工作条件和员工所应当具备的资格，是对企业每一个岗位的任务和职责及员工完成这项工作所需要的技术、能力、知识的分析。

工作分析是人力资源管理的基础，是其他一切人力资源管理工作的前提。例如，没有准确的工作分析，在招聘时就不知道哪些是企业所需要的人员及应当如何对他们进行考察。同样，没有准确的工作分析，就不可能做出良好的人力资源发展规划。工作分析还会影响员工的考核、培训。

（2）人力资源规划。人力资源规划又叫人力资源计划，是指企业为有效利用人力资源和实现企业及个人的发展目标而进行的有关未来人力资源供求预测以及综合平衡的活动。人力资源规划的实质是确定企业需要什么样的人力资源来实现企业最高管理层确定的目标。人力资源规划的宗旨是人力资源数量和质量的需求与有效供给的平衡。

（3）人员选聘。员工招聘是指企业根据工作需要，采用多种措施吸引候选人来填补企业工作岗位空缺的活动。招聘的目的是为企业特定的工作岗位吸引尽可能多的工作候选人，并形成一个工作候选人的“蓄水池”，以保证企业能够以最低的成本从中选择最适合这一职位的员工。具体来说，人力资源的招聘工作主要包括如下内容：①根据企业人力资源需求，制定相应的招聘政策。②有针对性地吸引符合企业要求的候选人。③明确具体的招聘方式。

人员招聘录用的途径主要有两种：一种是内部选聘，主要方法有提拔晋升、工作调换、工作轮换、人员重聘等。另一种是外部招聘，主要方法有广告招聘、院校预定、人才交流、网络招聘等。

（4）培训、开发与员工职业生涯规划。员工的培训与开发是指企业有计划地实施有助于员工学习与工作相关能力提高的活动。员工的培训与开发涉及知识、技能和态度三方面的学习与进步。通过培训与开发提高员工个人、群体和整个组织的知识、能力、工作态度和工作绩效，进一步挖掘员工的智力潜能。

在对员工培训和开发的同时，必须根据组织发展的需要，搞好员工的职业生涯规划。员工的职业生涯规划是根据企业发展的需要和员工个人的性格、素质，对其职业发展所做的设计工作。

（5）激励。通过各种有效的激励手段，满足员工的需要、动机、欲望，使员工形成某一特定目标，并在追求这一目标的过程中保持高昂的情绪和持续的积极状态，发挥其潜能，从而达到企业的预期目标。

员工奖励应遵循目标结合、物质激励与精神激励结合、外在激励与内在激励结合、正激励与负激励结合、按需激励、民主公正的原则。在管理中，除了以薪金、福利的方式进行激励外，其他常见的还有事业激励、目标激励、物质激励、荣誉激励、.责任激励、晋升激励等激励手段。

（6）绩效评价。通过考核员工的工作绩效，及时做出信息反馈，奖优罚劣，进一步提高和改善员工的工作效率与质量。

（7）薪酬管理。根据员工工作绩效的优劣，组织给予不同的报酬、奖励、福利和社会保险等。

（8）法律事务管理。按照国家有关劳动就业的法律规定来处理人力资源管理过程中的劳动关系，解决各种劳动纠纷，维护劳动者和企业的合法权益。

（9）人力资源信息管理。信息管理也就是我们通常所说的资料或者档案管理。这些资料包括最初的应聘材料和后续工作中添加的反映员工资历、成绩与潜力的资料。信息管理是各项人力资源管理决策的重要依据。

7.2　企业财力资源管理

7.2.1　企业资金的筹集

企业是以产品生产或其他经营活动为主要业务内容的经济实体。企业要开展各种各样的经济业务活动，必须拥有一定数量的资金作为基础。因此，进行资金的筹集是企业重要的经济业务活动。

资金筹集是指企业向外部有关单位或个人以及从企业内部筹集生产经营所需资金的一种财务活动。它既包括企业筹建时如何取得开业资金，也包括企业投产后，随着生产经营的发展变化，不断满足新的资金需要的活动。它是企业财务决策的一项重要内容。

1）资金筹集的原则

企业在进行投资决策的同时，必须着手从不同的资金来源，经过挑选和争取，筹集足够的资金，以确保既定投资项目和生产经营活动的顺利实施。为此，企业筹集资金时必须研究影响筹资、投资的多种因素，讲究资金筹集的综合经济效益，具体讲，必须遵循如下原则：

（1）筹资合法原则。企业筹资要接受国家宏观指导与调控，遵守国家有关法律规定，履行约定的责任，维护有关各方的权益。

（2）合理确定资金的需求量，控制资金的投放时间。要在充分利用企业现有资金的基础上，以满足企业各个投资项目最低限度的资金需要量作为筹资目标。首先必须确保资金需要量合理和准确；其次要从投资的数量和期限来确定筹资的数量与时间；再次是筹资时不能宽打窄用，避免造成资金的闲置和浪费。这是节约资金使用的必要条件。

（3）应当把建立良好的投资条件作为争取外部资金的基础。良好的投资条件主要是指：企业的经营方向、投资项目符合国家产业政策、社会福利的要求；企业有较高的经营管理水平，产品有销路，这是确保投资项目实现既定目标、保持良好的财务状况和偿债能力的必要条件，否则，资金提供者将对企业缺乏信任感；投资项目的财务和经济效益好，对资金的提供者有较强的吸引力；企业有良好的信誉。

（4）周密研究投资方向，大力提高投资效果。要从投资的流向来研究投资的回收，借以把筹资效果和投资效果统一起来进行分析。一方面，在进行投资决策时，筹资人员要根据投资流向，分析研究投资回收、资金来源和资金成本问题；另一方面，在具体筹资时，要联系投资决策过程中的筹资分析结果，同时可以结合实际情况对投资流向提出建议，以便达到投资效果与筹资效果的统一。

（5）认真选择筹资来源和方式，力求降低资金成本和风险。资金成本是指企业为筹集和使用资金而付出的代价，主要包括资金筹集费和资金占用费两部分。资金筹集费是指在资金筹集过程中支付的各项费用，如发行股票、债券支付的发行手续费、律师费、印刷费、广告费等。资金占用费是指占用资金过程中所支付的费用，如股票的股息，银行贷款、发行债券的利息等。

企业在筹资时，应以筹资成本的高低和风险大小作为选择资金来源的依据。不同的资金来源有不同的资金成本，一般来说，借入资金的成本往往高于自有资金的成本。同时，借入资金或自有资金，由于渠道不同、筹资方式不同，其资金成本也不同。例如，银行贷款和发行企业债券均为债务资金，但银行贷款的资金成本一般要低于发行企业债券的资金成本。又如，在市场经济条件下，同是银行贷款，各家银行的利率、偿付条件也有所不同。筹资方式不同，风险也不同。如发行债券筹资的风险就要高于发行股票筹资的风险。因此，企业在选择筹资来源时，应权衡利弊，从各种筹资渠道和方式的结合中，制订最佳的筹资方案，以便降低综合的资金成本和筹资风险。

（6）确定企业合理的资金结构，恰当运用负债经营。资金结构是指企业资金总额中各种资金来源的构成比例。合理的资金结构是指在一定时期和一定条件下，企业的加权平均资本成本最低、企业价值最大的资金结构。其中比较重要的资金结构是自有资金和负债的比例。负债能有效降低企业的加权平均资金成本，具有财务杠杆作用，负债多少要与自有资金和偿债能力的要求相匹配。负债在给企业带来收益的同时增大了财务风险，所以要权衡各方因素，确定合理的负债。

2）资金筹集的方式

企业筹集资金的方式是指企业取得资金的具体形式，它和资金的来源既有联系又有区别。没有资金来源，就没有必要研究筹资方式；有了资金来源，只有选择了合适的筹资方式才能真正筹集到满意的资金，取得良好的筹资效果和经济效益。目前，常用的筹资方式主要有两大类，即内源融资和外源融资。

内源融资主要指企业内部资本积累。它包括折旧和企业按规定从税后利润中提取的公积金，以及根据投资人意愿和企业具体情况留存的应分配给投资者的利润——未分配利润。内部资本积累是企业筹集长期权益资本的重要方式，它可以增强企业实力，增强企业用其他方式筹集资金的能力；可以相应减少债务资本比率，降低财务风险等。

现代企业的外源融资渠道主要有两种：一是由企业的股权投资者投入；二是企业向债权人借入。其具体形式有以下几种：

（1）吸收直接投资。吸收直接投资是指企业按照“共同投资、共同经营、共担风险、共享利润”的原则直接吸收国家、其他企业、个人和外商等投资的一种筹资方式，是非股份制企业筹集权益资金的主要方式。用这一方式筹集资金时，投资方可以现金、实物、工业产权和土地使用权等作价出资。其来源主要有吸收国家投资、吸收联营资金和利用外商投资等。

（2）发行股票。股票是股份有限公司为筹集自有资金而按相关规定发行的有价证券，是股东按其所持股份享有权利和承担义务的书面凭证，代表持股人对股份有限公司的所有权。

（3）借款。它包括短期借款和长期借款。短期借款是指企业向银行或其他非银行机构借入的、期限在一年之内（含一年）的借款。它是我国企业筹集短期资金最常用的一种方式。长期借款是企业向银行或其他非银行机构借入的、期限在一年以上的借款，主要用于购建固定资产和长期流动资金占用的需要。

目前企业向银行借款的种类繁多，主要有：

①综合授信，即银行对一些经营状况好、信用可靠的企业，授予一定时期内一定金额的信贷额度，企业可以在有效期与额度范围内循环使用。企业可以根据自己的营运情况分期用款，随借随还，企业借款十分方便，也节约了融资成本。银行采用这种方式提供贷款，一般是对有工商登记、年检合格、管理有方、信誉可靠、同银行有较长期合作关系的企业。

②信用担保贷款。目前，国内中小企业信用担保机构已经有很多。这些机构大多实行会员制管理的形式，属于公共服务性、行业自律性、自身非营利性组织。会员企业向银行借款时，可以由中小企业信用担保机构予以担保。另外，中小企业还可以向专门开展中介服务的担保公司寻求担保服务。

③买方贷款。如果企业的产品有可靠的销路，但在自身资本金不足、财务管理基础较差、可以提供的担保品或寻求第三方担保比较困难的情况下，银行可以按照销售合同，对其产品的购买方提供贷款支持。卖方可以向买方收取一定比例的预付款，以解决生产过程中的资金困难；或者由买方签发银行承兑汇票，卖方持汇票到银行贴现。

④异地联合协作贷款。有些中小企业产品销路很广，或者是为某些大企业提供配套零部件，或者是企业集团的松散型子公司。在协作生产过程中，它们需要补充生产资金，这时可以寻求一家主办银行牵头，对集团公司统一提供贷款，再由集团公司对协作企业提供必要的资金，当地银行配合进行合同监督；也可由牵头银行同异地协作企业的开户银行结合，分头提供贷款。

⑤项目开发贷款。商业银行对拥有成熟技术及良好市场前景的高新技术产品或专利项

目的中小企业以及利用高新技术成果进行技术创新、技术改造的中小企业，将会给予积极的信贷支持。对与高等院校、科研机构建立稳定项目开发关系或拥有自己研究部门的高科技中小企业，银行除了提供流动资金贷款外，也可办理项目开发贷款。

⑥出口创汇贷款。对于生产出口产品的企业，银行可根据出口合同，或进口方提供的信用签证，提供打包贷款；对有现汇账户的企业，可以提供外汇抵押贷款；对有外汇收入来源的企业，可以凭结汇凭证取得人民币贷款；对出口前景看好的企业，还可以商借一定数额的技术改造贷款。

⑦自然人担保贷款。2002年8月，工商银行率先推出了自然人担保贷款业务，担保可采取抵押、权利质押、抵押加保证三种方式。可作为抵押的财产包括个人所有的房产、土地使用权和交通运输工具等。可作为质押的个人财产包括储蓄存单、凭证式国债和记名式金融债券等。

⑧个人委托贷款。建设银行、民生银行、中信银行等商业银行相继推出了一个融资业务新品种——个人委托贷款，即由个人委托提供资金，由商业银行根据委托人确定的贷款对象、用途、金额、期限、利率等，代为发放、监督、使用并协助收回的一种贷款。

⑨无形资产担保贷款。依据《中华人民共和国民法典》的有关规定，依法可以转让的商标专用权、专利权、著作权中的财产权等无形资产都可以作为贷款质押物。

⑩票据贴现融资。票据贴现融资是指票据持有人将商业票据转让给银行，取得扣除贴现利息后的资金。在我国，商业票据主要是指银行承兑汇票和商业承兑汇票。票据贴现对于企业来说，这是“用明天的钱赚后天的钱”，这种融资方式值得中小企业广泛、积极利用。

（4）发行债券。债券是企业按照法定程序发行的、约定在一定期限内还本付息的债券凭证，代表持有人与企业的一种债权、债务关系。发行债券属于债权性筹资，一般不涉及企业的资产所有权、经营权，是一种自主高效的筹资方式。

（5）金融租赁。金融租赁是一种集信贷、贸易、租赁于一体，以租赁物件的所有权与使用权相分离为特征的新型融资方式。设备使用厂家看中某种设备后，即可委托金融租赁公司出资购得，然后以租赁的形式将设备交付企业使用。当企业在合同期内把租金还清后，最终还将拥有该设备的所有权。融资租赁实质上相当于企业从租赁公司分期付款购买固定资产，是一种债权性的长期筹资方式。

（6）典当融资。典当是以实物为抵押，以实物所有权转移的形式取得临时性贷款的一种融资方式。与银行贷款相比，典当贷款成本高、规模小，但它有银行贷款所无法相比的优势。

7.2.2 企业的资产管理

因为企业总资产的构成可分为固定资产、流动资产、长期投资和无形资产四大类。下面重点讲述固定资产、流动资产和无形资产管理。

1）固定资产管理

固定资产是指使用期限超过一年，单位价值在规定标准以上，并且在使用过程中保持原有实物形态的资产，包括房屋及建筑物、机器设备、运输设备、工具器具等。

固定资产日常管理的要求是：

（1）正确核定固定资产的需要量。

（2）加强对固定资产的核算，反映和监督固定资产的置入、调出、保管、使用以及清理报废等情况，保护企业财产的安全完整。

（3）正确计算固定资产的折旧，准确计算产品成本，管好、用好折旧费。

（4）及时反映和监督固定资产的变动情况，以便保持固定资产的良好状态，以延长其使用寿命。

2）流动资产管理

（1）流动资产的概念和特点。

流动资产是指在一年（含一年）或者超过一年的一个营业周期内变现或者耗用的货币资产、交易性金融资产、结算资产、存货等。

流动资产具有以下特点：

①流动性。随着生产过程的进行，流动资金不断改变其形态，由货币形态依次转化为原材料、在产品、产成品后又回到货币形态，相应的资金形式为货币资金—储备资金—生产资金—成品资金—货币资金，周而复始，形成流动资金的周转。流动性使流动资产的变现能力较强，如遇意外情况，可迅速变卖流动资产，获取现金，这对财务上满足临时性资金需求具有重要意义。

②投资回收期短。在一年（含一年）或一个营业周期内，流动资产被一次性消耗，其价值全部转移到产品之中，并通过产品的销售得到补偿。因此，流动资产所需要的资金一般可通过商业信用、短期银行借款等加以解决。

③波动性。随着供、产、销的变化，资金占用数量时高时低，起伏不定。

④并存性和继起性。从整体来看，流动资金在同一时点上，各种形式并存；从局部来看，则一个一个形态顺次运动，依次继起。

流动资产管理的基本任务是运用最低限额的流动资产，保证生产经营活动不断进行，具体要求有：保证生产经营活动对流动资金的需用量；控制流动资金的占用量，降低资金成本；加速流动资金周转，提高资金使用效果。

（2）流动资产管理的内容。

①货币资产。货币资产是指企业的生产经营资金在循环周转过程中，停留在货币形态的资金，包括库存现金、银行存款、其他货币资产等。

货币资产是变现能力最强的资产，可以用来满足生产经营开支的各种需要，也是还本付息和履行纳税义务的保证。拥有足够数量的货币资产对于降低企业财务风险、增强企业资产的流动性和债务的可清偿性具有重要意义。

货币资产管理的目的是在保证企业生产经营所需现金的同时，节约使用资金，并从暂时闲置的现金中获得最多的利息收入。现金属于非盈利资产，即使是银行存款，其利息也非常低。现金结余过多，会降低企业的收益；现金太少，又可能出现现金短缺，影响生产经营活动。因此，必须合理确定现金持有量，在保证生产经营所需现金的同时，尽量减少企业闲置的现金数量，以增加收益。

货币资产管理的内容包括：严格遵守国家的现金管理制度；编制现金计划，以便合理地估计未来的现金需求；对日常的现金收支进行控制，力求加速收款，延缓付款；确定最佳的现金持有量，当企业实际的现金持有量与理想的现金持有量不一致时，采用短期融资、归还借款和投资于有价证券等策略来达到理想状况。

②交易性金融资产。交易性金融资产包括持有时间不超过一年（含一年）的股票投

资、债券投资和基金投资等。交易性金融资产的特点有：

第一，转让灵活。交易性金融资产既可以转让，又可以出售，还可以抵押，能按照投资企业的生产经营需要，随时变现，以满足投资企业对货币资金的需要。

第二，变现周期短。

第三，收益快。企业在投放资金后，资金周转快，能在较短的时间内得到投资收益。

③应收账款。应收账款是企业因对外赊销产品、材料，供应劳务等而应向购货或接受劳务的单位收取的款项，包括应收销售款、应收票据等。

对于应收账款的管理，企业应采取以下措施：

a.制定合理的信用标准。

b.规定适当的信用条件，包括信用期限和现金折扣两个方面。

c.针对不同情况，做出合理的收账决策，采取加速收回账款的措施来加强应收账款的日常管理。

d.应进一步采取有力的措施进行分析、控制，及时发现问题，提前采取对策。这些措施主要包括应收账款追踪分析、应收账款账龄分析、应收账款收现率分析和应收账款坏账准备制度。

3）无形资产管理

无形资产是指企业拥有或者控制的没有实物形态的可辨认非货币性资产。它通常代表企业所拥有的一种法定权或优先权，或者是有助于企业获得高于一般水平收益的权利、技术等特殊性资产。

无形资产包括专利权、商标权、著作权、土地使用权、非专利技术等。

（1）无形资产的特点。

①无实体性。不具有物质实体，表现为有偿或无偿获取的某种权利或特权。

②排他性。在占有和使用方面具有排他性或垄断性。

③不确定性。这是指无形资产的价值、使用期限及在使用期内所能提供的经济效益具有不确定性。

无形资产的这些特点，使其在辨认与确定、估价与摊销、开发与利用等管理方面具有一定难度，因此必须不断研究无形资产的特点，并在实践中加强管理，确保其经济效能得到充分发挥。

（2）无形资产的管理要求。

①正确评估无形资产的价值。

②按规定分期摊销已使用的无形资产。无形资产不计提折旧，其价值从开始使用之日起，在有效使用期限内平均摊入管理费用。企业转让无形资产时，所取得的收入除国家另有规定外，计入营业外收入。

③充分发挥无形资产的效能，并不断提高其使用效益。

7.2.3 企业的资金分配

1）企业收益分配的原则

（1）遵守国家法律，履行社会责任。

企业的收益要依法分配。国家规范企业收益分配的法规主要有企业制度方面的法规和财务制度方面的法规等，这些法规规定了企业收益分配的基本原则、顺序和重大比例，是企业必须遵守的规范。

企业收益首先要按照税法规定缴纳企业所得税，税后收益是企业所有者拥有的权益，但有关法规规定在向所有者分配之前，企业要做一定比例的提留，即提取公积金，包括提取法定公积金和任意公积金。有条件的企业还应积极参与社会公益事业。

（2）处理好积累与分配的关系，增强企业的发展实力。

企业要根据自身发展的需要，确定是否向所有者分配全部可供分配的收益。一般来说，在企业可供分配的收益中，除按规定提取法定公积金以外，还可适当留存一部分。这部分收益一方面增加了企业的积累，同时增强了企业预防不测事件的能力，提高了抗风险能力，使企业经营更加安全。从企业的产权关系上看，它仍属于企业的所有者所有，并且能为企业所有者带来更多的收益。

企业收益分配在考虑积累的同时，要兼顾员工的利益，提高企业员工的积极性。

（3）制定合适的分配政策，保持稳定的分红比例。

制定分配政策时，企业要有长远的、战略的眼光，要考虑企业将来发展的前景，要考虑企业将来发展的稳定性。企业的留存收益无论是对企业，还是对所有者或员工都有诸多好处；同时可能用于未来的收益分配。企业的留存收益可以在经济不景气的宏观经济环境下，用于改善企业的经营环境，也可用于对投资者的收益分配。事实上，只有经营稳定、分红比例稳定的企业，才是社会和投资者青睐的企业。

（4）保护债权人权益原则。

企业的利润分配中必须体现对债权人权益的充分保护，当企业无力偿还债权人到期债务时，不得向投资者分配利润。

（5）实行“三公”原则，正确处理所有者、企业、员工三者的利益关系。

企业在收益分配中应遵守公平、公正、公开的原则，不搞幕后交易，平等对待每个所有者。企业的所有投资者在企业中只以其股权比例享有其合法权益，不得以其在企业中的其他特殊地位谋取私利。企业的收益分配要兼顾三者的利益，既要保持所有者和员工的积极性，又要考虑企业发展的后劲。企业的经营获利情况应当向所有者和员工及时公开，只有这样，企业才有向心力、凝聚力、战斗力，才有坚强的发展后盾。

2）企业收益分配的顺序

企业当年实现的净利润，一般按下列顺序进行分配：

（1）弥补亏损。

在已有的法定公积金不足以弥补上一年度亏损时，先用当年利润弥补亏损。

（2）提取法定公积金。

公司制企业应按税后利润10%的比例计提法定公积金，非公司制企业也可按照超过10%的比例提取法定公积金。计算提取基数时不包括企业年初未分配利润，当法定公积金累计提取额为公司注册资本的50%以上时，可不再提取。

（3）提取任意公积金。

公司制企业从税后利润中提取法定公积金后，经股东会或者股东大会决议，还可以从税后利润中提取任意公积金，非公司制企业经类似权力机构批准也可提取任意公积金。

（4）向股东支付股利。

股东会、股东大会或者董事会违反上述利润分配程序，在公司弥补亏损和提取法定公积金之前向股东分配利润的，股东必须将违反规定分配的利润退还公司。

企业应以各股东持有的股份数额为依据，向股东分配股利。同时，股利分配应按照“多盈多分、少盈少分、无利不分”的原则进行。但是如果企业以前年度长期亏损而未向股东分配股利，在用公积金弥补亏损后，为维护其股票信誉，经股东大会特别决议，也可用公积金来支付股利，但是支付的数额不得超过股票票面价值的6%，支付股利后留存的法定公积金也不得低于注册资本的25%。

7.3 企业设备管理

7.3.1 设备管理的概念和内容

1）设备与设备管理

设备是指人们进行生产和服务所使用的各种机械的总称。它包括生产设备、动力设备、运输设备、监测仪器、科研设备、仪表及各种工具等。设备是现代企业的物质技术基础，也是企业固定资产的重要组成部分。设备能否良好运行直接影响企业产品的质量、产量和劳动效率，对于企业扩大再生产，提高经济效益，完成企业生产目标有直接、重要的影响。

设备管理就是对机械设备、装置、器械等各类生产工艺设备的管理，也包括对交通运输设备、研究试验设备等辅助设备的管理。设备管理，一方面包括对设备的物质运动形态的全过程，即从设备的选购、进厂验收、安装调试、使用、维护、修理、更新改造直到报废等环节进行技术管理；另一方面包括对设备的价值运动形态全过程，即设备的最初投资，维修费用的支出，折旧、更新、改造资金的积累、筹集、支出等进行经济管理。

2）设备管理的内容

（1）对设备进行全过程管理。它是指从选购设备或自行设计制造设备，到设备在生产领域内使用、维护、修理、更新改造直到报废退出生产领域为止的全过程管理。

（2）追求设备生命周期费用最优化。设备的生命周期费用是设备在整个生命周期内的总费用。在设备规划决策的方案论证中，应追求设备生命周期费用最经济，而不是只考虑购买或使用某一阶段的经济性，当然还要考虑设备的综合效率。

（3）及时引进先进的技术装备。随着科技的进步和发展，人们的审美水平和欣赏品位越来越高，产品的种类大大丰富，质量越来越高，市场竞争进一步加剧，因此要及时引进能够满足生产发展需要的先进、适用的技术装备。

（4）加强设备的维修工作以保证生产的连续性。企业设备管理的日常工作主要是设备维护、维修工作。它是设备管理的重要环节。

（5）加强设备的经济管理和组织管理工作，实现设备的全员管理。

7.3.2 设备的选择

设备的种类很多，企业到底购置哪种设备，要考虑很多因素。因此，设备的选择是企业经营决策中的重要问题，企业必须对新购设备或自行研制的设备进行技术经济评价，遵循技术上先进、经济上合理和生产上适用的原则。

1）设备选择应考虑的因素

在选择设备时应综合考虑以下因素：

（1）生产性。它是指设备生产效率的高低，一般用设备在单位时间的产品产量来表示。

（2）可靠性。它是指设备在规定时间和使用条件下，无故障地完成规定功能的概率。

（3）安全性。它是指设备在使用过程中对生产安全的保障性能。一般应选择带有事故报警或设有自动保护装置的设备。设备一旦发生事故，会直接威胁到工作人员的健康甚至生命，也会给企业带来经济损失。

（4）节能性。它是指设备要节约能源，提高能源使用效率。节能性要求设备能适应当地的能源供应条件，能源利用率要好，能耗要低。

（5）维修性。它表示可修复设备在技术维修时的难易程度。它要求设备结构简化、零部件组合合理、更换性好，力求标准化和通用化等。

（6）环保性。它要求设备的噪声和设备排放的有害物质对环境的污染程度要小，要合乎国家标准。

（7）成套性。它是指设备在性能等方面相互配套的程度。选择设备时，要注意设备的成套性。设备不配套，就不能形成生产能力或不能充分发挥设备的性能，从而造成经济上的浪费。

（8）灵活性。它包括如下几个内容：①在工作对象固定的条件下，设备能够适应不同的工作环境和条件，操作使用比较方便灵活；②工作对象可变的加工设备，要有能适应多种零部件加工的性能，通用性要强；③设备结构要简单紧凑、重量轻、体积小、占用作业面积小、移动方便。

（9）经济性。它是选择设备的综合指标。它不仅要考虑节约一次性的投资购置费用，还要使设备在整个生命周期内的总费用最小。

2）设备选择的经济评价

设备选择除了要考虑定性因素以外，还要采取定量分析的方法进行经济评价。这些方法主要有：

（1）投资回收期法。在其他条件相同的情况下，投资回收期最短的设备方案就是经济上最优的设备方案，用公式表示为：

$$\text{投资回收期} = \frac{\text{设备投资费}}{\text{采用新设备后年节约额}} \tag{7.1}$$

设备投资费包括设备的价格和安装运输费。采用新设备后年节约额是指使用新设备后由于提高劳动生产率和产品质量，降低能源消耗和原材料消耗，以及减少停工损失等的年节约额。

（2）年费法。年费法是从设备的生命周期角度来评价和选择设备的。采用这种方法是把不同方案的设备购置费用，根据设备的生命周期，按一定的利率换算成相当于每年的平均费用支出，然后加上每年的平均使用费，得出各方案设备生命周期内平均每年支出的总费用，选择年平均总费用最低的为最优投资方案。设备的年总费用计算公式为：

设备的年总费用=最初投资费×资金回收系数+年维持费-设备残值×偿还资金系数 (7.2)

资金回收系数和偿还资金系数可查表得，也可利用下列公式计算：

$$资金回收系数 = \frac{i(1+i)^n}{(1+i)^n - 1} \tag{7.3}$$

$$偿还资金系数 = \frac{i}{(1+i)^n - 1} \tag{7.4}$$

其中：i——年利率；

n——使用年限。

（3）现值法。它是把设备生命周期平均每年支付的维持费，按现值系数换算成相当于设备初期费用，再和设备初期购置费相加，进行总现值比较，总现值最低的为最优投资方案。设备生命周期总费用的计算公式如下：

设备生命周期总费用（按现值计算）=最初投资费+每年的维持费×现值系数 (7.5)

$$现值系数 = \frac{(1+i)^n - 1}{i(1+i)^n} \tag{7.6}$$

7.3.3 设备的合理使用

正确、合理地使用设备，可以减轻磨损，延长设备的使用寿命，提高设备的利用率，充分发挥设备的作用。

（1）合理配备设备。要根据设备的性能、结构、技术特点、使用范围和工作条件等恰当地安排加工任务和工作负荷。

（2）合理配备操作人员。要配备合格的操作人员，实行定人、定机和凭证操作。对操作人员必须进行严格的培训和考核，待其掌握所用设备的性能、结构、加工范围和维护保养技术后，才允许其独立操作。操作人员要做到“三好”（用好、管好、修好）、“四懂”（懂设备结构、懂性能、懂原理、懂用途）、“四会”（会使用、会保养、会检查、会排除一般故障）。

（3）为设备使用创造良好的工作环境和条件。这包括：必须有整洁、宽敞、明亮的场所；配备必要的保护、安全装置；还要求有降温、保湿、防潮、通风等装置。

（4）建立与健全各种规章制度和责任制度。这包括设备作业范围的规定，操作规程，润滑规程，班前、班后检查制度，岗位责任制度等。凡是违反规章制度和责任制度的，要给予教育；造成事故的，要追究责任。

（5）经常对员工进行正确使用设备和爱护设备的教育。

7.3.4 全员设备维修

为了保证设备在使用中保持良好的性能，企业必须建立全员设备维修制，其要点是：

（1）全员设备维修制的基本特点是“三全”，即全效率、全系统和全员参加。全效率指设备的综合效率，即设备的总费用与总所得之比。总费用是设备的生命周期费用；总所得包括产量（P）、质量（E）、成本（C）、交货期（D）、安全（S）、劳动情绪（M）等方面。全效率的基本要求是以尽可能少的生命周期费用来达到设备的综合效率最高。全系统是指对设备要进行从研究、设计、制造、安装、使用、维护、维修、更新改造到报废为止的全过程管理。全员参加是指从企业的高层领导到第一线的生产工人都参加设备管理，企业基层组织生产维修小组，开展自主活动。

（2）设备维修方式，包括日常维修、事后维修、预防维修、生产维修、改善维修、预知维修等。

（3）通过设备的分类，对重点设备实行预防维修，对一般设备采取事后维修。这样既可以保证正常生产的要求，又可节省维修费用。

（4）设备维修目标管理，即通过推行设备维修目标管理，来确定设备维修工作的方向和具体奋斗目标，并以此作为评定维修工作成绩的依据。

（5）工作作风。要保证好的工作作风，可开展五项活动（即5S活动），即整理（整理工作环境）、整顿（整顿操作秩序）、清洁、清扫、素养（良好的工作态度和习惯）。

7.4　企业科技管理

7.4.1　企业科技管理的概念和内容

1）企业科技管理的概念

科学技术是第一生产力，为了增强企业的市场竞争力就必须加强企业的科技管理。所谓企业科技管理，是对企业科学研究、技术开发和组织管理工作的总称。企业科技管理的目的是建立科学的工作程序，有计划地、合理地利用企业的技术力量和资源，把最新的科技成果尽快转化为现实生产力，以增强企业的市场竞争能力，提高经济效益。

2）企业科技管理的内容

（1）根据现代科学技术的发展和企业的发展战略，确定企业的科学技术发展规划。

（2）提供科技研究的条件。企业必须为科技研究提供必要条件，这些条件包括：①要造就一支技术过硬的科研队伍；②保证必要的科研经费；③提供必要的技术准备及实验场所；④建立科技情报系统，提供科技信息等。

（3）科技成果管理。它主要包括：①科技成果的评议与鉴定；②科技成果的应用与推广；③科技成果奖励。

（4）组织对新产品、新设备的技术研究和分析。新产品开发是企业经营成败的关键因素之一，因此企业必须经常组织对新产品的技术研究与分析，及时改进新产品中的缺陷。新设备是提高生产效率、保证产品质量的有效手段。为此，企业要不断应用新技术、新设备，来改善生产条件。

7.4.2　技术革新与技术引进

1）技术革新

技术革新就是对现有技术进行挖掘、革新、改造。企业要实现现代化，除了有计划、有步骤地引进先进技术外，更主要的是要搞好技术革新。

技术革新的内容主要包括：①改进产品设计，提高产品质量；②改进现有生产工具设备，创制新的工具设备；③改进生产工艺过程，推广先进、适用的技术；④创造和采用新的原材料，改善劳动条件，促进环境保护，提高劳动生产率。

2）技术引进

（1）技术引进的概念。技术引进专指技术知识的引进，包括购买专利、专有技术、商标的使用权，或以咨询、培训技术人员等技术协助的方式传授技术知识进行科研合作等。通过技术引进可以实现优势互补，寻求企业的后发优势；节约技术开发的时间，缩小技术差距；节约技术开发的资金等。

（2）技术引进的方式。技术引进的途径很多，一般包括许可贸易、技术咨询服务、工程承包、合作生产、国际合资经营、补偿贸易等。

①许可贸易。这是最广泛和最主要的一种技术引进途径。它是指技术供应方与引进方就某项技术转移达成协议，通过签订许可合同的形式转让某项专利、专有技术或商标等的使用权，允许引进方对该项技术及其产品进行制造、使用和销售，并支付相应的技术费用给技术供应方作为报酬。技术许可包括专利许可、商标许可、版权许可（包括计算机软件、数据库、音像和影视产品）等。在技术交易过程中，有时是单独签订某一类型的许可合同，但在多数情况下，都是签订上述两种或三种类型的混合合同。许可贸易是国际技术转让的一种最普遍的形式。许可贸易一般都伴随着技术使用权的转让，这种使用权的权限、地域范围、时间期限和处理纠纷的仲裁程序都必须在许可合同中加以确认。

A.使用权限。技术使用权按技术使用权限大小可分为独占许可、排他许可、普通许可、分许可等。a.独占许可。供方给予受方在一定的地域内对该项技术及其产品进行制造、使用和销售的权利，供方和任何第三方都不得在规定的地区内使用该项技术制造和销售产品。如果在规定地区内有订户向供方订货，供方必须将订货转给受方。b.排他许可。供方与受方都在一定地域内对该项技术及其产品拥有制造、使用和销售的权利，但供方不得与第三方签订同一内容的许可合同，因此任何第三方无权在规定的地域内使用该技术制造和销售产品。c.普通许可。受方在一定地域内对该项技术及其产品拥有制造、使用和销售的权利，供方保留在规定地域内使用该项技术制造和销售产品，或在该地域内把该项技术的使用权再转让给第三方的权利。d.分许可。受方在指定的地域内将供方授予的该项技术的使用权转授给第三方，又称可转售许可。这种许可，第三方与受方存在契约关系，而与供方无关系，一切由受方负责。

B.地域范围。技术许可一般都规定明确的地域范围，使用权不得超出规定的地域范围。

C.时间期限。它是指技术许可的有效期限，时间长短因技术而异。

D.法律和仲裁。它是指当技术许可在使用中发生纠纷时，受哪个国家的法律保护，以及处理执行合同过程中纠纷的仲裁机构和办法。

②技术咨询服务。技术咨询服务指技术提供方利用自己的技术、能力和经验，协助对方达到某种技术经济目的而进行合作，并取得一定报酬的一种技术贸易方式。目前，国际上咨询费用一般为工程总值的2%～8%。

技术咨询服务的范围广泛，涉及各行各业的工程设计、管理技术、销售策略和商业服务等，如提供专家指导、人员培训、管理咨询等。

③工程承包。受方为了完成某项大型工程，可又缺乏必要的技术支持，于是受方委托供方按规定条件承包建设该项工程，在工程项目中提供工程项目的建设和全部技术工作，

如工程设计、施工、提供机器设备并安装、提供技术、培训人员等。发展中国家就经常通过工程承包的方式引进发达国家的先进技术。

④合作生产。合作生产指技术引进方与技术供应方就某种产品的生产进行合作，由技术供应方提供并转让生产技术，提供一部分关键的机器设备或零部件，由技术引进方提供厂房、基础设施；或者根据共同签订的协议，分别生产同一产品的不同零部件，由一方或双方装配成产品出售；或分别制造对方所需要的零部件，互相交换，各自组装成产品出售。双方的关系仅仅是合作而不是合资，各自独立核算。相互之间的技术转让、设备引进、提供零配件、销售产品都是有偿的。

⑤国际合资经营。它是指国家之间的企业或其他经营组织共同投资兴办企业，各方除以现金进行投资外，还可以采取其他形式投资。东道国，特别是发展中国家，一般以厂房、土地使用权、原材料作价入股；外国投资者一般以技术（专利、专有技术、商标）、机器设备作价入股。以技术作价入股时，主要采取两种形式：一是将技术按许可贸易方式转让给合营企业；二是将技术作为股本投资，使其在企业股本总额中占一定比例，同其他股本一样分享利润。

⑥补偿贸易。补偿贸易是用产品支付引进技术和设备贷款的一种贸易方式。技术引进方以借贷方式引进技术供应方的技术和设备，利用引进的技术和设备生产产品，在双方商定的期限内用所生产的产品分期偿还贷款的本金和利息。

技术引进中要注意技术的先进性、经济性、适用性。所谓先进技术，是指超越本国、本行业、本企业当前的技术水平，符合该行业发展方向和国家经济发展目标的技术。技术的经济性是指以最小的投资获得最大的经济效益，即选择有利于资源的合理配置与规模经济的形成，并且与社会需求相适应的技术，以取得预期经济效益。技术的适用性是指引进国引进的技术能够充分发挥该国现有的生产要素和自然资源的作用，使之得到最佳配置和最有效利用，以满足社会需要。

7.4.3 新产品开发

1）新产品的概念与分类

新产品的定义可以从企业、市场和技术三个角度来进行。对企业而言，第一次生产销售的产品都叫新产品；对市场来讲则不尽然，只有第一次出现的产品才叫新产品；从技术方面看，在产品的原理、结构、功能和形式上发生了改变的产品叫新产品。

新产品按地理范围可分为国际新产品、国家新产品、地区新产品和企业新产品。新产品按产品变革的程度、新颖度可大致分为以下四类：

（1）全新产品。它是原创、首创产品，指在原理、结构、性能、材料等方面有重大突破，具有独创性、先进性和适用性的新发明产品。如汽车、电话、电视、计算机等第一次出现时都属全新产品。这种产品无论对企业或市场来讲都是新的，通常开发时需要大量的资金、先进的技术水平，并需要有一定的潜在需求，要承担较大的风险，开发的难度最大。

（2）换代新产品。它是指在原有产品的基础上，采用或部分采用新技术、新材料、新工艺等研制出来的新产品。例如，电视机从黑白电视机发展到彩色电视机，洗衣机由单缸发展到双缸再到全自动。换代新产品与原有产品相比，在结构、性能、功能等方面有显著改进，产品的质量也有了相应的提高。它适应了时代进步、消费者生活质量日益提高的需求。

（3）改进新产品。它是指对老产品进行“小改小革”，在结构、材料、款式、规格、包装等方面进行改进，与老产品有显著差别的新产品。例如，电视机从卧式改为立式、从手控开关到遥控开关，洗衣机的缸体材料由塑料改为不锈钢。与换代新产品相比，改进新产品的技术跨度较小，且成本相对较低，易于市场推广和被消费者接受。

（4）仿制新产品。它是指对国际或国内市场上已经出现的产品进行引进，或模仿、稍加改变与改进而研制生产出来的新产品。例如，引进电视机生产线，制造生产各种电视机。通常企业的系列产品就是仿制产品，在一种产品基本定型以后，派生出一系列的规格、型号的变形产品，均是对基本产品的仿制。开发这种产品不需要太多的资金和尖端技术，因此最容易开发。

2）新产品开发的原则与方向

新产品开发有较大的风险，开发成功会给企业带来巨大的利益，开发失败会给企业带来巨大的损失，具有不确定性。新产品失败的原因主要有：市场调研不充分，对市场需求把握不准；产品无特色或质量不好；开发成本过高，定价过高；产品的销售渠道不当，广告宣传没有跟上去；同行企业的新产品捷足先登，竞争力度太强等。但是，在新产品开发遭遇困难与风险的同时，孕育了无限商机。

为了保证新产品开发的成功，企业在进行新产品开发时，一定要注意新产品开发的原则和方向。新产品开发至少应遵循以下“五有”“五性”原则：

有需求，即以市场为导向，适销对路，使用的配套设施、条件具备，有足够的市场需求；有潜力，即产品的发展前景良好；有特色，即别具一格，优点明显；有竞争力，即企业具有生产、营销等方面的实力与优势；有效益，即项目的经济效益理想，不过度开发而浪费资源。同时，开发的产品应具有先进性，即产品所采用的技术有一定的领先性；层次性，即新产品的定位层次准确，产品的系列分布适度，质量水准把握适度；实用性，即产品满足消费者的基本功能需要，附加功能适度，没有过剩功能；适宜性，即产品符合国情、地情，与产品使用条件相吻合；合法性，即产品符合国家的法律法规，最好受到政策的鼓励与保护。

在当今的环境下，市场竞争日益激烈，顾客需求日益多样化，企业在选择新产品发展方向时必须有更多考虑。新产品的发展方向可以有如下几个：

（1）多功能化，即扩大同一产品的功能和使用范围。例如，电视上可显示日历，可以玩游戏，可带立体声音响等。

（2）复合化，即把功能上相互关联的不同单体产品发展为复合产品。例如，将电话与台灯复合的电话台灯；将电话与电视复合的可视电话；集办公、娱乐等为一体的多媒体计算机等。

（3）小型化与轻便化，即改变产品的结构，减少产品的零部件，缩小产品的体积，减轻产品的重量，使之便于携带、操作、运输，这样还可以节省大量的资源和能源，降低成本。

（4）智能化与知识化，即把一般人需要长期学习才能掌握的知识和技术转化到产品中去，使产品更便于使用。这可以使许多专业性的产品转化为大众产品，从而大大扩大产品的市场。

（5）艺术化与品位化，即从产品造型、色彩、质感和包装等方面使产品款式翻新，风格各异，体现独特的艺术个性。产品艺术化、品位化的研究已经成为产品研究与开发中的重要组成部分。

3）新产品开发的方式和策略

（1）新产品开发的方式。

在现代市场上，企业要得到新产品，并不意味着必须由企业独立完成新产品从创意到生产的全过程。企业新产品的开发方式有两大类：

①获取现成的新产品。这种方式又可分为这样几种：

a.联合经营。它可以是几家小企业联合开发与经营一种有吸引力的新产品，也可以是某个研究所或小企业开发出新产品，去与大公司联合，借助大公司雄厚的资金和销售力量扩大该产品的影响，提高自己的知名度，大公司则可以节省开发新产品的费用。

b.购买专利。企业向有关科研部门或别的企业购买某种产品的专利权。这种方式可以节省时间，赢得市场先机，这对于复杂多变的现代市场极为重要。

c.特许经营。企业向其他的企业购买某种新产品的特许经营权。例如，世界各地的不少公司争相购买美国可口可乐公司的特许经营权。

②自己开发。这种方式有两种基本形式：

a.独立研制开发。企业依靠自己的科研力量完成产品的构思、设计、试制和生产工作。

b.委托开发。委托独立的研发机构或企业为自己开发某种产品。

（2）新产品开发的策略。

①抢先策略，即抢在其他企业之前，将新产品开发出来并投放到市场中去，从而使企业处于领先地位。采用抢先策略的企业，必须有较强的研究与开发能力，要有一定的试制与生产能力，还要有足够的人力、物力和资金，以及勇于承担风险的决心。

②紧跟策略，即企业发现市场上的畅销产品，就不失时机地进行仿制，进而投放市场。采用紧跟策略的企业，必须对市场信息进行收集和处理，并迅速做出反应，而且要具有较强的、高效率的研究与开发能力。大多数中小型企业都可以采取这一策略。

③引进策略，即企业把专利和技术买过来，组织力量消化、吸收和创新，变成自己的技术，并迅速转变为生产力。它可以分为三种情况：将小企业整个买下；购买现成的技术；引进掌握专利技术和关键技术的人才。

④产品线广度策略。要了解产品线广度策略，必须先了解何为产品系列。产品系列是指与生产技术密切相关的一组产品。而一个企业拥有的产品系列的数目，称为产品系列的广度。产品线广度策略按选择宽窄程度，分为宽产品系列策略和窄产品系列策略。前者指企业生产多个产品系列，每个系列又有多个品种，它是一种多样化经营策略，许多大型企业集团和跨国公司一般采用这一策略。后者指企业只生产一两个产品系列，每个产品系列也只有一两种产品。市场补缺者往往采用这一策略。产品多样化经营，不仅分散了市场营销过程的种种风险，而且避免了产品生产单一化的风险。在波士顿矩阵的基础上，从产品开发的角度，企业可以采取以下策略来拓宽产品系列：

a.对明星产品采取大力开发的策略，在各种资源（包括资金和技术等力量）的分配上，把明星产品列为重点，优先保证，避免使明星产品因经营不当而变成问题产品。

b.对“金牛”产品，应该以保证资金顺利周转为首要目标。由于“金牛”产品很难再成为明星产品，又容易因为管理不当而滑向“瘦狗”产品的边缘，因此企业大多采取维持性策略，以此为基础，努力提高“金牛”产品的盈利总额。

c.对问题产品，应采取密切注意市场供需动态，对该产品的开发和投资要小心谨慎，不轻易投入大量经营资源的策略。

d.对“瘦狗”产品，应采取从产品组合中逐步剔除的策略。

⑤产品线深度策略。所谓产品系列的深度，是指每个产品系列内品种规格的多少。由于产品开发策略是在产品生命周期内进行的，因此处于生命周期的不同阶段，这种策略会表现出不同的特色。

a.当产品处于引入期时，采取尽量得到消费者信息反馈的策略，以便使生产部门进一步完善、改良产品的性能设计。

b.当产品进入成长期、销售量迅速扩大时，有一定实力的企业可以以该产品为基准，及时推出它的系列产品（产品线），以便尽量占领多个细分市场。这样可以对同一产品市场中不同的消费者群体做区隔分析，使每一区隔的消费者群体的特殊需要都得到满足。同时，由于推行产品系列化，企业就会拥有一个产品族，这样，当一种牌子行销无效时，还有其他几种牌子可以顶上。

c.当产品逐渐由成长期进入成熟期时，产品的利润量已经达到高峰，该产品可以找到的定位消费者几乎全部找到。这时，企业一般多采取产品改良的方法，把前期的市场开拓策略改为市场渗透策略。市场竞争转向外形、包装、品牌、价格、服务等方面的竞争。

d.当产品进入衰退期时，可以采取两种对策：一是淘汰产品；二是寻找新的市场，延长其生命力。

4）新产品开发过程

一般来说，新产品开发的过程应遵循八个步骤，即寻求创意、创意筛选、产品概念的形成与试验、制定营销规划、商业分析、产品实体开发、市场试销、商业化。

（1）寻求创意。新产品开发是从寻求产品创意开始的，没有创意就没有新产品开发。所谓创意，就是所要开发产品的设想与构思。企业在广泛收集新产品创意之前，有关领导首先应明确新产品开发的目标和要求，如企业的目标市场是什么，准备打入哪些市场，期望达到的目标是什么，准备拿出多少钱用于开发项目等。在此之后，工作人员就可以有的放矢地收集产品创意。新产品创意的来源有：

①企业内部。它包括企业内部的开发设计人员、营销人员、生产人员及其他部门的员工。

②顾客。只有适合顾客需要的新产品才能卖得出去，顾客最清楚自己需要什么产品。

③竞争者。收集竞争者的产品目录、使用说明书、广告宣传品，购买竞争者的产品，调查竞争者的用户和经销商，收集对产品的意见，研究竞争者产品的成功和失败之处等，往往可以获得新产品的创意。

④企业自己的经销商。

⑤其他。它包括科研机构、大专院校、市场调研机构、广告公司、学术会议、技术鉴定会议、展销会、学术交流、文献专利等。

拓展阅读 7-1

日产汽车公司推出一款被称为“极具浪漫风采”的新车，名为“费加洛”的中古型轿车。日产汽车公司在新闻发布会上宣布：这款车只生产20 000辆，保证以后不再生产这一车型，将在一定时间内接受预订，然后抽签发售。消息传出后，在全国引起轰动。前来预订的人超过30万人，能中签买到车的人当然欣喜万分，没有中签买到车的人买走其他车型的人也比平时多很多。

这种限量刺激的创意，无非就是使市场上出现一定的“不饱和状态”，利用消费者“物以稀为贵”的心理，来刺激购买欲望的。

（2）创意筛选。这一步骤主要是对从各个渠道和应用各种方法收集来的创意进行筛选，决定哪些创意应舍弃，哪些创意应保留，选出真正有保留价值的创意。在这个过程中应注意避免两种错误：一种是误弃；另一种是误用。误弃就是把有发展潜力的创意舍掉了。误用就是将一个没有发展前途的创意付诸开发并投放市场。

创意筛选的过程主要包括两个步骤：一是建立评选标准以比较各种不同的创意；二是确定评选标准中不同要素的权数，再根据企业的情况对这些创意予以打分。

（3）产品概念的形成与试验。经过筛选后的创意需要进一步形成完整的产品概念，企业要开发的也是具体的产品，所以要把产品创意转化为产品概念。例如，某一饮料厂获得一个利用银杏叶为原料生产饮料的创意，这种创意可以衍生出许多具体的产品概念，如生产含银杏叶营养成分的汽水，生产含银杏叶营养成分的可乐或银杏粉产品等。产品概念是企业从消费者的角度对产品创意的详细描述，一般应包括产品的目标顾客、为目标顾客所带来的利益及使用环境等方面。例如，中老年人随时可饮用的抗衰老的健康银杏汽水，年轻人可饮用的健康银杏可乐，少儿可饮用的强身健体的银杏冲剂等。企业应对这一系列的产品概念进行评价，确定哪些概念有进一步开发的价值，哪些无价值；哪些是现有市场上独有的，哪些是与现有竞争者产品相冲突或重复的；哪些应立即开发，哪些应下一步开发等。

（4）制订营销规划。企业新产品开发部门对已经形成的产品概念制定营销规划是新产品开发过程中的重要步骤。这个规划将在以后开发阶段中被不断完善。营销规划包括三个部分：①目标市场的规模、结构、行为，新产品在目标市场上的定位，市场占有率及头几年的销售额和利润目标等；②新产品的价格策略、分销策略和第一年的营销预算；③新产品的中长期销量和利润目标及不同时期的营销组合。

（5）商业分析。在初步制定营销规划的基础上，新产品进入正式的开发启动程序之前，还需进行商业分析，主要内容是估计新产品将来的销售额、成本和利润，看看其是否满足企业的目标。

（6）产品实体开发。新产品的实体开发是将新产品概念转化为新产品实体的过程，表示新产品进入了实质性开发阶段。其内容包括新产品的实体设计、试制、测试与鉴定等工作，主要由企业的研究所、试验室、设计部、试制部承担。能否在规定的时间、规定的开发费用内开发出预想的产品，实体开发过程的管理极其重要。产品实体开发包括以下几个步骤：①对新产品进行技术设计；②样品试制与测试；③样品鉴定；④小批试制与鉴定。

（7）市场试销。新产品能否真正成功还需要接受市场的检验。通过市场试销，即将新产品投放到有代表性的目标市场进行试销，这样企业才能真正了解新产品的市场销售前景。新产品市场试销通常需要面临如下几个方面的决策：

首先，决定是否试销。其次，如果决定试销，要决定试销方案。试销方案包括试销市场范围、试销的营销组合、试销市场试验方法、试销预算等。试销方案的选择余地很大，需要进行精心策划。再次，是对试销技术的选择。在试销方案的确定过程中面临着试销技术的选择。消费品常用的试销技术有人员推销、展销、邮寄产品介绍等，此外也可选用模拟商店法、有控制市场试验、销售波动调查法等试销技术进行试销。工业品常用的试销方法有产品使用试验、贸易展览会、批发商和零售商陈列室等。最后，是试销控制与试销信息的资料处理。

（8）商业化。新产品在试制与试销完成之后，要根据试制、试销中所发现的问题及时改进，最大限度地降低新产品全面上市的风险。这些工作完成之后，就可以着手新产品的全面上市工作了。为此，企业必须搞好营销计划。企业的营销计划中应注意以下几个问题：

①推出新产品的时机。新产品上市的时机是一个关键问题，要决定什么时候将新产品投放市场最适宜。

②推出新产品的地点。能够把新产品在全国市场上一次性全面投放的企业是不多见的。一般是先在主要地区的市场推出，占领该市场，取得立足点，然后扩大到其他市场。企业应制订新产品的市场投放计划，找出最有吸引力的市场先投放。

③推出新产品的对象。新产品上市企业应将营销目标对准最有希望购买新产品的创新采用者和早期采用者，通过他们去带动其他顾客群，既使新产品得到迅速扩散和采用，又使新产品的推广人员获得鼓舞。

④推出新产品的方法。新产品的上市一定要进行精心策划，在明确前面几个问题的基础上，制订出包括营销组合策略、营销费用、营销活动的营销计划，并加以有效地组织和控制，才能最大限度地保证新产品上市成功。

拓展阅读 7-2

流水声音卖高价

费涅克是一名美国商人。在一次休假旅游中，小瀑布的水声激发了他的灵感。他带上立体声录音机，专门到一些人烟稀少的地方游逛。他录下了小溪、小瀑布、小河流水、鸟鸣等声音，然后回到城里复制出录音带高价出售。想不到他的生意十分兴隆，尤其买“水声”的顾客川流不息。费涅克了解许多城市居民饱受各种噪声干扰之苦，却无法摆脱。这种奇妙的商品，能把人带入大自然的美妙境界，不仅使那些久居闹市的人暂时忘记尘世的烦恼，还可以使许多失眠者在水声的陪伴下安然进入梦乡。真可谓留心处处皆商机。

7.4.4 价值工程

1）价值工程的概念

价值工程是一门新兴的科学管理技术，是一种谋求最佳技术经济效益的先进而有效的方法。价值工程是通过各相关领域的协作，对所研究对象的功能与费用进行系统分析，不断创新，旨在提高所研究对象价值的思想方法和管理技术。它主要被用于革新工业产品和作业，还广泛被用于改进商业、服务业、政府机关及事业单位的工作。在理解价值工程的概念时，应着重理解以下几个方面：

（1）价值工程的对象。凡为获取功能而发生费用的事物，均可作为价值工程的对象，如产品、工艺、工程、服务或它们的组成部分等。

（2）价值工程的目的。价值工程的目的是以对象的最低生命周期成本可靠地实现使用者所需功能，以获取最佳的综合效益。也就是说，要以最低的费用获得足够的适用功能，而不是单纯追求降低制造成本。价值工程要求综合考虑包括产品设计、生产、使用全过程的耗费，兼顾生产者和用户的利益，求得社会的节约。

（3）价值工程是一项科学的管理方法，更是一种管理观念。它用技术与经济相结合的科学方法，研究产品（作业或服务）的功能（使用价值）与生产成本（费用）的关系，力求通过方案创新和优选，达到以最低成本取得必要的功能效果。

（4）价值工程是一种方案创新与优选技术。价值工程促进研究对象的不断创新，经过科学的筛选，找出最佳方案，实现理想的目标。

（5）价值工程是以提高实用价值为目的，以功能分析为核心。功能分析是价值工程最重要的特征，是价值工程特有的工作方法。这里所说的功能指的是必要功能。所谓必要功能，就是用户要求并承认的功能；反之，就是不必要的功能。

（6）价值工程是以有组织的活动为基础。价值工程以特有的原则和规定强调依靠集体力量，组织集体设计，发挥设计、工艺、财会、生产、供销以及其他各类有关人员的经验和才智，有组织、有计划地开展技术与经济、生产与经营、质量与成本各方面的分析活动，这是开展价值工程活动的重要基础。

价值工程符合现代经营思想，贯穿了三点很突出而鲜明的现代经营思想，即用户第一、质量第一和技术与经济相结合的思想。

2）价值工程中的价值概念

价值工程中的价值是指某种产品（作业或服务）的功能与成本（费用）的综合反映，是功能与成本的比值，表明产品（作业或服务）中所含功能的数量（可满足用户的程度）与成本（费用）之间的量值关系，用公式表示如下：

$$价值=\frac{功能}{成本}$$

即 $$V=\frac{F}{C} \tag{7.7}$$

这里衡量价值的大小主要看F与C的比值如何，但这个公式说明的只是一个相对数值，而没有涉及一个绝对数值。因此，为了说明价值的高低，表明取得的经济效果好坏，还应对产品（作业或服务）有一个绝对数值的规定。因为当比值相同时，绝对数值会有多种多样的情况，也就是说，产品（作业或服务）的性能，并不是越偏向极值就越好，而是要寻求一个最合适的功能值。因此，价值工程活动必须从产品（作业或服务）的功能和实现这些功能所付出的成本（费用）之间的相对数值和绝对数值两方面同时进行考虑。

3）提高价值的途径

价值工程的效益是通过提高产品（作业或服务）的功能和降低成本来实现的。在价值工程的实际应用中，人们对提高价值的研究，已经不局限于对实现某一确定功能的最低成本的追求，而是根据功能与成本的关系广泛地寻求一切可能提高价值的途径。

我们从V=F/C这个基本公式，可以寻求出提高价值的基本途径：

（1）$F\uparrow/C- = V\uparrow$，即功能加强，成本不变，价值提高，如在成本不变的情况下，将手控电视机改为遥控电视机。

（2）$F-/C\downarrow = V\uparrow$，即功能不变，成本下降，价值提高。在实践中常有此类情况，保持功能不变，采取适当措施降低成本以达到提高价值的目的。这是开展价值工程活动初期乃至整个时期采用的基本途径，是提高效益最常采用的方法之一。

（3）$F\uparrow/C\downarrow = V\uparrow$，即提高功能，降低成本，价值提高。通过补充必要功能而消除不必要功能，可以降低多余成本，使得价值提高。在价值工程活动中，采用新技术、新材料，提高功能，降低成本，以提高价值。尽管这一途径完成起来很困难，但当原有技术和管理状态得到新的突破时，便可同时收到这种效果。功能提高主要有两方面的含义：一是完善功能结构，满足用户需要，增加原设计、原产品所不具备的功能项目；二是从量上提高原设计、原产品的功能水平，使功能与成本的相互关系更加合理。

（4）F↑↑/C↑=V↑，即成本有所提高，但功能提高的倍数更大，价值提高。采用新技术、新方法、新工艺，有时稍微提高成本支出，便可使产品出现新的功能，或扩大产品原来的功能，给人们增加更多的使用价值，因生命周期成本的增长幅度低于功能提高的幅度，所以价值仍能提高。

（5）F↓/C↓↓=V↑，即功能有所降低，但成本降低的幅度更大而价值相应增加。例如，取消气压式热水瓶的某些多余功能，如镀金、转盘底座等。

4）价值工程的工作程序

价值工程的实施过程，实质上是提出问题、分析问题和解决问题的过程。

（1）提出问题。提出问题是工作程序中的准备阶段，对价值工程活动的最终成果具有比较重要的影响。任何决策都是从发现和提出问题开始的。所谓问题，是指应该或可能达到的状况同现实状况之间存在的差距，也表现为需求、机会、挑战、竞争、愿望等，是一个矛盾群，是客观存在的矛盾在主观世界中的反映。矛盾群是决策的问题源，矛盾的复杂性决定着决策中问题的复杂程度。但并非任何问题都要决策，面对纷繁复杂的问题，要经过一系列思维活动，对问题进行归纳、筛选和提炼，善于抓住有价值的问题，把握其关键和实质。如果真正的问题没有抓住，或者抓得不准，就难以有准确的决策。

①价值工程的对象选择。价值工程的对象是很广泛的，为了满足某种需要，必须获得某种功能，为了获得某种功能，必须付出一定的代价。这里存在一个价值高低的问题，这就是价值分析的对象。新产品开发也有价值选择问题，应用价值分析方法提高产品设计价值。因此，我们对初步拟订的设计方案应进行技术经济优化。

②收集信息资料。价值分析的对象确定后，要收集有关信息，获得进行价值分析的依据、标准、对比对象，从中得到有益的启示。

（2）分析问题。分析问题是工作程序中的关键性步骤，是价值工程的核心内容，是运用价值工程特有方法的重要阶段，直接决定了所需费用有效程度的大小。在功能分析中，要以定量分析为主，定性分析为辅，通过分析把潜在的成本降低。分析问题主要包括以下两个方面：一是要弄清问题的性质、范围、程度以及它的价值和影响；二是要找出问题产生的原因。

分析问题最常用的方法是功能分析法。通过功能分析，确定产品应具备的功能，搞清各类功能之间的关系，适当调整功能比重，使产品的功能结构更加合理。功能分析针对分析对象，从技术和经济两方面进行思考。

①技术方面的考虑：这个零件起什么作用；为什么需要这个功能；是否有简便方法实现此功能；零件的这些功能是否必要，有无过剩功能；能否采用标准化零部件。

②经济方面的考虑：零件的价值同其成本是否符合相应比例；能否用成本更低的材料代替；能否用更新的工艺方法。

（3）解决问题。解决问题的关键在于方案创新，通过不断的方案创新活动向社会提供新的功能，并以最新的技术手段不断地更新最低成本。

①确定目标。发现问题后，接着就要确定目标。确定目标要注意以下几个问题：一是要有层次结构，建立目标体系；二是目标要能计量其成果、规定其时间、确定其责任；三是要规定目标的约束条件；四是建立衡量决策的近期、中期、远期效果的三级价值标准。

②制订多种方案。拟订供选择用的各种可能方案，是决策的基础。拟订方案阶段的主要任务，是对信息系统提供的数据、情报进行充分的系统分析，并在这个基础上制订出备选方案。

③方案优选。在方案选择之前，先要对预选方案进行综合评价，在评估的基础上，权衡各个方案的利弊得失，并将各方案按优先顺序排列，提出取舍意见，交决策机构审定。做好方案优选，需要满足两个条件：一是要有合理的选择标准；二是要有科学的选择方法。选择方案的方法有很多，归纳起来，主要有经验判断法（包括淘汰法、排队法、归纳法）、数学方法和试验法等。

④试验与定案。为了确保最佳方案先进可行，需要试验验证，然后正式定案。试验要注意选择在整个系统中具有典型性的地方，不能人为地创造某些特殊条件。

⑤贯彻实施。在这一步骤上，要抓好以下工作：一是把决策的目标、价值标准以及整个方案向下属交代清楚，动员大家为实现目标而共同努力。二是围绕目标和实施目标的优化方案，制订具体的实施方案，明确各部门的职责、分工和任务，做出时间和进度安排。三是制定各级、各部门及执行人员的责任制，确立规范，严明制度，赏罚分明。

⑥检查实施情况，评价产品效果。在方案实施进程中，应及时检查，了解情况，随时发现问题和解决问题，方案完成后要总结和评价经济效果。

[本章小结]

•讲述了人力资源的特点以及企业人力资源管理的目标、主要内容、基本任务。

•讲述了企业资金筹集的原则、方法和企业资产管理及企业资金分配的内容。

•讲述了企业设备的选择、合理使用以及维修。

•讲述了企业科技管理的内容、企业技术革新的内容与技术引进的方式、新产品开发的过程、价值工程的基本原理。

[知识掌握]

1.名词解释

（1）人力资源　（2）固定资产　（3）流动资产　（4）价值工程

2.选择题

（1）人力资源属于（　　）。

A.不可再生性资源　B.可再生性资源　C.垄断资源

（2）（　　）是指在一年（含一年）或者超过一年的一个营业周期内变现或者耗用的货币资产、交易性金融资产、结算资产、存货等。

A.固定资产　B.流动资产　C.无形资产

（3）设备的生命周期费用，是设备在（　　）。

A.采购期内的费用　B.使用期内的费用　C.整个生命周期内的总费用

（4）设备在规定时间和使用条件下，无故障地完成规定功能的概率，这是设备选择时应考虑的（　　）。

A.生产性　　　　B.可靠性　　　　C.安全性

（5）抢在其他企业之前，将新产品开发出来并投放到市场中去，从而使企业处于领先地位，这是新产品开发的（　　）。

A.紧跟策略　　　　B.引进策略　　　　C.抢先策略

（6）在原有产品的基础上，采用或部分采用新技术、新材料、新工艺研制出来的新产品属于（　　）。

A.全新产品　　　　B.换代产品　　　　C.改进新产品　　　　D.仿制新产品

（7）用产品支付引进技术和设备贷款的一种贸易方式，属于（　　）。

A.许可贸易　　　　B.补偿贸易　　　　C.以货易货贸易

3.填空题

（1）企业人力资源管理的目标涉及（　　）、（　　）和（　　）三个方面。

（2）（　　）是指使用期限超过一年，单位价值在规定标准以上，并且在使用过程中保持原有实物形态的资产，包括房屋及建筑物、机器设备、运输设备、工具器具等。

（3）专利权、商标权、著作权、商誉等属于（　　）。

（4）全员设备维修制的基本特点是“三全”，即（　　）、（　　）和（　　）。

（5）价值工程是以提高（　　）为目的，以（　　）为核心。

（6）价值工程的效益是通过提高（　　）的功能和降低（　　）实现的。

（7）（　　）是人力资源管理的基础，是其他一切人力资源管理工作的前提。

（8）现代企业的外源融资渠道主要有两种：一是（　　）；二是（　　）。

（9）企业必须对新购设备或自行研制的设备进行技术经济评价，遵循技术上（　　）、经济上（　　）和生产上（　　）的原则。

4.思考题

（1）人力资源有何特点？

（2）企业人力资源管理的目标和任务是什么？

（3）企业资金筹集应遵循什么原则？

（4）企业设备选择的要求是什么？

（5）如何合理地使用设备？

（6）企业技术引进有哪些方式？

（7）企业新产品开发要经过哪些步骤？

（8）什么是价值工程？

[综合应用]

□管理寓言分析

猎狗与兔子

一条猎狗将一只兔子赶出了窝，一直追赶它，追了很久仍没有抓到。牧羊人看到此种情景，讥笑猎狗说：“你们两个之间小的反而跑得快很多。”猎狗回答说：“你不知道我们两个的跑是完全不同的！我仅仅为了一顿饭而跑，而它为了性命而跑呀。”兔子跑步的目标是救自己的性命，而猎狗的目标只是为了一餐饭，同样的跑，积极性当然会不一样。相同的过程，其目标不一样，动力不一样，也会得到不同的结果。

猎人想："猎狗说得对。我要想得到更多的猎物，就得想个好办法。"于是，猎人又买来几条猎狗，凡是能够在打猎中抓到兔子的，就可以得到几根骨头，抓不到兔子的就没有饭吃。这一招果然奏效，猎狗们纷纷努力去追兔子，因为谁也不愿意看见别人吃骨头，自己没有的吃。过了一段时间，问题又出现了，大兔子非常难抓，而小兔子相对容易，抓到大兔子得到的骨头和抓到小兔子得到的骨头差不多。善于观察的猎狗发现了这个窍门，专门去抓小兔子，慢慢地，大家都发现了这个窍门。猎人对猎狗们说，最近你们抓的兔子越来越小了，为什么？猎狗们说，反正不会有太大区别，为什么要去抓大的呢？猎人在猎狗们中引进了竞争机制，一定时间内收到了效果，但是随着时间的推移，骨头对于猎狗们来说，诱惑力越来越小。

猎人经过思考后，决定不将分得骨头的数量与是否抓到兔子挂钩，而采用每过一段时间，就统计一次猎狗抓到兔子的总重量，按照总重量来评价猎狗，决定一段时间内的待遇。于是猎狗们抓到兔子的数量和重量都增加了，猎人很开心。但是，过了一段时间，猎人发现猎狗们抓的兔子的数量和重量又下降了。而且越有经验的猎狗，抓的兔子的数量和重量下降得越厉害。于是猎人又去问猎狗们。猎狗们说："我们把最好的时间都奉献给了你——主人，但是我们随着时间的推移会日渐衰老，当我们抓不到兔子的时候，你还会给我们骨头吃吗？"猎人是精明的，他懂得如何让猎狗们发挥最大的能量，不断地调节猎狗们的士气。

猎人决定，论功行赏，分析与汇总了所有猎狗抓到的兔子的数量和重量，规定如果抓到的兔子超过了一定的数量和重量后，即使抓不到兔子，每顿饭都可以得到一定数量的骨头。猎狗们都很高兴，大家都努力达到猎人规定的数量和重量。终于一些猎狗达到了猎人规定的数量和重量。但是有一只聪明的猎狗对其他猎狗说："我们这么努力，只是得到了几根骨头，而我们抓的猎物远远超过了这几根骨头，我们为什么不能给自己抓兔子呢？"于是有些猎狗离开了猎人，自己抓兔子去了。

分析：这个寓言故事说明了哪些道理？为什么？

□实践训练

实训题目：企业或学校人力资源发展规划

结合人力资源管理的基本原理，任课教师与企业或学校人事处联系，让其向学生介绍企业或学校的人力资源状况，并结合企业或学校的发展规划，让学生对企业或学校的人才队伍建设提出规划意见。

[课外拓展]

关注新媒体平台，获取企业经营管理领域最新的观点、方法、技巧，了解企业经营管理实践的前沿资讯。

微信公众号"HR新逻辑"拥有一支专业、靠谱、有温度的HR团队，给你提供专业的管理咨询服务，深度陪伴你一起坚持学习，终身成长。请在微信公众账号中搜索 "hrshangxueyuan"，或扫描二维码关注。

第8章 现代企业质量管理

管理格言：

质量是成功的伙伴、市场信誉的基础，贯标是质量的保障。

［学习目标］

通过本章学习，你应该达到以下目标：

知识目标：

1. 掌握质量特性、质量管理发展各阶段的特点；
2. 掌握质量保证各阶段的管理重点；
3. 掌握质量管理的基本方法；
4. 了解质量标准。

技能目标：

掌握质量管理的基本方法。

素养目标：

1. 养成质量是一切工作基础的意识；
2. 具有质量分析能力。

［内容架构］

- 现代企业质量管理
  - 质量与质量管理
    - 质量的基本概念
    - 质量管理的发展阶段
  - 质量认证与质量系列标准
    - 质量认证
    - ISO 9000质量管理体系
  - 质量保证体系
    - 质量保证体系概述
    - 质量保证体系的PDCA循环
  - 质量管理常用分析方法
    - 分层法
    - 调查表法
    - 因果图法
    - 排列图法
    - 直方图法
    - 控制图法

案例导入

伊利股份品质管理思维推动中国乳业发展

近来，伊利股份的“品质管理思维”备受关注。2016年10月，伊利股份不仅凭借品质管理思维荣获了中国商业管理的权威奖项——中国管理模式杰出奖，还在以“新蓝海，新领袖”为主题的《哈佛商业评论》2016中国年会上，提出以品质为信念、以洞察消费需求为方向、以创新为动力，用品质管理思想开辟中国企业的新蓝海，赢得世界管理大师、蓝海战略之父钱·金教授的高度关注。据了解，伊利股份品质管理思维是由董事长潘刚在“2016中国民营企业500强发布会”上正式提出的，即用服务、创新、极致、共赢的“品质思维”，塑造高品质的品牌、生产高品质的产品、培养高素质的人才，打造“品质企业”。

其中，服务思维，即以消费者为核心、始终服务于消费者需求的思维；创新思维，即勇攀高峰、不断挑战自我的思维；极致思维，即在企业各项业务中追求完美、持之以恒的工匠思维；共赢思维，即均衡发展、重视企业社会责任的思维。

事实上，近年来伊利股份已经将品质管理思维应用到产品生产与服务的各个环节。在创新方面，伊利股份将大数据作为创新发展的驱动力，利用新技术、新理念，洞察最新消费需求，从而推动产业链各环节实现协同创新，引领消费升级趋势。

极致思维就是精益求精、力求完美，具体体现在伊利股份质量管理的“三条线”上，即国家法定标准线、严于国标线的内控线以及严于内控线的预警线。这“三条线”层层保障，不断加码，大大提升了伊利股份的安全风险管控能力。

此外，伊利股份坚持以消费者为核心的服务思维，为消费者提供高品质产品与服务，并通过以“核心企业承担实质性风险责任”为特色的产融结合发展模式，以及成立“三大发展学院”帮助产业链合作伙伴发展，实现共赢。

伊利股份以品质管理思维为基础形成了独具伊利股份特色的品质管理模式，为中国企业管理创新开辟了新思路，具有很高借鉴价值。伊利股份的品质管理思维也受到了行业内外的广泛认同。

资料来源 佚名. 伊利股份品质管理思维推动中国乳业发展［EB/OL］.［2022-03-03］. http://www.qianhuaweb.com/2017/0303/3706323.shtml.

启示：从此案例可以看出，要加强企业质量管理，企业必须有质量管理意识，建立质量管理体系，采取适当的质量监控措施，才能保证企业整体质量的提高。

8.1 质量与质量管理

8.1.1 质量的基本概念

1）质量的定义

质量是指产品、过程或服务满足规定或潜在要求的特性和特征的总和。质量可分为产品质量、工序质量、工作质量等。产品质量是指产品所具有的适合于规定用途，满足人民生活和国民经济及其他部门、行业一定需要的特性。工序质量是指工序能够稳定地生产合格产品的能力。工作质量是指企业的管理、技术和组织等工作，对达到产品质量标准的保证程度。

2）产品质量特性

产品质量包括内在的质量特性，如产品的结构、物理性能、化学成分、精度等，以及外部的质量特性，如产品的外观、形状、气味等。

质量特性可以概括为产品性能、使用寿命、可靠性、安全性、外观和经济性六个方面。

（1）性能。它一般指产品满足使用目的所具有的特性与功能，如棉纱纤维的拉力、钢的成分等。

（2）使用寿命。这是指产品在规定条件下满足功能要求的使用时间，如电灯泡的使用小时数、钻机用钻头的进尺数等。

（3）可靠性。它一般指在规定期限内和规定的使用条件下，无故障地完成规定功能的能力或可能性。

（4）安全性。它一般指产品在流通和使用过程中，保证安全的程度。

（5）外观。它是指产品在外形方面满足需要的能力，如造型、式样、包装、油漆及电镀等。

（6）经济性。它一般指产品生命周期总费用的大小。产品生命周期总费用包括制造成本与使用成本。

3）质量标准

衡量质量特性应该有一个统一的标准，主要质量特性的定量表现就是质量标准（或技术标准或技术规定）。一个质量标准应是量化了的，要有数量界限，以此作为尺度判断质量是否合格。它的内容包括产品的技术要求、产品的试验方法与验收规则，以及产品包装、运输和保管方面的规定。质量标准是企业进行生产和质量检验、质量控制的重要技术依据。

完整的产品质量标准包括技术标准和管理标准两个方面：

（1）技术标准。技术标准是对技术活动中需要统一协调的事物制定的技术准则。根据其内容不同，技术标准又可分解为基础标准、产品标准和方法标准三方面的内容。

①基础标准：是标准化工作的基础，是制定产品标准和其他标准的依据。常用的基础标准主要有：通用科学技术语言标准；精度与互换性标准；结构要素标准；实现产品系列化和保证配套关系的标准；材料方面的标准等。

②产品标准：是指对产品质量和规格等方面所做的统一规定，是衡量产品质量的依据。产品标准的内容一般包括：产品的类型、品种和结构形式；产品的主要技术性能指标；产品的包装、储运、保管规则；产品的操作说明等。

③方法标准：是指以提高工作效率和保证工作质量为目的，对生产经营活动中的主要工作程序、操作规则和方法所做的统一规定。它主要包括检查和评定产品质量的方法标准、统一的作业程序标准和各种业务工作程序标准或要求等。

（2）管理标准。管理标准是指为了达到质量的目标，而对企业中重复出现的管理工作所规定的行动准则。它是企业组织和管理生产经营活动的依据与手段。管理标准一般包括以下内容：

①生产经营工作标准。它是对生产经营活动的具体工作的程序、办事守则、职责范围、控制方法等的具体规定。

②管理业务标准。它是对企业各管理部门的各种管理业务工作要求的具体规定。

③技术管理标准。它是为有效地进行技术管理活动，推动企业技术进步而做出的必须遵守的准则。

④经济管理标准。它是指对企业的各种经济管理活动进行协调处理所做出的各种工作准则或要求。我国目前产品质量标准可分为四级：国际标准、国家标准、部颁（行业）标准、企业标准。在企业的生产和产品检验过程中，符合规定的质量标准才能称为合格品。

思政园地8-1

2011年元月召开的“全国质检工作会议”上首次明确提出质量强国战略，提出“国家强，则质量必须强。经济社会又好又快发展，必须好字当头，质量第一”。2016年5月，国务院办公厅发布了《贯彻实施质量发展纲要2016行动计划》，提出以提高发展质量和效益为中心，开展品牌提升行动，加强供给侧结构性改革，推动建设质量强国。2023年2月初，中共中央、国务院印发了《质量强国建设纲要》，强调建设质量强国是推动高质量发展、促进我国经济由大向强转变的重要举措，是满足人民美好生活需要的重要途径。

请同学们思考一下，为什么国家强调建设质量强国？从制造业大国向制造业强国转变过程中，为什么要强化质量管理？

8.1.2 质量管理的发展阶段

从工业发达国家解决产品质量问题所采用的技术与方法的演变情况来看，质量管理大体经历了三个阶段，即质量检验阶段、统计质量控制阶段和全面质量管理阶段。

1）质量检验（SQI）阶段

质量检验阶段也称传统质量管理阶段，其主要特征是按照规定的技术要求，对已完成的产品进行质量检验。从大工业生产方式出现直至20世纪40年代，基本上属于这一阶段。在这一阶段，质量管理的中心内容是进行事后把关性质的质量检查，所以也有将其称为事后把关阶段。对已生产出来的产品进行筛选，把不合格品和合格品分开。这对于保证不使不合格品流入下一工序或出厂送到用户手中，是必要的和有效的，至今在工厂中仍不可缺少，但它缺乏对检验费用和质量保证问题的研究，对预防废品的出现等管理方面的作用较薄弱。这是质量管理发展中的初始阶段。

2）统计质量控制（SQC）阶段

第二次世界大战前后，战争对武器装备的质量提出更高的要求，而一些军火产品是无法采用全数抽检的，例如炮弹。于是，生产者和管理者提出产品缺陷的预防问题，开始运用概率论、数理统计方法来控制生产中的产品质量。统计质量控制阶段应用数理统计的方法，对生产过程进行控制。也就是说，它不是等一个工序整批工件加工完了，才去进行事后检查，而是在生产过程中，定期地进行抽查，并把抽查结果当成一个反馈的信号，通过控制图发现或鉴定生产过程是否出现了不正常情况，以便能及时发现和消除不正常的原因，防止废品的产生。

统计质量控制阶段是质量管理发展过程中的一个重要阶段，是在20世纪40年代到60年代这段时间内得到发展和推广应用的。它的主要特点是：从质量管理的指导思想上看，由事后把关变为事前预防；从质量管理的方法上看，广泛深入地应用了统计的思考方法和统计的检查方法。

3）全面质量管理（TQC）阶段

最早提出全面质量管理（total quality control，TQC）概念的，是美国的费根堡姆（Armand V. Feigenbaum）。为适应现代化大生产的要求，要生产优质产品仅仅靠统计方法不行，还要改进很多方面的工作，质量管理要涉及生产的全过程。要从局部质量管理发展到全面质量管理，适应科学技术进步对产品的精密化要求、消费者对产品质量的高要求，以及降低质量成本、提高竞争力的要求。

（1）全面质量管理的概念。

全面质量管理是一个组织以质量为中心，以全员参与为基础，目的在于通过让顾客满意和本组织所有成员及社会受益而达到长期成功的管理途径。

（2）全面质量管理的特点。

全面质量管理的特征概括起来是“三全”“四一切”。

①“三全”是指对全面质量、全部过程和由全体人员参加的管理。

a.全面质量的管理。过去我们一说到质量，往往是指产品质量，它包括性能、寿命、可靠性和安全性，即所谓狭义的质量概念。当然，产品质量是非常重要的。但是，产品质量再好，如果制造成本高，销售价格贵，用户是不欢迎的。即使产品质量很好，成本也低，还必须交货及时和服务周到，才能真正受到用户欢迎。因此一个企业必须在抓好产品质量的同时，要抓成本质量、交货期质量和服务质量。这些质量的全部内容就是所谓广义的质量概念，即全面质量。可见，全面质量管理必须对这种广义质量的全部内容进行管理。

$$产品质量+成本+交货期+服务=全面质量 \tag{8.1}$$

b.全部过程的管理。产品是怎样形成的呢？它是包括企业一系列活动的整个过程。这个过程主要包括市场调查、研究、设计、试制、工艺与工装的设计制造、原材料供应、生产制造、检验出厂和销售服务，用户的意见又反馈到企业加以改进，整个过程可看作一个循环过程。可见，产品质量的提高依赖于整个过程中每个环节的工作质量的提高，因此全面质量管理必须对这种全部过程的每个环节都进行管理。

c.由全体人员参加的管理。产品质量的好坏，是企业许多环节和工作的综合反映。每个环节的每项工作都要涉及人。企业的人员，无论是前方的还是后方的，是车间的还是科室的，没有一个不与产品质量有着直接或间接的关系。每个人都重视产品质量，都从自己的工作中去发现与产品质量有关的因素，并加以改进，产品质量就会不断提高。因此，质量管理，人人有责。只有人人都关心质量，都对质量高度负责，产品质量才能有真正的提高和保证。所以，全面质量管理必须由全体人员进行管理。

②“四一切”即一切为用户着想，一切以预防为主，一切用数据说话，一切工作按

PDCA循环进行。

a.一切为用户着想——树立质量第一的思想。产品生产就是为了满足用户的需要。为了保证产品的信誉，必须树立质量第一的思想，在为用户提供物美价廉的产品的同时，要及时地为用户提供技术服务。

“下道工序是用户”，这个口号在企业里应大力提倡和推行。我们知道，企业的每个部门、每个人员在工作中有前、后或上、下的相对关系，有工作服务对象。工作服务对象就可以看作下道工序。在企业里，树立质量第一的思想体现在更好地为下道工序服务的行动。

b.一切以预防为主——好的产品是设计和生产出来的。用户对企业的要求，最重要的是保证质量。怎样理解保证质量呢？当前有两种片面的看法：一种认为坚决实行“三包”制度就可以保证质量；另一种认为只要检查从严就保证了质量。这些看法是对保证质量的误解。因为这种事后检查，把保证质量的重点放在检查上是不能从根本上保证质量的。不解决产生不良品的问题，不良品还是照样产生，致使产品成本增高。由于质量不是一步形成的，也不是最后一道工序突然形成的，而是逐步形成的，因此也就应该和可能在工序中加以控制，把影响生产过程中的因素统统控制起来。这就是过去单纯以产品检验“事后检查”的消极“把关”，改变为以“预防为主”、防检结合、采用“事前控制”的积极“预防”。显然，这样生产出来的产品自然是好的。所以说，好的产品是设计和生产出来的，不是检验出来的。

c.一切用数据说话——用统计的方法来处理数据。“一切用数据说话”就是用数据和事实来判断事物，而不是凭印象来判断事物。

收集数据要有明确的目的性。为了正确地说明问题，必须积累数据，建立数据档案。收集数据以后，必须进行加工，才能在庞杂的原始数据中，把包含规律性的东西提炼出来。加工整理数据的第一步就是分层。分层在全面质量管理中具有特殊的重要意义，必须引起我们的重视。对数据进行分析的基本方法是画出各种统计图表，例如，排列图、因果图、直方图、管理图、散布图、统计分析表等。

d.一切工作按PDCA循环进行。PDCA循环就是全面质量管理的思想方法和工作步骤，是由美国的“统计质量控制之父”休哈特所提出的，但是由于美国人戴明博士将之采纳、宣传（尤其是在日本），使得这个循环得以普及，所以也被称为“戴明环”。P是计划，D是实施，C是检查，A是处理。任何一个有目的有过程的活动都可按照这四个阶段进行。

拓展阅读 8-1

零缺陷管理

零缺陷概念的产生：被誉为“全球质量管理大师”、“零缺陷之父”和“伟大的管理思想家”的菲利浦·克劳士比（Philip B. Crosby）在20世纪60年代初提出“零缺陷”思想，并在美国推行零缺陷运动。后来，零缺陷的思想传至日本，在日本制造业中得到了全面推广，使日本制造业的产品质量得到迅速提高，并且领先于世界水平，继而进一步扩大到工商业所有领域。零缺陷管理核心是：第一次就把事情做对。

互动课堂8-1

扁鹊的医术

魏文王问名医扁鹊说："你们家兄弟三人，都精于医术，到底哪一位最好呢？"扁鹊答："长兄最好，中兄次之，我最差。"文王再问："那么为什么你最出名呢？"扁鹊答："长兄治病，是治病于病情发作之前。由于一般人不知道他事先能铲除病因，所以他的名气无法传出去。中兄治病，是治病于病情初起时。一般人以为他只能治轻微的小病，所以他的名气只及本乡里。而我是治病于病情严重之时。一般人都看到我在经脉上穿针管放血、在皮肤上敷药等大手术，所以以为我的医术高明，名气因此响遍全国。"

管理心得：事后控制不如事中控制，事中控制不如事前控制。可惜很多经营者对此未能有深刻体会，等到错误的决策造成了重大的损失才寻求弥补，但往往是即使请来了名气很大的"空降兵"，结果仍于事无补。

讨论：根据质量管理的思想，结合扁鹊的医术，讨论全面质量管理为什么要重视质量管理的预防问题。

8.2　质量认证与质量系列标准

8.2.1　质量认证

1）质量认证的概念

"认证"一词的英文原意是一种出具证明文件的行动。ISO/IEC指南中对认证的定义是："由可以充分信任的第三方证实某一经鉴定的产品或服务符合特定标准或者规范性文件的活动。"

质量认证也称合格认证，是由认证机构出具产品合格的书面证明。举例来说，对第一方（供方或卖方）生产的某种产品，第二方（需方或买方）无法判定其品质是否合格，而由第三方来判定，第三方既要对第一方负责，又要对第二方负责，不偏不倚，出具的证明要能获得双方的信任，这样的活动就叫作"合格认证"。

1991年，国际标准化组织对合格认证做了如下定义："第三方依据程序对产品、过程和服务符合规定的要求给予书面保证（合格证书）。"1991年，国务院发布的《中华人民共和国产品质量认证管理条例》对产品质量认证给予定义："产品质量认证是依据产品标准和相应技术要求，经认证机构确认并通过颁发认证证书和认证标志来证明某一产品符合相应标准和相应技术要求的活动。"

2）质量认证的特点

从上述定义可以看出，质量认证具有以下4个特点：

（1）质量认证的对象是产品、过程和服务。

这里所指的产品，是按照ISO 8402-1994中对产品所做的定义："产品包括服务、硬件、流程性材料、软件或其组合。"因而，服务已包括在产品的含义之中。以后新的定义也可能不再单提服务。关于过程，ISO 8402-1994的定义是："把输入转化成输出的一组相关联的资源和活动。"在质量认证中，对于"过程"的认证可理解为：产品形成过程中某些专业独立性较强的工艺、计算、检测、试验等过程，如锻造、铸造、焊接、热处理、表面处理、无损检测、大型试验、复杂计算等。

（2）认证工作的基础是标准。

认证是以标准或技术规范为准则的。认证的基础是标准，没有标准就不能进行认证。标准包括基础标准、产品标准、试验方法标准、检验方法标准、安全和环境保护标准以及管理标准等。ISO 9000质量管理和质量保证系列国际标准，是认证中对供方质量体系做出评价的国际性标准，供各国及国际认证选择使用。

（3）质量认证活动是由第三方进行的。

质量认证的最大特点是第三方进行的活动。所谓第三方，是指独立于第一方（制造厂、卖方、供方）和第二方（用户、买方、需方）之外的一方，与第一、第二方之间应没有直接的经济利害关系，体现公正性和客观性。

（4）认证合格的证明方式可以采用认证证书和认证标志。

如上所述，产品质量认证是"第三方依据程序对产品、过程和服务符合规定的要求给予书面保证"的一系列活动。产品经过检查符合规定要求后，这一信息要通过认证证书和认证标志来传递给各有关方面。认证证书和认证标志通常由第三方认证机构颁发与规定。世界上第一个认证标志是1903年英国工程标准委员会创制的用于证明符合"BS（英国标准）"要求的标志。因形状像风筝，也称风筝标志。我国现在使用的"方圆标志""长城标志""PRC标志"等都是产品质量认证合格的标志。

8.2.2 ISO 9000质量管理体系

1）ISO 9000质量管理体系简介

ISO是一个组织的英语简称，其全称是International Organization for Standardization，翻译成中文就是"国际标准化组织"。ISO 9000族标准是指"由国际标准化组织质量管理和质量保证技术委员会（ISO/TC176）制定的国际标准"。ISO 9000族标准是国际标准化组织于1987年制订，后来经过1994、2000、2008、2015年4次修改完善而成的系列标准。它对产品质量的检验、对生产企业的质量管理和生产过程的评审，都做了详细的阐述和具体的规定，既系统、全面、完善，又简明、扼要，为保证企业产品质量和建立健全质量体系提供了有力的指导。在国际市场上，ISO 9000系列已成为评估产品质量和合格质量体系的基础，也成为许多国家的第三方质量体系认证注册计划的基础。

2）ISO 9000族标准的核心标准

（1）ISO 9000：《质量管理体系基础与术语》表述了ISO 9000族标准中质量管理体系的基础，并确定了相关术语。这部分起着奠定理论基础、统一术语概念和明确指导思想的作用，具有很重要的地位。

（2）ISO 9001：《质量管理体系要求》标准规定了质量管理体系的要求，标准可用于组织证实其有能力稳定地提供满足顾客要求和适用法律法规要求的产品；也可用于组织通过质量管理体系的有效应用，包括持续改进质量管理体系的过程及保证符合顾客和适用法律法规的要求，增强顾客满意。该标准成为用于审核和第三方认证的唯一标准。

（3）ISO 9004:《质量管理体系业绩改进指南》提供了超出ISO 9001标准的要求和指南，不能用于认证和合同目的，不是ISO 9001标准的实施指南。该标准对组织改进其质量管理体系总体绩效提供了指导和帮助，是指南性质的标准。

（4）ISO 19011:《质量和（或）环境管理体系审核指南》对质量和环境管理体系审核的基本原则、审核方案的管理、审核的实施以及对质量和环境管理体系审核员的资格要求提供了指南。该标准适用于需要实施质量和（或）环境管理体系内部或外部审核或需要管理审核方案的所有组织。

3）ISO 9000：2015遵循的七大质量管理原则

（1）以顾客为关注焦点。质量管理的主要关注点是满足顾客要求并且努力超越顾客期望。

（2）领导作用。各级领导建立统一的宗旨及方向，并且创造全员积极参与的环境，以实现组织的质量目标。

（3）全员参与。在整个组织内各级人员的胜任、被授权和积极参与是组织创造和提供价值能力的必要条件。

（4）过程方法。只有将活动作为相互关联的连贯系统进行运行的过程来理解和管理时，才能更加有效和高效地得到一致的、可预知的结果。

（5）改进。成功的组织持续关注改进。

（6）循证决策。基于数据和信息的分析与评价的决定，更有可能产生期望的结果。

（7）关系管理。为了持续成功，组织管理其与有关的相关方（如供方）的关系。

8.3　质量保证体系

8.3.1　质量保证体系概述

1）质量保证体系的概念

质量保证体系就是企业根据质量保证的要求，从企业的整体出发，运用系统的理论和方法，把企业各部门、各环节严密地组织起来，规定它们在质量管理方面的职责、任务和权限，并建立组织和协调各方面质量管理活动的组织机构，在企业内形成一个完整的、有机的质量保证系统。建立健全质量保证体系是保证质量目标得以实现的重要手段，是实现长期稳定生产优质产品的组织保证和制度保证。

为了建立企业的质量保证体系，首先要建立质量管理的组织保证体系。一般的做法是：在厂部设置全面质量管理办公室，负责组织、协调、督促、检查全厂各部门、各车间的质量管理活动，制定质量攻关目标，组织审批质量管理小组活动计划和成果鉴定；在车间、科室则普遍建立群众性的质量管理小组，负责判定本车间、本工序、本科室的质量攻关项目和具体措施，并提出对策；在班组设质量管理点，以明确每个人的职责。

建立健全质量保证体系要有明确的质量目标、协调的组织结构、完善的信息反馈系统、严格的质量检验系统、管理业务标准化和管理流程程序化。

2）质量保证体系的内容

质量保证体系的内容由设计过程、制造过程、辅助过程和使用过程的质量管理4个部分组成，涉及整个企业生产经营管理的全过程。

（1）设计过程的质量管理。

质量第一步开始于设计，设计过程质量管理是质量管理的首要环节。设计过程质量管理的任务有两项：一是企业要设计出对用户具有更高、更好使用效果的产品；二是在满足用户需要的前提下，企业要利用现有条件和发展可能，取得较高的生产效率和良好的经济效益。据此，设计过程质量管理应着重抓好以下6个环节：

①设计计划。明确设计任务；明确各项设计的职责、质量要求（如性能、安全性、可靠性、可维修性、工艺性、外观造型等要求）；合理安排设计进度等。

②制定检测规范。规范用于制造过程的质量检测和制造过程结束后的成品检测。

③设计评审。设计评审是要广泛征求工艺、检测、销售、材料、使用与维修等方面专业人才的意见，多方把关，杜绝设计失误。设计评审包括与产品规范和服务要求相关项目、与满足用户需要相关项目、与工艺规范和服务要求相关项目3个方面的内容。

④设计验证。应用国家标准、验证计算和验证试验对设计的可靠性与安全性进行设计验证。

⑤试制鉴定和设计定型（包含工艺定型）。样品的试制和鉴定是通过实践来验证设计在工艺上是否“好做”，在性能和功能上是否“好用”。如果达到这两方面的要求，产品和全套工艺规范就确定下来了，即“产品定型”和“工艺定型”。随后，召开产品鉴定会。“设计定型”是对全套设计图样、技术文件、技术规范的最终确认。

⑥设计更改。设计虽经定型，但经制造过程、使用过程等的实践考验，难免需要更改。设计的更改要慎重，要制定严格的审批程序。

（2）制造过程的质量管理。

这一过程是保证和提高产品质量的关键，也是质量管理的中心环节。它的工作任务概括起来就是“把关”和帮助“过关”。“把关”就是严密组织对生产过程各个环节的质量检验工作；帮助“过关”就是贯彻“预防为主”的方针，通过检验和质量分析，找出产生质量缺陷的原因，促使生产部门和操作者采取预防措施，把废次品减少到最低限度。为此，制造过程的质量管理应着重抓好以下5个环节：

①加强工艺管理，使生产过程处于严密的监督和控制下。

②组织好技术检验。

③搞好质量状况的统计分析，掌握质量动态和发生变化的原因。

④加强废品管理。

⑤加强关键零件和重点工序的质量控制。

（3）辅助过程的质量管理。

这一过程包括物资供应、工具准备、设备维修、燃料及水电供应等。其任务有两项：一是本身质量管理要搞好；二是提高服务质量。具体来说，应主要抓好以下3项工作：

①物资供应的质量管理要做到对进厂的物资进行严格的检查和验收。

②工具准备的管理要做好工具的验收、保养、发放、鉴定、校正和修理等工作。

③设备维修的质量管理要保证把设备维修好，使其经常保持良好的技术状态。

（4）使用过程的质量管理。

使用过程的质量管理既是全面质量管理工作在广度上的自然延伸和归宿，又是全面质量管理工作的起点。具体来说，应主要抓好以下3项工作：

①开展对用户的技术服务工作。

②对产品的使用效果和使用要求进行调查。

③认真处理出厂产品的质量问题。

拓展阅读8-2

海尔是如何将“零缺陷管理”落地的?

继国内份额、规模双突破后，从2021AWE（中国家电及消费电子博览会）现场又传回了海尔空调在全球市场的好消息。世界权威调研机构欧睿国际董事、中国区总经理任玥宣布：根据2021最新调研数据，海尔空调荣获互联空调（包括智能空调）、健康自清洁空调、海外市场中国家用空调自主品牌等3项全球第一。海尔能不断创造企业的发展神话，都源于海尔企业文化。

那么，海尔到底树立了一种什么文化，又怎样推动着企业快速变革，并最终成为“全球大型家电第一品牌”的呢?

1984年12月26日，张瑞敏带领新的领导班子来到海尔集团的前身——青岛电冰箱总厂。当时的冰箱厂亏空147万元，产品滞销，人心涣散。1985年，张瑞敏终于从消费者的来信中发现了产品滞销的主要原因是存在质量上的隐患。因而，建立“零缺陷质量文化”成了海尔变革的重中之重。

海尔推行零缺陷质量文化，并将文化落地，成为品质管理的利器，概括起来，形成了海尔的6字方针，即立、化、播、促、悟、用。

立：确立理念。在改革开放初期，市场供不应求，大部分冰箱企业认为“数量远比质量重要”而积极扩张，但是海尔喊出了“要么不干，要干就干第一”的质量差异化战略口号，并在战略发展的指引下，确立了“零缺陷质量文化”的3个理念：有缺陷的产品就是废品；谁生产不合格的产品，谁就是不合格的员工；质量改进是没有终点的活动，停止就意味着倒退。

化：深化制度。在海尔战略发展规划和质量管理理念的基础上，公司根据实际情况优化、深化了质量管理的规章制度，让理念文化与制度文化保持一致性，并做到“有法可依、有法必依、执法必严、违法必究”。

播：传播意识。为了让零缺陷质量文化深入人心，海尔运用了各种文化入心的方法和工具，如海尔的画与话、海尔的质量代价、3E日清工作记录卡、质量责任价值券、走动管理、白手套行动等。

促：督促贯标。除了内部开展各种零缺陷质量文化的落地行动外，海尔非常重视外部先进的管理思想、管理标准对公司的促进作用。在质量管理之初，海尔就引进了泰勒的科学管理，后来陆续通过各种国际认证，在组织认证评审中，强化质量意识，督促员工标准化作业，保证产品质量。

悟：领悟升华。在推行质量管理中，经过提炼总结，逐步形成自己的零缺陷质量管理特色。首先，海尔形成了自己的“大质量观”，从产品质量发展到了服务质量，以致为实现用户满意的企业运营质量；其次，创立了OEC管理模式——日事日毕，日清日高。

用：应用扩张。形成的良好零缺陷质量管理文化和模式，成了海尔的一种有用的评价标准，成了海尔的一种无形资产，成了海尔用于兼并扩张的有力武器。

零缺陷既是一种哲学理念、文化，也是一种工具。海尔结合自身实际和文化落地的基本原则，创造性地运用各种方法和工具，形成了海尔的质量管理模式，并展现出了强大的生命力，其成功经验是可供参照的。

资料来源 [1] 佚名. 欧睿国际宣布：海尔空调再添3项全球第一 引领空气产业发展［EB/OL］.［2021-03-24］. https：//www.sohu.com/a/457079715_104421.［2］佚名. 海尔是如何将"零缺陷管理"落地的？［EB/OL］.［2023-02-16］. https：//www.np.gov.cn/cms/html/npszf/2013-03-26/957735345.html.

8.3.2 质量保证体系的PDCA循环

1）PDCA循环的内容

PDCA循环又称"戴明环"。PDCA是由英语plan（计划）、do（实施）、check（检查）、action（处理）四个词的第一个字母组成的。PDCA循环质量保证体系反映了做质量管理工作必须经过的四个阶段，也体现了全面质量管理的思想方法和工作程序。这个循环包括质量保证体系活动必须经历的四个阶段（如图8-1所示）和八个工作步骤（如图8-2所示）。

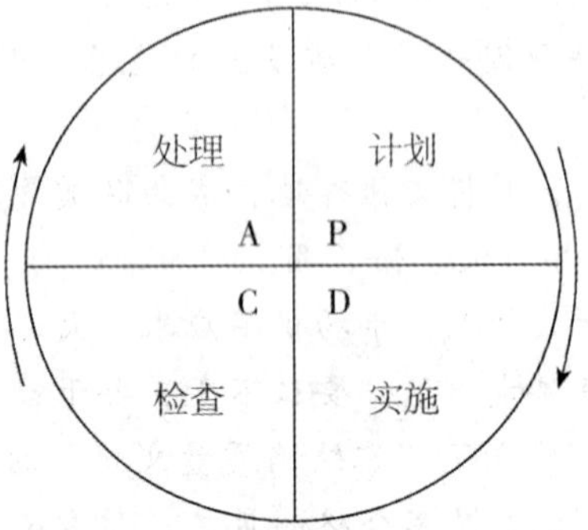

图8-1 PDCA循环的四个阶段

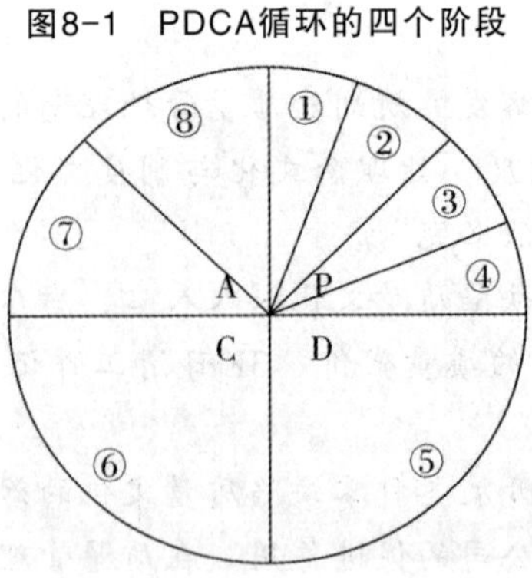

图8-2 PDCA循环的八个工作步骤

（1）计划阶段（P）：分析现状，找出质量问题①；分析产生问题的原因②；从各种原因中找出影响质量的主要原因③；制订计划，制定措施④。

（2）实施阶段（D）：执行计划，落实措施⑤。

（3）检查阶段（C）：检查计划执行情况和措施实施效果⑥。

（4）处理阶段（A）：把有效措施纳入各种标准或规程中加以巩固，无效的不再实施⑦；将遗留问题转入下一个循环继续解决⑧。

2）PDCA循环的特点

PDCA循环运转时，有以下特点：

（1）大环套小环，一环扣一环；小环保大环，推动大循环。整个企业，各科室、车间、工段、班组和个人都有自己的PDCA管理循环，所有的循环圈都在转动，并且协调，互相促进（如图8-3所示）。上一级循环是下一级循环的依据，下一级循环是上一级循环的组成部分和具体保证。

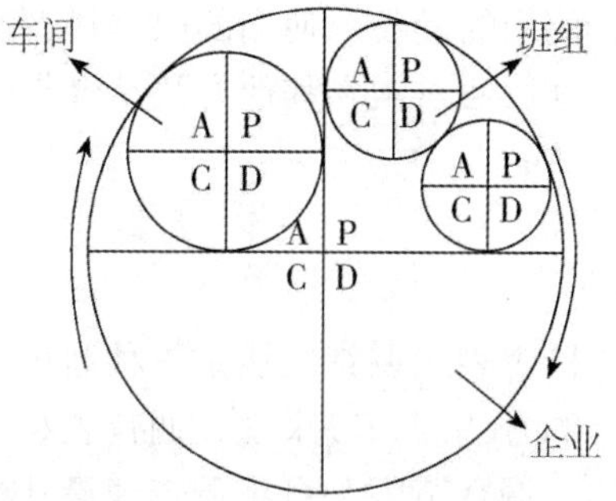

图8-3　PDCA循环运转特点之一

（2）管理循环如同爬楼梯一样螺旋式上升，每转动一圈，就上升一步，就实现一个新的目标，不停转动就不断提高（如图8-4所示）。如此反复不断地循环，质量问题不断得到解决，管理水平、工作质量和产品质量就会步步提高。

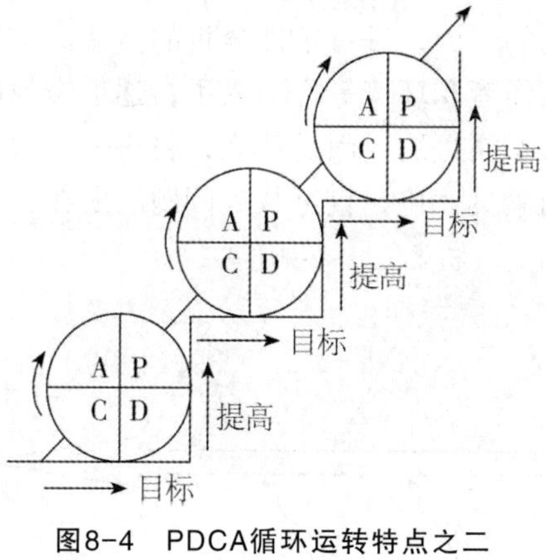

图8-4　PDCA循环运转特点之二

（3）管理循环是综合性循环，四个阶段划分是相对的，不能机械地把它们分开，而要紧密衔接，而且各阶段之间存在一定的交叉。在实际工作中，往往是边计划边实施，边实施边检查，边检查边处理，边处理边调整计划。质量管理工作正是在这样的循环往复中达到预定目标的。

（4）管理循环关键在于“A”阶段，只有把成功的经验和失败的教训都纳入各项标准、规程和制度中，才能使今后的工作少走弯路，不断提高。

8.4 质量管理常用分析方法

8.4.1 分层法

分层法又叫分类法、分组法。这种方法就是把收集来的数据，根据一定的目的，按其性质、来源、影响因素等加以分类，进行研究，使杂乱的数据系统化、条理化，从而找出质量问题的症结，采取相应的措施加以解决。在质量管理中，数据分层的标准多种多样，一般可先按时间、操作人员、使用的设备、使用的原材料、操作方法、测量工作、工序等进行分类，然后进一步细分。分层法常常和其他方法结合起来使用，如分层法与排列图法或直方图法结合使用。

8.4.2 调查表法

调查表又称统计分析表或检查表。调查表法是一种利用统计图表登记有关数据，并据以粗略分析影响产品质量原因的方法。一般来说，调查表和分层表一起使用效果更好。根据不同的调查对象、调查目的、调查范围，可将调查表设计成多种形式，通常有缺陷位置调查表、不合格项目调查表、质量特性值分布调查表和不良品产生原因调查表等。

8.4.3 因果图法

因果图也称鱼骨图或石川图。因果图法是一种通过查找产品生产过程中的各个环节，来寻找和分析产生质量问题的原因，进行定性分析的方法。当某个质量问题出现时，从原材料、机器、操作方法、操作者和环境等方面入手，逐项查找产生质量问题的原因。该方法具体应用时，要先确定影响质量的主因是什么，将每一原因由大到小画到枝干上，描述它们之间的关系，把影响因素具体化，直至找到问题的所在，如图8-5所示。

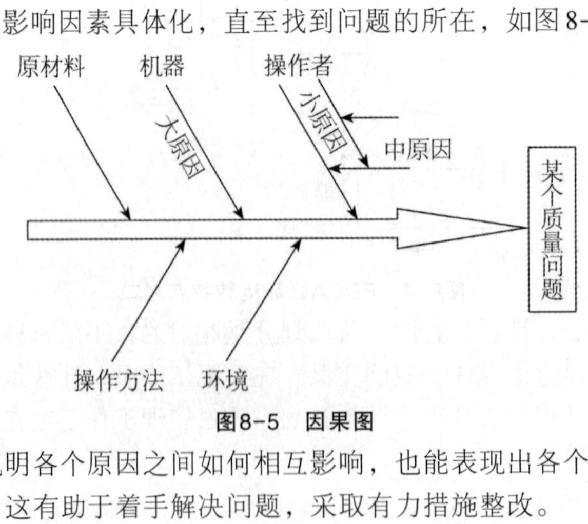

图8-5 因果图

因果图有助于说明各个原因之间如何相互影响，也能表现出各个可能的原因是如何随时间而依次出现的。这有助于着手解决问题，采取有力措施整改。

绘制因果图时要注意以下几点：（1）影响质量问题的大原因由操作者、机器、原材料、操作方法、环境等五大方面组成；（2）充分发扬民主，集思广益，将反映的原因都画在图上；(3) 原因分析应从大到小，从粗到细，寻根究底，直到能采取具体措施为止；(4) 措施采取后，还应用排列图等方法调查实际结果。

8.4.4　排列图法

排列图又称帕累托图、主次因素图。排列图是一种简单的图表工具，用于统计分析在一定时间内各种类型缺陷或问题的数目。影响产品质量的因素很多，但主因往往只有少数几项。19世纪，意大利经济学家维尔弗累德·帕累托指出，各种可能原因中的20%造成80%的问题和缺陷，其余80%的原因只造成20%的问题和缺陷。排列图有助于确定造成大多数问题的少数关键原因，有效解决问题。

排列图由两根纵坐标、一根横坐标、一根折线和若干矩形组成。左侧纵坐标表示不合格产品的频数，右侧纵坐标表示不合格产品出现的频率（百分比），横坐标表示各种因素，按影响大小顺序排列。直方形高度表示相应的因素的影响程度（即出现频率为多少），折线表示累计频率（又称帕累托线）。通常将累计百分数分为3类：占0%~80%的为A类，称为主要原因；占80%~90%的为B类，称为次要因素；占90%~100%的为C类，即一般因素。解决了A类因素，80%的问题就得到了解决，即解决了大部分问题。

表8-1为某饲料厂饲料不合格品的统计表。从表8-1中可以看出，水分过多和蛋白质过少是饲料不合格的主要原因。根据表8-1中的数据，可以画出该厂不合格产品的排列图，如图8-6所示。

表8-1　**某饲料厂饲料不合格品统计表**

原因	废品数（袋）	总计废品数（袋）	百分比（%）	在总数中的累计百分比（%）
水分过多	182	182	72.8	72.8
蛋白质过少	34	216	13.6	86.4
维生素不足	15	231	6.0	92.4
含黄曲霉素	13	244	5.2	97.6
其他	6	250	2.4	100.0
合计	250	—	100.0	—

在做排列图时应注意以下几点：(1) A类因素不宜超过3个，否则就失去了找主要矛盾的意义；(2) 纵坐标除了用袋数、件数表示外，也可用损失的工时、重量、价值等表示；(3) 不太重要的项目太多时，横轴会变得很长，通常将其列入“其他”栏内，并置于排列图末端；(4) 若各项因素频数差异甚小，则要考虑横坐标的因素分类是否恰当，或选用纵坐标的计量单位是否合理；(5) 选定了主要因素，采取相应措施以后，为了检查实施效果，还可重新画排列图。

8.4.5　直方图法

直方图又称线条图、质量分布图。直方图是对生产出来的产品，根据抽样理论，从中

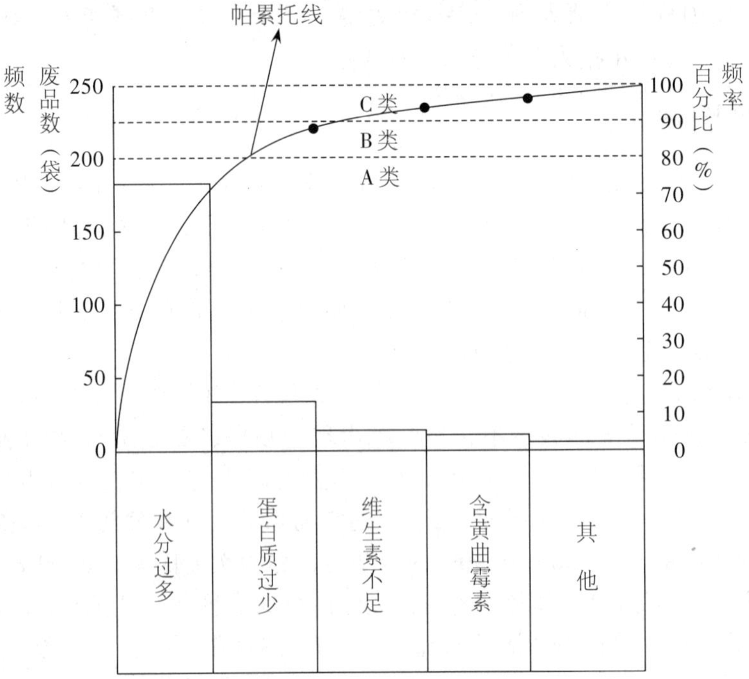

图8-6　排列图

抽取一定数量的样本，然后对样本进行测量，把所得的数据加以整理，进行分组计算，画出以组距为底边、以频数大小为高度的一系列矩形图。通过对直方图图形的观察，可以从整体上判断一批已加工完毕的产品的质量状况。直方图可以表明哪些类别代表测量中的大多数，给出测量结果的实际分布图（如图8-7所示）。

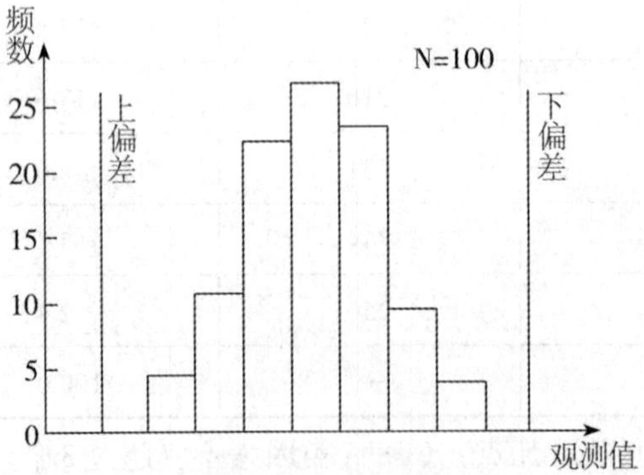

图8-7　直方图

直方图可以用于形象地表示质量情况，直观的图形、定性的数据可以使阅读者一目了然。将直方图与标准形式比较，则能够发现异常情况，以便进一步分析问题产生的原因。

正常型的直方图是中间为顶峰、左右大致对称的图形。若呈现出其他异常图形，则根据企业以往的经验来判定问题，采取质量管理措施。

8.4.6　控制图法

1924年，休哈特（W. A. Shewhart）首创了控制图（又称管理图）法，该方法被广泛应用于管理生产工序的状态，检查判定工序是否存在异常情况，是质量管理的重要方法。

控制图的基本形式如图8-8所示。纵坐标用来表示需要控制的质量特性，横坐标表示时间或随时间而抽取的子样编号。在图8-8中，中间的细实线为中心线（CL），上下两条虚线分别为控制上限（UCL）和控制下限（LCL）。采取系统抽样的方式取得子样的质量特性值，描绘在图中，连点成线，就得到控制图。如果图上测量值高于控制上限或低于控制下限，说明控制失控。若测量值全部在上下限之间，则说明生产过程是处于稳定状态的。

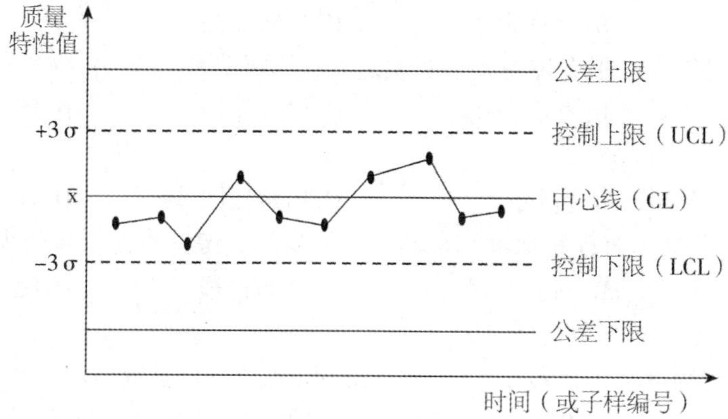

图8-8　控制图

控制图的判定：在工序稳定的情况下，控制图中的所有点都没有超过控制界限。如果出现下列情况，表明工序情况出现异常，有系统性原因存在，需要查明情况，消除影响质量的隐患：（1）连续7个点落在中心线一侧；（2）连续3个点中有2个点接近控制界限；（3）点发生倾向性变化，连续上升或下降；（4）点有周期变化，例如，从上到下，再由下而上，周而复始。

［本章小结］

- 讲述了质量的概念、质量特性、质量管理发展及各阶段的内容、特点。
- 讲述了什么是质量认证及国际质量标准。
- 讲述了质量保证体系的概念、内容及PDCA循环的内容、特点。
- 讲述了质量管理常用的基本分析方法。

［知识掌握］

1.名词解释

（1）质量　（2）全面质量管理　（3）PDCA循环

2.选择题

（1）开展全面质量管理的基本要求可以概括为（　　）。

A.“三全”“四一切”　B.质量中心

C.“三保”　D.“卡、防、帮、讲”

（2）推动PDCA循环，关键在于（　　）。

A.计划阶段　B.实施阶段　C.检查阶段　D.处理阶段

（3）（　　）的质量管理是质量管理的首要环节。

A.设计过程　B.制造过程　C.辅助过程　D.使用过程

（4）表示某个质量问题与某组成要素之间的关系，从而寻找质量问题原因，一种树枝状示意图，称为（　　）。

A.亲和图　　B.矩阵图　　C.因果图　　D.系统图

（5）把收集来的数据，根据一定的目的，按其性质、来源、影响因素等加以分类，进行研究，使杂乱的数据系统化、条理化，从而找出质量问题的症结的方法，称为（　　）。

A.分层法　　B.调查表法　　C.排列图法

（6）现代质量管理区别于传统质量检验之处在于（　　）。

A.把关作用　　B.改进作用　　C.报告作用　　D.预防作用

（7）排列图，又称（　　）。

A.相关图　　B.控制图　　C.帕累托图　　D.石川图

（8）（　　）的质量管理是保证和提高产品质量的关键，也是质量管理的中心环节。

A.设计过程　　B.制造过程　　C.辅助过程　　D.使用过程

3.填空题

（1）质量可分为（　　）质量、（　　）质量、（　　）质量等。

（2）1924年，休哈特（W. A. Shewhart）首创了（　　）法，该方法被广泛应用于管理生产工序的状态，检查判定工序是否存在异常情况，是质量管理的重要方法。

（3）采用因果图来寻找和分析产生质量问题的原因，当某个质量问题出现时，主要从（　　）、（　　）、（　　）、（　　）和环境等方面入手，逐项查找产生质量问题的原因。

（4）PDCA循环，分为（　　）、（　　）、（　　）和（　　）四个阶段。

（5）制造过程的质量管理工作任务概括起来就是（　　）和帮助（　　）。

4.思考题

（1）什么是产品质量和产品质量特性？

（2）什么是质量标准？质量认证的意义是什么？

（3）生产企业的设计质量应如何控制？

（4）如何应用因果图法、排列图法、直方图法、控制图法进行质量控制？

（5）PDCA循环有何特点？

（6）全面质量管理有何特点？

[综合应用]

□案例分析

丰田质量门：疯狂扩张的悲剧

2009年年底至2010年年初接二连三的召回，已经让丰田忙坏了。中国有句俗话：“屋漏偏逢连阴雨，船破又遭打头风。”丰田正在遭遇成立几十年来最大的信任危机。2010年1月29日，丰田因油门踏板问题而在北美和欧洲召回以及自主修理的车辆数量进一步扩大，这个数字甚至将超过丰田2009年的全球销量698万辆。受此影响，刚刚公布的2010年集团销售计划或许也将不得不重新调整。而在中国市场，丰田也因“脚垫门”问题向国家质量监督检验检疫总局申请召回约7.5万辆运动型多功能车RAV4，并将对其进行免费维修。在这个全球最大的汽车消费市场上的召回，对丰田的迅猛增长势头来说无疑是个打击。为什么一次召回量会如此之大，世界一流汽车生产商“TOYOTA”怎么了？

丰田的传统策略是以客户体验和满意为中心，采取“拉”的策略，从客户体验出发，通过市场调查了解客户的需要，然后开始设计研发，最后才根据市场的需要进行生产。丰田正是凭借这种策略，获得了价格公道、质量好的口碑。“丰田传统的做事方式是典型的日本风格，稳扎稳打、踏踏实实。”姜汝祥说。传统的丰田从来不追求市场份额、利润等短期利益，做决定也都是从长期着眼。

1995年，第一个非丰田家族成员奥田硕从丰田达郎手中接管丰田以后，丰田的经营策略开始转变。丰田家族低调、保守、谨小慎微的行事作风被彻底抛弃，全球化市场的开拓步伐骤然提速。奥田硕上台后语出惊人：“丰田首先要占据全球汽车市场的10%，到2010年要达到通用汽车当时的市场占有率15%。”在这个最为咄咄逼人的海外扩张战略中，速度被放在了首位。丰田不断督促工程师缩短从产品概念设计到变成实物的时间，丰田的产品设计周期达到令福特和通用望尘莫及的24个月，甚至有的车型从宣布开发到投放市场仅用15个月。产品快速推出的同时，不可避免地影响了丰田的产品质量。2005年因产品质量而导致的产品大批量被召回就是证明。为了加速扩张，丰田加快了海外工厂的建设步伐。丰田在北美已经有8家工厂。在金融危机中，北美工厂的弊端暴露无遗，在大型车滞销的情况下无法及时转产小型车。经过近10年的高速扩张，丰田汽车2008年的全球产量达到821万辆，在欧美市场需求大幅萎缩下，2009年的销量预期约为700万辆，销量和产能之间的差距扩大到了100多万辆以上。扩张使丰田生产模式（TPS）备受挑战。

丰田在全球大举高速扩张，为质量危机埋下了隐患。丰田在高速扩张的过程中抓住了成本控制和效益的核心，但在一定程度上忽视了质量、设计和监控的底线。丰田海外生产基地和产量持续大幅增加，使质量监管体系又力所不及。

汽车产业的迅速发展催生了通用零配件的全球化，同一厂家的不同车型甚至不同汽车厂商都在使用同一配件商供应的配件。因此，一个部件出现质量问题，就可能涉及数量众多的汽车或多个品牌。这就是丰田一次召回数百万辆车的国际大环境。在过去的10年间，丰田的海外产量增加了一倍多，2008年还超越通用成为全球销量最大的汽车厂商。但召回事件证明，这是以质量和信誉为代价的扩张“泡沫”。

专家学者和业界人士分析丰田召回的根本原因有3点：扩张过快，过度削减成本，忽视质量管理。

分析：丰田汽车为什么会产生这样的悲剧？应该如何防止？

□实践训练

实训题目：质量管理方法的应用

任课教师组织学生到校办工厂及工业企业参观实习，收集产品质量的影响因素，试用因果图、排列图等方法进行质量问题的分析。

[课外拓展]

关注新媒体平台，获取企业经营管理领域最新的观点、方法、技巧，了解企业经营管理实践的前沿资讯。

微信公众号“质量人”是中国计量大学质量管理工程专业建设学生活动组委会暨《质量人》杂志官方服务号。请在微信公众账号中搜索“zlzyzwh”，或扫描二维码关注。

现代企业经营成果控制与分析

第9章

管理格言：

管理的最高境界就是利润的最大化！

［学习目标］

通过本章学习，你应该达到以下目标：

知识目标：

1. 要求能够比较全面地掌握有关利润因素的分析、利润敏感性分析以及利润成果评价的方法；

2. 明确影响企业利润的各项因素和目标利润的确定方法；

3. 了解全面评价企业经济效益的新指标体系；

4. 掌握企业诊断的基本理论、基本步骤和基本方法。

技能目标：

掌握利润敏感性分析以及利润成果评价的方法、全面评价企业经济效益的新指标体系。

素养目标：

1. 树立成果导向的管理意识；

2. 具有成果分析与评价的能力。

［内容架构］

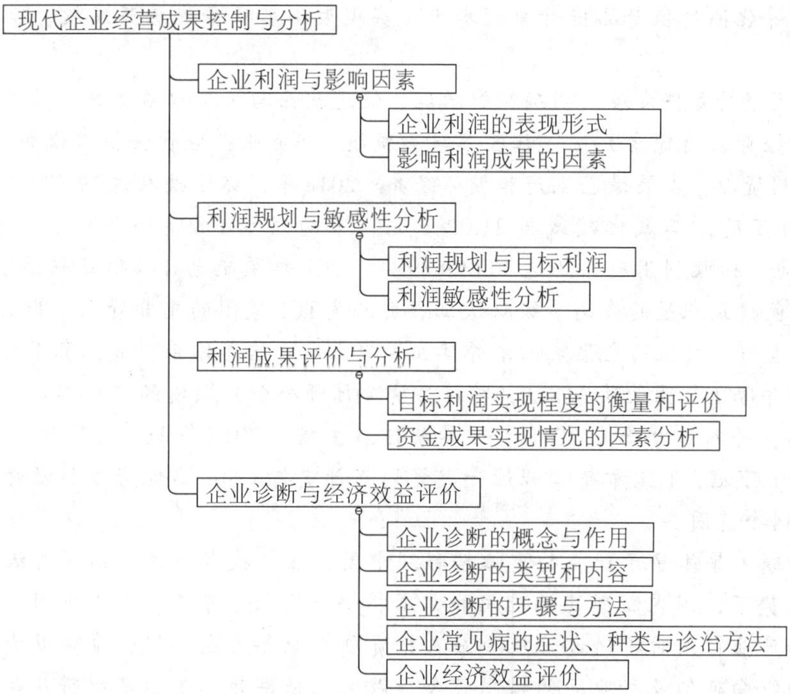

案例导入

TCL聚焦主业战略

2019年3月19日晚间，TCL集团发布2018年年报。报告期内，TCL集团实现营业收入1 133.6亿元，同比增长1.60%；净利润40.7亿元，同比增长14.7%；其中归属于上市公司股东的净利润为34.7亿元，在2017年归母净利润增长66.3%的基础上再增长了30.2%。TCL集团战略转型初显成效，持续推进高质量增长，全面进入全新发展阶段。

2018年年底，TCL集团为加速聚焦主业战略的落地，通过战略重组剥离智能终端及配套业务，进一步聚焦半导体显示及材料产业，以产业金融与投资创投支持主业发展，加速向高科技产业集团转型。通过本次重组，公司各项经营效率与效益指标显著改善。2018年备考数据显示，TCL集团2018年实现净利润35.5亿元、归属于上市公司股东的净利润31.5亿元，净利率由3.59%提高到7.35%，资产负债率由68.4%下降到64.1%，同时收到47.6亿元现金，员工数量由9万人减少到3万人。重组后，集团的产业和资本结构得以优化，组织流程全面精简，盈利能力和股东回报显著增强，TCL集团进入高速度、高质量的发展阶段。

受全球半导体显示行业周期性波动影响，面板价格自2018年第二季度起大幅下降，但TCL华星光电通过持续的组织架构优化和运营模式转型，进一步提效降本，继续保持满产满销和行业领先的运营效率及盈利优势，同期业绩明显优于同业，具备高于行业的抗周期能力。

作为国内半导体显示领域的龙头企业，TCL华星光电在大尺寸产品市场持续保持行业领先地位的同时，持续加强小尺寸产品的技术创新，并加速向多应用场景显示界面提供商转型，以差异化高价值产品提升盈利水平，实现大小屏竞争优势齐发展，驱动业绩稳定增长。

TCL集团坚持责任发展，明确组织治理、促进就业与员工权益保护、健康安全、环境保护、公平经营、消费者关系、社区参与和发展7个企业社会责任核心议题。报告显示，TCL高效利用资源，发展绿色生产和循环经济。2018年，环保投入达19 375万元，节约用电21 086.20万度，二氧化碳减排21.02万吨，节约用水1 897.15万吨，减少废水排放1 887.58万吨，回收利用废弃物达30 899.89吨。TCL华星光电G11项目取得了LEED铂金级和中国绿色建筑三星的最高等级双认证。员工是TCL集团的重要资源，TCL集团致力于打造和谐、友好、共赢的文化氛围，并建立了鹰系人才培养体系，成立TCL大学助力员工成长。2018年TCL集团荣获ACCA（特许公认会计师公会）颁发的“中国卓越国际人才培养雇主”奖，并入选福布斯2018年世界最佳雇主榜。2018年TCL集团对外公益捐赠总额达1 816.36万元，TCL希望工程烛光奖计划累计支持1 800名优秀乡村教师，覆盖全国23个省、634个贫困县。

伴随全球半导体显示产业的重心转移到中国，在新技术应用、消费升级和多应用场景丰富的趋势下，国内新型显示应用和需求将快速增长。未来，TCL集团将聚焦半导体显示及材料产业，同时将通过产业金融及投资创投业务为主业提供资金助力，加强产业链上下游的纵向延伸及行业间的横向整合，做大做强半导体显示及材料业务，势必将带来市场份额提升与话语权提升。TCL集团将有望把握制造业变革机遇，成为全球行业引领者。

资料来源 佚名. TCL集团2018年归母净利润增长30.2%，提高回购价格上限至5元［EB/OL］.［2022-03-20］. http：//www.360doc.com/content/20/0106/10/57251924_884453187.shtml.有改动。

启示：由此案例可见，企业要提高经济效益就必须加强对经营成果的控制与分析，根据环境变化，及时调整产业结构，加强信息化建设，采取恰当的措施降低成本，提高效益，才能使企业可持续发展。

9.1 企业利润与影响因素

9.1.1 企业利润的表现形式

1）利润总额

利润总额指企业在生产经营过程中各种收入扣除各种耗费后的盈余，反映企业在报告期内实现的盈亏总额。利润总额是衡量企业经营业绩的十分重要的经济指标。

利润主要包括3个层次，即营业利润、利润总额和净利润。

$$\begin{matrix}\text{营业}\\\text{利润}\end{matrix}=\begin{matrix}\text{营业}\\\text{收入}\end{matrix}-\begin{matrix}\text{营业}\\\text{成本}\end{matrix}-\begin{matrix}\text{税金}\\\text{及附加}\end{matrix}-\begin{matrix}\text{期间}\\\text{费用}\end{matrix}-\begin{matrix}\text{资产}\\\text{减值损失}\end{matrix}+\begin{matrix}\text{公允价值}\\\text{变动收益}\end{matrix}-\begin{matrix}\text{公允价值}\\\text{变动损失}\end{matrix}+\begin{matrix}\text{投资}\\\text{收益}\end{matrix}-\begin{matrix}\text{投资}\\\text{损失}\end{matrix} \quad (9.1)$$

$$\text{利润总额}=\text{营业利润}+\text{营业外收入}-\text{营业外支出} \quad (9.2)$$

$$\text{投资净收益}=\text{投资收益}-\text{投资损失} \quad (9.3)$$

$$\text{净利润}=\text{利润总额}-\text{所得税费用} \quad (9.4)$$

2）利润率

利润率是企业一定时期的利润总额与有关经济指标值的比率。它可以综合反映企业各生产经营活动的经济效果，还可据以比较同类企业间的利润水平。利润率是衡量企业利润水平的指标，利润率在分析利润管理工作质量的时候具有利润总额所不能替代的作用。

企业利润率的主要指标有：

（1）销售利润率，是指一定时期的销售利润总额与销售收入总额的比率。它表明单位销售收入获得的利润，反映销售收入和利润的关系。

（2）成本利润率，是指一定时期的销售利润总额与销售成本总额的比率。它表明单位销售成本获得的利润，反映销售成本与利润的关系。

（3）产值利润率，是指一定时期的销售利润总额与总产值的比率。它表明单位产值获得的利润，反映产值与利润的关系。

（4）资金利润率，是指一定时期的销售利润总额与资金平均占用额的比率。它表明单位资金获得的销售利润，反映企业资金的利用效果。

（5）净利润率，是指一定时期的净利润（税后利润）与销售收入总额的比率。它表明单位销售收入获得税后利润的能力，反映销售收入与净利润的关系。

9.1.2 影响利润成果的因素

要对利润成果进行有效的控制，需要先了解可以对其产生影响的各种因素。通常，

利润=收入-成本=销售价格×销售量-（固定成本总额+单位变动成本×销售量） (9.5)

这个关系式反映了利润和销售量、销售价格、单位变动成本、固定成本总额4者之间的关系，从中可以知道它们对利润的影响是：

（1）在销售价格、单位变动成本和固定成本总额3者都不变的情况下，销售量越大，利润越大；反之，利润越小。

（2）在销售量、单位变动成本和固定成本总额3者都不变的情况下，销售价格越高，利润越大；反之，利润越小。

（3）在销售量、销售价格和固定成本总额3者都不变的情况下，单位变动成本越低，利润越大；反之，利润越小。

（4）在销售量、销售价格和单位变动成本3者都不变的情况下，固定成本总额越低，利润越大；反之，利润越小。

此外，产品品种结构对利润的变化也有一定的影响。现代企业的生产几乎都是多品种生产，考虑到产品品种结构，利润公式就是：

$$\text{利润} = \sum(\text{销售量} \times \text{销售价格}) - \sum(\text{销售量} \times \text{单位变动成本} + \text{固定成本总额}) \quad (9.6)$$

在多品种生产经营中，如果利润高的产品份额大，总利润就大；反之，总利润就小。以上所指利润成果，是每一个资金运动过程收入和成本的绝对差额。但仅仅从此理解利润成果是不够的，因为任何一个企业对利润的追求实际在于获得所投入资金的充分报酬，所以利润成果的大小还应用投资利润率来衡量。

投资利润率=销售利润率×资金周转率 (9.7)

由于任何企业的资金都是从资金占用和资金来源两方面反映的，因此资金占用和资金来源结构不同，也会影响资金成果。

从资金占用来说，企业的资金无非是占用在这样一些形态上：固定资产、银行存款、现金、原材料、在产品、产成品、应收账款等。它们在资金运动过程中具有不同的周转速度，如果有的资金占用过多，如原材料、应收账款、产成品等，必然要用更多的资金来满足生产经营的正常需要，这些都会影响到资金运动最终成果的大小。

从资金来源来说，企业通常有自有资金和非自有资金两类来源。它们在资金来源中占的比重不同，也会影响企业资金成果。下面以假设的A、B、C3家公司为例，来看资金来源结构与资金成果的关系。

假设A、B、C3家公司总资本均为100万美元，且3家公司的资金使用效果都一样，即资金利润率都为7%，负债利率都为8%，其他资料列示在表9-1中。

表9-1说明在企业资金利润率相等且资金利润率小于负债利率时，自有资金占的比重越大，资金成果越大；自有资金占的比重越小，资金成果越小。此时负债越多对企业越不利。但这是不是说企业就不能够运用非自有资金进行生产经营活动了呢？实际上，在很多情况下企业恰恰因为错失引入非自有资金的良机而损失了本可得到的一部分利润。将前例稍作变动，即将原来A、B、C3家公司资金利润率变为10%（其他资料不变），见表9-2。

表9-1　　A、B、C3家公司资金利润率资料(一)　　金额单位:万美元

	A公司	B公司	C公司
	自有资金100%	自有资金50%	自有资金25%
企业资金利润率	7%	7%	7%
息税前利润	7	7	7
应付利息（8%）	0	4	6
税前利润	7	3	1
税金（50%）	3.5	1.5	0.5
纯盈利	3.5	1.5	0.5
自有资金利润率	3.5%	3%	2%

表9-2　　A、B、C3家公司资金利润率资料(二)　　金额单位:万美元

	A公司	B公司	C公司
	自有资金100%	自有资金50%	自有资金25%
企业资金利润率	10%	10%	10%
息税前利润	10	10	10
应付利息（8%）	0	4	6
税前利润	10	6	4
税金（50%）	5	3	2
纯盈利	5	3	2
自有资金利润率	5%	6%	8%

表9-2说明在企业资金利润率相等且资金利润率大于负债利率时，自有资金占的比重越大，资金成果越小；自有资金占的比重越小，资金成果越大。此时负债能给企业带来更多投资收益。

9.2 利润规划与敏感性分析

9.2.1 利润规划与目标利润

利润规划是企业全面经营管理极其重要的工具，也是企业财务管理极其重要的一环。任何企业要在有限的条件下实现最大的利润，都必须进行利润规划，从而制定出在一定时期内、一定条件下的目标利润和实现目标利润的具体步骤、措施等。

目标利润是利润规划的必然结果，是企业在未来一定时期内和有限的条件下，通过努力可能获得的利润。显然，在利润规划中，目标利润的确定是极其重要的一环。

1）盈亏平衡法

盈亏平衡法是在将成本划分为固定成本和变动成本的前提下，通过分析收入、成本、利润3者之间的关系，确定盈亏平衡点后，来确定目标利润的一种方法。该法用公式表示为：

$$\text{目标利润}=\text{预计销售额}-\text{预计销售量}\times\text{单位变动成本}-\text{固定成本} \tag{9.8}$$

为了保证目标利润的实现，相应地还要制定出实现目标利润的销售量、销售额：

$$\text{实现目标利润的销售量}=\frac{\text{固定成本}+\text{目标利润}}{\text{销售价格}-\text{单位变动成本}} \tag{9.9}$$

$$\text{实现目标利润的销售额}=\frac{\text{固定成本}+\text{目标利润}}{\text{销售价格}-\text{单位变动成本}}\times\text{销售价格} \tag{9.10}$$

2）销售增长率法

销售增长率法是根据有关产品上期实际获得的销售收入和利润总额，以及预计的下期销售收入总额，以销售收入与利润同步增长的假设为前提，来确定目标利润的一种方法。该法用公式表示为：

$$\text{目标利润}=\frac{\text{下期预计的销售收入总额}}{\text{上期实际的销售收入总额}}\times\text{上期实际的利润总额} \tag{9.11}$$

3）利润增长率法

利润增长率法是根据有关产品上期实际获得的利润总额，考虑影响利润的各有关因素的预期变化，确定一个适当的利润增长率来确定目标利润的方法。该法用公式表示为：

$$\text{目标利润}=\text{上期实际的利润总额}\times(1+\text{利润增长率}) \tag{9.12}$$

4）资金利润率法

资金利润率法是根据上期实际资金平均占用额、下期计划投资额和预计资金利润率来确定企业目标利润的方法。该法用公式表示为：

$$\text{目标利润}=\text{下期预计资金利润率}\times(\text{上期实际资金平均占用额}+\text{下期计划投资额}) \tag{9.13}$$

5）成本利润率法

成本利润率法是根据下期预计成本总额和成本利润率来确定目标利润的方法。该法用公式表示为：

$$\text{目标利润}=\text{下期预计成本总额}\times\text{下期预计成本利润率} \tag{9.14}$$

9.2.2　利润敏感性分析

利用本量利关系所确定的既定目标利润条件下的平衡公式为：

$$销售量=\frac{固定成本总额+目标利润}{销售单价-单位变动成本} \tag{9.15}$$

通过代换可对各因素发生变动时的相互影响做定量分析：一是销售量、成本和价格发生变动时，测定其对利润的影响；二是目标利润发生变动时，分析实现目标利润所需要的销售量、收入和支出。这称为变动分析，它不同于敏感性分析。

在进行盈亏临界分析和变动分析时，是假设除待求变量外的其他参数都是确定的。但是，实际上由于市场的变化（原材料价格、产品价格、供求数量等波动）和企业技术条件的变化（原材料和工时等消耗波动），会引起模型中参数发生变化，使得原来计算出来的盈亏临界点、目标利润或目标销售量失去可靠性。经理人员需要事先知道哪一个参数影响小，哪一个参数影响大，影响程度如何。他们掌握这些数据有重要的实用意义，即可以在情况发生变化后及时采取对策，调整企业计划，使生产经营活动经常被控制在最有利的状态之下。

敏感性分析是一种有广泛用途的分析技术，其应用领域不仅限于本量利分析。通常，它是指研究与分析一个系统因周围条件发生变化而引起其状态或输出结果变化的敏感程度的方法。敏感性分析是在求得某个模型的最优解后，研究模型中某个或若干个参数允许变化到多大，仍能使原最优解的条件保持不变；或者当参数变化超出允许范围，原最优解已不能保持最优性时，提供一套简捷的计算方法，重新求得最优解。

本量利关系的敏感性分析，主要是研究与分析有关参数发生多大变化会使盈利转为亏损，各参数变化对利润变化的影响程度，以及各敏感因素变化时如何调整销售量，以保证原目标利润的实现等问题。

假设某企业只生产一种产品，单价为2元，单位变动成本为1.20元，预计明年固定成本为40 000元，销售量计划达100 000件。

预计明年利润为：

$$P=100\,000\times(2-1.20)-40\,000=40\,000（元）$$

有关的敏感性分析如下：

1）有关参数发生多大变化使盈利转为亏损

单价、单位变动成本、销售量和固定成本的变化，会影响利润的高低。当这种变化达到一定程度时，会使企业利润消失，进入盈亏临界状态，使企业的经营状态发生质变。敏感性分析的目的之一，就是提供能引起目标发生质变的各参数变化的界限，其方法称为最大最小值法。

（1）单价最小值。

单价下降会使利润下降，下降到一定程度，利润将变为零。这是企业能忍受的单价最小值。

设单价为SP，则：

$$100\,000\times(SP-1.20)-40\,000=0$$

$$SP=1.60（元）$$

所以，当单价降至1.60元以下，即降低20%（（2−1.6）÷2×100%）时，企业由盈利转为亏损。

（2）单位变动成本最大值。

单位变动成本上升会使利润下降，并逐渐趋近于零，此时的单位变动成本是企业能忍受的最大值。

设单位变动成本为VC，则：

100 000×（2−VC）−40 000=0

VC=1.60（元）

单位变动成本由1.20元上升至1.60元时，企业利润由40 000元降至零。此时，单位变动成本上升了33%（（1.60−1.20）÷1.20×100%）。

（3）固定成本最大值。

固定成本上升也会使利润下降，并趋近于零。

设固定成本为FC，则：

100 000×（2−1.20）−FC=0

FC=80 000（元）

固定成本增至80 000元以上时，企业由盈利转为亏损，此时固定成本增加了100%（（80 000−40 000）÷40 000×100%）以上。

（4）销售量最小值。

销售量最小值，是指企业利润为零的销售量，也就是盈亏临界点的销售量（设为B），其计算方法在前面已介绍过。

$$B = \frac{40\ 000}{2 - 1.20} = 50\ 000\text{（件）}$$

销售计划如果只完成50%（（100 000−50 000）÷100 000×100%），则企业利润为零。

2）各参数变化对利润变化的影响程度

各参数的变化都会引起利润的变化，但其影响程度各不相同。有的参数发生微小变化，就会使利润发生很大的变化，利润对这些参数的变化十分敏感，这类参数称为敏感因素；与此相反，有些参数发生变化后，利润的变化并不大，反应比较迟钝，这类参数称为不敏感因素。

反映敏感程度的指标是敏感系数，其公式为：

$$\text{敏感系数}=\frac{\text{目标值变动百分比}}{\text{参量值变动百分比}} \tag{9.16}$$

下面仍以上例的数据为基础，进行敏感程度的分析：

（1）单价的敏感程度。

设单价增长20%，则：

SP=2×（1+20%）=2.40（元）

按此单价计算，利润为：

P=100 000×（2.40−1.20）−40 000=80 000（元）

利润原来是40 000元，其变化率为：

$$\text{目标值变动百分比} = \frac{80\ 000 - 40\ 000}{40\ 000} \times 100\% = 100\%$$

$$单价的敏感系数 = \frac{100\%}{20\%} = 5$$

这就是说，单价对利润的影响很大，从百分率来看，利润以5倍的速度随单价变化。涨价是提高盈利的最有效手段，价格下跌也将是企业的最大威胁。经理人员根据敏感系数可知，每降价1%，企业将失去5%的利润，所以必须对此格外关注。

（2）单位变动成本的敏感程度。

设单位变动成本增长20%，则：

VC=1.20×（1+20%）=1.44（元）

按此单位变动成本计算，利润为：

P=100 000×（2−1.44）−40 000=16 000（元）

利润原来是40 000元，其变化率为：

$$目标值变动百分比 = \frac{16\,000 - 40\,000}{40\,000} \times 100\% = -60\%$$

$$单位变动成本的敏感系数 = \frac{-60\%}{20\%} = -3$$

由此可见，单位变动成本对利润的影响比单价要小，单位变动成本每上升1%，利润将减少3%。但是，敏感系数绝对值大于1，说明单位变动成本的变化会造成利润更大的变化，仍属于敏感因素。

（3）固定成本的敏感程度。

设固定成本增长20%，则：

FC=40 000×（1+20%）=48 000（元）

按此固定成本计算，利润为：

P=100 000×（2−1.20）−48 000=32 000（元）

原来的利润为40 000元，其变化率为：

$$目标值变动百分比 = \frac{32\,000 - 40\,000}{40\,000} \times 100\% = -20\%$$

$$固定成本的敏感系数 = \frac{-20\%}{20\%} = -1$$

这说明固定成本增加时，利润将等量减少。

（4）销售量的敏感程度。

设销售量增长20%，则：

S=100 000×（1+20%）=120 000（件）

按此计算利润：

P=120 000×（2−1.20）−40 000=56 000（元）

利润的变化率为：

$$目标值变动百分比 = \frac{56\,000 - 40\,000}{40\,000} \times 100\% = 40\%$$

$$销售量的敏感系数 = \frac{40\%}{20\%} = 2$$

销售量对利润的敏感系数，亦称经营杠杆系数。“杠杆”本是物理学术语，原意为利用一个杠杆能以较小的力撬起较重的物体。在企业经营中，杠杆作用是指销售量的较小变动会引起利润的较大变动。就本例而言，两者变动的比例为1∶2。

综上所述，在该企业影响利润的诸因素中，最敏感的是单价（敏感系数为5），其次是单位变动成本（敏感系数为-3），再次是销售量（敏感系数为2），最后是固定成本（敏感系数为-1）。其中，敏感系数为正值，表明与利润为同向增减；敏感系数为负值，表明与利润为反向增减。

敏感系数提供了各因素变动百分比与利润变动百分比之间的比例，但不能直接显示变化后利润的值。为了弥补这种不足，有时需要编制敏感性分析表，列出各因素变动的百分比及相应的利润值，见表9-3。

表9-3　**单因素变动敏感性分析表**　单位：元

项目 \ 利润 \ 变动百分比	-20%	-10%	0	+10%	+20%
单价	0	20 000	40 000	60 000	80 000
单位变动成本	64 000	52 000	40 000	28 000	16 000
固定成本	48 000	44 000	40 000	36 000	32 000
销售量	24 000	32 000	40 000	48 000	56 000

在编制敏感性分析表时，各因素变动的百分比通常以±20%为范围，便可以满足实际需要。表9-3是以10%为间隔，也可以根据实际需要改为5%。

列表法的缺点是不能连续表示变量之间的关系，为此，人们又设计了敏感性分析图，如图9-1所示。

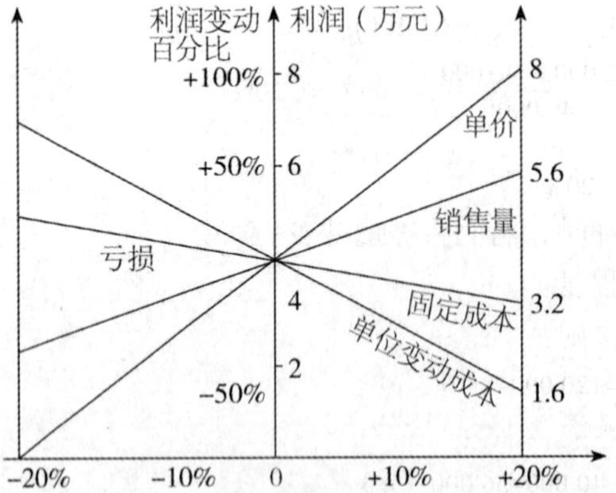

图9-1　各因素对利润的敏感性分析

图中横轴代表单位变动成本、固定成本、销售量、单价等各因素变动的百分比；纵轴代表利润。根据原来的目标利润点（0，40 000）和单位变动成本变化后的点（20%，16 000），画出单位变动成本线。这条直线反映单位变动成本不同变化水平时所对应的利润值和利润变动百分比。其他因素的直线画法与单位变动成本线类似。这些直线与利润线的夹角越小，对利润的敏感程度越高。

9.3　利润成果评价与分析

在任何一个生产经营期之末，企业都应对其利润成果进行评价和分析。进行这种评价和分析的目的在于：第一，了解当期目标利润的实现情况，确定实际利润与目标利润的差异。分析产生差异的主客观原因，并以此考核和评价该企业及其内部各部门、各员工业绩的好坏，从而作为合理奖惩的重要依据。第二，通过对目标利润实现情况的分析，了解企业资金成果的主客观条件的现状及其变动趋势，为下期目标利润的正确、合理确定提供有用的信息。

9.3.1　目标利润实现程度的衡量和评价

目标利润实现程度是衡量企业利润完成预算（计划）情况的主要指标。对目标利润实现程度的衡量和评价，通常可以采用比较法和比率法两种方法。

所谓比较法，即通过实际利润与目标利润的差额来评判。若实际利润与目标利润的差额等于或大于零，说明企业完成或超额完成了目标利润；若实际利润与目标利润的差额小于零，则说明企业没有完成目标利润。实际利润与目标利润之间的正数差越大，说明企业完成目标利润的情况越好。

所谓比率法，是通过实际利润与目标利润的比值来评判。若实际利润÷目标利润×100%的值等于或大于100%，说明企业完成或超额完成了目标利润；若实际利润÷目标利润×100%的值小于100%，则说明企业没有完成目标利润。显然，该比率越大，说明企业目标利润的完成情况越好。

以上两种方法都常用来衡量和评价企业目标利润的完成情况，但比较法着重说明实际利润与目标利润之间绝对数的差额，而比率法则着重反映目标利润实际完成的程度。

9.3.2　资金成果实现情况的因素分析

在对资金成果进行总体衡量和评价的基础上，进一步分析影响资金成果的具体因素，并具体确定每个因素对资金成果的影响程度，是利润成果分析和评价的重要一环。

通过对影响利润成果的因素进行分析，不难发现下面的关系：

$$\text{利润}=\text{资金占用额}\times\text{资金利润率} \tag{9.17}$$

其中，$$\text{资金利润率}=\frac{\text{利润}}{\text{资金占用额}}=\frac{\text{销售收入}}{\text{资金占用额}}\times\frac{\text{利润}}{\text{销售收入}} \tag{9.18}$$

所以有：

$$\text{利润}=\text{资金占用额}\times\text{资金周转率}\times\text{销售利润率} \tag{9.19}$$

从以上关系可知，利润的大小取决于企业资金占用额与资金利润率，而资金利润率又受资金周转率和销售利润率的影响，这样，影响利润的因素就有资金占用额、资金周转率和销售利润率。要确定最终影响利润的诸因素各自的影响程度有多大，可采用因素分析法。

因素分析法的基本特点是，在分析各个因素对某一指标差异的影响程度时，运用抽象的办法依次将其中的一个因素（分析的因素）视为可变，而把其他因素视为不变，从而确定变化因素的影响程度。假定某一指标S受a、b、c3个因素的影响，并假定其关系为$S=a\times b\times c$，这样，标准指标$S_0=a_0\times b_0\times c_0$，实际指标$S_f=a_f\times b_f\times c_f$，实际指标与标准指标之间的差异为d，则$d=S_f-S_0$。这里分析的目的是要确定在实际指标与标准指标的差异d中，因素a、b、c分别起了多大的作用。如前所述：

$$S_0=a_0\times b_0\times c_0 \quad ①$$

假定因素a首先发生变化而其他因素不变，则有：

$$S_1=a_f\times b_0\times c_0 \quad ②$$

以②-①，可得因素a的变化对总差异的影响：

$$d_1=S_1-S_0=a_f\times b_0\times c_0-a_0\times b_0\times c_0=(a_f-a_0)\times b_0\times c_0 \quad ③$$

影响程度：$e_1=\frac{d_1}{d}$

在②式的基础上，假定因素b也发生了变化，而其他因素不变（因素a已变为实际数），则有：

$$S_2=a_f\times b_f\times c_0 \quad ④$$

以④-②，可得因素b的变化对总差异的影响：

$$d_2=S_2-S_1=a_f\times b_f\times c_0-a_f\times b_0\times c_0=(b_f-b_0)\times a_f\times c_0 \quad ⑤$$

影响程度：$e_2=\frac{d_2}{d}$

同样，在④式的基础上，假定因素c也发生了变化，而其他因素不变（因素a、b已经变为实际数），则有：

$$S_f=a_f\times b_f\times c_f \quad ⑥$$

用⑥-④，即得因素c的变化对总差异的影响：

$$d_3=S_f-S_2=a_f\times b_f\times c_f-a_f\times b_f\times c_0=(c_f-c_0)\times a_f\times b_f \quad ⑦$$

这样，通过上述③、⑤、⑦式，即可确定在指标S的实际值与标准值的差异d中a、b、c分别所起的作用，而且不难发现，各个因素的影响之和刚好等于总差异d，即：

$$d=(S_1-S_0)+(S_2-S_1)+(S_f-S_2)=d_1+d_2+d_3=S_f-S_0 \quad ⑧$$

以上只是假定指标S受3个因素的影响，各影响因素之间是相乘的关系。如果影响因素多于3个且它们之间的关系并非相乘而为相加、相减或相除，仍然可以采用类似的方法来确定各个影响因素的影响程度，此处不再赘述。

9.4 企业诊断与经济效益评价

9.4.1 企业诊断的概念与作用

“诊断”一词来自医学，是指医生通过对病人的询问、检查，分析寻找出病因，并开方治疗的整个过程。企业同一切有生命的机体一样，在它的生存和发展过程中，也会不可避免地发生各种各样的疾病，只有及时诊断、正确治疗，才能保证它健康的发展。企业诊断是一门诊治企业疾病的科学。它是指企业内部或外部具有现代管理科学知识和丰富实践经验的诊断人员亲临企业现场，与企业管理人员密切配合，运用科学的方法，找出企业经营管理中存在的主要问题，分析问题产生的原因，提出切实可行的改善方案，并指导实施的谋求企业不断发展的一种改善企业经营管理的活动。“企业诊断”不仅包含着“诊断”“治疗”的消极意义，还包含着“增进健康”的积极意义。企业诊断已经与企业管理密不可分，许多国际知名大企业定期会邀请管理咨询公司进行企业诊断，挖掘存在的管理问题，提升管理能力，从而提高盈利水平。

企业诊断是一种高智力型的服务工作。美国早在20世纪30年代就已开展企业诊断服务，美国把企业诊断称为企业咨询。日本在20世纪50年代开始引进美国的企业咨询服务，但在经营学中一般不用企业咨询，而用企业诊断这个概念。随着我国社会主义市场经济体制的建立和企业改革的深入，企业间的竞争越来越激烈，对企业素质的要求也越来越高，不少地方和企业已认识到借助诊断机构的力量来解决企业面临的问题的必要性和迫切性。实践也证明，企业诊断对提高企业经济效益，促进企业健康发展，具有十分重要的作用。

9.4.2　企业诊断的类型和内容

1）企业诊断的类型

企业诊断可以按各种不同的角度进行分类：

（1）企业诊断按诊断内容划分，有综合诊断、部门诊断和专题诊断。①综合诊断就是从企业整体出发，对经营管理上带有战略性、全局性和综合性的问题进行诊断，为企业的经营方针、经营目标、经营战略、经营规模、机构设置等一系列的综合活动进行全面的诊断。②部门诊断是指对企业生产经营管理系统中的某一部门或少数几个部门进行的局部性诊断，如对生产、质量、财务、物资供应、销售等部门进行的诊断。这类诊断涉及的业务范围具体、重点突出，具有时间短、见效快的特点，尤其是对那些关键部门的诊断，可以对企业全局产生积极的影响。③专题诊断是指企业就某一专题（或项目）进行的诊断，一般是针对企业生产经营过程中存在的某一关键问题或某些薄弱环节进行的诊断，如对重大投资、成本控制、产品转向、促销活动、设备更新等项目的单项诊断。专题诊断涉及面较窄，但具有时间短、针对性和技术性较强的特点，因而见效快，适用于基础管理好的大型企业。

（2）企业诊断按诊断主体划分，有自我诊断和外部诊断。①自我诊断就是企业内部组织有丰富管理经验和诊断技能的管理与技术人员，组成诊断组，对本企业进行诊断。自我诊断有保密性好、机动灵活、节约开支的优点。其不足之处是看问题容易带偏见和局限性，一般适用于技术人才和管理人才多、有诊断能力的大型企业。②外部诊断是指企业在生产经营活动中遇到自身难以解决的问题或当内部诊断人员难以保持公正时，向诊断机构或有关部门提出申请，邀请外部人员对企业进行的诊断。请“局外人”来诊断，身份比较超脱，不受企业内部人际关系的影响，能客观考察和认识问题，如能与企业内部知情者密切合作，效果更好。但诊断人员对企业情况不熟悉，需要的诊断时间较长，而且企业要支付一定的诊断费用。这种方法对中小型企业比较适合。

（3）企业诊断按发起者划分，有指令性诊断与自发申请诊断。①指令性诊断也称制度性诊断，是指企业的上级主管部门、质检部门、财政和审计部门等对企业进行定期或不定期的免费性诊断。这种诊断体现了上级对下级企业进行的督促检查、帮助和指导。例如，结合企业诊断，开展活动，帮助企业实现扭亏为盈等。此外，企业的利益相关者，如与企业进行交易的另一方、银行信贷部门、协作单位等，为了确保自己的利益而对企业进行的诊断，也属于指令性诊断。②自发申请诊断是指企业根据自己的需要，主动向企业诊断机构申请，邀请诊断人员对企业进行诊断。这是一种需要付费的诊断，是企业依靠社会力量提高素质的自觉行动。

（4）企业诊断按诊断对象划分，有个别诊断与集体诊断。①个别诊断是指对某一工厂、商店等的诊断。②集体诊断是对某一地区的企业群体的诊断，如工业区诊断、商业街诊断等。

（5）企业诊断按诊断的时间划分，有长期诊断、中期诊断和短期诊断。

2）企业诊断的内容

企业诊断的内容因诊断类型不同而有所侧重，但总体上包括诊断分析和实施指导两方面的内容。

（1）诊断分析，即从企业整体出发，对企业经营管理概况、外部环境和内部条件进行分析，找出存在的问题，查明问题的原因，提出改善方案，具体包括以下内容：

①企业概况分析。它是指对企业几年内的生产经营状况、各项技术经济指标进行定量和定性的分析，如对生产、销售、财务、物资、劳动、工资等方面的分析，通过分析，了解企业经营管理的现状，找出企业成长、衰退等的原因，为制订改善方案提供依据。

②企业外部环境分析。企业所处的外部环境包括自然环境、经济环境、技术环境等，外部环境分析主要是通过对这些因素的调查分析，制定出适应这些因素的措施。

③企业内部条件分析。它主要包括企业的经营方针，经营思想，管理组织，领导者状况，人、财、物各要素和企业发展能力（如市场开发、产品开发、信息反馈能力）等内容。

（2）实施指导，即通过诊断分析，对提出的企业改善方案的实施进行指导。这是企业诊断的一个重要内容。在实施过程中，诊断人员要亲自深入企业，以不同的形式给予指导，协助企业圆满地完成方案的实施工作。

9.4.3 企业诊断的步骤与方法

1）预备调查

预备调查相当于医生的预诊，主要方法有：

（1）确定诊断窗口。确定诊断窗口，就是确定负责受诊工作的联系人或部门，以便协助诊断人员通过这个窗口了解情况，索取资料。

（2）收集和整理资料。收集资料的方法一般要与诊断窗口协商，召开企业领导干部的座谈会，一方面，通过座谈，对领导干部在工作中的问题进行诊断，找出全局性问题；另一方面，可以通过协商确定资料的来源，包括书面资料和第一手资料。

(3) 进行诊断教育和宣传工作。

(4) 制订诊断计划。它包括把诊断步骤联系起来的诊断系统计划、所需诊断人员计划、诊断费用计划、诊断日程计划等。

2) 实地调查

实地调查的主要步骤是：

(1) 视察。对企业的概况了解以后，就要做实地视察，以证实预备调查所收集的资料是否属实。同时，有些问题仅凭书面资料无法了解其实际情况，要做实地视察。

(2) 询问。根据实地视察的结果，按调查询问书进一步询问。询问时，必须集中于有缺陷的地方，问清楚造成缺陷的原因。预备调查进行得越详尽，询问就越简便。

(3) 听取企业的主诉。医生诊断，必须听取患者的主诉。企业诊断，同样应听取企业的意见，只要企业不讳疾忌医，如实说明存在的问题，是可以作为诊断参考的依据的。

(4) 细节调查。通过视察、询问、听取企业的主诉后，有些问题仍需进一步详细调查。这时，可用现代科学技术方法进行测定、分析和研究，查清账务、账目和报表，以便彻底了解，查明细节。

3) 填诊断表

预备调查和实地调查的结果要填诊断表。诊断表按照经营管理工作性质分类设立，每表选择若干指标，并按照各个指标的主次程度定好分数，每表全部指标的总分为100分。填表时，先对每个指标按“是”或“否”进行评价，然后将所有诊断表的全部分数加总，求出总分，以评定企业符合现代企业经营管理要求的程度，作为提出改进方案的依据。总分在90（含）分以上的评为最优，80（含）分以上90分以下为优，70（含）分以上80分以下为良，60（含）分以上70分以下为合格，60分以下为差。对得分低的部分应予以改进。例如，组织管理类评定高层领导能力用的诊断表格式，按“是”计分，假定某企业在1、2、3、5四个指标被评为“是”，则得分为75分（见表9-4）。

表9-4　**高层领导能力诊断表**

指标	分数	是	否
1.能发现问题，分析问题	20	√	
2.能把正确的意图，通过自己的努力，把各方面积极因素调动起来	15	√	
3.能根据正确的决策在实际工作中出色地干	15	√	
4.对新情况、新问题非常敏感，能提出创造性意见和建议	25		
5.能判断事物的因果关系，看问题有远见	25	√	

4) 提出改进方案

根据诊断表分析企业经营管理方面存在的问题及其造成的原因，对症下药，提出改进方案。如果问题比较复杂，应抓住重点进行诊断。改进方案包括以下3方面的内容：改进的要点、改进的方法、推测改进后的效益。

在拟订方案时，要充分考虑企业的主客观条件，既要看到实施方案的有利条件，又要看到不利条件。所提出的指标应是先进合理的，不能过高，也不能偏低。方案提出的问题应突出重点，不能被枝节问题所干扰，改进措施必须切实可行。

5）实施改进方案

实施改进方案的要点如下：

（1）统一企业领导层的认识。要实施改进方案，首先要看企业领导层的态度，如果企业领导层的思想与现代企业经营管理思想一致，则改进方案的实施就有了坚实的思想基础；否则，改进方案设计得再好，也难以实施。因此，为了保证改进方案的顺利实施，首先要说服企业领导层，使领导层的认识统一到现代企业经营管理上来。

（2）召开解说会议。当企业领导层的认识取得统一后，就可召开解说会议，请有关人员出席，分发改进方案，由诊断者对改进方案做出详细说明，并听取与会者的意见，进行答辩，答辩要有充分论据。同时，可将其他企业通过诊断得到改进的实例做适当介绍，以增加企业改进经营管理的信心和决心。

（3）试验。如果改进方案的实施，涉及面比较广，应采取既积极又稳妥的态度，分阶段逐项进行试验，然后逐步扩大实施范围。在试验阶段，发现问题，应随时开会研究，听取意见，如果是方案本身的问题，应随时修改方案；如果是实施中的问题，应采取各种措施，及时解决。

（4）检查。改进方案实施以后，如果放松检查，往往有恢复原状的可能，因此必须加强检查，可要求企业做出实施报告，或进行实地视察，发现问题及时纠正。

9.4.4 企业常见病的症状、种类与诊治方法

1）企业常见病的症状

人处于病态，往往有各种反应和症状，比如，血压升高、体温升高、四肢无力、消化不良等。同样，企业在生产经营活动中一旦潜伏着危机，会和人一样有一定的前兆，企业病态的主要症状表现为：①自有资金不足，靠借贷进行简单再生产；②过度的设备投资，造成资金呆滞；③资金外流或产品赊欠，流动资金周转困难；④企业做出经营决策需要的时间较长，往往失掉良机，或者多次出现错误决策；⑤缺乏创新和开拓精神，“守摊吃饭”；⑥产品质量下降，产品在市场上滞销。

2）企业常见病的种类

（1）企业衰退症。企业衰退症是指企业的生产经营形势每况愈下，收益逐渐减少或处于停滞不前的状态，企业失去或基本失去扭转被动局面的能力。其症状主要表现为：生产增长率低于同类企业平均水平；市场占有率逐渐降低；资金利润率低于银行借贷利率；人均利润下降；产品成本不断上升；劳动生产率低于同类企业的平均劳动生产率；财务状况不佳，长期负债经营，生产经营资金匮乏，甚至员工开不出工资；企业组织指挥失灵，协作关系不好。

（2）企业衰败症。企业衰败症是指企业长期处于亏损状态，濒临破产边缘。其症状主要表现为：连年亏损，入不敷出，维持再生产困难，负债接近或已超过资产；员工士气低落，管理基本处于瘫痪状态；开工不足，产品积压或原材料严重短缺；企业领导班子内耗严重，干群关系紧张，频繁更换领导仍不能从根本上改变企业生产经营的混乱

状况。

（3）企业短期行为病。所谓企业短期行为病，就是企业追求利润最大化，甚至在损害长期利益的情况下追求短期利润目标的实现。短期行为病是目前企业的常见病、多发病。其病症主要表现为：利润动机急剧强化，追求短期利润最大化已经成为企业行为的最直接动因，为获得短期利润不择手段地拼人力、拼设备，进行“掠夺式经营”；企业在处理积累和消费的关系上，往往过多地（或优先地）考虑消费问题而忽视企业的积累问题，在人才开发方面，只重视使用而忽视培养提高；企业缺乏长远的战略目标，抱残守缺，只求近期效益，不顾引进新技术，不顾开发新产品，得过且过，企业缺乏后劲；企业投资着重短期项目，担心长期投资会影响近期利益的取得，因此不敢越雷池半步，不愿对长期有利的项目进行投资，甚至借故拒绝投资。

3）企业常见病的诊治方法

企业经营管理系统的疾病，类似人体系统的疾病，比如，企业领导班子严重内耗，类似人体中枢神经系统患病；企业资金周转慢，类似人体血液循环系统患病；企业产品滞销，类似人体消化系统患病。为此，诊断人员应运用系统分析的方法分析病因，针对病因，对症下药（或“动手术”），具体诊治方法有以下几种：

（1）自我完善法。自我完善法是指企业完善经营机制，练好内功，增强抵抗疾病的能力，依靠自己的力量解决企业问题的方法。

（2）扶助法。扶助法是指企业主管部门和有关经济管理部门，用扶持的办法帮助企业治病。这种方法主要是通过引导和指导形式，帮助企业端正经营方向，改善企业管理，纠正不合理的企业行为，促进企业健康发展。

（3）手术法。手术法是指企业某些系统疾病严重，必须“动手术”给企业治病，使企业机体恢复健康的方法。“手术”一词，借用医学用语，意思就是干净利落地处理企业中存在的主要问题，迅速扭转企业的被动局面。比如，撤销或合并企业某一机构，撤换企业主要领导人等。这种方法多是采用行政手段进行的。

互动课堂9-1

请同学们收集一下企业短期行为的表现，讨论一下如何防止企业短期行为的产生。

9.4.5　企业经济效益评价

讲求经济效益，就是指在一定的条件下，用一定量的投入获得较大的产出，或者说以较小的投入获得同样多的产出。可见，提高和讲求经济效益就是节约劳动时间。在市场经济条件下，投入与产出的比较，主要是价值形态的比较。提高经济效益，主要表现为同等条件下盈利的增加。

按照建立现代企业制度的要求，评价企业经济效益的指标主要有：

1）销售利润率

销售利润率是一定时期的销售利润总额与销售收入总额的比率。它表明单位销售收入获得的利润，反映销售收入和利润的关系。显然，这一指标越高越好。

$$销售利润率 = \frac{销售利润总额}{销售收入总额} \times 100\% \quad (9.20)$$

它表明企业在一定时期内每一元销售收入的获利水平。该比率越大，说明企业获利水平越高。

2）总资产报酬率

总资产报酬率是利润总额及利息支出之和与平均资产总额的比率。

$$总资产报酬率 = \frac{利润总额 + 利息支出}{平均资产总额} \times 100\% \quad (9.21)$$

总资产报酬率也称总投资报酬率，表示企业单位资产和单位投资对企业本身所创造利润的水平。利息支出是为举债融资所花费的费用，是企业借别人的钱，为别人所创的利，应算作企业利润分配的内容之一，作为企业所得利润的一部分。

企业总资产报酬率水平是由企业销售利润高低和投资周转快慢所决定的。企业销售利润越高，投资周转越快，企业总资产报酬率越高。所以，企业欲提高投资效益，必须在提高销售利润的同时，加速资金周转，即尽量减少投资，减少资金占用，并尽量增加产出，提高效益。

3）资本收益率

资本收益率反映了投入资本所能获得的利润额。它是考核、评价企业获利水平高低的一个综合性经济效益指标。它的值越大，表示企业的获利能力越强，而且通过数年资本收益率的变动趋势，可以了解企业发展前景，预测未来获利水平，通过利润总额的构成变动对获利能力的影响分析，可抓住获利关键，指出企业的获利重点。

$$资本收益率 = \frac{净利润}{实收资本} \times 100\% \quad (9.22)$$

实收资本是企业实际收到投资者投入的资本总和，包括国家投资、其他单位投资和个人投资等。

4）资本保值增值率

该指标反映了所有者投入企业的资本的保值增值情况。

$$资本保值增值率 = \frac{期末所有者权益总额}{期初所有者权益总额} \times 100\% \quad (9.23)$$

资本保值增值率等于100%，为资本保值；资本保值增值率大于100%，为资本增值。

5）资产负债率

资产负债率是指企业一定时期内负债总额与资产总额的比率。资产负债率表示企业总资产中有多少是通过负债筹集的。它可以衡量企业利用债权人提供的资金进行经营活动的能力，衡量企业举债经营的风险程度，是考核企业长期偿债能力的指标。

$$资产负债率 = \frac{负债总额}{资产总额} \times 100\% \quad (9.24)$$

资产负债率对债权人而言越低越好，越低，其相应的股东权益比率（股东权益/资产总额）就越高，说明该企业的资金雄厚，有较强的债务偿还保障能力；对企业来说，此比率高些，能直接提高本金的收益率，实现“借鸡生蛋”，且可在短期内获得较多的利益，扩大生产规模，但该比率不能过高，一般认为该比率大于100%，则表明企业已资不抵债，视为破产警戒。

6）流动比率

流动比率是衡量企业短期偿债能力的主要指标之一。它可以衡量企业流动资产在短期债务到期前可以变为现金用于偿还流动负债的能力。通俗地说，它反映每单位流动负债有多少流动资产作为后盾。

$$流动比率=\frac{流动资产}{流动负债}\times 100\% \tag{9.25}$$

一般地说，该比率越高，说明企业周转资金越充足，偿债能力越强。一般企业的流动比率以2∶1较为合理，最少要1∶1。在实际工作中，确定流动比率大小，要以流动资产结构是否合理（依行业不同而不同）以及获利能力是否受影响为准则。

7）速动比率

速动比率也是衡量企业短期偿债能力的主要指标之一。它是指企业的速动资产与流动负债的比率。它反映在短期内每单位流动负债有多少速动资产能被用来抵偿。

$$速动比率=\frac{速动资产}{流动负债}\times 100\% \tag{9.26}$$

所谓速动资产，是指能在很短的时间内变为现金的资产项目，即主要指扣除存货、预付费用和待摊费用项目后的流动资产。一般认为，速动比率为100%较为理想，低于50%即表明企业的偿债能力较差，很可能会影响企业的正常经营。

8）应收账款周转率

该指标是反映企业应收账款流动程度的比率。它是反映企业资金运用能力的一个重要指标。

$$应收账款周转率=\frac{赊销净额}{平均应收账款余额}\times 100\% \tag{9.27}$$

应收账款周转率可用来测验企业利用信用开展销货业务的松紧程度，评价企业对客户的收款效率和客户的偿债能力。若应收账款周转率过高，说明企业信用条件过严，没能扩充信用范围，会对销售业务不利；若过低，则信用条件过松，说明收款效率不高或客户的支付能力薄弱。

9）存货周转率

存货周转率是产品销售成本与平均存货额的比率。

$$存货周转率=\frac{产品销售成本}{平均存货额}\times 100\% \tag{9.28}$$

存货周转率表示在一定期间内，从存货转为应收账款的速度，即企业存货转为产品销售出去的速度。该指标的大小既可以反映企业的产品推销水平和销货能力，又可以验证现行存货水平是否适当。

10）社会贡献率

该指标可以衡量企业运用全部资产为国家或社会创造或者支付价值的能力。作为社会主义企业，除了评价企业盈利水平高低、财务状况好坏外，还必须衡量企业对国家或社会的贡献程度大小。

$$社会贡献率=\frac{企业社会贡献总额}{平均资产总额}\times 100\% \tag{9.29}$$

企业社会贡献总额，即企业为国家或社会创造或者支付的价值总额，包括工资（含奖金、津贴等工资性收入）、劳保退休统筹及其他社会福利支出、利息支出净额、税金及附加、净利润等。

11）社会积累率

该指标可以衡量企业社会贡献总额中有多少用于上交国家财政。

$$社会积累率 = \frac{上交国家财政总额}{企业社会贡献总额} \times 100\% \tag{9.30}$$

上交国家财政总额包括应交增值税、应交税金及附加、应交所得税及其他税收等。

如何全面、客观、公平地评价企业经济效益情况，关键是要掌握评价的方法。经济效益指标体系的评价方法和步骤如下：

首先，对这些指标分别确定标准值。一般来讲，标准值的确定应参照以下两个方面：一是适当参照国际上通行的标准，如流动比率为200%、资产负债率为50%。二是我国企业在最近3～5年间的行业平均值。综合上述两个因素，目前应以我国企业各项财务指标的行业平均值作为标准值。

其次，根据指标的重要程度，确定各项指标在标准值下的权数比分。假定10项经济效益评价指标在标准值下基本分数总和为100分，各指数的权数比分依次定为：销售利润率20分，总资产报酬率12分，资本收益率8分，资本保值增值率10分，资产负债率10分，流动比率（或速动比率）10分，应收账款周转率5分，存货周转率5分，社会贡献率12分，社会积累率8分。

最后，根据企业财务报表，分项计算10项指标的实际值，然后加权平均计算10项指标的综合实际分数，计算公式如下：

$$综合实际分数 = \sum 权数比分 \times \frac{实际值}{标准值} \tag{9.31}$$

需要说明的是，用这种方法进行评价必须一一计算各项指标的分数。遇有异常值时，应规定一个上下限，或对该指标进行调整，然后确定企业经济效益的综合实际分数值。

[本章小结]

- 讲述了企业利润的表现形式及影响企业利润成果的因素。
- 讲述了企业目标利润的确定方法、利润敏感性分析。
- 讲述了企业利润成果的评价与分析。
- 讲述了企业诊断的内容、程序和企业经济效益的评价指标。

[知识掌握]

1.名词解释

（1）利润　（2）企业诊断

2.选择题

（1）企业诊断按诊断内容划分可以分为（　　）。

A.指令性诊断、自发申请诊断

B.综合诊断、部门诊断和专题诊断

C.自我诊断和外部诊断

(2) 下列指标可以衡量企业长期偿债能力的指标的是（　　）。

A.资产负债率　　　B.流动比率　　　C.速动比率

(3)（　　）是目前企业的常见病、多发病，其病症主要表现为：利润动机急剧强化，追求短期利润最大化已经成为企业行为的最直接动因，为获得短期利润不择手段地拼人力、拼设备，进行“掠夺式经营”。

A.企业短期行为病　B.企业衰败症　　　C.企业衰退症

(4)（　　）是衡量企业利润完成预算（计划）情况的主要指标。

A.利润额　　　B.销售额　　　C.目标利润实现程度

3.填空题

(1)（　　）是指企业一定时期内的生产经营成果，是企业经济效益的综合体现。

(2) 盈亏平衡法是在将成本划分为固定成本和变动成本的前提下，通过分析（　　）、（　　）和（　　）三者之间的关系，确定盈亏平衡点后，来确定目标利润的一种方法。

(3) 对目标利润实现程度的衡量和评价，通常可以采用（　　）和（　　）两种方法。

(4) 利润的表现形式有（　　）和（　　）两个方面的指标。

4.思考题

(1) 目标利润的确定通常有哪些方法？

(2) 什么是利润敏感性？进行利润敏感性分析有何意义？

(3) 如何进行利润成果的评价和分析？

(4) 企业诊断有何作用？简述其诊断程序。

(5) 简述新的企业经济效益指标体系的内容。

[综合应用]

□案例分析

三菱北美利用Kronos提高劳动力管理效益

位于美国伊利诺伊州诺默尔的三菱汽车北美制造公司（简称三菱制造公司），曾是三菱汽车公司在北美的唯一一家客车组装子公司，生产能力为每年135 000辆车，拥有2 000多名员工。面对日益激烈的竞争环境，三菱制造公司需要更好地控制成本，提高效益。公司充分认识到，劳动力是一个非常关键的因素，它的成本和管理效益直接影响着公司的竞争力。为了提高劳动力管理效率，充分发挥劳动力的能动性，三菱制造公司采用了Kronos劳动力管理解决方案，使经营管理部门能够掌握实时的劳动力数据，能够发现哪个部门、哪个产品线存在人员过剩或过紧的问题，及时、准确、合理地调配企业各生产部门的劳动力，有效降低了劳动力费用，提高了生产力。

三菱制造公司会计部主管安迪·惠利（Andy Whaley）说：“对我们来说，劳动力管理系统绝不仅是记录考勤信息，这是远远不够的。我们需要的是一种全面的解决方案，能够支持及量化员工队伍生产力的日常改进，从而确保将来具有竞争力。Kronos的Workforce

Central套件很好地满足了我们的要求。”

在采用了Kronos劳动力管理解决方案之后，三菱制造公司大大提高了在汽车行业的生产力、盈利能力和竞争力，仅车辆制造线因为缩短了一辆车组装所需小时数(HPV)，一年内就节省了130万美元。三菱制造公司的出色实践，还赢得了Kronos特别授予的“最佳实践奖”——这个奖每年颁发一次，授予在运用Kronos技术方面表现出色的机构。

1.人工劳动力管理实现了自动化

在使用Kronos劳动力管理解决方案之前，三菱制造公司主要依靠手工来完成考勤计时、工资单、劳动力报告以及其他劳动力管理工作，主要的依据是纸质的考勤卡。惠利说：“过去，员工用纸质考勤卡提交考勤信息。主管们通过考勤卡进行工资统计和各种信息分类汇总，形成劳动力报告，整个过程费时费力，根本谈不上效率。安装了Kronos的Workforce Timekeeper和Kronos的数据收集设备之后，只需要在Kronos的设备上刷一下员工身份卡，就可以立即获取员工的各种劳动力信息，既快捷又方便，有助于我们为每个员工制定管理策略。”

2.提高数据准确性，正确执行薪资规定

Kronos劳动力管理解决方案能够在公司范围内统一采用多种、有时是非常复杂的薪资规定，这为三菱制造公司带来了极大的便利，特别是在满足工会的要求方面更是如此。“作为一家汽车组装厂，我们必须遵守三菱制造公司与联合汽车工会（UAW）的集体谈判协议。过去，这个流程解决起来非常麻烦。现在，利用Kronos劳动力管理解决方案，我们可以很容易在流程上支持所有要求。”惠利说，“现在，我们先记录下所有的薪资规定，包括第三班维修、7天工作以及24小时工作等薪资规定，经人力资源部门核实之后，我们再让Kronos的顾问给系统配置薪资规定，从而确保薪资规定得到了统一运用，杜绝例外情况发生。”

三菱制造公司一直希望及时了解劳动力的情况。但在实施Kronos劳动力管理解决方案之前，三菱制造公司要在占地面积250万平方英尺的企业范围内，及时准确地提供劳动力数据、报告并提交给相应的工作小组并非易事。过去，由各个小组自己打印出相关的报告，上交给总部的主管，再由总部下发到全厂。这种近乎全手工的操作常常让主管们很晚才能得到相关的劳动力数据，很难做出及时的劳动力报告。

采用Kronos劳动力管理解决方案之后，通过Kronos Workforce Genie的快捷办法和标准报告，三菱制造公司的主管们便能及时访问这些信息，收到实时的、可按需提供的劳动力报告。惠利说：“由于能够实时访问Kronos劳动力管理数据，主管们在自己的电脑上就可以审阅和打印这些报告，还可以自动生成员工出勤报告，交给员工核实，确保员工的考勤信息以及员工薪资计算的准确性。”

不仅如此，三菱制造公司还能够轻松生成有关加班小时数的报告。主管们利用Workforce Timekeeper的分类功能，可以即时查看哪些员工在加班，并可以迅速生成易于访问的单一报告，有助于管理人员做出更明智的劳动力决策。惠利说：“我们竭力成为一家精简、灵活的机构，Kronos让我们能够实施有针对性降低成本的项目。”

3.报告精准，劳动力张弛有凭

精准的劳动力报告让三菱制造公司进一步改进了经营方式。利用Workforce Timekeeper的实时报告功能，主管们能够实时监测劳动力的配置情况，从而避免劳动力分配过多或过少的情况。当劳动力配置过多时，主管们可以让员工在自愿的前提下提前下班，其效果是不仅为公司节省了劳动力时间，员工们也偶尔有机会可以提早回家。惠利说："我们每天能够轻松生成这些报告，帮助我们合理配置生产线上的员工数量。这使我们每个月能够省下5万到10万美元的劳动力成本——这在我们利用Kronos系统省下来的总费用当中占了大部分。准确的劳动力报告，让我们能够实时了解每个小组和部门最近一班工作的状态——实际小时数而不是授权小时数。Workforce Timekeeper给了我们支持经营管理、继续实施生产力改进措施所需要的劳动力报告工具。"

分析：三菱制造公司是如何降低劳动力成本，提高经济效益的？

□实践训练

任课教师组织学生到企业参观实习或者对本校情况进行收集，让学生按照企业诊断的基本原理，对企业或学校的实际情况进行诊断，分析存在的问题，提出促进企业或学校发展的诊断报告。

[课外拓展]

关注新媒体平台，获取企业经营管理领域最新的观点、方法、技巧，了解企业经营管理实践的前沿资讯。

博商管理是中国民营企业总裁教育上市第一股。其微信公众号是"博商管理研究院"。博商管理专注实战系统总裁教育16年。请在微信公众账号中搜索"Boshangyanjiuyuan"，或扫描二维码关注。

主要参考文献

[1] 陈传明. 管理学 [M]. 北京：高等教育出版社，2019.
[2] 邢以群. 管理学 [M]. 5版. 杭州：浙江大学出版社，2022.
[3] 刘磊. 现代企业管理 [M]. 3版. 北京：北京大学出版社，2019.
[4] 马浩. 战略管理学精要 [M]. 2版. 北京：北京大学出版社，2015.
[5] 卿涛. 人力资源管理概论 [M]. 2版. 北京：北京交通大学出版社，2015.
[6] 张蕾，闫奕荣. 企业管理——理论与案例 [M]. 2版. 北京：中国人民大学出版社，2015.
[7] 刘兰剑，李玲. 管理定量分析：方法与技术 [M]. 北京：中国人民大学出版社，2014.
[8] 高立法. 企业全面风险管理实务 [M]. 4版. 北京：经济管理出版社，2016.
[9] 周三多，陈传明，贾良定. 管理学——原理与方法 [M]. 6版. 上海：复旦大学出版社，2014.
[10] 季辉. 现代人力资源管理 [M]. 成都：西南交通大学出版社，2006.
[11] 姜真. 现代企业管理 [M]. 北京：清华大学出版社，2013.
[12] 贾旭东. 现代企业管理 [M]. 北京：中国人民大学出版社，2020.
[13] 徐盛华，刘佳禄，王宁. 现代企业管理学 [M]. 4版. 北京：清华大学出版社，2021.
[14] 中国企业管理研究会《企业管理》编写组. 企业管理导论 [M]. 北京：经济科学出版社，2002.
[15] 冯洪江. 企业管理基础知识 [M]. 北京：中国财政经济出版社，2015.
[16] 高海晨. 现代企业管理 [M]. 北京：机械出版社，2018.
[17] 陈文汉. 现代企业管理 [M]. 北京：中国铁道出版社，2012.